全国高等教育金

Investments

投资学

主　编◎扈文秀
副主编◎章伟果　段刚龙　沈　燕

经济管理出版社
ECONOMY & MANAGEMENT PUBLISHING HOUSE

图书在版编目（CIP）数据

投资学/扈文秀主编．—北京：经济管理出版社，2018.7

ISBN 978-7-5096-5852-9

Ⅰ．①投…　Ⅱ．①扈…　Ⅲ．①投资学—教材　Ⅳ．①F830.59

中国版本图书馆 CIP 数据核字（2018）第 128851 号

组稿编辑：申桂萍
责任编辑：高　娅
责任印制：黄章平
责任校对：赵天宇

出版发行：经济管理出版社
（北京市海淀区北蜂窝 8 号中雅大厦 A 座 11 层　100038）
网　　址：www. E-mp. com. cn
电　　话：（010）51915602
印　　刷：三河市延风印装有限公司
经　　销：新华书店
开　　本：787mm×1092mm/16
印　　张：22.5
字　　数：453 千字
版　　次：2018 年 9 月第 1 版　　2018 年 9 月第 1 次印刷
书　　号：ISBN 978-7-5096-5852-9
定　　价：68.00 元

·版权所有　翻印必究·
凡购本社图书，如有印装错误，由本社读者服务部负责调换。
联系地址：北京阜外月坛北小街 2 号
电话：（010）68022974　邮编：100836

前 言

“天下熙熙，皆为利来；天下攘攘，皆为利往。”社会的不断发展离不开经济的繁荣，而投资作为拉动经济增长的“三驾马车”之一，在我们的生活中起着举足轻重的作用。投资学就是研究如何把个人、机构的有限资源分配到诸如股票、国债、不动产等（金融）资产上，以获得合理的现金流量和风险收益率。其核心是以效用最大化准则为指导，获得个人财富配置的最优均衡解。

自2008年美国次贷危机引发全球性金融危机以来，全球金融市场发生了重要变化，我国金融市场也发生了重大变革，各种金融创新层出不穷，各种金融监管手段不断涌现，金融市场也在不断完善。与此同时，在当前国际经济形势复杂多变和国内经济结构转型升级的新形势下，我国金融市场投资环境日益复杂，如2015年股市动荡给金融市场以及我国经济都带来了负面的影响。笔者便是在此经济环境下，编撰了《投资学》这本教材，以期能够将最新的投资发展纳入其中，供读者更好地了解投资理论和投资方法的最新研究动态。

我国金融投资的发展起步于20世纪八九十年代，相较于西方的发展晚了许多，但是发展速度却不容小觑。经过30多年的发展，已经形成了涵盖债券、股票、基金、金融衍生产品等多种金融产品的金融市场。目前，不论是从上市公司的数量，还是从融资金额、投资者数量等方面，我国的金融市场均已具备了相当的规模，其在融资、优化资源配置等方面为促进我国经济的发展发挥着越来越重要的作用。尽管目前整个投资行业的发展过程仍然存在着众多的问题，但是毋庸置疑，我国的投资行业正在规范中逐渐走向成熟。本教材是以国内外典型投资理论为基础，结合中国投资行业的发展实践编写而成的，希望它能为探索和完善投资学理论、指导投资实践提供一定的帮助。

本教材主要分为两大部分，分别是投资基础理论（第一章至第七章）和不同证券的投资理论（第八章至第十九章）。其中，第一大部分又可进一步分为两小部分，第一章、第二章是投资的基础，给读者提供一个“投资”的印象；第三章至第七章是投资的基础理论，包括资产组合理论、资产定价理论、套利定价理论、有效市场理论和行为金融理论。第二大部分分别分析了债券、股票、基金和衍生品四大类证券投资理论，其中第八章至第十章为债券投资的相关理论，主要包括债券投资的基础理论、投资策略和风险管理；第十一章至第十三章为股票投资的相关理论，主要介绍股票投资与收益、宏观经济分析与行业分析、财务报表分析；第十四章至第十六章为基金投资的相关理论，主要涵盖各类基金的简要介绍，以及基金投资策略的选择和业绩评价；第十七章至第十九章为衍生品投资的相关理论，主要包含远期、期货、期权和互换四种主流衍生金融工具的投资理论的介绍。

金融理论的发展和变化，对于投资理论的变化和革新提出了挑战，因此本教材在写作过程力争与时俱进，保证研究内容紧跟金融市场的最新变化。在2008年金融危机和2015年股市动荡的大环境下，本教材在编撰过程中加入了这些新的时代特征和因素，例如，行为金融的前沿理论、分级基金相关理论等，确保读者能够了解到最新的投资理论。此外，我国目前的资本市场发展势头良好，多样化、结构化成为其主要特点，本教材以国外先进理论为基础，立足我国投资行业，不仅为读者提供了丰富的现代投资金融理论，也提供了西方发达的金融市场在金融工具创新、风险管理等方面良好的历史经验。另外，本教材在每一章节后提供了习题，供读者研习。可以说，本教材对于读者了解投资学基础知识和我国投资领域的变革都有着良好的作用，并且对于读者的实际投资决策也可提供有效的理论支持和经验参考。

本教材不仅可以作为高等院校的本科生、研究生的课程教材，也可以作为投资人员的参考工具书。由于本教材内容体系较为丰富，加之在授课中可能会受到课时限制，授课老师、投资者可根据实际情况来选择主要章节进行详细阅读学习，部分章节可以简明扼要地学习了解。例如，对于相关专业的本科生学习投资学基础来说，应以第一章至第七章内容为主，并且第七章内容可做选读或学生自学。而后面几章的各类证券的投资理论则可选择以债券、股票、基金为主，并且重点学习每种理论的基础知识，金融衍生品则可作为选读，了解即可。而对于相关专业的研究生来说，学习的重点则要放在每种证券投资理论的后半部分，并且第七章和衍生工具投资理论章节也应该成为学习的重点，尤其是金融工程专业对于各类证券的投资理论中的公式部分更要进行拓展学习。

本教材编撰工作的按期顺利完成是整个师生团队共同努力的结果。除了本教材主编扈文秀和副主编章伟果、段刚龙、沈燕之外，参加本教材编撰工作的还有博士生杜金柱、李苗、齐国荣、杨栎、李茹霞和硕士生高煜桐、刘潇潇、张国爱、田宇、桂洁和黄小容。田宇对全稿进行了汇总、校对和补改。

本教材能够顺利出版得到了经济管理出版社申桂萍主任的大力支持和帮助，在此对经济管理出版社和申主任表示感谢。同时，本教材的出版得到了西安西理工大学投资学研究生精品课程建设项目和教材建设项目的资助，在此一并表示感谢。

教材中可能还存在着诸多不足之处，欢迎广大读者和同行批评指正。读者、同行的宝贵意见是我们不断修改完善的动力，为了使这本《投资学》教材更加完善请亲爱的读者、同行多提宝贵意见，笔者将不胜感激！

扈文秀

2018 年 8 月

目　录

第一章 投资概述

【学习目标】

掌握投资的概念和特点；掌握实物投资和金融投资的区别和联系；了解投资环境和投资过程；了解金融投资的发展趋势。

第一节 投资的概念

投资是指投入当前资金或其他资源以期望在未来获得收益的行为。例如，人们购买股票并期望这些股票给他们带来的未来收益可以补偿与这项投资相对应的货币时间价值和风险。从本质上来说，就是投资者牺牲现有价值以期望未来的收益。

一、投资主体

投资活动是由一定的投资主体来承担和推动的，投资主体又称投资者或投资方，是责任体、利益体、权利体结合的产物。投资主体有多种类型，包括政府、企业、个人等。投资就是投资主体或人格化的投资组织进行的一种有意识的经济活动。

二、投资目的

投资活动是为了取得一定经济效益的活动。在任何一种社会形态下，进行生产必须消耗资源，生产的目的就是使收益尽可能多地超过消耗，投资活动就是经济活动中最注重经济效益的活动，经济效益是投资活动的出发点和归宿。

三、投资形式

投资形式大体分为直接投资和间接投资。

直接投资是直接用于购买固定资产和流动资产形成实物资产的投资活动，是指投资者直接将资金投入投资项目，形成企业资产，直接进行或参与资产的经营管理。直接投资者通过直接占有并经营企业资产而获得收益。直接投资的实质是资金所有者和使用者的统一，是资产所有权和经营权的统一。

间接投资是用于购买各种证券形成金融资产的投资，投资者不直接创办企业，而是将资金用于购买证券和提供信用而进行的投资。间接投资形成的是金融资产，而非实物资产。

第二节　实物资产与金融资产

一个社会的物质财富决定于该社会经济能力，即社会成员创造产品和服务的能力。这种生产能力是与经济中的实物资产函数相关的，如土地、建筑、机器以及可用于生产产品和提供服务的知识。

与实物资产相对应的是金融资产，如股票和债券。这些证券不过是一张纸，或者更普遍的是录入电脑的数据，它们并不会直接增加一个经济体的生产能力。但是，在发达经济社会，这些证券代表了所有者对实物资产产生收入的索取权。即使没有汽车厂，人们仍然可以通过购买福特或通用汽车的股份来分享汽车生产产生的收入。

实物资产为经济创造利润，而金融资产仅仅确定收入或财富在投资者之间的分配，人们可以在即期消费和投资之间进行选择。如果选择投资，他们可以通过购买各种各样的证券来投资金融资产。投资者从企业那里购买证券，企业就可以用筹集到的资金购买实物资产，如厂房、设备、技术或存货。因此，投资者投资证券的收益最终来源于企业用这些证券所筹集的资金购买的实物资产所产生的利润。

一、实物资产

实物资产就是有形资产，是具有明显价值的资产，投资学将其纳入间接投资范畴，包括房地产、贵金属、艺术品、古董等有形资产的投资，目的就是保值增值。实物投资主要是以实物资产为对象，是投入资金以建造和购置固定资产和与之相联系的流动资产，从而取得收益的一种实际资产化的过程。实物投资的形式主要有房地产投资、贵金属投资、艺术品投资等。

二、金融资产

金融资产可以分为三类：固定收益型金融资产、权益型金融资产以及衍生金融资产。固定收益型证券或称为债务型证券承诺支付固定的收益流，或按某一特定公式计算的现金流。例如，公司债券向债券持有者承诺每年固定的利息收入，而浮动利率债券向债券持有者承诺的收益会随当前利率的变化而变化。除非债券发行者宣布破产，否则债券持有者将获得固定收益或按某一特定公式计算的收益。因此，固定收益型证券的收益受发行者财务状况的影响最小。

与固定收益型证券不同，普通股或权益型证券代表了证券持有者对公司的所有权。权益型证券的持有者没有被承诺任何的固定收益，但是他们可以获得公司分配的股利，并按相应的比例拥有公司实物资产的所有权。如果公司运营成功，权益价值就会上升；相反，权益价值则会下降。因此，权益投资的绩效与公司运营的成败密切相关。

最后，衍生证券的收益取决于其他资产的价格，如债券和股票的价格。例如，如果英特尔公司的股票价格一直低于执行价格，那么其看涨期权可能会一文不值；相反，如果其股票价格高于执行价格，那么这份看涨期权就非常有价值。之所以称这类证券为衍生证券，就是因为其价值取决于其他资产的价格。其他主要的衍生证券还包括期货以及互换条约。

衍生证券已经成为投资环境中不可或缺的一部分，其主要用途在于规避风险。利用衍生证券规避风险的现象非常普遍，但是，它们也可用于高风险的投机活动。一旦这种投机行为失败，将造成极为严重的损失。尽管存在这样的现象，衍生证券仍普遍被认为是一种风险管理工具。在投资组合的构建中，它们起着至关重要的作用。

金融投资是以金融资产为投资对象的投资，主要有证券投资和信用投资两种形式。证券投资是投资者为了获得预期收益购买资本证券以形成金融资产的过程。信用投资是投资者将资金应用于提供信用给直接投资者，并从直接投资主体那里以利息形式分享投资收益的投资活动。信用投资形式主要分为信贷和信托两类。信贷投资是投资者将资金用于给直接投资主体提供贷款，并从直接投资主体那里以利息形式分享投资效益的投资活动；信托投资是投资者将资金委托银行信托部或者信托投资公司代为投资，并以信托收益形式分享投资效益的投资行为。

三、实物资产与金融资产的区别与联系

实物资产是金融资产存在和发展的基础，金融资产的收益最终来源于实物资产在社会再生产过程中的创造。金融投资都是以货币资金转化为金融资产，都没有实现实物资产，因而也没有引起社会再生产扩大和社会总投资的增加。只有当金融投资被直接投资者用于实物投资时才会使社会总投资增加。但金融投资之所以成为一种重要的投资形式，主要是因为金融投资将社会的闲散资金集中起来，从而形成巨额资金流入直接投资者手中，这将扩大直接投资的规模，促进经济发展，金融投资在经济中的作用也会越来越重要。

第三节　投资环境

投资环境是进行金融投资的必要条件，主要包括证券市场结构、证券市场分类、报价方式等内容。

一、证券市场结构

证券市场是证券发行和流通的场所，它是包括证券投资活动全过程在内的证券供求交易的网络和体系，有广泛的外部联系和内部结构，是金融市场的一个重要组成部分，主要由市场主体、交易所、中介结构、自律性组织和监管机构组成。

1. 市场主体

市场主体包括证券发行人和证券投资人。证券发行人指按照《公司法》等国家有关法律规定，具备公开发行证券条件的公司；证券投资者包括个人投资者、企业、各类金融机构等。

2. 证券交易所

证券交易所是提供证券集中竞价交易场所的机构。目前，我国有四个证券交易所——上海证券交易所、深圳证券交易所、香港证券交易所、台湾证券交易所。

3. 中介机构

中介机构是参与到股票发行、交易过程中的相关机构，主要包括证券承销商和证券经销商、证券交易所以及证券交易中心、具有证券律师资格的律师事务所、具有证

券从业资格的会计事务所和审计事务所、资产评估机构、证券评级机构、证券投资咨询与服务机构等。

4. 自律性组织

自律性组织指按照行业规定，实施自我监管，以保证市场公平、有效的组织。一般包括行业协会、证券交易所等，目前我国大陆的证券行业自律性组织主要有中国证券业协会、上海证券交易所以及深圳证券交易所。

5. 监管机构

监管机构是按证券法规和行业规定，对证券发行、交易活动及市场参与者行为实施监督和管理的机构。目前，我国对证券市场进行监管的机构主要是中国证券监督管理委员会。

二、证券市场的分类

1. 按照上市发行条件的不同可以分为主板市场、中小板市场、创业板市场、三板市场、国际板市场

主板市场是指一个国家或地区证券发行、上市及交易的主要场所。主板市场是资本市场中最主要的组成部分，很大程度上能够反映经济发展状况。

中小板市场是相对于主板市场而言，指流通盘在 1 亿元以下的中小企业板块。中小企业板块的进入门槛较高，上市条件较为严格，接近现有主板市场。中小企业板市场与主板市场的区别除交易制度的修订外，主要是股本大小。

创业板市场也叫二板证券市场，以纳斯达克市场为代表，在中国特指深圳创业板市场，在上市门槛、监管制度、信息披露、交易者条件、风险投资等方面与主板市场有较大区别。其目的主要是扶持中小企业，尤其是高成长企业，为风险投资和创投企业建立正常的退出机制，为自主创新国家战略提供融资平台。中小板市场是中国特有的，而创业板市场则主要面对符合新规定的发行条件，但尚未达到现有上市标准的成长型、科技型及创新型企业。

三板市场也叫场外交易市场，又称店头市场或柜台市场，是在集中的证券交易所外设立的股权转让市场。它与证券交易所共同组成一个完整的证券交易体系。

国际板市场是指在海外上市的国际性企业可以在中国上海证券交易所上市融资。

2. 按照交易层次可分为一级市场、二级市场、第三市场、第四市场等

一级市场，指证券的初级市场即发行市场，在这个市场上，投资者可以认购公司发行的各种证券。通过一级市场，发行人筹措到公司所需资金，而投资人则购买了公司证券。

二级市场，指流通市场，是已发行证券进行交易的场所。已发行的证券一经上市，就进入二级市场。投资人根据自己的判断和需要买进或卖出证券，交易价格由买卖双方决定。

第三市场，指上市公司证券到场外交易，即形成第三市场。退市证券进入第三市场，成为“壳”公司。

第四市场，指投资者避开经纪公司和证券交易所在互联网上直接买卖形成第四市场，也叫机构网络。该市场可提供报价并自动撮合成交，投资者也可以利用此系统寻找交易对象，然后通过电话或面谈完成交易。

三、报价方式

证券市场的一个重要功能就是为希望在市场上买进或卖出股票的投资者建立合理的均衡价格并完成交易，因此，价格确定机制是市场微观结构设计的一个核心内容。证券市场的报价方式主要包括以下几种：

1. 公开喊价

这种方式将交易聚集在交易大厅内，由他们喊出买卖报价，并以面对面的方式相互议价，确定双方都可接受的价格，完成配对交易。

2. 从场外引入价格作为基准

这种机制本身没有确定市场价格的能力，而是需要从场外引入一个参考价格，然后再由电子系统处理委托交易，一般情况下，这是一种辅助的、与主要市场并行的交易系统。

3. 以场外价格为基准并进行优化

这种模式与前一种相似，但在引进参考价格后需尽可能地改进价格。交易价格根据参考价格的变动决定，它以当前市场为基准，若下一个新的交易价格有利于交易，则根据新价格进行交易；反之，则按原来的价格进行交易。

4. 协商定价

在这种模式下，潜在的买卖双方可以直接就证券的买卖数量和价格进行协商，然后确定成交价格。在电子化交易模式下，系统可在屏幕上显示不标价的委托，以期市场上有人会报价，但在一定程度上也减少了市场电子化撮合的程度。

5. 屏幕报价

在这种交易模式下，做市商买卖报价通过电子屏幕显示给投资人和经纪人，后者可以通过计算机选择委托并在其报价的基础上成交，是在一对一的情况下完成的交易。

6. 双向竞价

买卖双方委托持续地输入系统，并根据委托优先规则依次汇总排列。优先规则一般根据委托价格、时间、数量及交易者类型确定。一旦买卖双方在同一价格上重合就可以成交。

7. 集合竞价

在这种模式下，所有买卖委托都集中到一个固定地点，通过各个价位上的交易量比较来确定唯一的交易价格。大部分情况下，选择的标准是交易量最大。许多市场都使用这种方法确定股票的开市价格和某些交易不活跃的股票的交易价格。

8. 通过定价模型确定价格

在这种模式下，选择某些变量来确定交易价格，这些变量可能不是其他市场的参考价格，而是与理论价格直接相关的因素变量，例如著名的 B-S 期权定价模型就是建立在包括波动幅度在内的五个变量的基础上。

9. 自动报价系统

美国纳斯达克市场即全国证券交易商协会自动报价系统，是一个全国性的通信网络，网上显示系统内证券主要做市商的即时交易状况，每种股票都有两个以上的做市商，纳斯达克提供三个级别的网上登记服务：一级网上登记为个人账户管理服务，显示内部报价；二级网上登记大多数经纪公司交易室的终端，可显示纳斯达克市场所有股票的当前报价；三级网上登记的交易者都能输入其做市股票的标价和要价，交易商把报价输入系统后其他交易商马上就能看到，并据此更新自己的报价。

第四节　投资过程

投资者的投资组合只不过是其所投资产的集合。投资组合确定以后，通过出售现有证券，购入新证券，或投入额外资金扩大投资组合规模，或出售证券缩小投资组合规模，都可以使原来的投资组合更新或重构。

投资资产可以分为股票、债券、不动产等。投资者在构建投资组合时，需要做出两类决策：资产配置决策和证券选择决策。资产配置决策是指投资者对这些资产大类的选择，证券选择决策是指从每一个资产大类中选择特定的证券。

资产配置决策包括对安全资产和风险资产的投资比例的决策。自上而下的投资组合的构建方法是从资产配置开始的。一个“自上而下”的投资者首先会确定如何在资产大类中进行配置，然后才在每一类资产中选择哪些证券。

证券分析包括对可能包含在投资组合中的特定证券进行估价。债券和股票都需要根据其对投资者的吸引力来进行估价，对股票估价要比对债券估价难得多。使用“自下而上”的投资策略时，投资组合的构建是通过选择那些具有价格吸引力的证券而完成的，不需要过多考虑资产配置。

一个完整的投资过程分为五个步骤：投资目标的设定、投资策略的选择、资产的价值分析、投资组合的构建以及投资组合的业绩评价。本书将以证券投资为例，对投资过程进行介绍。

一、投资目标的设定

投资目标的设定作为投资过程的第一个阶段，确定了投资的路径和投资的风格。

确定投资目标时，需要考虑两个重要的因素：投资者行为偏好以及对风险和收益的衡量。投资的行为偏好通过自选择过程，把不同偏好的投资者区分开来，并在不同的金融市场上进行投资。在既定的投资者行为偏好下，投资者通过对可选择的投资项目的风险和收益的权衡，确定投资目标。投资目标的确定是对投资机会的一个认识过程，在这个过程中，投资者行为偏好以及对风险和收益的权衡相互影响，并最终确定投资目标。

二、投资策略的选择

投资目标确定之后就是选择投资策略。投资策略的选择与市场的属性、投资者具备的条件和其他投资者的状况密切相关，要做出较好的投资决策，需要对以上三点有较好的了解。

从市场属性的角度看，对市场的认识构成了对投资环境的基本认识。对一个市场来说，其微观结构由五个部分构成：技术、规则、信息、市场参与者和金融工具。市场的属性是客观存在的，并随上述五个因素的变化而变化。但是，人们对市场的认识是有差别的。在不同的市场认识理论中，最优的投资策略是不一样的。例如，有效市场理论认为，从长久来看，投资者不可能击败市场，其隐含的投资策略是被动投资策略。然而，当市场并非有效时，价格行为就具有某种可预测性，这时就应该选择主动投资策略。

从投资者对自己和其他投资者认识的角度来看，对信息的了解程度以及对投资策略的选择具有重要的影响。在一定的投资市场环境下，一次交易实际上是交易双方之间的一种博弈，所以投资策略的选择是一个动态调整的过程。在这种策略互动的过程中，投资者需要不断地获取信息，并通过贝叶斯学习过程调整投资策略。市场微观结构理论认为，由于存在信息对价格的重要影响，知情交易者将通过自己的信息垄断优势从交易中获得巨大收益，而未知情交易者则一方面要尽量避免信息劣势导致的交易损失，另一方面还要尽可能地达到自己的交易目的，所以两者的投资策略有明显的区别。

三、资产的价值分析

投资过程的第三个阶段是价值分析，反映到证券投资中就是证券价值分析，即对具体的可选择的投资产品进行精确的价值分析。

以证券投资为例，证券价值分析主要包括债券价值分析、股票价值分析以及衍生证券价值分析。从原理上看，证券价值分析方法与投资收益分析方法，都以预期收益的折现为基础。在时间价值分析中，证券价值分析的关键是确定预期收益率和折现率。本质上，证券价值分析是一种预测行为，是用对未来现金流的预测去分析资产的未来价值，这种价值预测行为通过指导交易反映到市场供求上，就形成了证券价格。在有关证券价值分析的各种理论中，一直存在关于价格的可预测性以及可预测性的时间属性等争论。尽管如此，在投资实践中，证券的价值投资分析仍然是必要的。

四、投资组合的构建

我们将在以上三个步骤的基础上构建投资组合，实现投资收益—风险的最优匹配。在构建投资组合之前，需要先进行投资组合的价值分析。与第三步中资产价值分析不同，组合中各种资产在收益和风险方面的不同相关性，使投资组合的价值有别于各资产价值的简单加总，所以有必要对各种资产的相关性进行分析，并在此基础上以资产组合价值最大化为目标构建投资组合。

投资组合理论一直处于发展状态中，并指导着不同阶段的投资实践。经典的投资理论包括：托宾的资产组合理论、马科维茨的证券组合理论、资本资产定价模型和套利定价模型。这四种理论都不同程度地把有效市场理论和投资者理性作为基础假设。这之后，投资组合理论又有了许多新的发展，包括跨时资本资产定价模型（ICAPM）、消费资本资产定价模型（CCAPM），以及在批判性审视有效市场和投资者理性假设基础上发展起来的行为资产定价模型（BAPM）。

五、投资组合的业绩评价

为了检验投资的业绩是否与预期的投资目标相吻合，有必要进行投资过程的第五个步骤——投资组合业绩评价。按时间分类，投资组合业绩评价可分为过程评价和事后评价两种。过程评价是一种阶段性的评价，为投资过程的动态调整提供了必要的信息。事后评价是一种总结性评价，为以后的评价提供了必要的经验性信息。事实上，两种业绩评价在投资过程中是交替进行的。业绩评价最重要的作用是为投资者的投资组合调整提供指导。在现代投资实践中，投资产品种类繁多，市场分工细密且复杂，绝大多数投资是投资经理通过委托—代理关系代表投资者完成的，故如何评价职业投资者的职业经验和投资业绩在现代投资实践中有重要的意义。

投资组合的业绩评价着重讨论组合业绩评价基础的选择，以及如何跟踪投资收益与评价基准之间的误差来分析导致这些误差的原因，并总结经验，为下一阶段的投资提供指导。一般主要使用单因素整体业绩评估模型、多因素整体业绩评估模型、时机选择与证券选择能力评估模型、投资组合变动评估模型等对投资组合业绩进行评价。

第五节　金融投资的发展趋势

当前，在西方发达资本主义国家，实物资产投资与证券市场交易规模相比差距日渐增大，金融投资获得了巨大的发展，并日渐显示出了虚拟化、衍生化、资产证券化和国际化的趋势。

一、虚拟化、衍生化

证券投资是虚拟资本产生的基础，虚拟资本是与真实资本相对应的概念。在现实经济生活中，投入生产和流通领域中发挥各种作用的生产资本、商品资本和借贷资本，这些都是不同形式的真实资本，在再生产的过程中，它们与其他生产要素结合在一起形成价值，创造财富。而虚拟资本是以有价证券形式存在的资本所有权证书，它是脱离真实资本周转的证券交易所里按一定的价格流通交易的资本。

股市的急剧膨胀表明社会资金日趋向虚拟经济转移，而对实体经济的投资则日益减少。实际上，虚拟化只是金融投资活动的一种表现，日益呈现的衍生化是其另一种重要特征，即大量金融衍生产品交易又在虚拟经济的基础上进一步脱离实体经济，并呈现迅速扩大的趋势。金融衍生品是从基础商品或资产的交易中衍生出来的具有全新特征的契约形式，其价值取决于那些基础标的物的市场价格的变化。这类金融产品具有很强的杠杆性，所以自其产生起就很适合用于投机活动。当然，金融衍生产品也是一类很有效率的避险保值工具，并可用于在各市场之间出现价格失衡时进行无风险套利活动。

二、资产证券化

资产证券化是指把流动性较差的资产如一些长期固定利率贷款或企业的应收账款等做抵押来发行证券，实现相关证券的流动。自20世纪70年代资产证券化在美国诞生以来得到了迅速的发展，伴随着金融全球化和一体化扩展，资产证券化对经济和金融的影响也日趋显著。

资产证券化是指将一组流动性较差的金融资产经过一定的组合，使这组资产产生的现金流保持稳定并持续下去，再配以相应的信用担保，把这组资产产生的未来现金流的收益权转变为可在金融市场上流通、信用等级较高的债券型证券的过程。参与组合的金融资产在期限、现金流收益水平和收益的风险程度方面都可以不同。资产证券化的实质是融资者将证券化的金融资产的未来现金流收益权转让给投资者，而金融资产的所有权可以转让也可以不转让。

当前，资产证券化趋势正深入金融投资活动的各个方面，不只局限于传统银行贷款的证券化，经济中以证券持有的资产占全部金融资产的比例也越来越大。社会资产金融资产化、融资非中介化都是这种趋势的表现。在证券信用阶段，融资活动以有价证券作为载体，有价证券把价值的储蓄功能和价值的流通功能集于一身，意味着短期资产可以长期化，长期资产亦可短期化，这也体现了现代化大生产对资金调节的要求。

（1）资产证券化自20世纪80年代以来成为一种国际趋势的原因可总结为以下几点：①金融管制的放松和金融创新的发展。②国际债务危机的出现造成了巨额的呆坏账，很多银行深陷债务拖欠之苦，希望获得资金的流动性来解决资金周转困难的问题，发行证券无疑是其途径之一。③现代电信及自动化技术的发展使信息的获取成本和处理成本大大降低，为资产证券化创造了良好的条件。

（2）资产证券化的目的主要在于：①增加资产的流动性，提高资本使用效率。②实现资产负债的流动性和期限的匹配。③获得新的低成本的融资渠道。④出售风险加权系数高的资产，投资风险加权系数低的资产，以满足资本充足率的要求。⑤有利于金融机构实现资产多样化，分散风险，达到风险的最优配置。⑥收取服务费，提高盈利能力。

三、国际化

金融投资国际化是指以证券为媒介的资本在运行过程中实现的证券发行、证券投资以及证券流通的国际化。从一国的角度看，国际化包含三个方面的内容：一是国际证券筹资，指外国政府、企业、金融机构以及国际金融机构在本国的证券发行以及本国政府、企业、金融机构在外国或国际证券市场上的证券发行；二是国际证券投资，指外国投资者对本国的证券投资和本国投资者对外国证券的投资；三是证券业务国际化，指一国法律对外国证券经营者（包括证券的发现者、投资者和中介结构）进出本国自由的规定已经本国债券经营者向国外发展的法律规定。

金融投资国际化是一国经济发展到一定阶段，其经济在国际经济活动中所占份额不断增大时对其资本市场发展提出的客观要求；资本市场国际化是以一国国内市场的规模和发展程度为基础的，并与资本市场的发展相互促进。资本市场国际化是有步骤、有计划、分阶段进行的，一般情况下，发展中国家的资本市场国际化是从利用资本市场筹集外资开始，然后逐步过渡到资本市场的全面对外开放，资本市场的国际化过程是一国政府不断放松管制的结果。

金融投资的国际化的成因可归结如下：

1. 生产和资本国际化的发展

第二次世界大战之后，主要西方国家的经济迅速恢复，国民收入和居民储蓄不断增加，资本积累和科学技术的进步都有力地推动了证券市场国际化的发展。

2. 国际金融管制的放松

20 世纪 70 年代以来，经济全球化迅猛发展，各国政府审时度势，根据本国经济的发展需要，放宽对资本市场的管制，允许外国金融机构和投资者买卖本国公司的股票以及各种债券，并取消了外国投资者与本国投资者在政策方面的双重标准，这都有力地促进了金融投资国际化的发展。

3. 金融市场国际竞争的加强

为了扩大交易量，世界各主要证券市场纷纷利用最新科技手段，简化证券发行程序，改善上市管理环境，降低交易成本，完善投资管理系统，改革结算交易程序，以吸引外国投资者。

4. 金融衍生工具的发展

期权、期货等金融衍生工具的发展为机构投资者提供了投资组合机会和风险管理手段，增加了交易量和市场流动性。

5. 现代电子技术的发展

现代电子技术的发展为证券市场国际化提供了技术保证。电子交易系统意味着24小时交易以及连接全世界的交易终端，降低了交易成本，提高了结算效率。

关键术语

投资　金融资产　投资环境　投资过程　资产证券化

课后习题

1. 试述金融投资与实物投资的区别。
2. 试述金融投资的发展趋势。
3. 试述资产证券化的原因。

第二章　金融市场与金融工具

【学习目标】

掌握金融市场的概念；熟悉金融市场的分类；了解金融市场的主要影响因素；熟悉金融市场的特点、功能；了解金融市场上的投资工具；了解我国金融市场的演变历史及发展现状。

第一节　金融市场

一、金融市场的概念

金融市场具有广义和狭义之分。广义的金融市场指由货币资金的借贷、金融工具的发行与流通、黄金外汇交易以及与此相适应的组织与管理方式的总称。而通常所说的金融市场主要指其狭义概念，即股票、债券、基金、金融衍生工具等有价证券的集中发行和流通的场所。总体而言，金融市场的发展状况是一国金融、经济发展程度及制度政策选择倾向的重要标志。

二、金融市场的分类

根据不同的划分标准，可将金融市场进行不同的分类。通常，根据以下九种划分标准对金融市场进行分类（见图 2-1）：

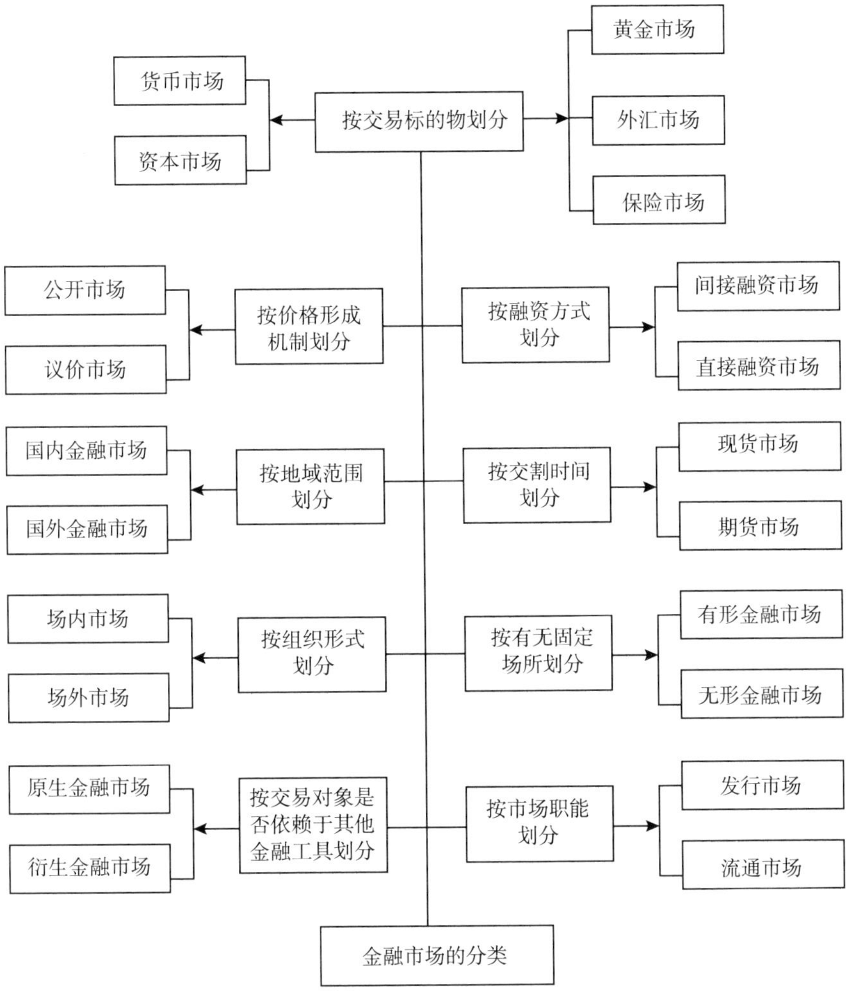

图 2-1　按交易标的物划分的金融市场

1. 按交易标的物划分

根据交易标的物的不同，金融市场可分为货币市场、资本市场、外汇市场、黄金市场和保险市场。这是最常见的分类方法。

（1）货币市场。货币市场又称为“短期金融市场”，是指资金融通期限在一年及一年以下的金融市场，所融资金多用于工商企业的短期资金周转。货币市场又可细分为同业拆借市场、票据市场、回购市场和货币市场基金等。

（2）资本市场。资本市场是指融资期限在 1 年以上的资金交易市场，主要包括债券市场和股票市场。资本市场中所融资金多用于固定资产投资，相比货币市场，其偿还期限较长，流动性较差，风险相对较高。

（3）外汇市场。外汇市场也具有狭义与广义之分。狭义的外汇市场是指银行间的外汇交易，包括各银行间的交易、央行与外汇银行及各国央行间的外汇交易活动，这样的外汇市场也被称为外汇批发市场。广义的外汇市场是指由各国央行、外汇银行、外汇经纪人及协会组成的外汇交易市场，包括狭义的批发市场及银行与企业、个人之间外汇买卖的零售市场。

（4）黄金市场。专门进行黄金交易的场所被称为黄金市场。目前，伦敦、苏黎世、纽约及中国香港等地是世界上最主要的黄金市场。

（5）保险市场。以保险单为交易对象的交易中心或场所被称为保险市场，其既可以是固定的保险交易场所，也可以是保险商品交换关系或供求关系的总和。根据保险交易对象的不同，保险市场可分为财产保险市场和人身保险市场；根据交易主体的不同，保险市场可分为原保险市场和再保险市场。

2. 按融资方式划分

（1）直接融资市场。直接融资亦称“直接金融”，是指资金需求者直接从资金所有者那里融通资金的市场，一般指的是通过发行债券或股票方式在金融市场上筹集资金的融资市场。具体而言，直接融资是资金盈余方通过购买资金赤字方发行的所有权凭证或债权债务凭证而向其提供资金的金融活动。

（2）间接融资市场。间接融资是直接融资的对称，亦称“间接金融”，是指资金盈余方通过存款的形式，或者购买银行、信托、保险等金融机构发行的有价证券，将其暂时闲置的资金先行提供给这些金融中介机构，然后再由这些金融机构以贷款、贴现等形式，或通过购买资金赤字方发行的有价证券，把资金提供给其使用，从而实现资金融通的过程。银行信用通常被认为是间接融资的代表。

3. 按交割时间划分

按照交易是否立即交割分类，金融市场可被分为现货市场和期货市场。

（1）现货市场。现货市场是金融市场上，买卖双方在协议成交后即时以钱货交割的金融商品买卖市场，在此市场内，大部分交易以固定方式实现，付款交割一般在交易后 1~5 个营业日内完成。其特点是成交与交割时间差很短，且为实物交割。

（2）期货市场。期货市场是指买卖双方就标准化合约即期货合约进行交易并在未来特定时间按双方事先约定的价格交割一定数量和质量商品的交易市场。而现实中，到期进行实物交割的比例非常低，大多数是通过平仓或对冲即反向交易来抵消合约的责任和义务。其具有锁定和规避风险、实现价格发现的功能。

4. 按有无固定场所划分

（1）有形金融市场。有形金融市场是指金融活动在固定场所内，基于一定的操作设施，集中进行的金融市场。

（2）无形金融市场。相对于有形金融市场，无形金融市场是固定场所之外，即证券交易所等场所外进行交易的总称，其主要通过现代化的电信移动工具和网络实现金融交易活动。

5. 按市场职能划分

（1）发行市场。发行市场又称为一级市场或初级市场，是新发行金融工具从发行者到投资者转移的市场，也是整个金融市场的基础。其主要包括发行主体、认购者和经纪人三要素。发行主体包括本国和外国的各级政府、金融机构等；认购者包括国内外个人投资者和机构投资者两大类；经纪人即发行人和认购者的中介。

（2）流通市场。流通市场又称为二级市场或次级市场，是已发行债券通过买卖交易实现流通，并形成一个合理价格的市场。它的两种形态包括：一是固定场所，即证券交易所；二是场外交易市场，即二级市场的交易既可在场内市场实现，也可在场外市场完成。

6. 按组织形式划分

（1）场内市场。场内市场也称为“有形市场”，即在交易所交易必须根据国家有关证券法律规定，交易所会员、证券自营商或证券经纪人等有组织、规范化地进行集中买卖证券的场所。一般指证券交易所、期货交易所、票据交换所等有组织的交易场所。

（2）场外市场。场外市场又称为柜台市场或无形市场，是指在证券交易所外进行金融资产买卖的总称，主要包括柜台交易市场、第三市场、第四市场。柜台交易一般通过证券交易商交易未上市股票，采用协议价格成交；第三市场是指非证券交易所会员在交易所之外买卖挂牌上市证券的场所。第四市场则是由大企业、大公司、大金融机构等机构投资者绕过经纪人而直接谈判交易或交换大宗股票而形成的场外交易市场。

7. 按价格形成机制划分

（1）公开市场。公开市场又称为竞价市场，是指标的物交易价格通过众多买卖方公开竞价而形成的市场。这类市场一般是指有组织和有固定场所的场内市场，如证券交易所。

（2）议价市场。相对于公开市场，议价市场的特点首先表现在其场所不固定且相对分散。议价市场中，标的物价格与成交是通过买卖双方协商或讨价还价而形成的，在发达的市场经济国家，大多数的债券和未上市股票均通过这种方法进行交易。

8. 按地域范围划分

（1）国内金融市场。国内金融市场是本国居民间进行金融交易的场所，其交易主体是本国既有居民身份的法人和自然人投资者，交易活动受国界限制，一般只涉及本国货币，其直接后果是只改变本国国民收入分配，而不会影响本国国际收支规模。

（2）国际金融市场。国际金融市场是居民与非居民或非居民与非居民间进行金融交易的场所。其与国内金融市场最重要的区别在于交易主体、交易后果和交易活动限制的不同。

9. 按交易对象是否依赖于其他金融工具划分

（1）原生金融市场。原生金融市场是进行原生金融工具的交易市场，如股票市场、债券市场、基金市场等。

（2）衍生金融市场。衍生金融市场是指衍生金融工具的交易市场，如期权市场、期货市场、互换市场等。

三、金融市场的特点

1. 交易对象的特殊性

商品市场的交易对象是普通商品，而金融市场的交易对象则是货币资金等金融资产的特殊商品，不涉及任何其他交易对象，表现出明显的单一性特征。

2. 交易活动的集中性

金融市场的资金供给者很多，涉及政府、工商企业、家庭和个人等多方面，但却很少直接将资金提供给需求者，往往是通过金融机构把各方面的资金集中起来，然后再贷给需求者使用。可见，金融市场的交易活动不是零散的，而是具有很强的集中性。

3. 交易场所的不固定性

商品市场一般以固定的场所实现商品的交易，而金融市场既可以是一个具体的交易场所，如证券交易所、期货交易所等，也可以是非具体交易场所，如柜台交易等。

4. 交易价格的一致性

一方面，商品市场上的交易价格是围绕商品的价值以供求关系为基础上下波动，而金融市场上的交易价格则完全由市场供求关系决定，且这种价格并非金融资产即时本身价格，而是借贷资金到期归还时所形成的价格，即利息。另一方面，一般商品的市场价格是商品价值的货币表现，而金融资产价格则是对利润的分割，在平均利润率的作用下趋于一致。

5. 交易的自由竞争性

金融市场是一个自由竞争市场，任何力量都无法对金融工具的交易及价格进行干预，而由交易方自由竞争决定交易的所有条件。

6. 金融市场的非物质化

金融市场的所谓非物质化，第一，表现在作为交易对象的股票等证券的交易，并不对发行企业的相应份额资产产生影响；第二，即使在“纸张”上，交易活动也并非一定发生实物交易。金融资产的交易时常表现为双方在结算和保管中心账户上证券数量和资产份额的变动。

四、金融市场的功能

金融市场最基本的功能是满足社会再生产过程中的投融资需求，推动资本的集中和转换，因此，其在整个市场体系中具有特殊地位。具体而言，金融市场的功能主要包括以下四点（见图 2-2）：

图 2-2　金融市场的功能

1. 聚敛功能

金融市场的聚敛功能是指金融市场具有聚集众多分散的小额资金成为可以投入社会再生产的资金的能力。在这里，金融市场起资金“蓄水池”的作用。

2. 配置功能

金融市场的配置功能主要指其资源配置、财富再分配和风险再分配功能。首先，资金具有自主选择能力，即资金总是流向最具发展潜力和最具盈利能力的产业和企业，金融市场通过资金的流动，使整个社会的经济资源实现合理、有效分配。其次，包括政府、企业及居民在内的各交易主体通过持有金融资产而持有相应的财富，随着金融资产价格的波动，金融资产在各交易主体手中的相应价值和数量也会产生变化，从而实现财富再分配功能。最后，交易主体通过各种金融工具，使风险在不同风险厌恶程度主体间实现再分配。

3. 调节功能

金融市场是市场体系中重要的一部分，其通过在投资者和储蓄者间的中介作用，实现对宏观经济的直接和间接调节。直接调节指金融市场通过资本积累和资源配置功能，对微观经济部门产生影响，进而影响宏观经济活动的调剂机制。间接调节指金融市场成为政府通过实施货币政策和财政政策而对宏观经济活动进行间接调节的基础。

4. 反映功能

作为国民经济“晴雨表”的金融市场，首先，由于大部分金融工具的交易在场内进行，可随时通过有形市场了解交易行情和投资机会，使金融市场有效反映微观经济运行状况；其次，金融市场中交易的实现又直接或间接地反映国家货币供应量的变动；再次，大量专业人员对金融市场的研究和分析，反映了相应行业和企业的发展动态；最后，已联为一体的世界金融市场，可及时反映世界经济发展动态。

第二节　金融工具

根据融资期限的不同，金融市场通常分为货币市场和资本市场。货币市场工具包括短期的、变现能力强的、流动性强的、风险低的债务证券，货币市场工具有时也被称为现金等价物。相反，资本市场主要由期限较长的、风险较大的证券组成。资本市场中的证券种类远远多于货币市场上的证券种类，可以被细分为固定收益证券、权益证券以及金融衍生工具及其他投资工具。

一、货币市场投资工具

货币市场工具，是指期限小于或等于 1 年的债务工具，属于固定收入证券的一部分，具有融资期限短、机构投资者是主要市场参与者、目的在于解决短期资金周转、金融工具具有较强“货币性”的特点。

1. 国库券

国库券是政府部门发行并承诺到期还本付息的、期限在一年以内的债务凭证。政府通过向公众出售国库券筹集资金，投资者以面值的一定折扣购入国库券，当其到期时，持有者将从政府那里获得面值，购买价格和面值之差就是投资者的投资收益，即以票面金额减去贴现利息作为发行价格，到期再按票面金额足值偿付。其特点包括以下几点：

（1）因国库券的债务人是国家，其还款保证是国家财政收入，所以它几乎不存在信用违约风险，是金融市场风险最小的信用工具。

（2）广大的二级市场使国库券易手方便，且其采用不记名形式，无须经过背书就可以转让流通，流动性强。

（3）国库券免交利息所得税。

（4）国库券的利率是市场利率变动情况的集中反映。国库券利率与商业票据、存款凭证等有密切的关系，国库券期货可为其他凭证在收益波动时提供套期保值。

2. 大额可转让存单

大额可转让存单（Negotiable Certificates of Deposits，NCDs）是一种由银行以大面值发行的定期存款凭证，因此不能随时提现，银行只在大额存单到期时才向储户支付本金和利息。而存单在期满前，可以由持有者在二级市场上自由转让，转让价格受利率、期限和本金的影响，一般转让时的市场利率与存单原定利率相比越高，转让价格就越低。目前，大额可转让存单的面额有 100 元、500 元、1000 元、5000 元、10000 元、50000 元、100000 元、500000 元共八种版面，购买此项存单起点个人是 500 元，单位是 50000 元，存单期限共分为 3 个月、6 个月、9 个月、12 个月四种期限。

大额可转让存单的特点主要是：①具有活跃的二级市场，可自由转让流通；②存款面额固定且一般金额较大；③存单不记名，便于自由流通。

中国人民银行于 2015 年 6 月 2 日决定推出大额存单，起点金额不低于 30 万元，机构投资人认购大额存单起点金额不低于 1000 万元。大额存单期限包括 1 个月、3 个月、6 个月、9 个月、1 年、18 个月、2 年、3 年和 5 年共 9 个品种。2016 年 6 月 6 日晚间，央行宣布，个人投资人认购大额存单起点金额从不低于 30 万元降至不低于 20 万元。

3. 商业票据

商业票据是指由金融公司或某些信用较高的企业开出的无担保短期票据，其可靠程度依赖于发行企业的信用程度，商业票据可以背书转让，可以承兑，也可以贴现。商业票据可以由企业直接发售，也可以由经销商代为发售，但对出票企业信誉审查十分严格，如由经销商发售，则它实际在幕后担保了售给投资者的商业票据，商业票据有时也以折扣的方式发售。通常，商业票据的期限在 1 年以下，可长达 270 天，一般在 1 个月或 2 个月以内，由于风险较大，其利率高于同期银行存款利率。

按照不同的划分标准，商业票据的种类不同，按出票人不同，商业票据可分为银行汇票和商业汇票；按承兑人不同，可分为商业承兑汇票和银行承兑汇票；按付款时间不同，可分为即期汇票和远期汇票；按有无附属单据，可分为光票和跟单汇票。

总体而言，商业票据具有期限较短、发行金额较大、利率较高三大特点。

4. 银行承兑汇票

汇票是由出票人向付款人签发的、要求付款人在规定的日期无条件地支付一定金额给收款人或持票人的一种票据，经购货人承兑的汇票称为商业汇票，经银行承兑的汇票即为银行承兑汇票。银行承兑汇票是在承兑银行开立存款账户的存款人出票，向开户银行申请并经银行审查同意承兑的，保证在指定日期无条件支付确定的金额给收款人或持票人的票据。银行承兑汇票市场主要由初级市场和二级市场构成。初级市场是指银行承兑汇票的发行市场，它由出票和承兑两个环节构成，两者缺一不可。二级市场又相当于流通市场，主要涉及汇票的背书、贴现、转贴现和再贴现。

银行承兑汇票相比商业承兑汇票，具有以下两个特点：①安全系数高。银行承兑汇票的承兑人为银行，由银行承担付款责任，因而对收款人来讲，银行承兑汇票的安全系数更高。②流动性大。银行承兑汇票以银行的信用作为付款担保，经过承兑后的汇票可以随时在贴现市场上贴现或转让，因此，银行承兑汇票的流动性更大。

5. 回购与逆回购协议

回购协议也称证券回购协议，指的是在出售证券的同时，与证券的购买者签订协议，约定在一定期限后按原来的价格或约定的价格回购所卖证券。回购协议中的金融资产主要是证券，在发达国家，只要资金供应者接受，任何资产都可搞回购交易。而我国的回购协议市场交易一般分为国债回购交易、债券回购交易、证券回购交易、质押式回购等。回购协议最常见的交易方式有两种：一种是证券的卖出与购回采用相同的价格，协议到期时以约定的收益率在本金外再支付费用；另一种是购回证券时的价格高于卖出时的价格，其差额就是即时资金提供者的合理收益率。由于回购协议的交易双方都存在一些风险，因此交易通常在相互高度信任的机构间进行，并且期限一般很短。为防止其他风险，协议中可写明提供资金的数量同提供的证券市场价值之间保留一个差额——保证金。回购与逆回购流程如图 2-3 所示。

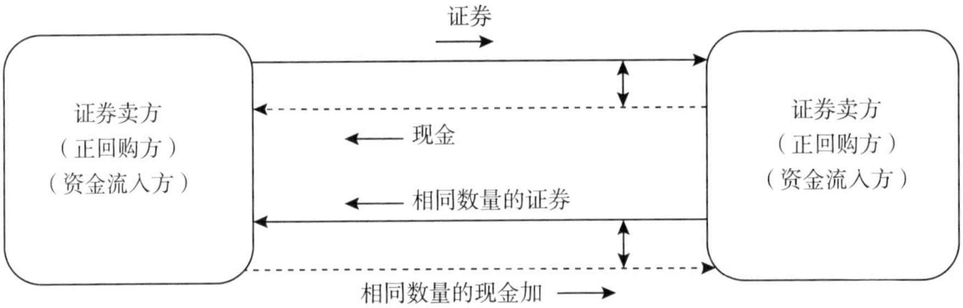

图 2-3　回购与逆回购流程

回购协议方式具有以下特点：①将资金的收益与流动性融为一体，增大了投资者的兴趣。投资者完全可以根据自己的资金安排，与借款者签订“隔日”或“连续合同”的回购协议，在保证资金可以随时收回移作他用的前提下，增加资金的收益。②增强了长期债券的变现性，避免了证券持有者因出售长期资产以变现而可能带来的损失。③具有较强的安全性。回购协议一般期限较短，并且又有 100% 的债券作抵押，所以投资者可以根据资金市场行情变化，及时抽回资金，避免长期投资的风险。④较长期的回购协议可以用来套利。如银行以较低的利率用回购协议的方式取得资金，再以较高利率贷出，可以获得利差。

逆回购协议，实际上与回购协议是一个问题的两个方面，是指买入证券的一方同意按约定的期限以约定的价格出售所买入的证券。逆回购的主体可以是中国人民银行，也可是金融机构或投资者。

6. 同业拆借市场

同业拆借市场，亦称“同业拆放市场”，是金融机构之间进行短期、临时性头寸调剂的市场，即指金融机构之间以货币借贷方式进行短期资金融通活动的市场。同业拆借的资金主要用于弥补银行短期资金的不足、票据清算的差额以及解决临时性资金短缺需要。

同业拆借利率是拆借市场的资金价格，是货币市场的核心利率，也是整个金融市场上具有代表性的利率。它能够及时、灵敏、准确地反映货币市场乃至整个金融市场短期资金供求关系。当同业拆借率持续上升时，反映资金需求大于供给，预示市场流动性可能下降，当同业拆借利率下降时，情况相反。目前，在国际市场上有代表性的同业拆借利率有以下几种：美国联邦基金利率、伦敦同业拆借利率（LIBOR）、新加坡同业拆借利率、香港同业拆借利率和上海银行间同业拆借利率（SHIBOR）。

同业拆借市场具有以下特点：①拆借期限短，通常为1~2天，多则1~2周，一般不会超过一个月；拆款按日计息；同业拆借利率是金融机构之间的短期资金借贷利率，是同业拆借市场的资金价格。②参与拆借的机构基本上是在中央银行开立存款账户，交易资金主要是该账户上的多余资金。③同业拆借资金主要用于短期、临时性需要。④同业拆借基本上是信用拆借。同业拆借可以使商业银行在不用保持大量超额准备金的前提下，就能满足存款支付的需要。

同业拆借具有直接拆借和有拆中介参与两种方式。在直接拆借中，同业拆借由拆出银行开出支票交拆入银行存在中央银行，使拆入银行在中央银行的存款准备金增加，达到法定存款准备金额度。同时，拆入银行开出一张同等金额并加利息的支票交给拆出银行，并写明兑付日期（一般为出票日后的1~2天），到期后，拆出银行将支票通过票据交换所清算收回本息，整个拆借过程结束。当有拆借中介参与时，拆出行通知中介人，告诉中介人自己可以拆出资金的数量、利率、期限；同时，拆入行通知拆借中介人自己需要的资金数量、期限、利率。中介人将双方的信息进行整理后将适宜的情况分别通知拆借双方，拆借双方接到中介人反馈的信息后直接与对方进行协商，拆借双方协商一致，同意拆借成交后，拆出行用自己在中央银行存款账户上的可用资金划账到拆入行账户上。当拆借期限到期，拆入行则把自己在中央银行存款账户上的资金划转到拆出行的账户上。在有中介人参与的交易过程中，拆借中介人主要通过拆借手续费或拆出、拆入的利差来盈利，流程参见图2-4。

二、固定收益证券

1. 国债

国债是指以政府作为借款人向社会成员按一定的利息承诺而进行的融资，主要用

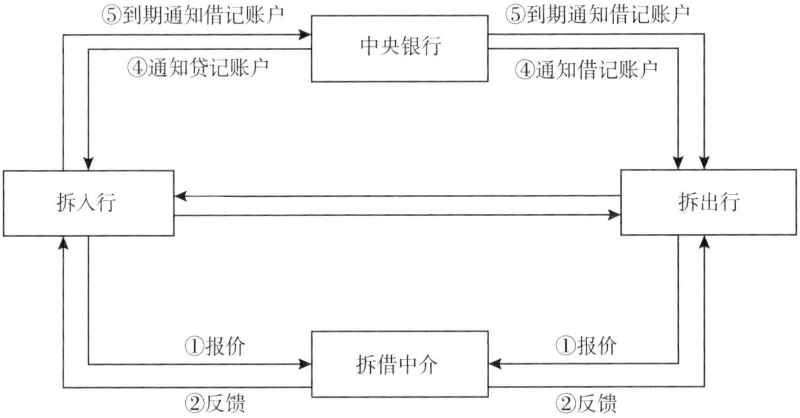

图 2-4 拆借中介参与的同业拆借流程

于解决由政府投资的公共设施或重点建设项目的资金需要和弥补财政赤字，是实现宏观经济调控的有效手段。国债发行量大、品种多，按国债偿还期限可分为短期国债、中期国债和长期国债。短期国债一般偿还期限为 1 年或 1 年以内，用于临时周转；中期国债偿还期限在 1 年以上 10 年以下，用于弥补赤字，或用于投资；长期国债偿还期限在 10 年及以上，用于政府投资。

国债发行有直接发行和间接发行两种方式，直接发行即定向私募发行，而间接发行包括代销、承购包销、招标发行和拍卖发行四种方式。

其中，中长期国债具有以下四种特点：①融资功能：具有使资金从资金剩余者流向资金需求者，为资金不足者筹集资金的功能。②弥补财政赤字功能：通过发行国债来弥补财政赤字，是世界各国政府普遍的做法。③调节资金流向功能：通过国债的回购和逆回购，以及调整国债的利率和贴现率，达到调节社会资金供求和货币流通量的目的。④宏观调控功能：在证券市场上买卖国债等有价证券来调节货币供应量，是实现宏观调控的重要手段。

2. 通货膨胀保值债券

通货膨胀保值债券（Treasury Inflation-Protected Securities，TIPS）又称通胀保值债券，是美国财政部于 1997 年发行的与消费者价格指数（CPI）挂钩的债券。基本特征是本金与实行本金与 CPI 挂钩，当发生通货膨胀时，本金相应增加；当发生通货紧缩时，本金相应减少。

通货膨胀保值债券对于投资者和国家的作用不同。

对投资者而言，通货膨胀保值债券的作用在于：第一，由于通货膨胀保值债券的本金随国家通货膨胀情况相应调整，且美国财政部每半年对其进行一次利息支付，利息随本金变化而相应调整，从而使投资者在获得实际收益的同时，其本金和利息的未来购买力得到保证。第二，通货膨胀保值债券的出现，一方面增加了投资者的投资渠道，另一方面其收益与其他投资品种总收益的相关性较低，总体而言，有利于投资者分散投资，降低投资组合风险。第三，若发生通货膨胀，通胀保值债券的本金随通胀而相应调整，且能保证投资者获得实际收益；若发生通货紧缩，投资者的名义收益虽然减少，但实际收益却并未减少；并且如果是债券到期时发生通货紧缩，美国财政部会比较调整后的本金与原始本金金额的大小，按较多的金额对投资者进行支付。因此，通货膨胀保值债券的波动性相对较低，且设定了通货紧缩下限。

对国家而言，通货膨胀保值债券的作用包括：第一，通货膨胀保值债券受到投资者青睐，使政府的融资渠道拓宽，融资便利性大大增加。第二，一方面，通胀保值债券丰富了公开市场操作的品种；另一方面，通胀保值债券总额巨大，增加了美联储公开市场操作的空间。因此，增强了央行公开市场操作的能力。

3. 公司债券

国内外证券交易法根据发行主体的不同，将债券分为政府债券、金融债券、公司债券三种，这里我们重点讲解公司债券。

公司债券是指在中国境内依据《公司法》设立的有限责任公司和股份有限公司依法发行的，承诺在 1 年以上期限内还本付息的有价证券，其反映发行债券的公司和债券投资者间的债权债务关系。其特点包括以下几点：

（1）风险较大。公司债券的本次偿付依托于公司经营利润，而公司经营状况的不确定性也使公司债券具有较大的风险。

（2）收益率较高。风险和收益成正比的关系，也使投资者在承担公司债券较大风险的同时，享有较高的收益率。

（3）具有有限索取利息和要求补偿的权利。不同于股票投资者，公司债券持有人作为公司债务人而非股东，具有优先分配收益并在公司破产清理资产时优先索取利息和本金的权利。

（4）拥有一定的选择权。公司债券中的可转换债券和可交换债券，赋予发行者和投资者之间一定的选择权。

公司债券可细分为信用公司债券、不动产抵押公司债券、保证公司债券、收益公司债券、可转换公司债券、附认股权证的公司债券、可交换债券七大类。

4. 抵押支持证券

抵押支持证券，是指以各种抵押债券（如各种住房抵押贷款等）或抵押池的现金流作为支持证券的总称。根据对利息、计划偿还本金、提前偿付本金的处理方法不同，抵押支持证券可以分为抵押贷款转付证券（Mortgage Pass Through Securities，MPTS）、抵押担保债券（Collateralized Mortgage Obligations，CMO）、可剥离抵押支持证券（Stripped Mortgage-backed Securities，SMS）三类。

抵押贷款转付证券是金融机构将一个或几个抵押贷款集中起来建立一个抵押池，并出售该抵押池的参与凭证形成的。如住房抵押贷款，投资者在购买住宅抵押贷款转付证券之后，即拥有该组合贷款，但其所有权是以信托的方式持有，并由服务银行负责管理。服务银行于每个月收齐贷款者所归还的本金、利息，在扣掉相应的服务费之后，将得到的现金流按投资比例分配给各个投资者。由于抵押贷款人始终有提前偿付的动机，因此抵押贷款转付证券存在提前偿付风险。

抵押担保债券，是以一组抵押贷款为担保而发行的多组债券。根据不同的投资者对风险的偏好程度不同，抵押贷款产生的现金流被重新分配从而使提前偿付风险也得到重新分配，现金收入全部来自贷款产生的本息，中介机构在收到本息之后，依照各组债券相应的条款向投资者分配现金流，这样就形成了一系列不同期限、不同息票率、不同风险程度的投资序列。抵押担保债券的典型形式一般包含四级债券：A 级、B 级、C 级和 Z 债券。贷款组合的现金流首先用于支付 A 级债券的本金，当完全偿付后，转而支付 B 级债券的本金，同理再行支付 C 类债券本金。A 级、B 级、C 级债券在发行日开始即按票面利率支付利息，当前三类债券本息都被偿付后，从资产池中产生的剩余现金流方可用于支付 Z 债券的本息。Z 债券是应计利息累积债券，在其前面各级证券本息被清偿后，才开始享有利息和本金收入，未支付的当期利息累积起来加入其本金余额。Z 债券存在的效应是，前 N 级债券的本金支付因 Z 债券利息的延迟支付而加速。

可剥离抵押支持证券重新分配了抵押池中产生的现金流，将现金流分为利息和本金，利息全部支付给一类证券持有人，本金则全部支付给另一类证券持有人。该支持证券可以分为三类：第一，合成息票转手证券，其对息票和本金具有不同的分配方式。第二，纯利息/纯本金证券。1987 年，可剥离抵押支持证券正式发行，这类证券从资产池中收到的所有利息都分配给纯利息证券持有人，收到的全部本金都分配给纯本金证券持有人。第三，剥离式抵押担保债券。它是 CMO 结构中的一个纯利息序列或纯本金序列，可剥离抵押支持证券可以用于对抗利率风险和提前偿付风险。

三、权益证券

1. 普通股

普通股票是最基本、最常见的一种股票，持有者享有公司股东的基本权利和义务，其股利完全随公司盈利的变化而变化，在公司盈利和剩余财产分配顺序上列于债权人和优先股票股东之后，故其风险较大。

普通股作为一种投资工具具有两大特点：剩余追索权和有限责任。剩余追索权是指股东对公司资产和收益的追索权处于最后一位。当公司清算资产时，普通股股东只有在其他索偿人，如税务部门、公司员工、供应商、债券持有者和其他债券人等得到补偿后，才对剩余资产享有索偿权。对于并未处于清算中的公司，普通股股东只对扣除利息和税收之后的运营收益享有索偿权。公司管理层可以将剩余收益以现金股利的形式发放给股东，也可以将其投资到公司的业务中，以增加股票价值。有限责任是指公司经营失败时，股东的最高损失是其原始投资额。与非公司制企业不同的是，债权人对公司股东的个人财产不享有索偿权，股东最大的损失也不过是手中的股票变得一文不值，他们对公司的债务不负有任何责任。

2. 优先股

优先股是指在盈余分配或剩余财产分配上的权利优先于普通股的一种股票，其一般在票面上注明“优先”或“优先股”字样。其具有股息率固定、股息分派优先、剩余资产分配优先、一般无表决权、收益率相对较低五大特点。总体而言，优先股具有权益和债务的双重特性，像债券一样，它向持有者每年支付固定的收益，从这个角度讲，优先股类似于无限期的债券，即永久债券。另一个与债券相似的特点是，优先股没有赋予股东参与公司决策的权力。但优先股是一种权益投资，公司保留向优先股股东支付股利的自主权，公司向普通股股东支付股利之前，需要首先全部付清优先股股利。

四、金融衍生工具

金融衍生工具又被称为金融衍生产品，是与基础金融产品相对应的一个概念，指建立在基础产品或基础变量之上，价格取决于基础金融产品价格变动的派生金融产品，具有跨期性、杠杆性、联动性、高风险性四大特点。根据不同的标准，金融衍生产品可有不同的分类，按产品形态分类，可分为独立衍生工具和嵌入式衍生工具；按交易场所不同，可分为交易所交易的衍生工具和场外交易市场交易的衍生工具；按基础工具种类，可分为股权类产品的衍生工具、货币衍生工具、利率衍生工具、信用衍生工具和其他衍生工具；按金融衍生工具自身交易的方法和特点，可分为金融远期合约、金融期货、金融期权、金融互换和结构化金融衍生工具。下面，根据金融衍生工具自身交易的方法和特点分类标准，我们将详细介绍几种金融衍生工具。

1. 金融远期合约

远期合约是一种非标准化合约，指交易双方约定在未来某一确定时间，按约定的价格买卖一定数量的某种以合约为标的的资产的合约。其一般在金融机构之间或金融机构与客户间通过谈判签署，不在交易所进行交易。合约标的资产通常为大宗商品、农产品、外汇和利率等金融工具。按照基础资产的不同划分，远期合约可分为股权类资产的远期合约、债券类资产的远期合约、远期利率协议和远期汇率协议四类。在金融远期合约的交易中，买卖双方分别被称为多方和空方，多方是指合约中规定在将来买入标的物的一方，空方指在未来卖出标的物的一方。

2. 金融期货合约

金融期货合约是指协议双方同意在约定的将来某个日期按约定的条件（包括价格、交割地点、交割方式等）买入或卖出一定标准量的某种金融资产的标准化协议。合约的基础工具包括外汇、债券、股票、股价指数等各种金融工具，按照基础工具的不同，金融期货可分为利率期货、股价指数期货和外汇期货。总体来说，期货市场具有套期保值、价格发现、投机、套利四项基本功能。

与金融现货相比，金融期货在交易对象、目的、价格、方式以及结算方式有不同特点，具体如表 2-1 所示。

表 2-1　金融现货与金融期货的区别

区别	金融现货	金融期货
交易对象	某一具体形态的金融工具，通常代表一定所有权或债权关系的股票、债券或其他金融工具	标准化的金融期货合约
交易目的	筹资或投资	期货交易不能创造价值，只是作为风险管理工具存在
交易价格	现货交易价格通过买卖双方公开竞价或协商而成，是某一时点买卖双方均可接受的价格	对现货未来价格的预期，或者说是价格发现的过程
交易方式	现货交易一般在成交后几个工作日内完成交割	期货交易则实行保证金交易和逐日盯市制度，交易者并不需要在成交时拥有或借入全部资金或基础金融工具
结算方式	现货交易通常以基础金融工具与货币的易手而结束	金融期货交易仅有极少数的合约到期交割交收，绝大多数期货合约以反向交易实现对冲平仓

与普通远期交易相比，两者的区别主要体现在交易场所、交易监管程度、交易合约以及交易风险方面，具体如表 2-2 所示。

表 2-2　普通远期与金融期货的区别

区别	普通远期	金融期货
交易场所	远期交易在场外市场双边交易	金融期货交易必须在交易所内进行
交易监管程度	远期交易则受到监管较少	金融期货交易至少受到世界各国和地区中 1 家以上监管机构监管
交易合约	远期交易的内容可协商确定	金融期货交易是标准化交易

续表

区别	普通远期	金融期货
交易风险	通常存在一定的对手违约风险	实行保证金制度和每日结算制度，买卖双方均以交易所或期货清算公司为交易对象，因此，违约风险相对较小

3. 金融期权

金融期权是指以金融工具或金融变量为基础工具的期权交易形式。具体而言，买方在向卖方支付一定费用后，就获得在规定期限内以某一特定价格向卖方买进或卖出一定数量的特定金融工具的权利。值得注意的是，期权交易实际上是权利的单方面有偿让渡，买方以其支付的期权费为代价而拥有一定权利，但不承担必须买进或卖出的义务；而卖方在收取该期权费后，在特定期限内，必须无条件服从买方的选择并承担成交时的义务。

按照选择权的性质不同，金融期权分为看涨期权和看跌期权。看涨期权被称为“认购权”，赋予其持有者在到期日或到期日之前以特定的价格购买某种资产的权利，其持有者并不是必须行权，只有当资产的市场价格超过执行价格时，行权才是有利可图的。当市场价格高于执行价格时，看涨期权的持有者会以执行价格买入资产，获得的收益等于市场价格与执行价格的差值，当市场价格低于执行价格时，看涨期权的持有者不会行权，若期权合约到期仍未行权，则该合约终止，并不再具有价值。因此，看涨期权在股票价格上涨时可以提供较高的收益，看涨期权的盛行会向市场传递一种牛市信号。看跌期权也被称为“认沽权”，其赋予持有者在到期日或到期日之前以特定的价格出售某种资产的权利。只有当标的资产的市场价格低于执行价格，看跌期权的持有者才会行权。若持有者对未来该向金融工具价格下跌的预期正确，则可从市场以较低价格买入该向金融工具，再按协议价格卖给期权卖方以赚取差价；若预期失误，则放弃行权，损失期权费。按照合约所规定的履约时间不同，可分为欧式期权、美式期权和修正美式期权。欧式期权规定只能在期权到期日执行；美式期权规定在期权到期日或到期日前任何一个营业日均可执行；修正的美式期权也称为“百慕大期权”或“大西洋期权”，可在期权到期日前任何规定日期行权。按照金融资产性质的不同，可分为股权类期权、利率期权、货币期权、金融期货合约期权和互换期权。

金融期货和金融期权的区别主要体现在权利与义务、合约标准化程度、盈亏风险、保证金、买卖匹配和套期保值几点（见表2-3）。

表 2-3 金融期货与金融期权的区别

区别	金融期货合约	金融期权合约
权利与义务	双方都被赋予相应的权利和义务，除非用相反的合约抵消，否则合约所赋予的权利和义务在到期日必须行使	只赋予买方权利，卖方只有在对方履约时进行相应的标的物买卖的义务
标准化	期货合约都是标准化合约	期权合约不一定是标准化合约
盈亏风险	期货交易双方的盈亏风险都是无限的	卖方亏损风险可能是无限的，盈利是有限的，仅限于所收取的期权费；买方亏损风险是有限的，仅限于其支付的期权费，而盈利却可能是无限的
保证金	买卖双方都需要缴纳保证金	买方无须缴纳保证金，卖方需要缴纳保证金
买卖匹配	期货合约买方到期必须买入标的资产，卖方到期必须卖出标的资产	买方在到期或到期前有买入或卖出标的资产的权利，卖方则在相应期限内有根据买方意愿卖出或买入标的资产的义务
套期保值	把不利风险转移出去的同时，也必须放弃若价格有利变动可能获得的利益	若价格发生不利变动，套期保值者可通过执行期权避免损失；若价格发生有利变动，其可通过放弃期权来保护利益

4. 金融互换

互换合约是指交易双方约定在未来某一特定时期相互交换某种具有相等经济价值的现金流的合约标的资产合约。主要包括利率互换、货币互换和信用违约互换三种。

利率互换指交易双方同意在未来的约定期限内，以特定数量、同种货币的本金和利率为基础，彼此交换支付利息的义务。利率互换的参考利率应为经中国人民银行授权的全国银行间同业拆借中心等机构发布的银行间市场具有基准性质的市场利率或经中国人民银行公布的基准利率，其用途在于改变交易者资产或负债的风险结构，从而有效规避风险。目前，中国外汇交易中心人民币利率互换参考利率包括上海银行间同业拆借利率（含隔夜、1 周、3 个月等品种）、国债回购利率（7 天）、1 年期定期存款利率，互换期限从 7 天到 3 年，双方可协商确定付息频率、期限、计息方式等合约条款。利率互换有两种基本形式：定息—浮息利率互换，即交换的一方支付固定利率的利息，收取浮动利率的利息；另一方则相反，浮息—浮息利率互换。这种互换双方交换的利率都是浮动利率，是以一种利率为参考的浮动利率对另一种利率为参考的浮动利率的互换。

货币互换是互换双方按约定汇率在期初交换两种不同货币的本金，然后按预先规定的日期，进行利息的分期交换。货币互换有两种基本形式：定息—定息货币互换，是指交易双方在进行互换时，均按固定利率相互交换利息支付；定息—浮息货币互换，是指交易双方在进行互换时，其中一方承担按固定利率支付利息的义务，另一方承担按浮动利率支付利息的义务。双方进行货币互换的主要原因是双方在各自国家中的金融市场上具有比较优势。

信用违约互换（CDS）是一方将购入的具有违约风险的债务或债券中的违约风险转嫁给第三方（保险公司）。双方约定以某一信用工具为参考，一方向另一方出售信用保护，若参考工具发生规定的信用违约事项，则信用保护出售方必须向购买方支付赔偿。2007 年以来发生的全球性金融危机中，导致大量金融机构陷入危机的最重要的衍生金融产品就是信用违约互换。

5. 权证

权证是发行人与持有人之间的一种契约，其发行人可以是上市公司，也可以是投资银行等。权证允许持有人在约定的时间，以约定的价格向发行人购买或卖出一定数量的标的资产，购买一定数量标的资产的权证称为认购权证，卖出一定量的标的资产的权证称为“认沽权证”。按权利行使期限不同，权证可分为欧式权证、美式权证和百慕大权证三种。按照发行者的不同，权证又可分为股本权证和备兑权证，股本权证指由上市公司自己发行的权证，标的证券为需要发行的新股，目的在于筹资或激励高管，其结果会增加公司股份并稀释每股净值；而备兑权证是指由独立的第三方如证券公司等金融机构发行的权证，标的为已在交易所挂牌交易的证券，目的在于为投资者提供避险、套利工具，其结果并不会对股本或权益产生稀释作用。

权证价值由两部分组成：一是内在价值，即标的股票与行权价格的差价；二是时间价值，代表持有者对未来股价波动带来的期望与机会。在其他条件相同的情况下，权证的存续期越长，权证的价格越高；美式权证由于在存续期可以随时行权，比欧式权证的相对价格要高。

股本权证与股票期权的差异主要体现在三个方面（见表 2-4）。

表 2-4　股本权证与股票期权的差异

比较项目	股本权证	股票期权
有无发行环节	股本权证在进入交易市场之前，必须由股份公司向市场发行	股票期权无须经过发行环节，只要买卖双方同意，就可直接成交
数量是否有限	股本权证由于先发行后交易，在发行后，其流通数量是相对固定的	股票期权没有发行环节，只要有人愿买愿卖，就可以成交，因此其数量在理论上是无限的
是否影响总股本	股本权证行权后，公司总股本的增减等于行使股本权证时所买卖的股票数量，从而对股票价格有摊薄或提升的作用	股票期权行权时所需要的股票完全从市场上购入，上市公司的总股本并不会增减，期权行权对上市公司无任何影响

五、其他金融工具

1. 黄金

黄金市场是黄金生产者和供应者与需求者进行交易的场所，是世界各国集中进行黄金买卖和金币兑换的交易中心。

黄金市场交易的主要品种包括：

（1）标金是黄金投资的基础工具，它是按照统一标准而浇铸成条块状的黄金的简称，也称实金、金条。

（2）金币是黄金投资的传统工具，它是以国家或中央银行的名义发行，具有规定的成色和重量，浇铸成一定形状并标明其面值的铸金货币。金币又可以分为投资金币和纪念金币两大类。

（3）黄金账户是黄金投资的创新工具，是黄金经纪商为黄金投资者提供的一种专作黄金转账交易而又无须实物交割支付的黄金投资工具。

（4）黄金期货和其他期货一样，是按一定价格成交，在指定时间交割的合约，合约有一定的标准。

（5）黄金期权的标的物是黄金，如果黄金价格走势对期权购买者有利，则其会行使权利而获利；相反，若黄金价格走势对其不利，则放弃购买的权利，损失只有购买期权的费用。

2. 外汇

外汇市场是指经营外币和以外币计价的票据等有价证券买卖的市场，是金融市场的主要组成部分。与其他金融市场不同，外汇市场没有具体地点，也没有中央交易所，而是通过银行、企业和个人间的电子网络进行交易。

外汇交易主要有以下几种类型：

（1）即期外汇交易，又称现汇买卖，是交易双方以当时外汇市场的价格成交，并在成交后的两个营业日内办理有关货币收付交割。即期外汇交易是外汇市场上最常见、最重要的交易方式，主要用于满足临时性的付款要求，实现购买力的转移；调整货币头寸，保持头寸平衡，避免汇率波动风险以及进行外汇投机等。

（2）远期外汇交易，又称期汇交易，是指买卖外汇双方先签订合同，规定买卖外汇的数量、汇率和未来交割外汇的时间，到了规定的交割日期买卖双方再按合同规定办理货币收付的外汇交易。因此，远期外汇交易是一种预约性交易，预约的交割期限通常为 1 个月、2 个月、3 个月、6 个月，有时也有长至 1 年、短至几天的期限。在签订合同时，除缴纳 10%的保证金外，不发生任何资金的转移。其主要功能是套期保值。

（3）掉期交易，又称时间套汇，是指同时买进和卖出相同金额的某种外汇，但买与卖的交割期限不同的一种外汇交易。进行掉期交易的目的在于避免外汇变动的风险。掉期交易可分为即期对远期、明日对次日、远期对远期等。

（4）套汇交易是套利交易在外汇市场上的表现形式之一，指套汇者利用不同地点、不同货币在汇率上的差异进行低价买进高价卖出的操作，从中套取差价利润的一种外汇交易。由于时间的分割，不同的外汇市场对影响汇率诸因素的反应速度和反应程度不同，因而在不同的外汇市场上，同种货币的汇率有时可能出现较大差异，这就为异地套汇提供了条件。套汇交易又可分为直接套汇和间接套汇。

（5）套利交易，又称利息套利，是指套利者利用不同国家或地区短期利率的差异，将资金从利率低的国家或地区转移到利率较高的国家或地区，从中获取利息差额收益的一种外汇交易。套利交易分为非抵补套利和抵补套利两种。非抵补套利是把资金从低利率货币转向高利率货币，从而谋取利差收益，但不同时进行反方向交易轧平头寸。抵补套利是把资金调往利率高的国家货币的同时，在外汇市场上卖出远期高利率货币，即在进行套利的同时做掉期交易，以避免汇率风险。

2012 年以来，我国外汇掉期合约的成交笔数和交易量都呈现出逐年上升的趋势（见图 2-5、图 2-6）。外汇掉期合约的成交笔数由 2012 年的 58748 笔增长至 2016 年的 273678 笔，增长较快，年平均增长率约为 48.26%。外汇掉期合约的交易量在 2012~2014 年间增长较为平缓，而 2015 年的交易量则增长了近一倍，由 2014 年的 44675.19 亿元大幅增长至 83449.78 亿元。2016 年，我国外汇掉期合约的交易量达到了 99959.74 亿元。

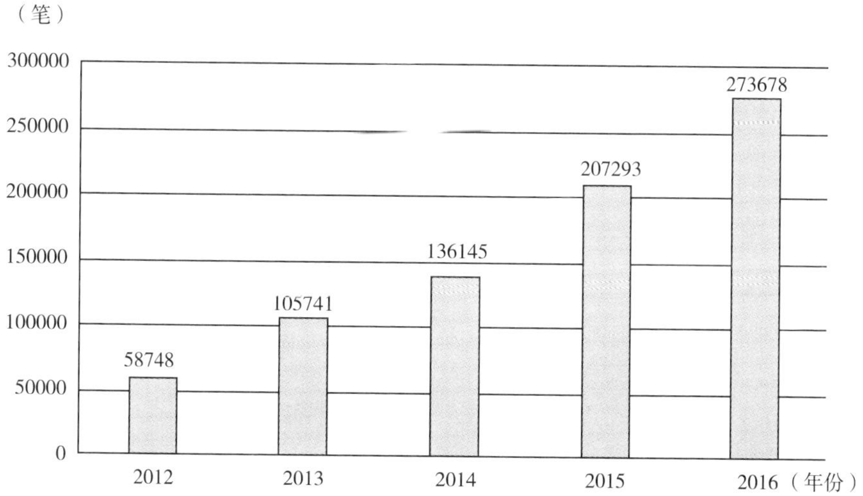

图 2-5　2012~2016 年外汇掉期合约成交笔数统计

资料来源：Wind 数据库。

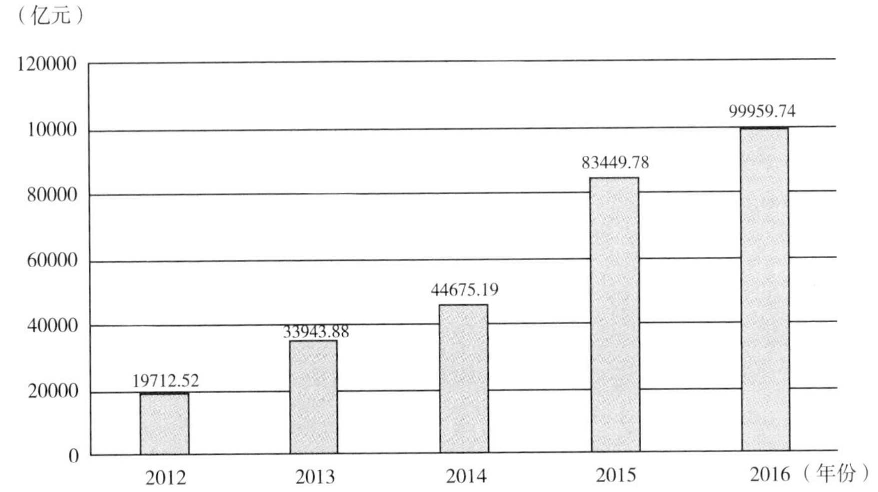

图 2-6　2012~2016 年外汇掉期合约成交金额统计

资料来源：Wind 数据库。

同时，我国外汇远期合约的成交笔数和交易量都存在一定的波动性（见图 2-7、图 2-8）。外汇掉期合约的成交笔数 2012~2015 年在 3000~5000 笔的区间内波动，2016 年则大幅增长至 12787 笔。相应地，外汇远期合约的交易量也呈现出相同的特征。外汇远期合约的交易量在 2012~2015 年间在 300 亿~500 亿元的区间内波动，2016 年则大幅度飙升至 1512.91 亿元，是上一年的 3.25 倍。

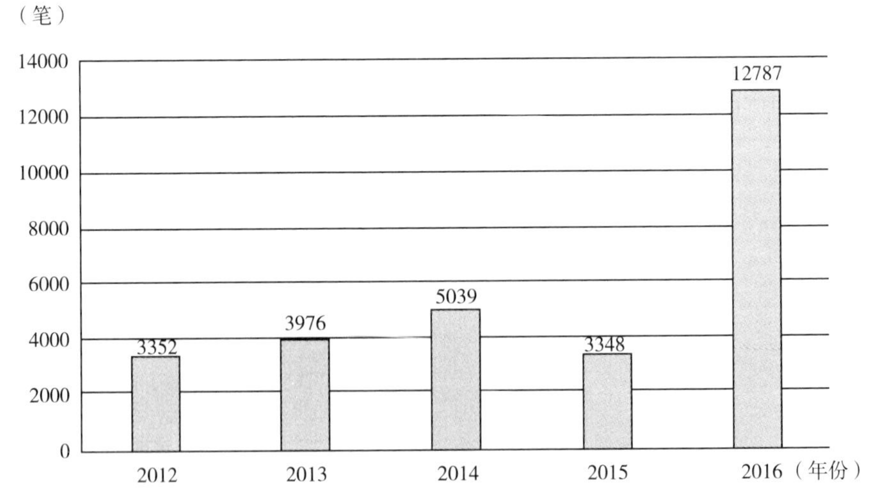

图 2-7　外汇远期合约成交笔数统计

资料来源：Wind 数据库。

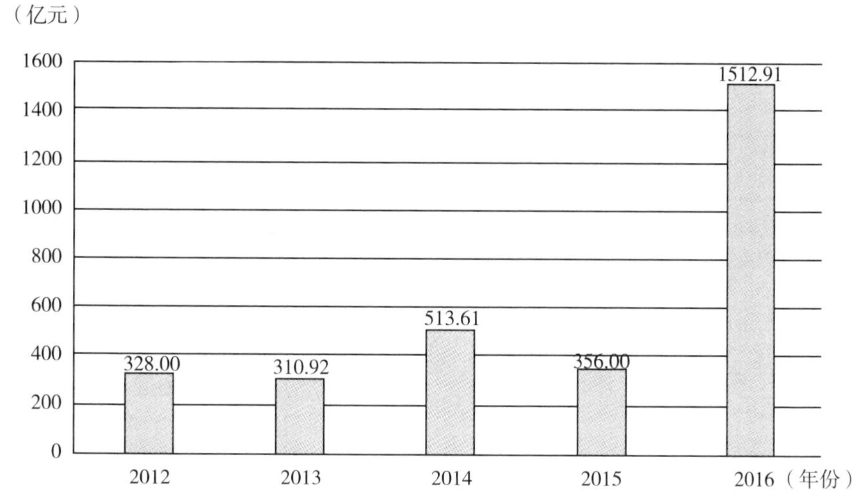

图 2-8　外汇远期合约成交金额统计

资料来源：Wind 数据库。

此外，我国外汇即期合约的成交笔数基本保持持续上升。虽然 2015 年的成交笔数与上一年相比出现了小幅的下降，但是总体呈现出上升的趋势，外汇即期合约的成交笔数（见图 2-9）由 2012 年的 198602 笔增长至 2016 年的 474044 笔。外汇即期合约的交易量（见图 2-10）在 2012~2016 年间持续增长，其中 2013 年的增长幅度最大，达到了 62%，由 2012 年的 23312. 93 亿元增长至 37706. 85 亿元。在 2013~2016 年间，外汇即期合约的交易量逐年上升，2016 年，我国外汇掉期合约的交易量达到了 57346. 61 亿元。

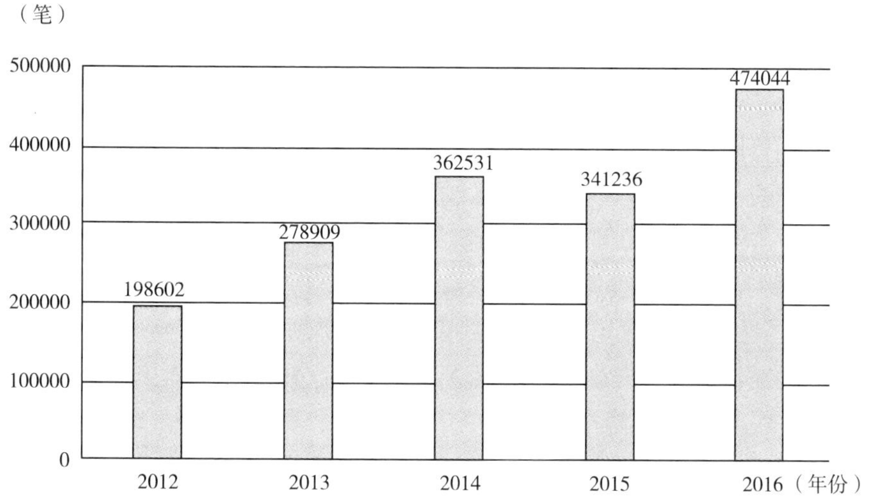

图 2-9　2012~2016 年外汇即期合约成交笔数统计

资料来源：Wind 数据库。

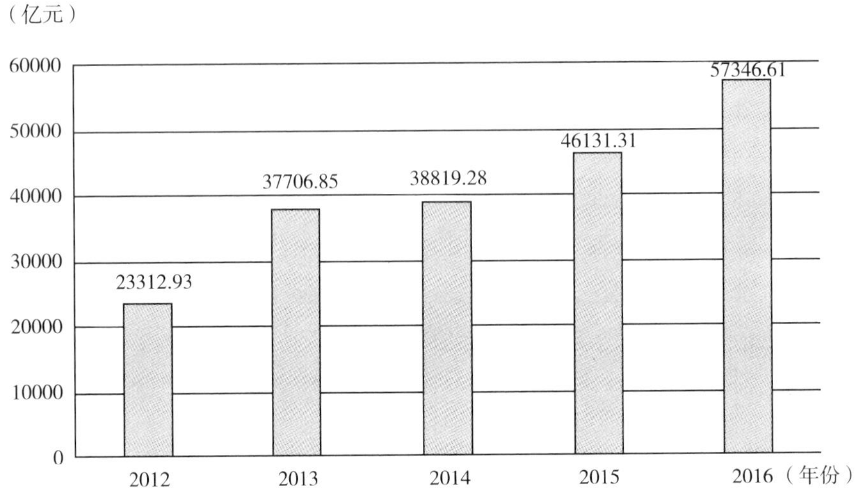

图 2-10　2012~2016 年外汇即期合约成交金额统计

资料来源：Wind 数据库。

第三节　中国金融市场

一、中国金融市场的发展历史

1. 新中国成立初期的金融市场

1949 年 5 月 5 日，中国人民银行发出收兑旧币通令，收兑各解放区货币，到新中国成立时，各解放区的旧币已经基本收回，货币发行流通已经基本统一于人民币。

1954~1955 年，中国人民银行、商业部、财政部协商，统一清理了国营工业之间以及国营工业与其他国营企业之间的贷款，贷款与资金往来一律通过中国银行办理，到"一五"计划末，一切信用统一于国家银行的目的已经实现。

"大跃进"和"文化大革命"时期，我国金融市场出现混乱局面。之后的拨乱反正时期和调整时期，我国开始加强整顿银行机构，于 1977 年基本恢复银行秩序。

2. 改革开放初期的金融市场

1979 年 3 月，中国农业银行重新恢复成立。

1979 年 3 月，决定将中国银行从中国人民银行中分离出去，作为国家指定的外汇专业银行，统一经营和集中管理全国的外汇业务。

1979 年 3 月，国家外汇管理局设立。

1979 年 10 月，第一家信托投资公司——中国国际信托投资公司成立，揭开了信托业发展的序幕。

1983 年 9 月，国务院颁布《关于中国人民银行专门行使中央银行职能的决定》（以下简称《决定》），中央银行制度框架初步确立，同时规定“成立中国工商银行，承办原来由中国人民银行办理的工商信贷和储蓄业务”。

从 1984 年 1 月 1 日起，中国人民银行不再办理针对企业和个人的信贷业务，成为专门从事金融管理、制定和实施货币政策的政府机构。

1984 年 11 月 14 日，经中国人民银行上海分行批准，上海飞乐音响股份有限公司公开向社会发行了不偿还的股票，这是中国改革开放后第一只真正意义上的股票。

3. 1985~1993 年期间的金融市场

1985 年 1 月 1 日，实行“统一计划，划分资金，实贷实存，相互融通”的信贷资金管理体系。

1986~1988 年的三年间，我国的城市信用社规模迅速壮大，构成了我国城市信用社现行体制的基本框架。

1990 年 11 月，第一家证券交易所——上海证券交易所成立，自此，中国证券市场的发展开始了一个崭新的篇章。

1992 年 10 月，中国证券监督管理委员会成立；同年 10 月底，中国证券监督管理委员会（以下简称证监会）宣告成立，标志着中国证券市场统一监管体制开始形成。

1993 年 12 月，国务院颁布《关于金融体制改革的决定》，明确了中国人民银行制定并实施货币政策和实施金融监管的两大职能，并明确提出要把我国的专业银行办成真正的商业银行。

4. 1994~2001 年期间的金融市场

1994 年 3~4 月，三大政策性银行成立，标志着政策性银行体系基本框架建立。

1998 年 11 月，中国保险监督管理委员会（以下简称中国保监会）成立，这是保险监管体制的重大改革，标志着我国保险监管机制和分业管理的体制得到了进一步完善。

1999 年 5 月，上海期货交易所正式成立。

5. 加入世界贸易组织后的金融市场

2002 年 12 月，中国证监会和中国人民银行联合发布的《合格境外机构投资者境内证券投资管理暂行办法》正式实施，QFII 制度在中国拉开了序幕。

2003 年 3 月 10 日，中国银行业监督管理委员会正式成立。

2003 年 3 月 10 日，《关于国务院机构改革方案的决定》批准国务院成立中国银行业监督管理委员会（以下简称中国银监会）。至此，中国金融监管“一行三会”的格局形成。

2003年12月，中央汇金公司成立。

自2005年7月21日起，实行有管理的浮动汇率制度，我国开始实行以市场供求为基础、参考"一篮子"货币进行调节、有管理的浮动汇率制度。

2009年11月28日，银行间市场清算所股份有限公司成立。

2010年6月19日，人民币汇率形成机制改革重启。根据国内外经济金融形势和我国国际收支状况，中国人民银行决定进一步推进人民币汇率形成机制改革，增强人民币汇率弹性。

改革开放40年来，中国金融业从单一的存贷款功能发展成为适应市场经济要求的现代化金融体系，有力地促进了经济增长和扩大就业，成为国民经济的重要行业之一。

二、中国金融市场的发展现状

随着社会主义市场经济体制和新的金融体系的建立，中国的金融市场在不断的探索中发展。目前，已基本形成了一个初具规模、分工明确的金融市场体系。

中国货币市场呈现快速增长态势。交易规模从1997年的2.6万亿元急剧攀升到2016年的960.1万亿元，同比增长36.2%。货币市场的参与主体也逐渐丰富，基本涵盖了银行、证券、基金、信托、保险、社保基金等所有类型的金融机构投资者。利率衍生品市场伴随着利率市场化进程的加快也有所发展，2016年银行间人民币利率衍生品市场累计交易额19.9万亿元，同比增长13.1%，其中，普通利率互换成交名义本金额9.9万亿元，同比增长20%；标准利率互换成交8亿元，标准债券远期成交额1亿元，远期利率协议成交1亿元。目前，银行间债券市场已成为发展最快、规模最大的资金市场，并成为中央银行公开市场操作的重要平台。从期限结构与交易品种上看，市场更加集中于隔夜交易，这反映了银行经营模式转向资产驱动，在货币市场工具的运用上越来越趋于短期化。交易券种逐渐丰富，主要包括政府债券、央票和政策性银行债券。在信用债券中，交易量主要集中在信用等级最高的中期票据和企业债券上，各子市场的价格联动关系表现趋于一致，Shibor的报价质量不断提高，应用范围在扩大，其货币市场基准利率地位已初步确立。中国的票据市场以商业票据为主，正初步成为企业短期融资和银行提高流动性管理、规避风险的重要途径，也是中央银行实施货币政策的重要传导机制，但是，票据市场法律滞后、品种单一、中介机构不规范、电子化程度较低等问题造成的中国票据市场基础设施和电子化发展缓慢的问题仍较突出。

1990年10月和1991年4月，上海证券交易所和深圳证券交易所先后成立。中国已形成以债券和股票为主体的多种证券形式并存的全国性资本市场体系，并且相应的交易规则和监管办法也在日益完善。

期货市场是我国发展最为成熟的衍生品市场，产品品种不断丰富。目前，我国四大期货交易所分别是上海期货交易所、郑州商品交易所、大连商品交易所、中国金融期货交易所。自2012年以来，我国期货市场陆续推出白银、玻璃、油菜籽、菜籽粕、焦煤、国债、动力煤、石油沥青、铁矿石、鸡蛋、粳稻、纤维、原油等商品期货。2010年4月，股指期货正式上市交易。2013年9月，国债期货重新上市交易。2014年，中国期货市场又上市聚丙烯、热轧卷板等6个新品种。中国期货业协会最新统计资料表明，2016年12月全国期货市场交易规模较上月有所下降，以单边计算，当月全国期货市场成交量为287686785手，成交额为174678.98亿元，同比分别下降14.61%和增长15.64%，环比分别下降23.83%和19.41%。2016年1~12月全国期货市场累计成交量为4137768273手，累计成交额为1956316.09亿元，同比分别增长15.65%和下降64.70%。

2016年，中国期权市场交易量大增。2015年2月，上海证券交易所正式挂牌上证50交易型开放式指数基金（ETF）期权合约，拉开了中国期权市场发展大幕。国内目前的期权交易品种十分有限，只有上证50 ETF期权。自上证50 ETF期权上市以来，投资者开户数稳步增长，2016年，期权开户数达到202013户，较2015年年末增加147.70%，其中，个人投资者198495户，机构投资者3518户。上证50 ETF期权总成交7906.93万张，日均成交32.41万张，单日最大成交106.65万张。

中国保险市场快速发展，保险业务品种日益丰富，保险业务范围逐步扩大，保费收入较快增长。保险市场的发展在保障经济、稳定社会、造福人民等发面发挥了重要作用。

1994年4月，中国在上海建立了全国统一的银行间外汇市场，将原来分散的外汇交易集中统一起来，为形成单一的、有管理的人民币汇率体制奠定重要的市场基础。自2005年7月21日起，我国开始实行以市场供求为基础、参考“一篮子”货币进行调节、有管理的浮动汇率制度。2016年，我国外汇市场对外开放度日益提高，在放开境外央行类机构和人民币清算行入市的基础上，进一步加大对境外交易主体的开放力度，2016年9月底，已有5家境外主体成为银行间外汇市场会员，同时，银行间外币拆解业务也已开始引入符合条件的境外机构。此外，人民币外汇直接交易业务在2016年继续平稳快速发展，先后突出人民币对南非兰特、韩元、沙特里亚尔和阿联酋拉姆四个货币直接交易。在外汇期权市场中，期权组合交易的推出进一步提高银行间外汇期权市场交易效率，同时，极大地丰富了银行间外汇期权市场交易种类。从交易量看，期权组合成交活跃，2016年日均交易量超过25亿美元，在期权市场的份额保持在67%以上。

三、金融市场发展的主要影响因素

金融市场的发展受到多方面的影响，一般来说，最重要的是以下四方面因素：

1. 经济因素

金融活动产生于经济活动并随之发展，经济发展水平决定金融市场规模、层次和结构等，具体包括经济投资环境的变化、金融监管态度和措施、货币制度等影响因素。

2. 法律因素

完备的法律法规和规章制度，不仅是金融市场参与者的行为规范，还是行政及执法部门金融监管的行动导向。

3. 市场因素

统一的市场组织、丰富的市场交易品种、健全的价格形成机制等影响金融市场发展的水平与效率等。

4. 技术因素

强有力的技术条件不仅包括各种计算机硬件和软件，而且包括金融工程技术。

四、金融市场的发展趋势

在基础性金融市场逐渐发展完善的条件下，适当增强金融创新也是金融发展的应有之义，这既是改善风险管理、进一步提升市场效率的内在要求，也为参与国际竞争并进一步开放金融市场准备条件。

1. 金融市场网络化

金融市场网络化是计算机和互联网飞快发展的直接产物，因为网络金融工具交易本身是需要通过这两种媒介来进行交易，在线交易、在线信息传播、自动交易系统、网上银行等都是近年来金融网络化的真实写照。

在网络科技快速发展的促进下，以移动互联网、大数据、云计算等为代表的信息技术正在重塑传统金融的经营模式，使市场性的内生力量在金融创新发展中得到彰显。一方面，从市场客户端来看，综合化经营通过提供一站式金融服务，能够更便捷地满足顾客的金融需求；另一方面，对于金融机构而言，综合化经营具有规模经济和范围经济的优势，可以实现协同效应，拓展多元化收入，降低成本，提高绩效和市场竞争力，因而成为金融市场根本性变革中谋求转型的重要战略。

2. 金融市场国际化

在经济金融全球化的背景下，一国金融市场突破国界的限制，不断走向国际化，是必然趋势。我国金融市场的国际化是多种因素共同作用的结果，有宏观、微观方面的原因，也有主观、客观上的因素，各种原因相互影响、共同促进。

金融市场国际化进程的加快，将降低新兴市场获得资金的成本，改善市场的流动性和市场效率，延展市场空间，扩大市场规模，提高系统能力，改善金融基础设施，提高会计和公开性要求，改进交易制度，增加衍生产品的品种，完善清算及结算系统。海外金融资本的进入，尤其是外国金融机构和其他投资者对市场交易活动的参与，迫使资本流入国的金融管理当局采用更为先进的报价系统，加强市场监督和调控，及时向公众传递信息，增加市场的效率。另外，越来越多的新兴市场国家通过采用国际会计标准，改进信息质量和信息的可获得性，改善交易的公开性。而外国投资者带来的新的金融交易要求，在一定程度上也促进了衍生产品的出现及发展。同时，金融市场国际化也是我国“走出去”战略的重要一笔。

3. 金融工具不断创新

金融工具创新是金融市场基础性建设的重要部分，是健全金融市场体系、丰富投资品种的需要，有利于改善市场的流动性和稳定性。

金融产品的创新将为市场提供与国际市场接轨的投资品种与投资工具，拓展市场的广度与深度，促进我国证券市场的国际化进程。对完善我国金融市场体系具有至关重要的意义，具体包括以下三点：

一是能增加金融产品种类，完善我国金融市场类型。我国由同业拆借市场、商业票据市场、大额存单市场等货币市场和国债市场、债券市场、股票市场等资本市场构成的金融市场体系已经确立，但由于金融工具创新还受到各种条件限制，特别是衍生金融工具创新方面远远不够，因而金融市场体系还不够完善。创造条件，加大金融工具创新力度，必将进一步促进金融市场的发展，完善金融市场类型。二是能提供规避风险和投资盈利的手段，扩大我国金融市场规模。金融工具创新，使市场主体能有更多选择余地，以形成自己的资产组合，从而增强规避风险能力，提供投资盈利的手段，并能吸引更多的投资者加入金融市场中来，不断扩大金融市场规模。三是能为我国金融业扩大对内对外开放创造条件。金融工具创新，能增加金融工具种类，扩大金融市场规模、完善金融市场类型、实现人民币在资本项目下可自由兑换，从而推动我国金融业对内对外开放。

关键术语

金融市场　金融工具　货币市场　资本市场　一级市场　二级市场　外汇市场　外汇互换　大额存单　固定收益债券　短期国库券　中长期债券　公司债券　抵押贷款转付证券　可剥离抵押支持证券　担保抵押债务　通货膨胀保值债券　商业票据　普通股　优先股　远期合约　期货期权　衍生资产

课后习题

1. 简述金融市场的功能。

2. 简述通胀保值债券的含义与作用。

3. 普通股与优先股有何区别?

4. 期货市场的作用是什么?期货合约与期权合约有何区别?

5. 金融市场最基本的功能是( )。

A. 融资功能 B. 风险管理 C. 信息生产 D. 公司控制

6. 根据金融商品的交割时间划分,可将金融市场分为( )。

A. 现货市场和期货市场 B. 一级市场和二级市场

C. 场内交易市场和场外交易市场 D. 货币市场和资本市场

7. 目前,我国金融市场实行的经营体制是( )。

A. 分业经营、混业管理 B. 分业经营、分业管理

C. 混业经营、分业管理 D. 混业经营、混业管理

8. 某公司公开发行债券,可以申请在( )上市交易或转让。

①证券交易所 ②全国中小企业股份转让系统 ③证券公司柜台 ④国务院批准的其他证券交易场所

A. ①②④ B. ②③ C. ①③④ D. ①②

9. 相对于投资普通股票而言,投资优先股的收益( ),风险( )。

A. 不稳定 大 B. 稳定 小 C. 稳定 大 D. 不稳定 小

10. 优先股的特征不包括( )。

A. 股息率固定 B. 股息分派优先

C. 剩余资产分配优先 D. 具有优先认股权

11. 回购交易通常在( )交易中运用。

A. 远期 B. 现货 C. 债券 D. 股票

12. 债券和股票的主要区别是( )。

①期限不同 ②风险不同 ③权利不同 ④收益不同

A. ①②③④ B. ①③④ C. ②③④ D. ③④

13. 远期交易和期货交易的区别主要表现在( )。

①功能作用不同 ②信用风险不同 ③保证金制度不同 ④交易对象不同

A. ②③④ B. ①③④ C. ①②③④ D. ①②

14. 可转换公司债券一般要经( )决议通过才能发行。

①股东大会 ②总经理 ③监事会 ④董事会

A. ①② B. ③④ C. ②③ D. ①④

第三章　资产组合理论

【学习目标】

了解投资者的风险偏好；了解投资收益和投资风险的度量；了解分散投资是如何降低投资组合风险的；掌握投资组合有效集合最优投资组合的构建；掌握无风险资产对资产组合的影响。

第一节　资产组合风险与收益

这一节运用了计量方法中多种统计和收益测算。需要了解历史收益和主要资产类别的风险排行，以及资产间、不同资产等级间的收益相关性（协方差）如何影响投资组合的风险。

一、单个证券的期望收益率和标准差

1. 单个证券的期望收益率

收益是指投资者放弃当前消费和承担风险的补偿。证券投资者在某一时期内投资于某一证券的收益率通常表示为：

$$R=\frac{W_1-W_0}{W_0} \tag{3-1}$$

式中：R 代表收益率；W_0 一般代表期初证券市价；W_1 代表期末证券市价及投资期内投资者所获收益的总和，包括股息和红利。

当投资涉及现在对未来的决策时，证券未来的收益状况就变成了一个不确定的量，投资者更多的是需要对未来的收益率进行预测与估计。马科维茨认为，正是由于

未来收益率具有不确定性，因此其往往表现为一个随机变量，所以可以将期望收益率作为对未来收益率的最佳估计。

设某投资者投资于一种证券，其收益有 n 种可能性，用 R_i 表示证券在第 i 种可能下的收益，用 P_i 表示证券收益率出现第 i 种可能性的概率，则有：

$$E(R)=\sum_{i=1}^{n}P_iE(R_i) \tag{3-2}$$

式中：E(R)代表预期收益率，$E(R_i)$是投资期内各种可能发生的收益率，P_i 是收益率发生的概率。

【例 3-1】 假设投资者投资于某只股票，其初始投资金额为 20 元，预期股票价格会有表 3-1 中的三种情况，求其期望收益。

表 3-1 预期三种股票价格

股市情况	发生概率	收益率
熊市	0.25	-21%
正常	0.5	10%
牛市	0.25	35%

根据期望收益率的公式：$E(R)=0.25\times(-21\%)+0.5\times10\%+0.25\times35\%=8.5\%$

2. 单个证券投资收益的方差（标准差）

对于证券投资者来说，仅知道某种证券的期望收益尚不足以对该证券有足够的把握，还必须知道收益率的离散程度，即各收益率值偏离期望值的情况。收益均值大小只表示某证券收益的期望值。在比较两种证券的优劣时，还要考虑各证券的风险程度。而风险程度的大小用收益率的标准差 σ 来衡量。收益率偏离均值越厉害，标准差就越大，即风险越大。

在经济领域中，收益率的方差和标准差是衡量投资风险最常见的方法。这两个指标都是衡量收益率距离其均值或预期值的偏离分布程度。计算总体方差 σ^2 的公式如下：

$$\sigma^2=\sum_{i=1}^{n}[R_i-E(R)]^2P_i \tag{3-3}$$

标准差 σ 的公式为：

$$\sigma=\sqrt{\sum_{i=1}^{n}[R_i-E(R)]^2P_i} \tag{3-4}$$

二、投资组合的期望收益率和标准差

1. 投资组合的期望收益率

资产组合的期望收益率是每个资产期望收益率的加权平均值。假设某投资者用 n 种证券组成了他的资产组合，每种证券占整个组合的比例用 w_i 来表示，那么这个组合的期望收益率就可以表示为：

$$E(R_P)=\sum_{i=1}^{n} w_i E(R_i) \tag{3-5}$$

式中：$E(R_P)$ 表示证券组合的预期收益率；$E(R_i)$ 表示证券组合中第 i 种证券的预期收益率；w_i 表示投资于第 i 种证券的资产数占总投资额的比重。当全部资产被投资于不同证券品种时，不同证券上的投资比重之和 $\sum_{i=1}^{n} w_i=1$。

2. 两种证券的协方差和相关系数

协方差是用来衡量两个变量同向移动的程度。正的协方差表示变量（两种证券的投资收益率）同向变动；负的协方差表示变量反向运动。协方差为 0 表示两个变量之间没有线性关系。换一种说法，如果两种资产的投资收益率协方差为 0，那么下一阶段一种资产的收益率对另一种而言没有参考意义。这里我们将介绍利用历史数据计算两种资产收益率的协方差。样本协方差计算公式如下：

$$\sigma_{AB}=\frac{1}{n}\sum_{i=1}^{n}[(R_{Ai}-E(R_A)][(R_{Bi}-E(R_B)] \tag{3-6}$$

其中：R_{Ai} 和 R_{Bi} 表示证券 A 和证券 B 所观察到的收益率；$E(R_A)$ 和 $E(R_B)$ 表示证券 A 和证券 B 的预期收益率。

协方差的变动取决于单个证券标准差的变动，以及它们之间同向运动关系。协方差是一个绝对度量手段，度量单位收益的平方。

两种证券收益协方差可以通过除以两个证券的标准差来进行标准化。这种标准化的测量方法叫作相关系数，计算如下：

$$\rho_{AB}=\frac{\sigma_{AB}}{\sigma_A\sigma_B} \tag{3-7}$$

相关系数没有单位，是两种证券收益变动相关性的测量手段，取值范围从 -1 到 +1。若 $\rho=+1$，两种证券完全正相关；$\rho=-1$，两种资产完全负相关；$\rho=0$，两种资产不相关；ρ 在 0 到 1 之间，两种资产正相关；ρ 在 -1 到 0 之间，两种资产负相关（见图 3-1）。

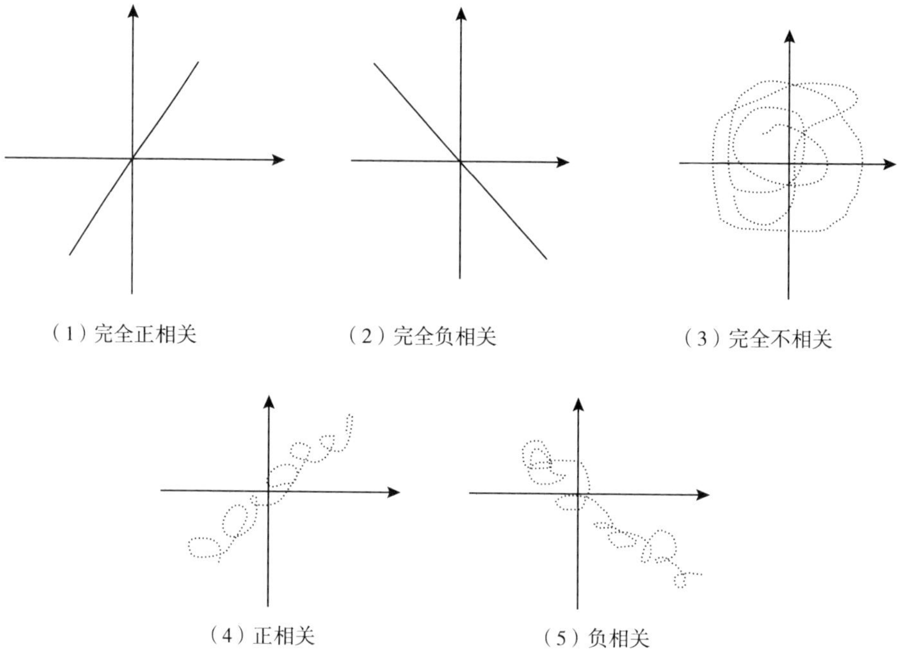

图 3-1　相关系数

3. 投资组合标准差

两种风险投资组合的收益方差如下：

$$\sigma_P^2 = w_A^2\sigma_A^2 + w_B^2\sigma_B^2 + 2w_A w_B \sigma_{AB} \tag{3-8}$$

w_A、w_B分别表示投资于组合中资产 A 和资产 B 的比例，$w_A + w_B = 1$，根据之前的内容，可以知道 $\sigma_{AB} = \rho_{AB}\sigma_A\sigma_B$，代入组合收益方差公式中可以得到：

$$\sigma_p^2 = w_A^2\sigma_A^2 + w_B^2\sigma_B^2 + 2w_A w_B \rho_{AB}\sigma_A\sigma_B \tag{3-9}$$

$$\sigma_p = \sqrt{w_A^2\sigma_A^2 + w_B^2\sigma_B^2 + 2w_A w_B \rho_{AB}\sigma_A\sigma_B} \tag{3-10}$$

这样可以看出两种资产之间的相关系数对组合风险的影响。

当 $\rho_{AB} = +1$ 时，两种证券收益率的变动完全正相关，此时：

$\sigma_P^2 = w_A^2\sigma_A^2 + w_B^2\sigma_B^2 + 2w_A w_B \rho_{AB}\sigma_A\sigma_B = (w_A\sigma_A + w_B\sigma_B)^2$

当 $\rho_{AB} = 0$ 时，两种证券收益率的变动完全不相关，此时：

$\sigma_P^2 = w_A^2\sigma_A^2 + w_B^2\sigma_B^2 + 2w_A w_B \rho_{AB}\sigma_A\sigma_B = w_A^2\sigma_A^2 + w_B^2\sigma_B^2$

当 $\rho_{AB} = -1$ 时，两种证券收益率的变动完全负相关，此时：

$\sigma_P^2 = w_A^2\sigma_A^2 + w_B^2\sigma_B^2 + 2w_A w_B \rho_{AB}\sigma_A\sigma_B = (w_A\sigma_A - w_B\sigma_B)^2$

$\sigma_p = |w_A\sigma_A - w_B\sigma_B|$

可以看出，当 $\rho_{AB} = -1$ 时，令组合的投资风险为零，则 $w_A\sigma_A - w_B\sigma_B = 0$，且 $w_A +$

$w_B=1$。可以得出，$w_A=\frac{\sigma_B}{\sigma_A+\sigma_B}$是最佳的投资比例，可以使组合的风险完全消除。

两种证券投资组合的收益、风险与相关系数之间的关系如图 3-2 所示。

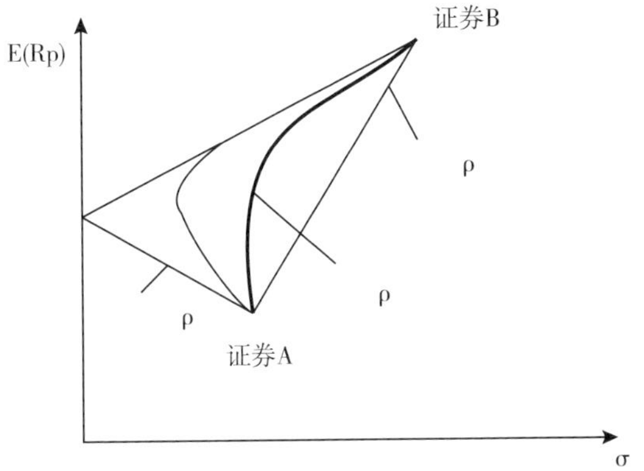

图 3-2　两种证券投资组合的收益与风险

对于含有 n 种证券的投资组合 P，该资产组合的方差为：

$$\sigma_p^2=\sum_{i=1}^{n}w_i^2\sigma_i^2+\sum_{i=1}^{n}\sum_{j=1}^{n}\sigma_{ij} \tag{3-11}$$

可以看出，资产组合的风险可以分成两部分：每个资产的方差和不同资产之间的协方差，前者反映了每个资产的风险状况对资产组合的贡献，后者则是不同资产相互作用对组合风险的影响。

如果假设 n 项资产是以相同比例构成资产组合的，即每项资产的权重都是 1/n，并且每项资产的方差都等于 σ^2，不同资产之间的相关系数等于 ρ，则资产组合的方差为：

$$\sigma_p{}^2=\sum_{i=1}^{n}\frac{1}{n^2}\sigma^2+\sum_{i=1}^{n}\sum_{j=1}^{n}\frac{1}{n^2}\rho\sigma^2 \tag{3-12}$$

$\sum_{i=1}^{n}\sum_{j=1}^{n}\rho\sigma^2$ 共有 n（n-1）项，所以上式可以简化为：

$$\sigma_p{}^2=\sum_{i=1}^{n}\frac{1}{n^2}\sigma^2+\sum_{i=1}^{n}\sum_{j=1}^{n}\frac{1}{n^2}\rho\sigma^2=\frac{1}{n^2}\sum_{i=1}^{n}\sigma_i{}^2+\frac{n-1}{n}\rho\sigma^2 \tag{3-13}$$

当 n 趋向于无穷大时，第一部分趋于零，协方差部分趋于一个常数。由此可见，当资产组合中资产数目较大时，资产间的相互影响是资产组合的主要风险来源。

三、风险的划分

金融市场将总风险分为系统风险和非系统风险。被分散化消除掉的风险叫作非系统风险，一般包括市场风险、利率风险、汇率风险、购买力风险等。市场投资组合包括多种风险资产，所以必须是一个分散化的组合。不能被分散化投资所消除的风险叫作系统性风险，一般包括财务风险、信用风险等。系统性风险适用于单只证券也适用于投资组合。

一些证券收益与市场收益高度相关。例如像法拉利、哈雷这样的奢侈品制造商，这些公司有很高的系统性风险。而像公用事业公司，对系统性风险不敏感。

是否需要购买市场上所有证券来平衡系统性风险？答案是否定的。研究显示，当增加购买证券种类时，风险也随之降低。只需要买 12~18 种不同类型证券，就可以达到 90%分散化的要求。另一项研究认为要买 30 只股票，无论怎样这都远远低于所有股票的数量。图 3-3 就阐述了这个思想，当你买多于 30 只股票时，标准差不变。剩下的风险是系统性风险、不可分解的风险。

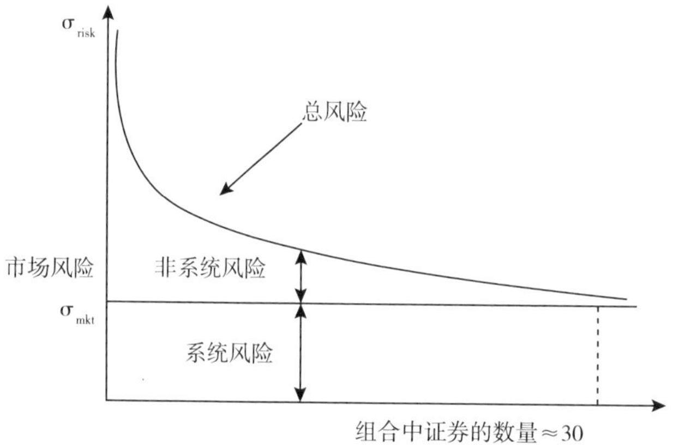

图 3-3 系统性风险与非系统性风险

第二节 证券投资理论的基本模型

一、均值—方差准则

在了解了单个证券和资产组合的收益率与方差后，投资者如何在收益与方差中进行权衡是做资产配置面临的一个主要问题，马科维茨研究发现投资者做资产配置时不是单纯追求收益最大化，同时还希望风险最小化，因此他提出了均值—方差准则。使用均值—方差分析方法进行优化投资组合是由美国经济学家马科维茨（1952，1959）最先提出来的。现在它已成为优化投资结构、资产配置和投资多样化等领域里的一个里程碑。均值—方差准则的核心思想是：在给定的期望收益率下，最小化资产组合方差；在给定的方差下，最大化资产组合的期望收益率。这两个条件一般是等价的，用数学方法表达这种思想：

目标函数：
$$\min \sigma_p^2 = \sum\sum W_i W_j Cov(r_i, r_j) \tag{3-14}$$

限制条件：
$$W_1 + W_2 + W_3 + \cdots + W_n = 1, r_p = \sum_{i=1}^{n} W_i r_i \tag{3-15}$$

其中，r_p 为组合收益，r_i 和 r_j 分别为第 i 和第 j 只股票的收益率，W_i 和 W_j 为股票 i、j 的投资比例，σ_p^2 为组合方差，$W_i W_j Cov(r_i, r_j)$ 为两只股票的协方差。上式表明在限制条件下求解证券收益率使组合风险最小，可通过拉格朗日目标函数求得。经济学上的意义为，投资者可以预先确定一个期望收益，通过上式可确定投资者在每个投资项目上的投资比例，使总投资风险最小。

二、投资者无差异曲线及特点

1. 投资者无差异曲线

投资者效用函数指投资者在风险和收益相匹配的情况下的偏好（即风险规避程度）。经济学中的无差异曲线（No-difference Curve）在这里得到应用，无差异曲线上的点代表这些风险和预期收益的不同组合对投资者来说效用相同，即同等效用水平下（在同一曲线上），投资者对不同资产组合的满足程度是无区别的。假设投资者只关心组合的预期收益和风险，就可以基于预期收益和收益标准差构造无差异曲线。图 3-4

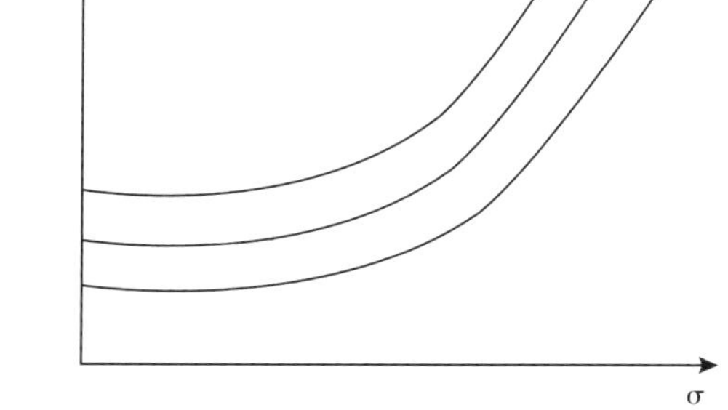

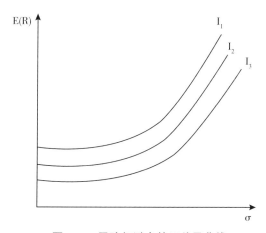

图 3-4 风险规避者的无差异曲线

中画了一个投资者的三条无差异曲线，单独一条无差异曲线上的所有点对投资者来说都有相同的预期效用。无差异曲线 I_1 代表投资组合中最优组合；投资者比起 I_2 和 I_3，更喜欢 I_1 上的投资组合。

无差异曲线对于风险规避投资者而言呈上升趋势，因为他们追求更高收益的时候，将承担更多的风险（收益标准差）。相对而言，一个对风险更加厌恶的投资者，需要在风险上升时，寻求更多的收益。换句话说，这些投资者需要更陡峭的无差异曲线。

2. 无差异曲线的特点

对于无差异曲线，有如下特征：

（1）斜率为正。为了保证效用相同，如果投资者承担的风险增加，则其所要求的收益率也会增加。对于不同的投资者其无差异曲线斜率越陡峭，表示其越厌恶风险，即在一定风险水平上，为了让其承担等量的额外风险，必须给予其更高的额外补偿；反之，无差异曲线越平摊表示其风险厌恶的程度越小。

（2）无差异曲线向下凸。这意味着随着风险的增加要使投资者再多承担一定的风险，其期望收益率的补偿越来越高。

（3）不同的无差异曲线代表着不同的效应水平。越靠左上方无差异曲线代表的效用水平越高。这是由于给定某一风险水平，越靠上方的曲线其对应的期望收益率越高，因此效用水平也就越高；同样，给定某一期望收益率水平，越靠左边的曲线对应的风险越小。其对应的效用水平也就越高。此外，在同一无差异曲线图中，任意两条无差异曲线不会相交。

（4）不同风险偏好的投资者有不同类型的无差异曲线。无差异曲线的斜率不同，投资者的风险厌恶程度就不同，曲线斜率越陡峭，表明投资者的风险厌恶程度越高。

三、可行集和有效集

1. 资产组合的可行集

可行集又叫投资机会集合，是指资本市场上由风险资产可能形成的所有投资组合的总体。我们已经知道对于任意一个证券而言，都可以用期望收益率和标准差来描述，那么在均值—方差平面图上就可以用相对应的点来表示该证券，其中横坐标为标准差，纵坐标为期望收益率。相应的任何一个投资组合也可以用组合的期望收益率和标准差确定出坐标系中的一个点。如图 3-5、图 3-6 所示，封闭曲线上及其内部区域表示可行集，其边界上或边界内的每一点代表一个投资组合。

可行集的左侧边界是一条双曲线的一部分，而整个可行集成雨伞状，具体形状依赖于所包含的特定证券。通常，可行集有两个特性：

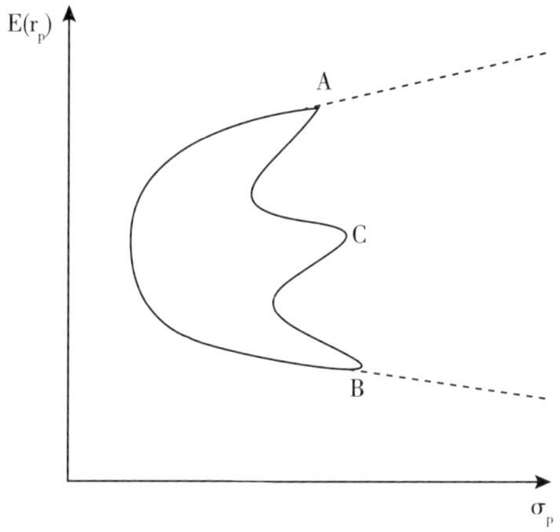

图 3-5 三种证券可行域

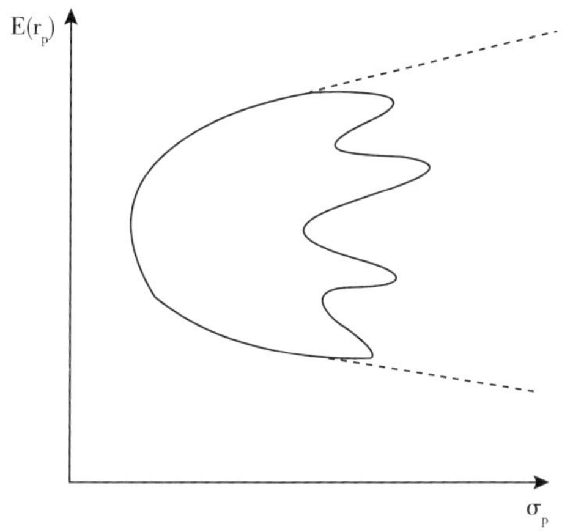

图 3-6 多种证券可行域

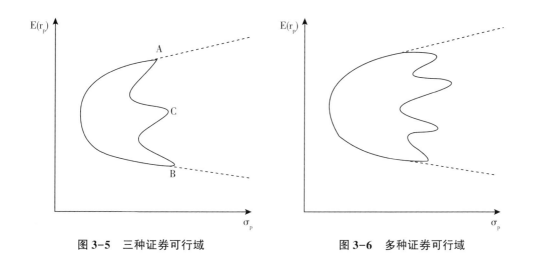

（1）两种不完全相关的证券组合的可行域是一条双曲线，相关系数决定结合线的弯曲程度。如果可供选择的证券有三种：A、B 和 C，这时可能的投资组合便不再局限于一条曲线上，而是坐标系的一个区域。如果允许卖空，三种证券可行域是包含上述区域的一个无线区域（见图 3-5）。当构成投资组合的证券多于三种时，投资组合的可行集和三种证券的可行集形状类似，也是坐标系的一个区域（见图 3-6）。

（2）可行集满足一个共同的特点：左边必然向外凸或呈线性，即不会出现凹陷。这是因为任意两项资产组合的轨迹总在两项资产联系的左边或在这两项资产的连线上，如果 A、B 之间呈现凹状，则在 A、B 之间一定可以构造出更优的组合。

2. 有效集定理概述

风险厌恶的投资者在选择无差异曲线时会选择最左上方的无差异曲线，这是因为在既定风险条件下，无差异曲线所表示的效用函数值越大，预期收益就越大。虽然左上方的无差异曲线提供了最大的效用函数值，但最大的效用函数不代表是可行的资产组合，对特定投资者而言，最优的组合必须按照均值—方差准则进行，所以投资者要将风险和效用两个约束条件结合起来进行资产组合选择，要解决这一问题，就需要运用有效集定理。在有效集组合中，投资者只需考虑可行组合的一个子集即可，也就是下面要讲的有效集。

根据均值—方差准则以及对不同投资者无差异曲线的学习，可以了解到对于一个理性的投资者都是厌恶风险而偏好收益的。在既定的风险约束下，追求最大的收益；在既定的目标收益率下，尽量降低风险。能够同时满足这两个条件的投资组合的集合就是有效集或有效前沿，如图 3-7 所示。

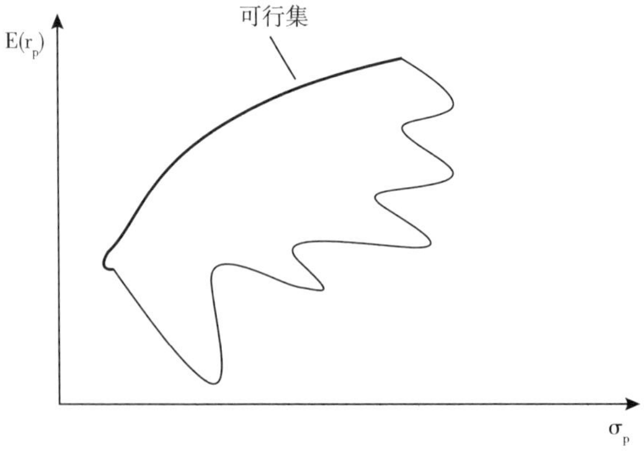

图 3-7 投资组合的可行集

从图中可以看到，有效集有两个特点：第一，有效集是一条向右上方倾斜的曲线，它反映了“高收益、高风险”的原则。第二，有效集是一条上凸的曲线，不可能存在凹陷的地方。

四、最优资产组合的确定

在可行集的不同位置，资产组合的风险收益特征不同。在图3-8中，A点代表的资产组合风险最小，B点代表风险最大的资产组合，C点代表收益最大的资产组合，D点代表收益最小的资产组合。没有一个组合能够提供比A点代表组合更小的风险，也没有一个组合能提供比C点组合更大的预期回报率。相同风险水平下，A点下方的组合点预期收益小于A点上方的预期收益，因此投资者不会选择A点下方的投资组合，而相同收益水平下，DC曲线右边的风险水平大于CD曲线上的点，因此投资者只会选择CD曲线上的投资组合。

从上面的分析可以看出，投资者只会选择位于A点和C点之间左上方边界上的组合，这些组合形成的有效集是有效组合（Efficient Portfolio）。因此，在这些组合形成的有效集中，投资者进行最佳组合选择。

那么，面对有效的众多资产组合，投资者应该如何选择最优组合？如图3-8所示，投资者根据其风险态度将在有效集的同一图形中画出无差异曲线，进而选择位于左上方的无差异曲线上的组合，这个组合必须同时与有效集相交。无差异曲线 I_1、I_2、I_3代表其投资偏好，选择组合X能够在I_2上达到预期效用，这是投资者的最优组合，I_2线上所有组合都优于I_3（实际上优于两条线之间的任何组合），I_1线上组合优于I_2，但是市场上没有位于I_1线上的投资组合。因此，最佳的投资组合只能对应于与有效集的切点上，图3-8中无差异曲线I_2上的O点（无差异曲线与有效集的切点）就是最优组合（optimal portfolio）。

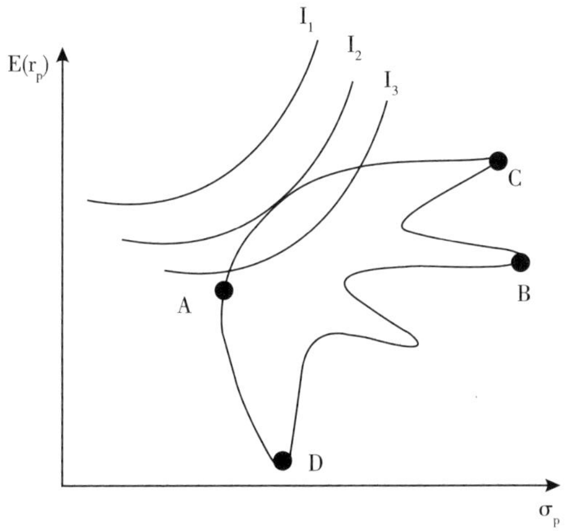

图 3-8 最优组合的选择

在特定风险条件下最优组合只有一个，因为双曲线与向上倾斜的无差异曲线切点只有一个。但对于不同风险偏好的投资者而言，其无差异曲线的斜率不同，对于相同的可行集和有效集，不同投资者选择的最优组合也是不同的。风险偏好型投资者将选择更具风险的投资组合。一个投资者的风险偏好越强，其无差异曲线越平缓。如图 3-9 所示，投资者 B 的平缓无差异曲线的最优组合（切点）要比陡峭无差异曲线的切点靠右，即投资者 A 的无差异曲线。风险偏好型投资者应该选择风险高的投资组合，而少投资于无风险资产。

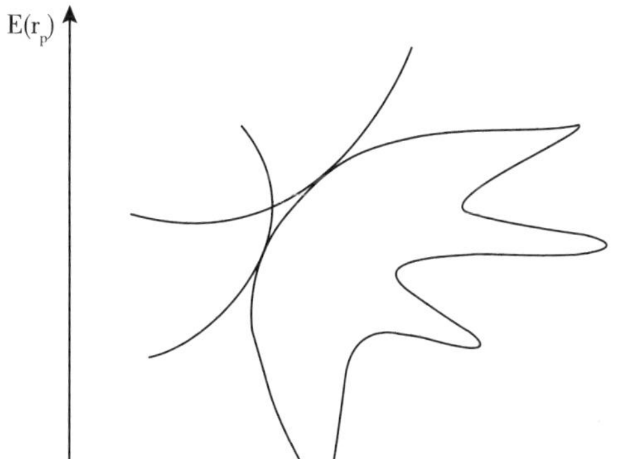

图 3-9 风险偏好不同投资者的投资组合

第三节 引入无风险资产的资产组合边界

一、无风险资产

上述对资产组合的分析都有一个重要的假设前提就是资产组合都是有风险的，将无风险资产加入投资组合，就相当于投资者以无风险利率贷出或借入资金，相应资产组合的形状将发生变化与风险资产不同。国外通常采用一年期国债利率或银行间同业拆借利率（如LIBOR）代替。在我国一般选用城乡居民储蓄一年期定期存款利率作为无风险收益率。

无风险资产是预期收益率确定且方差为零的资产，也就是说，无风险资产的收益率在投资期初就是确定的，其收益率 $R_f=E(R_f)$，并且没有风险，即 $\sigma_F=0$。$\sigma_F=0$ 意味着无风险资产的收益变动情况与任何风险资产的收益变动无关，即无风险资产的预期收益率与任何风险资产的预期收益率之间的协方差也为零，这是因为任何两种资产 i 和 j 之间的协方差都等于这两种资产之间的相关系数与两种资产各自的标准差的乘积：$\sigma_{ij}=\rho_{ij}\sigma_i\sigma_j$，如果 i 为无风险资产，则其标准差 $\sigma_i=0$，所以 $\sigma_{ij}=0$。

二、无风险贷出对投资组合有效集的影响

1. 投资于一种无风险资产和一种风险资产的情形

首先假设某无风险资产的收益率为 R_F，其方差为0，其他风险资产的收益率为 R_i，其方差为 σ_i^2，无风险资产和风险资产之间的协方差必为零。构建一个包含一种风险资产和一定时期内唯一的无风险资产的组合，那么此时组合的预期收益率和标准差分别为：

$$E(R_P)=\sum_{i=1}^{2}w_iE(R_i)=w_1E(R_1)+w_FE(R_F) \tag{3-16}$$

$$\sigma_P=\sqrt{w_1^2\sigma_1^2+w_F^2\sigma_F^2+2w_1w_F\sigma_{1F}}=w_1\sigma_1 \tag{3-17}$$

根据式（3-17）可以得出：$w_1=\dfrac{\sigma_P}{\sigma_1}$，代入式（3-16）可得：

$$E(R_P)=\frac{\sigma_P}{\sigma_1}E(R_1)+(1-\frac{\sigma_P}{\sigma_1})E(R_F)=E(R_F)+\frac{E(R_1)-E(R_F)}{\sigma_1}\sigma_P \tag{3-18}$$

根据式（3-18）可知：由于无风险资产的预期收益率和风险资产的预期收益率、

风险已知，所以一种无风险资产和一种风险资产构成的投资组合的预期收益是组合风险的线性函数，如图 3-10 所示。

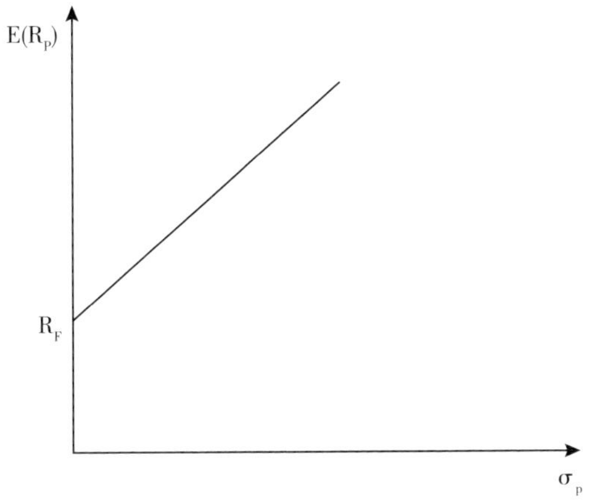

图 3-10 无风险资产与风险资产的组合

【例 3-2】假设风险资产 A 的回报率为 15%，标准差为 0.0129，无风险资产 B 的回报率为 4%。表 3-2 是风险资产和无风险资产不同配比五种不同组合的情况。计算五种组合的期望收益率和标准差。

表 3-2 风险资产和无风险资产不同配比五种组合情况

	组合 A	组合 B	组合 C	组合 D	组合 E
W_A	0	0.2	0.5	0.8	1
W_B	1	0.8	0.5	0.2	0

根据式（3-16）和式（3-17）可得到 5 种组合的回报率和标准差如下：

表 3-3 5 种组合的回报率和标准差

组合	W_A	W_B	期望收益率	标准差
A	0	1	4%	0
B	0.2	0.8	6.2%	2.27%
C	0.5	0.5	9.5%	5.68%
D	0.8	0.2	12%	9.09%
E	1	0	15%	11.36%

可以发现，这些点都位于连接代表无风险资产和风险资产的两个点的直线上。尽管这里仅对5个特定的组合进行了分析，但可以证明：有无风险资产和风险资产构成的任何一种组合都将落在连接它们的直线上；其在直线上的确切位置将取决于投资于这两种资产的相对比例。不仅如此，这一结论还可以被推广到任意无风险资产与风险资产的组合上。这意味着，对于任意一个有无风险资产和风险资产所构成的组合，其相应的预期回报率和标准差都将落在连接无风险资产和风险资产的直线上。这条直线连接的是表示无风险资产与风险资产预期收益率和标准差的点，投资组合在线段上的确切位置取决于投资于这两种资产的相对比重。

2. 投资于一种无风险资产和一个证券组合的情形

假设风险资产组合P是由风险证券C和D组成的，根据可行集的分析，则P一定位于经过C、D两点的向上凸出的弧线上（见图3-11）。如果我们仍然用R_1和σ_1代表风险资产组合的预期收益率和标准差，用W_1代表该组合在整个投资组合中所占的比重，则前面的结论同样适用于由无风险和风险资产组合构成的投资组合的情形。这种投资组合的预期收益率和标准差一定落在A、P线段上。

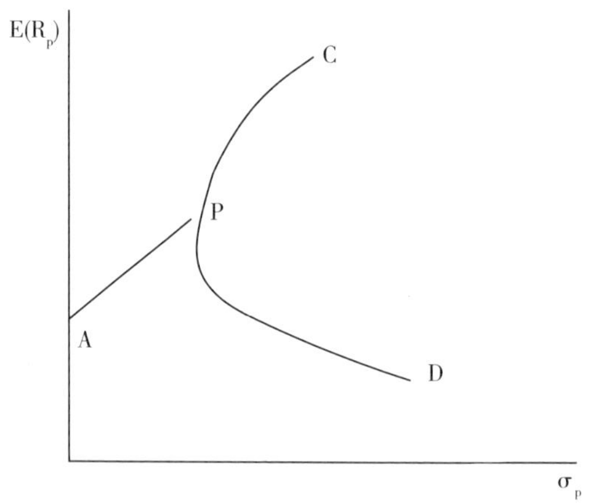

图3-11　无风险资产与风险资产的组合

3. 无风险贷出对有效集的影响

如前所述，引入无风险贷款后，有效集将发生重大变化。在图3-12中，弧线CD代表马科维茨有效集，A点表示无风险资产。我们可以在马科维茨有效集中找到一点T，使AT直线与弧线CD相切于T点。T点所代表的组合称为切点处的投资组合。T点代表马科维茨有效集中众多的有效组合中的一个，但它却是一个很特殊的组合。因为对于所有由风险资产构成的组合来说，没有哪个点与无风险资产相连接形成的直线会落在 T 点与无风险资产的连线的西北方。换句话说，在所有从无风险资产出发到风险资产或是风险资产组合的连线中，没有哪一条线能比到 T 点的线更陡。由于马科维茨有效集的一部分是由这条线所控制，因而这条线就显得很重要。

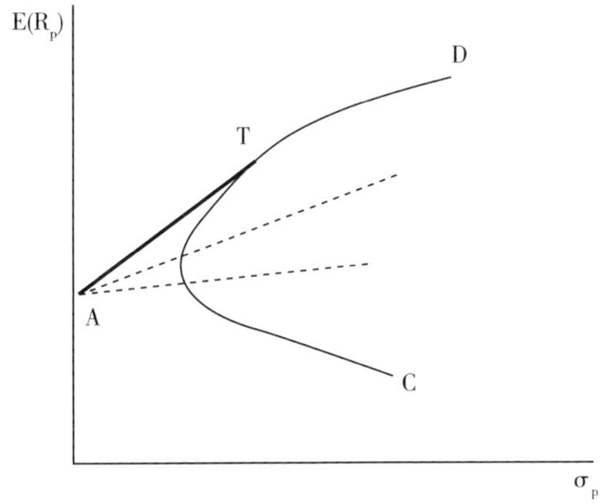

图 3-12　引入无风险贷出后的可行集

从图 3-12 中可以看出，在引入 AT 线段之后，即投资者可以投资于无风险资产时，CT 弧将不再是有效集。因为对于 T 点左边的有效集而言，在预期收益率相等的情况下，AT 线段上风险均小于马科维茨有效集上的组合的风险，而在风险相同的情况下，AT 线段上的预期收益率均大于马科维茨有效集上组合的预期收益率。按照有效集的定义，CT 弧线的有效集将不再是有效集。由于 AT 线段上的组合是可行的，因此引入无风险贷款后，新的有效集由 AT 线段和 TD 弧线构成，其中直线段 AT 代表无风险资产和 T 以各种比例结合形成的一些组合。

4. 无风险贷出对投资组合的影响

对于不同的投资者而言，无风险贷款的引入对他们的投资组合选择有不同的影响。对于风险厌恶程度较轻从而其选择的投资组合位于 DT 弧线上的投资者而言，其投资组合的选择将不受影响。因为只有 DT 弧线上的组合才能获得最大的满足程度。对于该投资者而言，他仍将把所有资金投资于风险资产，而不会把部分资金投资于无风险资产（见图 3-13）。对于较厌恶风险的投资者而言，该投资者将选择其无差异曲线与 AT 线段的切点 O 所代表的投资组合。如图 3-14 所示，对于该投资者而言，他将把部分资金投资于风险资产，而把另一部分资金投资于无风险资产。

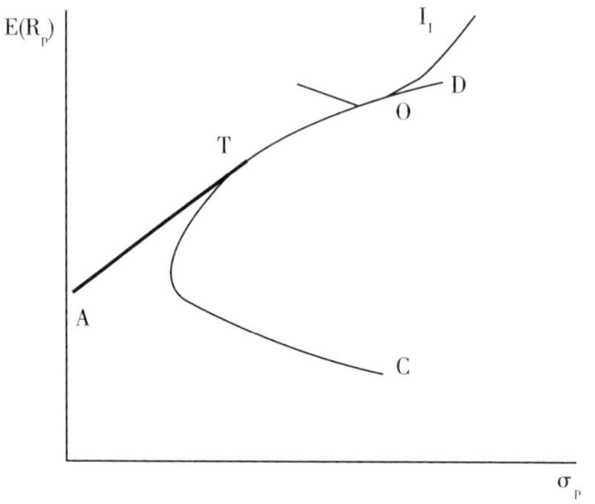

图 3-13 风险厌恶程度低的投资者的资产组合选择

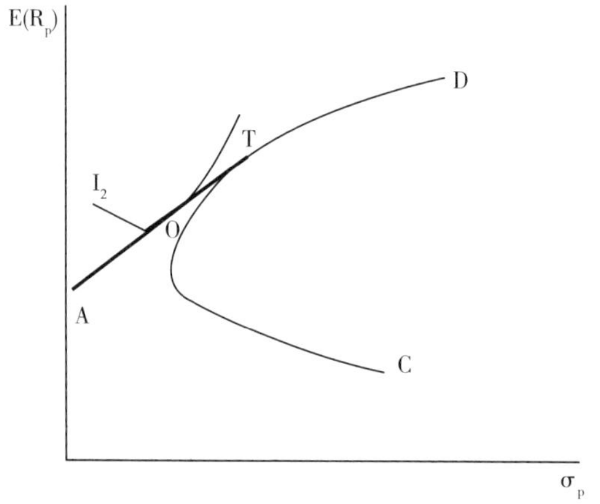

图 3-14 风险厌恶程度高的投资者的资产组合选择

三、无风险借入对投资组合有效集的影响

1. 投资于一个无风险资产和一个风险资产

在前面的例子中，我们用 W_B表示投资于无风险资产的比例，而且 W_B限定为从 0 到 1 之间的非负值。现在，由于投资者有机会以相同的利率借入贷款，W_B便失去了这个限制。如果投资者借入资金，W_B可以被看作负值，然而比例的总和仍等于 1。这意味着，如果投资者借入了资金，那么投资于风险资产各部分的比例总和将大于 1。仍然用前面的例子，此时 $W_A>0$，$W_B<0$。在前例中 5 种组合的基础上，我们再加入 4 种组合（见表 3-4）：

表 3-4　风险资产和无风险资产不同配比 4 种组合情况

	组合 F	组合 G	组合 H	组合 I
W_A	1.25	1.5	1.75	2
W_B	-0.25	-0.5	-0.75	-1

同样地，根据式（3-16）和式（3-17）可得 9 种组合的回报率和标准差如表 3-5 所示：

表 3-5　9 种组合的回报率和标准差

组合	W_A	W_B	期望收益率	标准差
A	0	1	4%	0
B	0.2	0.8	6.2%	2.27%
C	0.5	0.5	9.5%	5.68%
D	0.8	0.2	12%	9.09%
E	1	0	15%	11.36%
F	1.25	-0.25	17.75%	14.20%
G	1.5	-0.5	20.50%	17.04%
H	1.75	-0.75	23.25%	19.80%
I	2	-1	26%	22.72%

通过作图可以发现，4 个包含无风险借入的组合和 5 个包含无风险贷出的组合是在同一条直线上，而包含无风险借入的组合在 AB 线段的延长线上，这个延长线再次大大扩展了可行集的范围（见图 3-15）。不仅如此，还可以看到，借入的资金越多，这个组合在直线上的位置就越靠外。

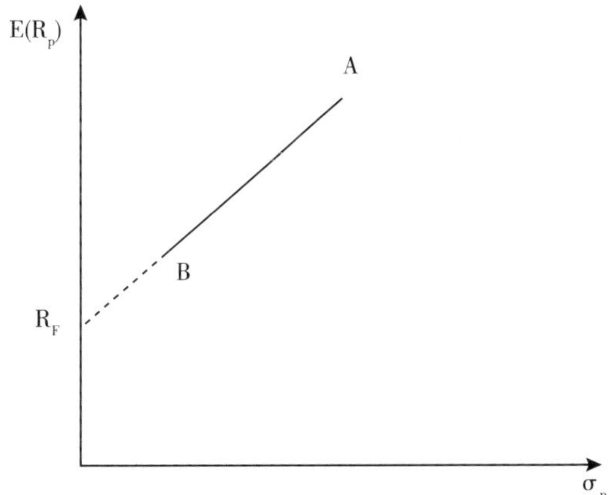

图 3-15　无风险资产与风险资产的组合

2. 无风险借入并投资于一个风险组合

同样，由无风险借款和风险资产组合构成的投资组合，其预期收益率和风险的关系与由无风险贷款和一种风险资产构成的投资组合相似。我们仍然假设风险资产组合P是由风险资产C和D组成的，则由风险资产组合P和无风险借款A构成的投资组合的预期收益率和标准差一定落在AT线段向右边的延长线上（见图3-16）。

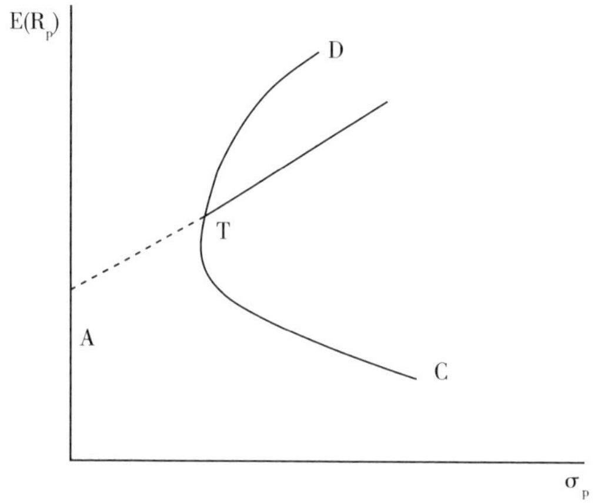

图3-16　无风险借款与风险资产的组合

3. 无风险借入对有效集的影响

引入无风险借款后，有效集也将发生重大变化。在图3-17中，弧线CD仍然代表马科维茨有效集，T点表示CD弧与过A点直线的相切点。在允许无风险借款的情形下，投资者可以通过无风险借款并投资于风险资产或风险资产组合T使有效集由PC

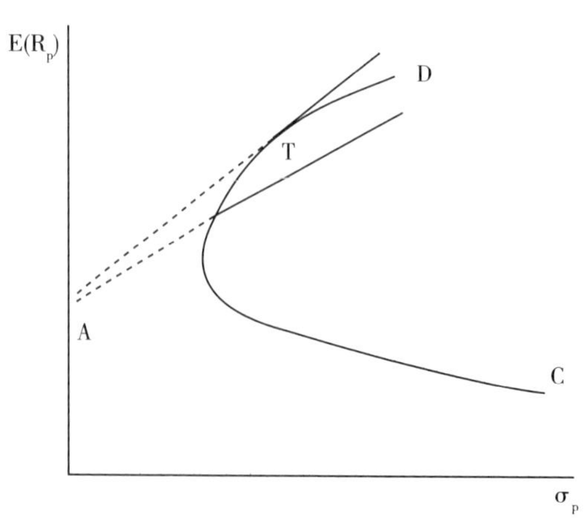

图3-17　引入无风险借入后的有效集

弧线变成 AT 线段向右边的延长线。这样，在允许无风险借入的情况下，马科维茨有效集由 CTD 弧线变成 CT 弧线和过 A、T 点的直线在 T 点右边的部分。

4. 无风险借入对最优投资组合选择投资组合的影响

对于不同的投资者而言，无风险借入的引入对他们的投资组合选择的影响也不同。对于风险厌恶程度较轻从而其选择的投资组合位于 DT 弧线上的投资者而言，由于代表其原来最大满足程度的无差异曲线与 AT 直线相交，因此不再符合效用最大化的条件。因此，该投资者将选择其无差异曲线与 AT 线段的切点 O 所代表的投资组合。如图 3-18 所示，对于该投资者而言，他将进行无风险借入并投资于风险资产。对于较厌恶风险从而其选择的投资组合位于 CT 弧线上的投资者而言，其投资组合的选择将不受影响。因为只有 CT 弧线上的组合才能获得最大的满足程度。对于该投资者而言，他只会用自有资产投资于风险资产，而不会进行无风险借入。

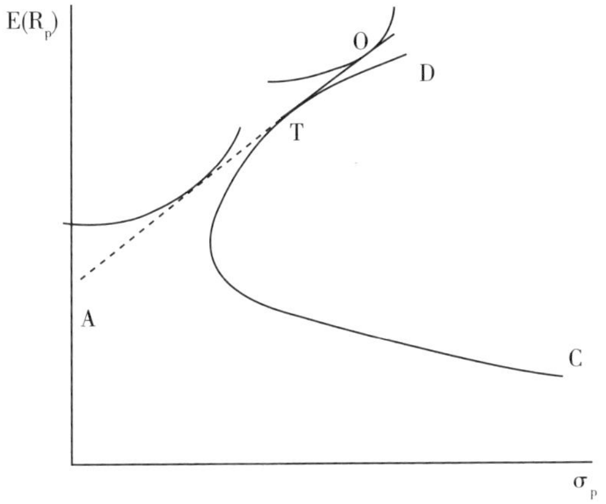

图 3-18　引入无风险借入后的投资最优组合

四、无风险借入和贷出对有效集的影响

当即允许无风险借入又允许无风险贷出时，有效集也将变成一条直线（该直线经过无风险资产 A 点并与马科维茨有效集相切），相应地降低了系统风险。切点 T 是最优风险资产组合，因为它是酬报波动比最大的风险资产组合。该直线上的任意一点所代表的投资组合，都可以由一定比例的无风险资产和由 T 点所代表的有风险资产组合生成。

因此得出一个在金融上有很大意义的结果。对于从事投资服务的金融机构来说，不管投资者的收益/风险偏好如何，只需要找到切点 T 所代表的有风险投资组合，再加上无风险资产，就能为所有投资者提供最佳的投资方案。投资者的收益/风险偏好，就只需反映在组合中无风险资产所占的比重（见图 3-19 和图 3-20）。

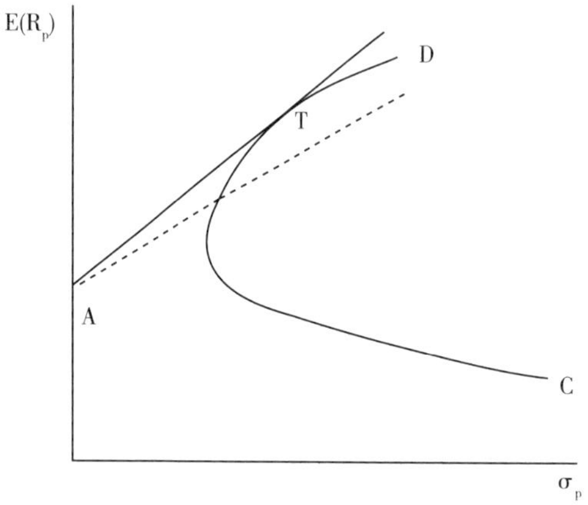

图 3-19　允许无风险借贷后的有效集

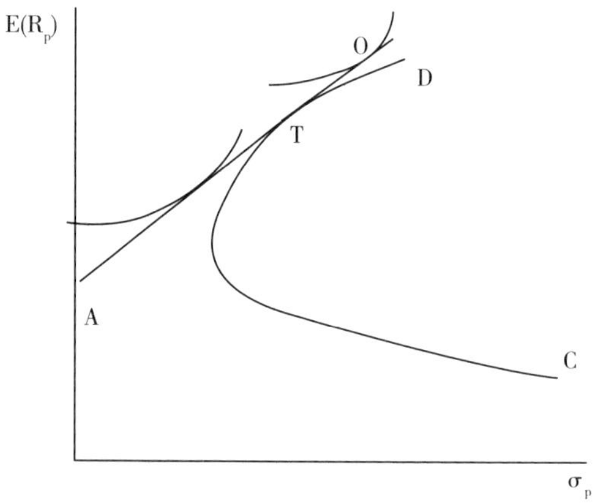

图 3-20　允许无风险借贷后的最优投资组合

关键术语

风险　收益　无差异曲线　可行集　有效集定理　最小方差组合　有效前沿

课后习题

1. 资产组合的收益率和方差如何计算？

2. 什么是无差异曲线？无差异曲线的特征是什么？

3. 在一个投资组合中有 A、B、C 三种证券，三种证券在组合中的权重分别为 0. 2、0. 45、0. 35，此外三种证券收益的方差—协方差矩阵如表 3-6 所示：

表 3-6　三种证券收益的方差—协方差矩阵

	证券 A	证券 B	证券 C
证券 A	410	-155	326
证券 B	-155	315	227
证券 C	326	227	168

试计算组合的标准差。

4. 一个投资者将其 60%的资产投资于风险资产，期望收益率为 12%，方差 4%；

另外40%的资产投资于国库券，可获得5%的收益，计算这个投资组合的期望收益和标准差。

5. 假如你有100万元，一部分投资于无风险资产，收益率为4%；另一部分资产投资于风险资产，期望收益率为13%。

（1）若想构成一个期望收益率为8%的投资组合，那么你投资于无风险资产和风险资产的比例各为多少？该组合的标准差是多少？

（2）如果希望资产在期末增值为110万元，应该如何构建组合？

6. 投资者如何选择最优资产组合？

7. 无风险资产的引入对资产组合有何影响？

第四章　资本资产定价模型

【学习目标】

掌握资本资产定价模型理论及其基本假设；掌握资本市场线和证券市场线的形成；理解分离定理的内涵；掌握SML和CML的区别。

第一节　资本市场均衡

一、资本资产定价模型的基本假设

资本资产定价模型是由夏普等在马科维茨的证券投资组合理论基础上提出的一种证券投资理论。它以马科维茨的证券组合理论为基础，假设所有投资者都按照马科维茨证券组合理论所刻画的过程来构造投资组合，把资产的预期收益与预期风险之间的理论关系用一个简单的线性关系表达出来。

任何经济模型都是对复杂经济问题的有意简化，CAPM也不例外，它的核心假设是将证券市场中所有投资人视为除初始偏好外都相同的个人，并且资本资产定价模型是在Markowitz均值—方差模型的基础上发展而来，它还继承了证券组合理论的假设。CAPM的假设条件分为两方面：一是假设投资者都是同质的，二是假设市场是均衡的，具体来说有：

（1）风险厌恶。为了承受更高的风险，投资者要求有一个更高的预期收益。

（2）投资者效用最大化。投资者选择一个投资组合，是基于他们的个人偏好，即这是风险和收益的组合可以使个人效用最大化。

（3）市场无摩擦。没有税收、交易成本以及其他阻止交易的费用。

（4）同质期望（Homogeneous Expectation）。所有的投资者对于资产的预期收益、标准差、协方差都持有相同看法。

（5）投资是无限可分的。所有的投资资产都是无限可分的，这意味着在投资组合中，投资者可持有某种证券的任意一部分。

（6）竞争性的市场。市场上存在大量的投资者，投资者是价格的接受者，单个投资者的交易行为对证券价格不产生影响。

（7）同一持有期。所有投资者都在同一证券持有期计划自己的投资行为资产组合。

二、分离定理

从上一章知道，当即允许无风险借入又允许无风险贷出时，有效集将变成一条直线（该直线经过无风险资产点并与马科维茨有效集相切），相应地降低了系统性风险。切点 M 是最优的风险资产组合，因为它是斜率最大的风险资产组合。如图 4-1 所示，引入无风险资产可以允许投资者在一系列不同风险、不同预期收益的可能组合资产中进行选择，从而得到较高的无差异曲线。若没有无风险资产，投资者只能选择 M 点，而引入无风险资产后，位于射线 R_fMC 上的所有组合都是可以选择的，激进的投资者会借入资金购买风险资产，而保守的投资者会将一部分资金以无风险利率水平借出，将资产在风险资产和无风险资产之间进行配置。

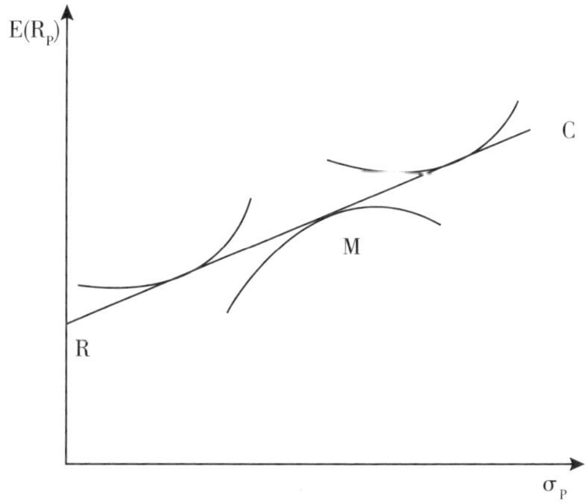

图 4-1 资金借贷对投资者效用的影响

Tobin（1958）提出的分离定理认为，各种风险资产可以看作一种综合资产（共同基金），并且投资者把现金和无风险资产的特定组合视为最优的选择，特别是两基金分离定理显示任何均值—方差有效组合可以由任意两个不同的均值—方差有效资产组合而成。换句话说，如果投资者希望投资一个给定的期望收益和方差的资产组合，则可以通过投资任意两个有效资产，通过它们的适当线性组合就可以达到这个目的。具体来讲，每个投资者将他的资金投资于风险资产和无风险资产借入和贷出上，而每个投资者选择的风险资产都是同一个资产组合，加上无风险借入和贷出只是为了达到满足投资者个人对总风险和回报率的组合偏好。

三、分离定理在均衡市场的应用

在均衡的市场条件下，每个投资者对投资资产的期望回报率、方差、斜方差以及无风险利率的估计应该是相同的，所以每个投资者有相同的有效集。那么，不同投资者选择不同投资组合的原因就在于他们对于风险的偏好不同，如图 4-2 所示，I_1代表风险规避的投资者，I_2代表风险中立的投资者，I_3代表风险偏好的投资者。其中，I_2将资产全部配置于组合 M；I_1代表将一部分资产投资于组合 M，还有一部分资产借出；I_3代表以无风险利率借入资金，将全部资产投资于组合 M。尽管三种投资者的无差异曲线不同，但都投资于组合 M。

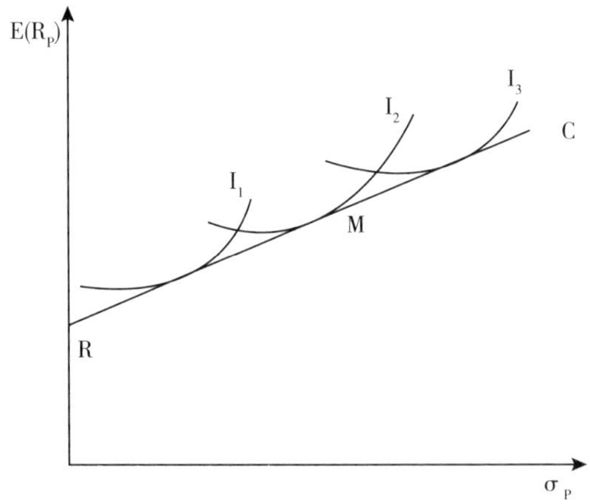

图 4-2 不同风险偏好投资者的资产组合

由上面的分析可以看出，分离定理的核心在于：

（1）在均衡条件下，每一位投资者只要向风险资产投资就必定持有切点组合。

（2）如果切点组合已知，则均衡条件下的投资组合工作大为简化，只需将资金适当配置于无风险资产和切点组合即可实现最佳投资。

（3）一个投资者的最优风险资产组合是与投资者对风险和收益的偏好状况无关

的，因为所有的投资者，无论他们的风险偏好程度如何，都会将切点组合与无风险资产混合起来作为自己的最优资产组合。因此，无须先确定投资者偏好就能确定风险资产最优组合。

（4）均衡市场下，根据分离定理，资产组合选择问题可以分为两个独立的工作：资本配置决策（Capital Allocation Decision）和资产选择决策（Asset Allocation Decision）。资本配置决策考虑资金如何在风险资产和无风险资产之间进行分配，资产选择决策是在众多的风险证券中选择适当的风险资产构成资产组合。

第二节　资本资产定价模型

一、资本市场线

在相同预期的假设下，所有投资者的最优配置线就叫作资本市场线。沿着这条线，预期组合收益 $E(R_p)$ 是组合风险 σ_p 的线性函数，表达式如下：

$$E(R_p)=R_f+\left[\frac{E(R_m)-R_f}{\sigma_m}\right]\sigma_p \tag{4-1}$$

显然，这一表达式表达了如下关系：$\sigma_p=0$ 时代表选择无风险投资的投资者将获得无风险收益 R_f，预期收益与无风险利率之间的差异叫作市场风险溢价，那么 CML 资本市场线的公式也可以写成：

$$E(R_p)=R_f+(E(R_m)-R_f)(\frac{\sigma_p}{\sigma_m}) \tag{4-2}$$

投资者能够在无风险利率基础上，每承担一单位市场风险，将会获得一单位风险带来的市场风险溢价的额外收益 σ_m。如果我们假设投资者可以以无风险利率借贷，那么他们就可以选择图 4-3 中右侧的市场组合。下面用一个例题来说明。

假设无风险利率 $R_f=5\%$，市场的预期收益率为 11%，标准差是 20%。计算投资市场组合占 25%、75%、125%时的预期收益率和收益标准差。

预期组合收益公式为 $E(R_P)=(1-W_m)\times R_f+W_m\times E(R_m)$，所以可以得到：

$W_m=25\%$：$E(R_P)=0.75\times5\%+0.25\times11\%=6.5\%$

$W_m=75\%$：$E(R_P)=0.25\times5\%+0.75\times11\%=9.5\%$

$W_m=125\%$：$E(R_P)=-0.25\times5\%+1.25\times11\%=12.5\%$

组合的标准差公式为：$\sigma_P=W_m\times\sigma_m$，可以得到：

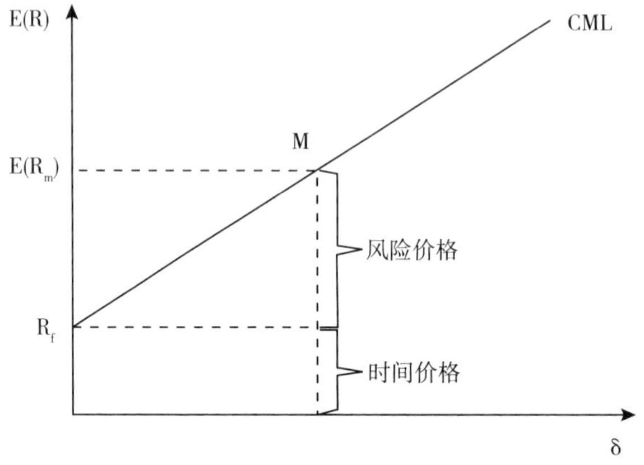

图 4-3　资本市场线 CML

$\sigma_p = 0.25\% \times 20\% = 0.5\%$

$\sigma_p = 0.75\% \times 20\% = 15\%$

$\sigma_p = 1.25\% \times 20\% = 25\%$

市场组合为 125%时，投资者以无风险利率 5%借入了组合资产 25%的额度；有 10000 美元的投资者将借入 2500 美元，投资市场组合 12500 美元。这个杠杆组合有 12.5%的预期收益和 25%的标准差。

相信市场价格信息有效性的投资者会采取被动投资（例如投资于代表市场组合的风险资产指数，或投资一部分资产于无风险利率市场如短期政府债券），那么，用 CML 进行投资就是遵循了被动的投资策略。

二、证券市场线

CAPM 的最终目的是要对单个证券进行定价，由 CML 可以推导出 SML 曲线。我们要考虑一个新的资产组合，它由一个证券 i 和市场组合 M 组成，其中证券 i 的权重为 W，市场组合的权重为 1-W。这个组合的预期收益率的期望和标准差分别为 $E(R_p)$和 σ_p，证券 i 和市场组合 M 预期收益率之间的协方差为 $Cov(R_i, R_m)$，那么可以得到：

$$E(R_p) = w \cdot E(R_i) + (1-w) \cdot E(R_m) \tag{4-3}$$

$$\sigma_p = \sqrt{w^2 \cdot \sigma_i^2 + (1-w)^2 \cdot \sigma_m^2 + 2w \cdot (1-w) Cov(R_i, R_m)} \tag{4-4}$$

这个方程表示的是证券 i 和市场组合 M 形成的特殊组合的投资可行集，如图 4-4 所示，证券 i 和市场组合 M 构成的有效边界为 im。当 W=0 时，曲线 iw 的斜率等于资本市场线的斜率。

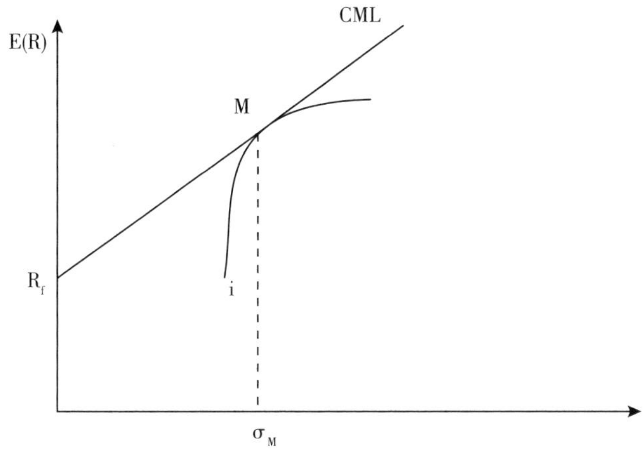

图 4-4　证券和市场组合的投资可行集

那么就有，

$$\frac{dE(R_p)}{dw}=E(R_i)-E(R_m),\frac{d\sigma_w}{dw}=\frac{w\sigma^2+(w-1)\sigma_m^2+(1-2w)\sigma_{im}}{\sigma_w} \tag{4-5}$$

因此，

$$\left.\frac{dE(R_w)}{d\sigma_w}\right|_{w=0}=\left.\frac{dE(R_w)/dw}{d\sigma_w/dw}\right|_{w=0}=\frac{[E(R_i)-E(R_m)]\sigma_m}{\sigma_{im}-\sigma_m^2} \tag{4-6}$$

该斜率与 CML 斜率相等，则有：

$$\frac{[E(R_i)-E(R_m)]\sigma_m}{\sigma_{im}-\sigma_m^2}=\frac{E(R_m)-E(R_f)}{\sigma_m} \tag{4-7}$$

解得：

$$E(R_i)=R_f+\frac{\sigma_{im}}{\sigma_m{}^2}[E(R_m)-R_f]=R_f+\frac{Cov_{i,m}}{\sigma_m{}^2}[E(R_m)-R_f] \tag{4-8}$$

这就是 SML 公式最常见的描述方式，我们将标准协方差项$\frac{Cov_{i,m}}{\sigma_m{}^2}$定义为 β_i，就可以得到：

$$E(R_i)=R_f+\beta[E(R_m)-R_f] \tag{4-9}$$

这种 β 与预期收益之间的关系就称为资本资产定价模型。图 4-5 和图 4-6 分别是用协方差衡量的证券市场线和用 β 系数衡量的证券市场线。

【例 4-1】 有证券 A 和证券组合 P，证券 A 的 β 值为 0.8，标准差为 20%。组合 P 由 80%的市场组合和 20%的无风险资产构成。市场组合的期望收益率为 15%，标准差为 20%，无风险利率为 5%。在资本市场线和证券市场线坐标图上标出这两个点。

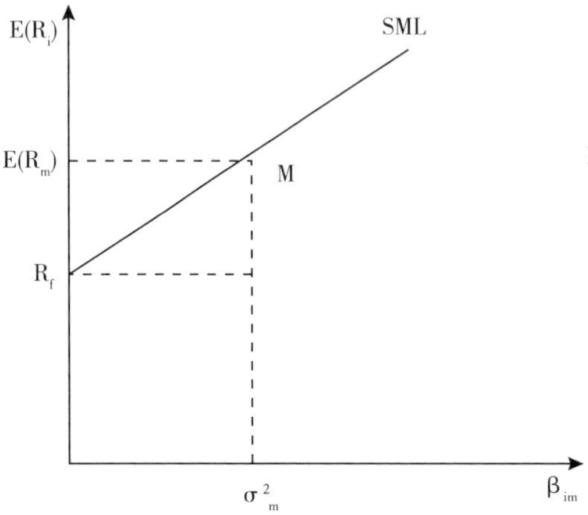

图 4-5　用协方差衡量的证券市场线

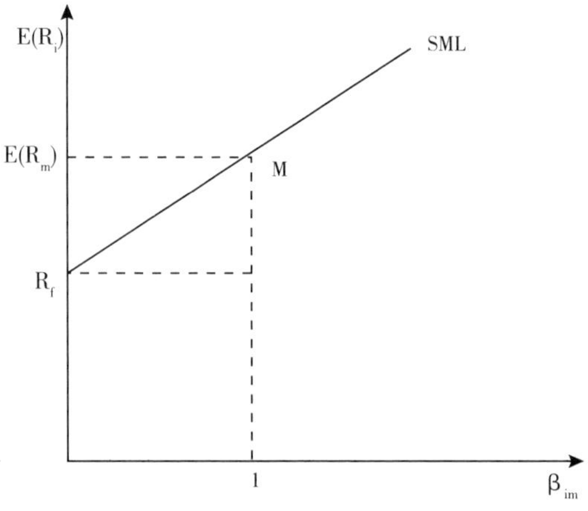

图 4-6　用 β 系数衡量的证券市场线

答：资本市场线方程为：

$$E(R_p)=R_f+\frac{E(R_m)-R_f}{\sigma_m}\sigma_p=5\%+\frac{(15\%-5\%)}{20\%}\sigma_p=5\%+0.5\sigma_P$$

证券市场线方程为：

$$E(R_i)=R_f+\beta_{im}(E(R_m)-R_f)=5\%+10\%\beta_{im}$$

证券 A 的 β 值为 0.8，由证券市场线方程计算期望收益率为 5%+10%×0.8=13%。证券组合 P 由 80%的市场组合和 20%的无风险资产构成，市场组合的标准差为 20%，组合 P 的标准差为 20%×0.8=16%；市场组合的期望收益率为 15%，无风险利率为 5%，组合 P 的期望收益率为 15%×80%+5%×20%=13%；组合 P 的 β 值为 16%/20%=0.8。证券 A 和证券组合 P 在资本市场线和证券市场线坐标图上的位置如图 4-7、图 4-8 所示。

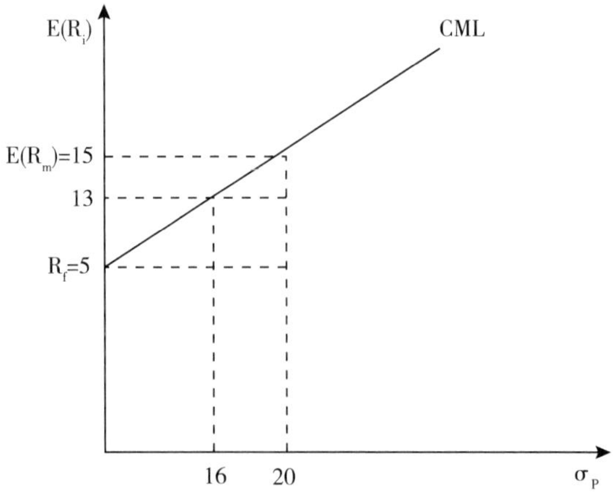

图 4-7　用协方差衡量的资本市场线

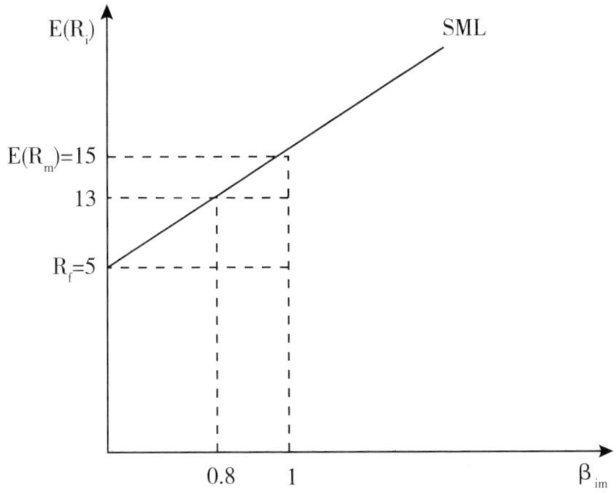

图 4-8 用 β 衡量的证券市场线

三、比较 CML 与 SML

我们有必要了解 CML 和 SML 是有区别的，虽然两者在本质上都体现了证券资产收益—风险之间的关系，两者统称为资本资产定价模型。CML 和 SML 之间的关系可以表达为以下三点：

（1）资本市场线反映的是有效资产组合的风险意识，是该资产组合标准差的函数，标准差测度的是投资者总的资产组合的风险。CML 的横轴是总风险 σ_p。因此，CML 上只有有效组合。

（2）证券市场线反映的是单个资产的风险溢价和该资产风险的函数，测度单个资产风险的工具不再是该资产的方差或标准差，而是该资产对于资产组合方差的影响程度或贡献度。SML 的横轴是 β（衡量系统性风险），所以资本市场中所有正确定价的证券和证券组合都落在 SML 上。

（3）资本市场线实际是证券市场线的一个特例。当单个资产或资产组合有效率时，该资产与市场组合 M 的相关系数为 1，此时的证券市场线与资本市场线是相同的，证明如下：

$$R_p = R_f + (R_m - R_f)\frac{\sigma_{pm}}{\sigma_m^2} = R_f + (R_m - R_f)\frac{\beta_p\sigma_p\sigma_m}{\sigma_m^2}$$

$$= R_f + (R_m - R_f)\frac{\beta_p\sigma_p}{\sigma_m} = R_f + (R_m - R_f)\frac{\sigma_p}{\sigma_m} \quad (4-10)$$

第三节　系统性风险的衡量指标

β 系数作为证券或证券组合的特征线的斜率，描述了证券或证券组合的实际收益率的变化对市场（市场组合）的敏感程度。通过构建回归方程来描述这种线性关系如下：

$$r_i=\alpha_i+\beta_i r_m+\varepsilon_i \tag{4-11}$$

式中：r_i 是证券 i 的实际收益率；r_m 是市场组合收益率；α_i 是线性方程的截距项；β_i 是线性方程的斜率，ε_i 为误差项，表示组合实际收益率与回归线的偏离程度。$\beta_i=0.5$ 表示市场组合收益率变化 1%，证券的实际收益率变化 0.5%。

图 4-9 描述了组合收益率与市场收益率之间的线性回归关系，这条回归线即相应的特征线。这条线的截距为 α_i，斜率为 β_i，证券组合的实际收益率与回归线之间的差距就是误差项 ε_i，误差项的期望值为 0，误差项越小表明拟合得越好。

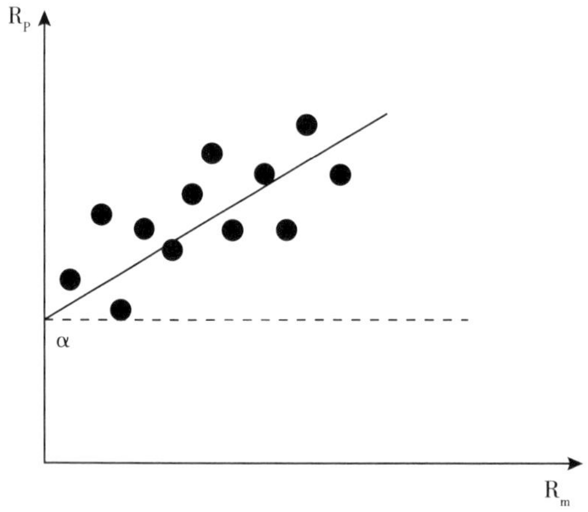

图 4-9　证券组合与市场组合的回归线

第四节　CAPM 和 SML 的应用

资本资产定价模型是投资领域最基本的概念之一，它是用来测算股票预期收益的均衡模型。我们可以基于对无风险收益率和市场的预期收益的估计，用 β 来估计一个证券的预期收益。在均衡的市场状态下，证券的预期收益等于其要求回报率，因此，我们可以用 CAPM 来计算证券的要求回报率。

【例 4-2】用 β 计算要求回报率

A 公司的资本结构是 40%的负债和 60%的资产，市场收益率为 12%，无风险利率为 4%，如果公司的债务税后成本是 5%，β 系数是 0.9，计算净现值时的贴现率是多少？

答案：要求回报率 $E(R_i)=4\%+0.9\times(12\%-4\%)=11.2\%$

贴现率是债务成本和资产的加权平均，$0.4\times5\%+0.6\times12\%=8.72\%$

【例 4-3】识别出错误定价的证券

表 4-1 列出了分析家对三种股票的预测信息。

假定无风险利率为 7%，市场收益率为 15%，计算每只股票的预期收益率和要求收益率。并查看每只股票是被高估、低估还是合理估值，列出适当的交易策略。

表 4-1　预测数据

股票	当前价格	一年后的预期价格	一年后的预期分红	β
A	25	27	1	1
B	40	45	2	0.8
C	15	17	0.5	1.2

答案：表 4-2 列出了要求回报率和预期收益率的计算过程。

表 4-2　要求回报率和预期收益率

股票	预期收益	要求回报
A	$(27-25+1)/25\times100\%=12\%$	$0.07+1\times(0.15-0.07)\times100\%=15\%$
B	$(45-40+2)/40\times100\%=17.5\%$	$0.07+0.8\times(0.15-0.07)\times100\%=13.4\%$
C	$(17-15+0.5)/15\times100\%=16.6\%$	$0.07+1.2\times(0.15-0.07)\times100\%=16.6\%$

A 股票被高估。预期收益 12%，但是基于系统性风险，应有 15%的收益率。点位于 SML 下方。

B 股票被低估。预期收益 17.5%，但是基于系统性风险，应有 13.4%的收益率。点位于 SML 上方。

C 股票正确估计。预期收益等于要求回报率。点位于 SML 上。

所以合理的交易策略是：短期卖出股票 A，买入股票 B。

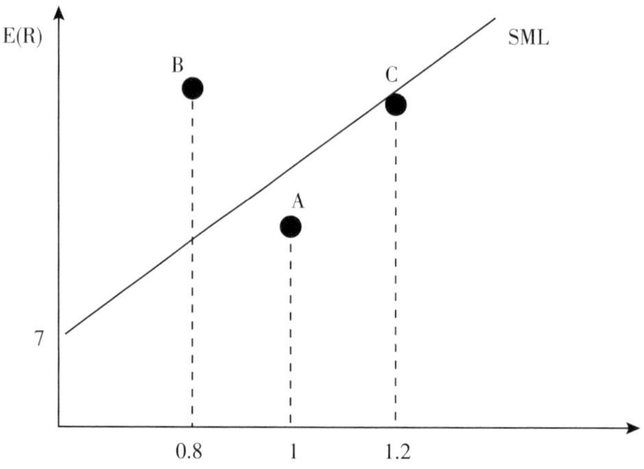

图 4-10　三种股票预测

我们也可以用图形来说明（见图 4-10）：

所有股票都应画在 SML 线上，而没在线上的股票都被错误定价。A 在线的下方，B 在线的上方，C 落在线上。如果一只股票在 SML 线下方，说明它定价高了。在给定系统风险下，股票预期收益率过低。反之亦然。

关键术语

同质期望　资本资产定价模型　分离定理　资本市场线　证券市场线　系统风险　非系统风险

课后习题

1. 某基金下一年的计划是：基金总额的 10%投资于收益率为 7%的无风险资产，90%投资于一个市场组合，该组合的期望收益率为 15%。若该基金 β=0.9，年初该基金的售价为 107 美元，请问你是否愿意购买该基金？为什么？

2. 某公司股票的 β 系数为 2，无风险利率为 5%，市场上组合的平均报酬率为 10%。利用资产定价模型计算该公司的股票成本。

3. 什么是资本市场线？什么是证券市场线？两者的区别是什么？

4. 某项目未来预期收益为 1000 万元，由于项目与市场相关性较小，β=0.6，若当时短期国债的平均收益率为 10%，市场组合的期望收益率为 17%，则该项目最大可接受的投资成本为多少？

5. 一只股票的 β 系数为 0.7，当前标价 50 元，预期年末会涨到 55 元并会收到每股一元的分红。市场的预期收益率是15%，无风险收益率为8%，那么这只股票是被高估或低估？

6. SML的β表示资产的波动性与市场波动的关系，分别说明β>1、β=1和β<1的含义。

7. 现实中的证券有没有可能高于或低于证券市场线？

8. 资本市场线表明收益与风险均沿直线呈线性增长，是无风险借贷下的新的有效边界，是否与组合理论有差异？

第五章　套利定价理论

【学习目标】

掌握 ATP 模型的假设；掌握套利定价理论的基本方程形式；掌握 ATP 模型与 CAPM 模型的主要区别；掌握因素模型的基本形式；了解套利交易机会要满足的条件。

第一节　因素模型

一、CAPM 的局限性

CAPM 非常直观地表达了投资风险—收益之间的特征关系，对资产组合配置有重要意义，但它也存在两方面的局限：

1. 相关假设条件的局限性

（1）市场无摩擦假设和卖空无限制假设与现实不相符。

（2）投资者同质预期与信息对称的假设意味着信息是无成本的，与现实不符。

（3）投资者都是风险厌恶的条件过于苛刻。

2. CAPM 的实证检验问题

（1）CAPM 认为，均衡资产的收益率取决于市场资产组合的期望收益率。理论上，市场资产组合定义为所有资产的加权组合，每一种资产的权数等于该资产总市场价值占总资产价值的比例。实际上，市场资产组合的覆盖范围太广，在 CAPM 的实际运用中要识别一个真正的市场组合几乎是不可能的。

（2）CAPM 这种单因素模型无法全面解释对现实中资产收益率决定的影响因素。Rosenberg 和 Marashe（1977）的研究发现，如果将红利、交易量和企业规模加入回归模型，则 β 系数会更有说服力。

上述两方面的局限性都削弱了 CAPM 对现实经济的解释能力。为解决这两个问题，下面引入因素模型。

二、因素模型的提出

因素模型由威廉·夏普在 1963 年提出，它是建立在证券关联性基础上，用于描述证券收益与各种因素或指数之间的关系。夏普认为，证券间的关联性是由于某些共同因素的作用所致，不同证券对这些共同因素有不同的敏感度。对所有证券都产生影响的共同因素便是系统性风险，而这正是因素模型所抓住的影响因素。

在因素模型中，因素通常以指数形式出现，因而也称为指数模型，这些指数或因素通常包括 GDP 指数、股价指数和物价指数等。相对 CAPM 而言，因素模型主要是为了解决两个问题：一是提供一种简化应用 CAPM 的方式；二是细分影响总体市场环境变化的宏观因素，如国民收入、利率、通胀率等具体带来系统性风险的因素。按照模型中因素的个数可以将因素模型分为单因素模型和多因素模型，下面对其进行介绍。

三、单因素模型

单因素模型（The Single Factor Model）把经济系统中的所有相关因素作为一个总的宏观经济指标，假设它对整个证券市场产生影响，再假设其余的不确定性是公司所特有的。单因素模型的表达形式为：

$$R_{it}=\alpha_i+\beta_i F_t+\varepsilon_{it} \tag{5-1}$$

其中，R_{it}是证券 i 在 t 时期的收益率；F_i是宏观因素在 t 期的值；β_i是证券 i 对宏观因素的敏感度；ε_{it}是回归方程的残差项；α_i是当宏观因素的均值为零时证券的收益率。对于这个模型，要知道残差项的期望 $E(\varepsilon_{it})=0$，并且每一证券的残差与宏观因素不相关，这意味着因素的结果对随机误差的结果没有任何影响，此外证券 i 与证券 j 的残差不相关，这意味着一种证券的随机误差结果对任意其他证券的随机误差结果不产生任何影响。换句话说，两种证券的回报率仅仅通过对因素的共同反应相联系。

假设有两个证券 i、j，证券 i 的期望收益率可以表示为 $R_i=\alpha_i+\beta_i E(F)$，证券 i 的方差可以表示为 $\sigma_i^2=\beta_i^2\sigma_f^2+\sigma^2(\varepsilon_i)$，而证券 i 和 j 的协方差为 $Cov(i,j)=\beta_i\beta_j\sigma_f^2$。正是因为可以用这种简单的方式计算协方差，使指数模型可以克服马科维茨模型庞大计算量的困难。如果组合里有 n 项资产，计算组合的方差—协方差矩阵需要进行 1/2n(n+1) 次方差—协方差的计算，但现在只需要测算 n 个 β_i和一个 σ_f^2即可。

市场模型是一种特殊的单因素模型，它假设市场指数是影响证券价格的唯一因素。也就是说假设一定时期内的股票收益率和同期市场指数（如标普 500 指数）的收益率相联系，如果标普 500 指数上涨，则很可能该股票价格会上升。因此，该证券的收益率就可以表示成市场指数收益率的函数关系式：

$$R_{it}=\alpha_i+\beta_i R_m+\varepsilon_i \qquad (5-2)$$

其中，R_i是证券 i 的收益率；R_m是市场指数的收益率。

假设对 A 股票而言，$\alpha_i=2\%$，$\beta_i=1.2$。如果市场的预期收益率为 10%，则该证券的预期收益率为 14%；如果市场的预期收益率为-5%，则该股票的预期收益率为-4%。

四、多因素模型

1. 双因素模型

市场模型是一个单因素模型，因为它假设资产的回报只受市场回报这一个因素的影响。多因素模型则假设资产的回报由多个因素决定。如果一个证券组合由 n 个证券组成，证券组合的双因素模型为：

$$R_{it}=a_i+b_{i1}F_{1t}+b_{i2}F_{2t}+\varepsilon_{it} \qquad (5-3)$$

这里介绍两种具体的双因素模型：宏观经济因素模型、基础因素模型。这两种模型也是大多数公司所采取的。

（1）宏观经济因素模型（Macroeconomic Factor Models）。该模型假设资产的回报受宏观经济冲击的影响。这些没有估计到的事件导致了期望收益与实际收益的差距。下面这个模型是一个两因素的宏观经济因素模型。它假设资产的收益率受 GDP 的增长率和信贷质量的影响。

$$R_i=E(R_i)+b_{i1}F_{GDP}+b_{i2}F_{QS}+\varepsilon_i \qquad (5-4)$$

其中，R_i 是资产 i 的收益率；$E(R_i)$是资产 i 的期望收益；F_{GDP}是预期外的 GDP 增长率，即真实的 GDP 增长率与预期 GDP 增长率之间的差额；F_{QS}是预期外的信贷质量变化，例如，BB 级的债券收益率与国债收益率之差；b_{i1}为资产 i 对 GDP 的敏感度；b_{i2}为资产 i 对信贷质量变化的敏感度；ε_i 是方程的残差项，表示公司的特殊事件。

通过这个模型可以发现：F 表示的是预期外的因素，导致了期望收益和现实收益的差距。B 表示的是股票对预期外因素的敏感度，这同市场模型里的 β 很类似，敏感度越高，该因素对收益率的影响越大。ε 表示的是模型无法预测到的收益变化，它代表的是公司特殊事件的非系统风险。

用宏观经济因素模型可以计算股票的收益率。例如，MT 公司的预期收益为

10%，去年的 GDP 增长率比预期高出 2%，信贷增长比预期低 1%，MT 对预期外 GDP 变化的敏感度为 2，对预期外信贷质量变化的敏感度为-0.5。去年 MT 还经历了 2%的意外收入，现在计算 MT 公司的收益率 = 0.1+2×0.002-0.5×(-0.01)+0.02=16.5%。

宏观经济因素模型的主要特点是它包括了系统性风险和因素敏感度。首先，非系统性风险可以通过组合的分散化管理而消除，因为市场不会对它们定价。所谓不会定价是指投资者认为承担这部分风险不会得到回报。而系统性风险是不可避免的，即使组合已经充分分散化了，所以投资者要从系统性风险中得到补偿。其次，在宏观经济因素模型中，资产收益率是一个关于系统性风险和非预期事件的方程，不同的资产对系统性风险的敏感度也不一样，比如房地产行业对 GDP 是非常敏感的，GDP 的一个小小的变动会引起房地产行业较大的变动。因素敏感度可以通过宏观历史数据的回归得到。

（2）基本面因素模型（Fundamental Factor Models）。下面这个模型是一个两因素的基本面因素模型，它假设资本的收益受 P/E 和资本规模的影响。

$$R_i = \alpha_i + b_{i1}F_{P/E} + b_{i2}F_{SIZE} + \varepsilon_i \tag{5-5}$$

其中，R_i 是资产 i 的收益率；$F_{P/E}$是与 P/E 因素相关的收益率；F_{SIZE}是与资本规模相关的收益率；α_i 是截距项；b_{i1}为资产 i 对 P/E 的敏感度；b_{i2}为资产 i 对资本规模的敏感度。大部分的基本面因素模型的敏感度不是通过回归得出的，而是标准化的，例如标准化的 P/E 因素敏感度可以写成 $b_{i1} = \frac{(P/E)_i - \overline{P/E}}{\sigma_{P/E}}$。

2. 多因素模型

单指数模型把影响收益的因素分解为系统风险和公司特有风险，这种分析方法不仅过于简单，而且把系统风险限制在单一因素内是不对的。实际上，用市场收益来概括的系统风险受多种因素影响，如经济周期、利率和通货膨胀等。显然，多因素模型可给出影响收益的更好描述。运用每个因素在每一时期的超额收益对股票的超额收益进行多元回归，估计股票收益对每一因素的 β 值（或称因素敏感度、因子荷载）。

上面是考虑两种因素对证券回报率的影响。同样，考虑到多种因素对证券回报率的影响，可以进一步将因素模型进行拓展，从而形成含有多种因素的多因素模型：

$$R_{it} = a_i + b_{i1}F_{1t} + b_{i2}F_{2t} + \cdots + b_{ik}F_{kt} + e_{it} \tag{5-6}$$

对于上述模型有两个重要假设：

（1）任意两种资产的随机误差项相互独立，即 $Cov(e_i, e_j) = 0, i \neq j$；

（2）随机误差项与因素不相关，即 $Cov(e_i, F) = 0$，因素的结果对随机误差项没有任何影响。

多因素模型在理论上和实践中已经得到了广泛的应用。譬如，后面要介绍的套利定价理论就以多因素模型作基础假设。作为资产收益率生成过程，多因素模型已被许多经验结果所证实，如和 Fama-French（1993）的三因素模型。另外，许多投资实践都基于多因素模型。

第二节 套利理论的内容

一、投资套利概述

套利是利用一个或多个市场上存在的价格差异，在不冒任何风险或风险较小的情况下，赚取大于零的收益的行为。套利通过低买高卖，可以获得无风险套利利润。举一个简单的例子，西安的苹果 2 元一斤，北京的苹果卖 3 元一斤，在不考虑交易成本的情况下，水果贩子可以在西安买入苹果，在北京卖出苹果，通过低买高卖可获得净利润 1 元。这 1 元的净利润是由于同一商品在不同市场上的价格差异所导致的。我们再来看一个金融市场的套利案例。假定中国金融市场的基准利率是 5%，美国银行的基准利率是 8%，那么会发生怎样的场景？在不考虑交易成本以及贷款利率相等的情况下，投资者可以以 5%的利率从中国市场上借入资金，存入美国获取 8%的利率。这样投资者的净利润为 3%。

通常情况下，我们知道金融市场的基本规律是风险与收益等价原理，即高风险，高收益；低风险，低收益。当然，这里的风险是指系统性风险，收益指风险溢价，即超出无风险利率的那部分收益率。也就是说，投资者要想获得超额收益就必须承担风险。但是在我们上述的例子中，投资者获得的 3%的利润没有承担任何风险。那么，这说明风险收益等价原理是错误的吗？答案是否定的，这是因为风险收益等价原理有一个很重要的前提条件就是金融市场是有效的，而有效的市场就必须遵循一价定律。但是，如果市场不是有效的，市场没有遵循一价定律，体现在同一金融资产在不同市场上的收益率不相等，例如，货币在中国和美国的存款利率不等，或者不同股票在承担相同风险情况下获取的收益率不等。

举例说明：假设现在 6 个月即期年利率为 10%，一年期的即期利率是 12%，如果有人把今后 6 个月到一年的远期利率定为 11%，试问这样的市场行情能否产生套利机会？答案是肯定的，套利过程如下：第一步，交易者按 10%的利率借入一笔 6 个月资金（假设 1000 万元）；第二步，签订一份远期利率协议，该协议规定交易者可以按 11%的利率 6 个月后从市场借入资金 1051 万元（$1000e^{0.1\times0.5}$）；第三步，按 12%的利率贷出一笔一年期的款项，金额为 1000 万元；第四步，1 年后收回 1 年期贷款，得到本金加利息 1127 万元，并用 1110 万元（$1051e^{0.11\times0.5}$）偿还一年期的债务后，净赚 17 万元。

可以说，无风险套利利润的存在是由于市场本身的定价失误造成的。而一旦发生套利机会，投资者就会想尽办法利用这个机会赚钱，投资者不断买卖金融资产的行为，会导致套利机会的迅速消失。所以说，正是由于套利机会的存在，有效市场和一价定律才可以真正地实现。一个关于有效市场的笑话：“一个交易员跑过来告诉你，在证券交易所大厅的地上不知道谁丢了 100 元钱。”“不要再去想那 100 元了，在你发现那 100 元的时候，别人也一定发现了它，并且捡起了它。”这就是有效金融市场，信息传递的速度如此之快，以至于市场中存在的任何套利机会，也早被投资者发现并利用了。投资者群起套利的行为最终促使股票价格回归公平价格，套利机会消失。

二、套利组合

1. 套利组合

根据套利理论思想，在出现套利机会时，每一个投资者都会利用不增加风险的情况下能够增加组合回报率的机会。利用这种套利机会的具体做法就是使用套利组合。之所以称为套利组合，它应具有三个性质：

（1）构造的套利组合不应增加投资者的投资；如果 W_i 表示在套利组合中证券 i 的权重，套利组合的这一条件可表示为：

$$\sum_{i=1}^{n} W_i = 0 \tag{5-7}$$

（2）套利组合无风险，即产生风险的因子对套利组合的影响程度为零；

$$\sum_{i=1}^{n} b_i W_i = 0 \tag{5-8}$$

（3）套利组合的预期收益率非负。

$$\sum_{i=1}^{n} W_i R_i > 0 \tag{5-9}$$

基于三个约束条件可以构造无数个满足套利条件的潜在套利组合，这些潜在套利组合必须满足以上三个条件。

【例 5-1】假设证券的收益率由单因素模型生成，投资者持有三种证券的投资组合，基本的证券特征如表 5-1 所示：

表 5-1　投资者持有的投资组合的基本特征

证券	投资比例	因素敏感度	期望收益率（%）
A	1/3	0.9	15
B	1/3	3.0	21
C	1/3	1.8	12

根据套利组合的三个条件：

$w_1+w_2+w_3=0$

$0.9w_1+3w_2+1.8w_3=0$

假设 $w_1=0.1$，则上述两式变为：

$0.1+w_2+w_3=0$

$0.09+3w_2+1.8w_3=0$

可以解出：$w_2=0.075$，$w_3=-0.175$

根据套利组合的条件（3），$0.15w_1+0.21w_2+0.12w_3>0$，将算出的比例代入发现满足此式，说明该组合是一个投资套利组合。

2. 无套利原则（Non-arbitrage Principle）

一价定律表明：两种具有相同风险的资产（组合）不能以不同的期望收益率出售。否则，将可以进行无风险套利。如果一项资产比另一项资产更有价值，则其价格应高于另一项资产，这也称为等值等价法则。

套利不仅仅局限于同一种资产（组合），对于整个资本市场，还应该包括那些“相似”资产（组合）构成的近似套利机会。套利行为将导致一个价格调整过程，最终使同一种资产的价格趋于相等，套利机会消失。

三、套利定价理论

1. 套利定价理论的假设条件

套利定价理论（Arbitrage Pricing Theory，APT）是作为 CAPM 的代替物而问世的。Ross（1976）针对 CAPM 的单因素模型，提出了目前被统称为 APT 的多因素模型。该模型由一个多因素收益生成函数推导而来，理论基础为一价定律，即两种收益—风险性质相同的资产不能按不同价格出售。该模型推导出的资产收益率决定于一系列影响资产收益的因素，而不完全依赖于市场资产组合，而套利活动则保证了市场均衡的实现。同时，APT 对 CAPM 中的投资者风险厌恶的假设条件做了放松，从而较 CAPM 具有更强的现实解释能力。

（1）与资本资产定价模型相同，ATP 理论假设：①投资者具有相同的理念。

②投资者是风险回避的，而且还要实现效用最大化。③市场是完全的，因此对交易成本等因素不做考虑。

（2）与资本资产定价模型不同的是，套利定价理论没有假设：①单一投资期。②不存在税收问题。③投资者能够以无风险利率自由借贷资金。④投资者以收益率的均值和方差为基础选择投资组合。而 ATP 模型不需要假设不存在税收问题、单一投资期、投资者能以无风险利率自由借贷资金以及投资者以回报率的均值和方差选择资产组合。

套利定价理论假设证券收益率与一些指数线性相关，这组指数代表着形成股票回报率的一些基本因素，Ross 的分析是从单因素模型开始的，即有：

$$r=E(r_i)+\beta_i F+e_i \tag{5-10}$$

其中，r_i 为股票 i 的收益，$E(r_i)$表示股票 i 的期望收益；F 代表系统因素，也就是代表了模型中系统风险的来源，比如 GDP 增长率的变化、利率水平的变化、通货膨胀率的改变等，这些与宏观经济有关的系统风险内容是不确定的，所有的系统风险对收益的影响有正有负，所有它具有零均值；β_i 为股票 i 对系统风险的敏感程度；e_i 为非系统因素，非系统因素也具有零期望值。举一个例子来说明这个公式：如果系统因素 F 是 GDP 增长率，假定原来 GDP 增长率为 5%，股票 i 对市场利率的敏感程度 β_i 的值是 1.25。若现在 GDP 增长率实际为 6%，即系统因素 F 相对其期望值发生了+1%的未预期的偏离，由于 β_i 为 1.25，将导致股票 i 的实际收益率比预期收益率增加 1.25%。当然，实际上股票收益也会受到 e_i 的影响。

2. 充分分散化的资产组合

现在我们来看一个股票投资组合的风险。如果一个投资组合是充分分散的，那它的厂商特定风险或非因素（系统）风险将可以被分散掉，保留下来的只有因素（系统）风险。如果构造一个由 N 种股票按权重组成的资产组合，其权重为 w_i，$\sum w_i=1$，则该资产组合的收益率为：

$$r_p=E(r_p)+\beta_p F+e_p \tag{5-11}$$

这里，$\beta_p=\sum w\beta_i$ 是 N 种股票的 i 的加权平均值。该资产组合的非系统成分（与 F 无关）也是 N 种股票的 e_i 的加权平均值。正如在第三章中所介绍的，我们将这一投资组合的方差分为系统的和非系统的两方面。投资组合的方差为：

$$\sigma_p^{\ 2}=\beta_p^{\ 2}\sigma_F^{\ 2}+\sigma^2(e_p) \tag{5-12}$$

这里 $\sigma_F^{\ 2}$ 为因子 F 的方差，$\sigma^2(e_p)$为资产组合的非系统风险，它还等于：

$$\sigma^2(\sum w_i e_i)=\sum w_i^{\ 2}\sigma^2(e_i) \tag{5-13}$$

注意到在推导资产组合的非系统方差时，依赖这样一个事实，即厂商特定的 e_i之间是无关的，因此这些非系统的 e_i组成的资产组合的方差就应等于以投资比例的平方为权重的、单个方差的加权平均值。如果该投资组合是等权重的，即 $w_i=1/n$，则非系统方差将为：

$$\sigma^2(e_p, w_i=1/n)=\sum(1/n)^2\sigma^2(e_i)=1/n\sum[\sigma^2(e_i)/n]=1/n\sigma^{-2}(e_i) \quad (5-14)$$

在本例中，将非系统平均方差除以 n，使当该资产组合增大时，即 n 增大但仍保持各股的等权重，非系统方差趋于零。随着 n 的增大而非系统方差趋于零的各种投资组合不仅仅包含等权重的资产组合，还有其他形式。任何能满足随 n 增大每个 w_i 均稳定的减小（特别地，随 n 增大每个 w_i^2 趋于零）的投资组合都将满足该组合之非系统风险随 n 增大而趋于零的条件。按比例 w_i 分散于足够大数量的证券中，而每种成分又足以小到使非系统方差 $\sigma^2(e_p)$ 可以被忽略。因为 e_p 的期望值为零，如果它的方差也为零，我们可推断 e_p 的任何实现值将基本为零。重写等式，我们得出对所有实际目的有意义的充分分散化的投资组合的公式：

$$r_p=E(r_p)+\beta_pF, \quad \sigma_P^2=\beta_p^2\sigma_f^2 \quad (5-15)$$

如果资产组合不是等权重的，结论仍然成立。我们考虑这样一个情景，有一个由 1000 只股票构成的资产组合，第一只股票的头寸为 W%，第二只股票的头寸为 2W%，第三只为 3W%……那么就有 W + 2W + … + 1000W = 1，可以求解出 W = 0.0002%，那么 1000W = 0.2%。也就是说，在这个组合中，最大的头寸只是 1% 的 0.2，这不是一个等权重组合，但是非系统风险仍然可以被分散掉。

由于非系统风险可以被分散，只有系统风险影响着组合收益的风险溢价。在充分分散化的投资组合中，各资产的非系统风险相互抵消，那么该资产组合的期望收益就取决于它的系统风险水平以及该资产组合对系统风险的敏感程度，即资产组合的贝塔值。

图 5-1（a）表示了在不同的系统风险下，$\beta_A=1$ 的充分分散化的资产组合 A 的收益情况。实线与纵轴的交点为 10%，代表资产组合 A 的期望收益为 10%。在该点系统风险为 0，如果系统因素是正的，资产组合的收益将超出预期收益值；反之，如果系统因素是负的，收益将低于其预期收益值。对比图 5-1（b），为一个 $\beta_s=1$ 的单

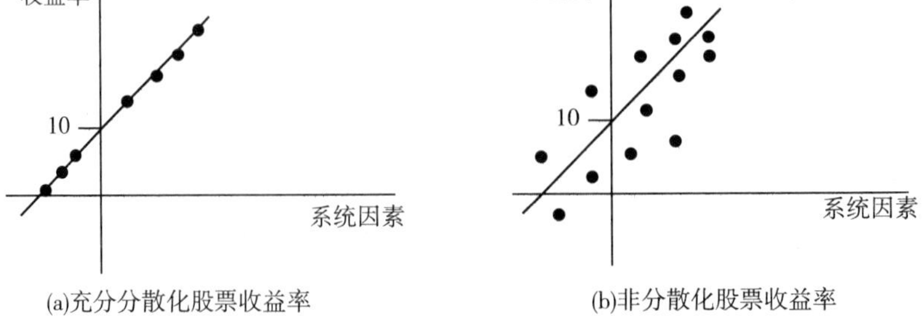

图 5-1 不同系统风险下的股票收益率

个股票 S。可以看出非分散化的股票受非系统风险的影响，呈现为分布在直线两侧的散点。比较而言，充分分散化的资产组合收益完全由系统风险决定。

相同贝塔值的充分分散化的资产组合的收益是唯一的。现在来看图 5-2，虚线代表另一充分分散化的投资组合 B 的收益，组合 B 的期望值为 8%，贝塔值与组合一相等，为 1。那么，A 和 B 能够在图 5-2 中的情况下共存吗？显然不行，因为无论系统因素为多少，A 大于 B 就会导致套利机会的出现，投资者就会买入 A 同时卖空 B，获得 2%的无风险套利利润。在套利活动的作用下，两个资产组合的收益差会逐渐消失，最终两个组合会有相同的预期收益。所以我们可以得出结论：具有相同值的投资组合在市场均衡时一定具有相同的期望收益，否则将存在套利机会。

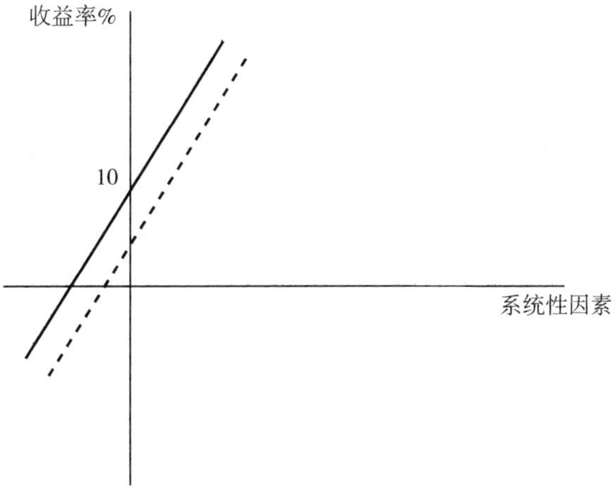

图 5-2　β 值相同的分散化组合

不同贝塔值的投资组合会是怎样呢？首先要说明的是充分分散的资产组合的收益率等于无风险收益加上系统风险的线性函数。用一个例子进行解释。如果无风险收益是 5%，系统风险是 6%，如果 β=5%，那么期望收益就是 8%；如果 β=1%，期望收益为 11%；如果 β=1.2，期望收益是 12.2%。

假设无风险利率为 4%，另一充分分散化的投资组合 C（其 β=0.5）的期望收益为 6%。将资产组合 C 的收益线画在位于无风险资产至资产组合 A 的直线下。因此，要考虑一个新的资产组合 D，它由资产组合 A 和无风险资产各占一半组成。资产组合 D 的值将为(1/2×0+1/2×1)= 0.5，其期望收益为(1/2×4+1/2×10)= 7%。这时资产组合 D 具有和组合 C 相等的值，但比组合 C 的期望收益大。从对前图的分析，我们可以知道，这构成了一个套利机会。

我们可以得出这样的结论：为了排除套利机会，所有充分分散化投资组合的期望收益必须位于图 5-3 通过无风险资产点的直线上。这条直线的方程将给出所有充分分散化投资组合的期望收益值。

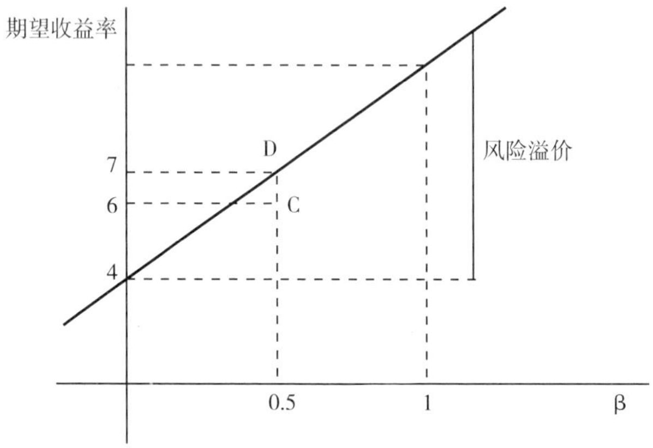

图 5-3 充分分散化投资组合的期望收益

如果我们假定由两个充分分散化的资产组合合成一个零贝塔值的资产组合 Z，资产组合 Z 由 A、B 两资产构成，权重分别为 W_A、W_B，资产组合 Z 中的两项资产的权重之和为 1，贝塔值为 0，则有：

$$\beta_z = w_A\beta_A + w_B\beta_B = \beta_B/(\beta_B-\beta_A)\beta_A + (-\beta_A)/(\beta_B-\beta_A)\beta_B = 0 \quad (5-16)$$

资产组合 Z 是无风险的，它也没有分散化风险，因为它是充分分散化的；它没有暴露在系统风险下，因为它的贝塔值为零。为了消除套利机会，它只能获得无风险利率。因此有：

$$E(r_z) = w_AE(r_A) + w_BE(r_B) = \beta_B/(\beta_B-\beta_A)E(r_A) + (-\beta_A)/(\beta_B-\beta_A)E(r_B) = r_f \quad (5-17)$$

整理得到：

$$E(r_A) - r_f/\beta_A = E(r_B) - r_f/\beta_B \quad (5-18)$$

这就意味着，风险溢价和贝塔值成正比。

式（5-18）就是套利定价理论告诉我们的，对于任意两个充分分散化的投资组合 P 和 Q，所有贝塔值不同的资产组合的期望收益都会在同一条斜线上，一旦出现不在一条线的情况，实际就等于有相同的贝塔值，但期望收益不同，这当然会导致套利。

四、套利定价与 CAPM 理论

套利定价理论与 CAPM 的区别和联系可以从以下几个方面来理解：

1. 联系

APT 和 CAPM 在本质上是一样的，都是一个证券价格的均衡模型。在一定条件约束下，套利定价理论导出的风险收益关系与资本资产定价模型的结论完全一样。两者都是均衡模型：CAPM 强调证券市场上所有证券的供需达到均衡，APT 要求市场处于均衡状态从而使证券价格不存在套利机会。从某种意义上说，CAPM 是 APT 的一个特例。

2. 区别

（1）APT 大大简化了 CAPM 的假设条件。与 CAPM 一样，APT 假定：拥有相同预期的投资者都是风险厌恶者，市场不存在交易成本。但是，APT 的限制条件不像 CAPM 那样严格，其最基本的假设是证券收益率受某些经济因素的共同影响，但是没有限定这些因素的个数及内容。

（2）理论依据不同。APT 建立在无风险套利原理上，认为市场在不存在套利机会时达到均衡，证券价格正是因为投资者不断进行套利活动而实现均衡。CAPM 以均值—方差模型为基础，考虑当所有投资者以相同方式选择投资组合时，如何确定证券价格。

（3）市场均衡的形成缘由不同。CAPM 中，投资者具有相同的预期，当证券定价不合理时，所有投资者都会改变投资策略，调整资产组合。CAPM 假定在投资者共同行为的影响下，市场重新回到均衡状态。按照 APT，不需要所有投资者都对不合理的证券价格产生反应，即使只有几个投资者的套利行为也会使市场尽快回到均衡状态。

关键术语

套利定价理论　单因素模型　多因素模型　宏观经济因素模型　基本面因素模型　统计因素模型

课后习题

1. 考虑股票 A、B 的两个（超额收益）指数模型回归结果：

$R_A = 1\% + 1.2R_M$

R-SQR = 0.576

RESIDSTDDEV-N = 10.3%

$R_B = -2\% + 0.8R_M$

R-SQR = 0.436

RESIDSTDDEV-N = 9.1%

A. 哪种股票的企业特有风险较高？

B. 哪种股票的市场风险较高？

C. 对哪种股票而言，市场的变动更能解释其收益的波动性？

D. 哪种股票有除 CAPM 模型预测的收益以外的平均超额收益?

E. 如果 r_f 恒为 6%，且回归以总量计而非超额收益计，股票 A 的回归截距是多少?

2. 在一个只有两种股票的资本市场上，股票 A 的资本是股票 B 的两倍。A 的超额收益的标准差为 30%，B 的超额收益的标准差为 50%。两者超额收益的相关系数为 0.7。

A. 市场指数资产组合的标准差是多少?

B. 每种股票的贝塔值是多少?

C. 每种股票的残差是多少?

D. 如果指数模型不变，股票 A 预期收益超过无风险收益率 11%，市场资产组合投资的风险溢价是多少?

3. 假定影响经济的两个因素已被确定：工业生产增长率与通货膨胀率。目前，预计工业生产增长率为 3%，通货膨胀率为 5%，某股票与工业生产增长率的贝塔值为 1，与通货膨胀率的贝塔值为 0.5，股票的预期收益率为 12%，如果工业生产真实增长率为 5%，而通胀率为 8%，那么，修正后的股票的期望收益率为多少?

4. 假定 F_1 与 F_2 为两个独立的经济因素。无风险利率为 6%，并且所有的股票都有独立的企业特有（风险）因素，其标准差为 45%。下面是优化的资产组合：

资产组合	F_1 的贝塔值	F_2 的贝塔值	期望收益率
A	1.5	2.0	31
B	2.2	-2.0	27

在这个体系中，试进行期望收益—贝塔的相关性分析。

5. 假定市场可以用下面三种系统风险及相应的风险溢价进行描述：

要素	风险溢价（%）
工业生产（I）	6
利率（R）	2
消费者信心（C）	4

特定股票的收益率可以用下面的方程来确定：

$r=15\%+1.0I+0.5R+0.75C+e$

使用套利定价理论确定该股票的均衡收益率。国库券利率为 6%，该股票价格是被低估还是高估了? 并解释原因。

第六章　有效市场理论

【学习目标】

明确有效市场假说的含义；了解弱式有效市场假说；了解半强式有效市场假说；了解强式有效市场假说；了解有效市场假说面临的挑战。

第一节　有效市场理论

有效市场假说（Efficient Markets Hypothesis，EMH），又被称为有效市场理论（Efficient Market Theory）。

一、有效市场假说概述

1964年，奥斯本提出了“随机漫步理论”，他认为股票价格的变化类似于化学中的分子“布朗运动”（悬浮在液体或气体中的微粒所做的永不休止的、无秩序的运动），具有“随机漫步”的特点，也就是说，它变动的路径是不可预期的。1970年法玛也认为，股票价格收益率序列在统计上不具有“记忆性”，所以投资者无法根据历史的价格来预测其未来的走势。

这个结论不免使许多在做股价分析的人有点沮丧，他们全力研究各家公司的会计报表与未来前景以决定其价值，并试图在此基础上做出正确的金融决策。难道股价真的是如此随机，金融市场就没有经济学的规律可循吗?

萨缪尔森的看法是，金融市场并非不按经济规律运作，恰恰相反，这正是符合经济规律的作用而形成的一个有效率的市场。

二、有效市场假说要点

第一，在市场上的每个人都是理性的经济人，金融市场上每只股票所代表的各家公司都处于这些理性人的严格监视之下，他们每天都在进行基本分析，以公司未来的获利性来评价公司的股票价格，把未来价值折算成今天的现值，并谨慎地在风险与收益之间进行权衡取舍。

第二，股票的价格反映了这些理性人的供求的平衡，想买的人正好等于想卖的人，即认为股价被高估的人与认为股价被低估的人正好相等，假如有人发现这两者不等，即存在套利的可能性的话，他们立即会用买进或卖出股票的办法使股价迅速变动到能够使两者相等为止。

第三，股票的价格也能充分反映该资产所有可获得的信息，即“信息有效”，当信息变动时，股票的价格就一定会随之变动。一个利好消息或利空消息刚刚传出时，股票的价格就开始异动，当它已经路人皆知时，股票的价格也已经涨或跌到适当的价位了。

“有效市场假说”实际上意味着“天下没有免费的午餐”，世上没有唾手可得之物。在一个正常的、有效率的市场上，每个人都别指望发意外之财，所以我们花时间去看路上是否有钱好捡是不明智的，我们费心去分析股票的价值也是无益的，它白费我们的心思。

当然，“有效市场假说”只是一种理论假说，实际上，并非每个人总是理性的，也并非在每一时点上都是信息有效的。“这种理论也许并不完全正确”，曼昆说，“但是，有效市场假说作为一种对世界的描述，比你认为的要好得多。”

三、有效的资本市场的定义

内部有效市场（Internally Efficient Markerts）又被称为交易有效市场（Operationally Efficient Markets），它主要衡量投资者买卖证券时所支付交易费用的多少，如证券商索取的手续费、佣金与证券买卖的价差。外部有效市场（Externally Efficient Markets）又被称为价格有效市场（Pricing Efficient Markets），它探讨证券的价格是否迅速地反映出所有与价格有关的信息，这些“信息”包括有关公司、行业、国内及世界经济的所有公开可用的信息，也包括个人、群体所能得到的所有的私人的、内部非公开的信息。

四、有效市场的条件

（1）投资者都利用可获得的信息力图获得更高的报酬。

（2）证券市场对新的市场信息的反应迅速而准确，证券价格能完全反映全部信息。

（3）市场竞争使证券价格从旧的均衡过渡到新的均衡，而与新信息相应的价格变动是相互独立的或随机的。

第二节　有效市场假说的三种形式

一、有效市场假说的三种形式的内容

1. 弱式有效市场假说（Weak Form Efficiency）

该假说认为在弱式有效的情况下，市场价格已充分反映出所有过去历史的证券价格信息，包括股票的成交价、成交量、卖空金额、融资金融等。

推论一：如果弱式有效市场假说成立，则股票价格的技术分析失去作用，基本分析还可能帮助投资者获得超额利润。

2. 半强式有效市场假说（Semi-Strong Form Efficiency）

该假说认为价格已充分反映出所有已公开的有关公司营运前景的信息。这些信息有成交价、成交量、盈利资料、盈利预测值、公司管理状况及其他公开披露的财务信息等。假如投资者能迅速获得这些信息，股价应迅速做出反应。

推论二：如果半强式有效假说成立，则在市场中利用技术分析和基本分析都失去作用，内幕消息可能获得超额利润。

3. 强式有效市场假说（Strong Form of Efficiency Market）

强式有效市场假说认为价格已充分地反映了所有关于公司营运的信息，这些信息包括已公开的或内部未公开的信息。

推论三：在强式有效市场中，没有任何方法能帮助投资者获得超额利润，即使基金和有内幕消息者也一样。

三种有效假说的检验就是建立在三个推论之上；强式有效假说成立时，半强式有效必须成立；半强式有效成立时，弱式有效亦必须成立。

所以，先检验弱式有效是否成立；若成立，再检验半强式有效；再成立，最后检验强式有效是否成立。顺序不可颠倒。

图 6-1 表明，随着投资者获得的信息集不断增加，市场有效的程度也不断提高。

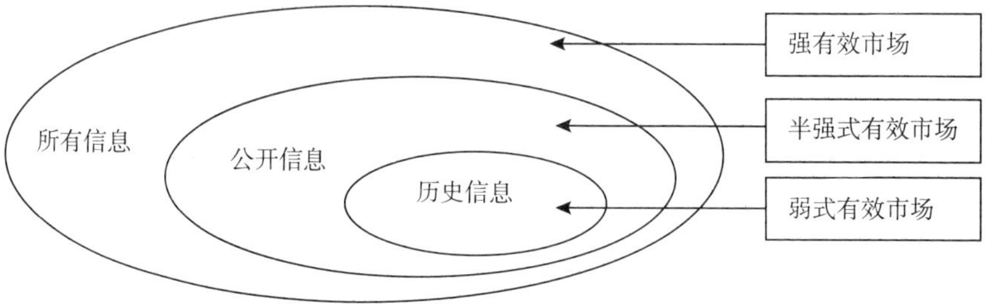

图 6-1 信息集和有效市场形势

二、有效资本市场假说检验及部分检验结果

1. 弱有效市场的检验

弱有效市场强调是证券价格的随机游走，不存在任何可以识别和利用的规律。因此，对弱有效市场的检验主要侧重于对证券价格时间序列的相关性研究。具体来讲，这种研究又包括时间序列的自相关、操作检验、过滤法则检验和相对强度检验等不同方面。

（1）时间序列的自相关是指时间序列的数据前后之间存在相互影响。如果股票价格的升降对后来的价格变化存在某种影响，那么在时间序列上应表现出某种自相关关系。

（2）操作检验是一种非参量统计检验方法。这一方法将股票价格的变化方向用正负号表示，价格上升为正，下降为负。如果价格变化的自相关性强，应能看到一个较长的同号序列，表示价格的连续下降或连续上升。

（3）过滤法则检验时通过模拟股票买卖过程来检验随即游走理论的可信性。这一方法将股票价格变化作为买入卖出股票的指示器。如果价格上升，表明股市看好，则在次日买入一定比例的股票；如果价格下降，表明股市看跌，次日卖出一定比例的股票。如果股价变化存在某种相关关系，这种买入卖出方法的收益应显示出一定的特性。

（4）相对强弱检验也是模拟证券投资过程对随即游走理论进行检验的。检验者首先选择一个与股票价格变化有关的指标，然后按照这一指标数值的指示决定买入卖出某种股票的数额。

根据以上检验方法，有效市场理论的研究者做了大量的实验。如：

（1）利用相关性检验方法，摩尔（Moore，1962）发现股票价格的前后期变动序列之间的相关系数平均为-0.06，表示股价变动的前后期之间不存在序列相关关系。

（2）法玛（1965）以 1957~1962 年期间道琼斯工业指数的 30 种股票作为样本，

计算出价格序列残差的相关系数为 0.03，表明各期股价不存在相关性。

（3）格兰杰和摩根斯坦（Granger & Morgenstern，1963）采用一种谱分析方法对股票价格波动进行研究，他们发现股票价格运动没有依赖性。

总体来说，20 世纪 80 年代以前对西方多数证券市场的大量经验研究表明证券市场是弱态有效的，而 20 世纪 80 年代以来的多数经验分析却出现了一些不支持市场是弱态有效的经验证据，表现为有效市场中的异常现象，被称为异象，后文会有详细介绍。

2. 半强型有效市场的检验

对强型有效市场的检验，主要侧重于市场反应速度的研究，即研究股票价格对各种最新公布的消息，如拆股、股利政策的变化、盈余信息等的反应速度。其检验往往采用“事件研究”方法，通过对某一特定事件发布前后的股价表现进行统计分析，研究股价在什么时候对该事件做出反应及做出何种反应，从而确定股价对公开信息做出的反应是否符合半强式有效假设，如果某事件出现以后，股价能在短时期内得以迅速调整并自动恢复到均衡，从而使任何以该事件为基础的交易不能获得超额利润，则表明市场是有效的；反之，市场是失效的。

检验结果，如波尔和布朗（Ball & Brown，1968）运用累计超常收益分析法对年度会计盈余信息的公布对公司股价的影响进行了研究，认为美国的股票市场系满足半强式有效市场。科文和平克顿（Keown & Pinkerton，1981）对公司接管前后的收益率进行的研究发现，在消息公布之前目标公司的股价开始上升，这表示信息进入价格；在消息公布的当天股价发生向上阶跃，反映出目标公司的股东所获得的接管溢价；而在消息公布以后价格没有继续上升或者发生反转，说明价格对信息的反应是正确的。这个结论与半强式有效假设一致。

3. 强有效市场检验

对强式有效市场的检验目前尚无比较成熟的、规范的方法，这方面的研究主要集中在观察那些特定的交易者，如专业投资者或内幕人员，他们依赖于某些特定的公开或内幕消息进行交易，看其能否获得超额收益。而由于对内幕人员交易难以获取数据，因此，通常是对专业投资者的业绩进行检验，检验专业投资者在不占有内幕信息的条件下，是否能凭借专业技能（包括技术面分析和基本面分析能力）获得超额收益，也可检验投资咨询机构建议的效果，即检验采纳投资咨询机构的建议的交易策略，是否能比不采纳其建议的交易策略收益更高。

检验结果。如詹森（Michael Jensen，1968，1969），他运用资本资产定价模型来衡量经风险调整的互助基金经营实绩。研究发现，即使不考虑运营成本，多数基金业绩无法超越指数业绩。因而，满足强势有效市场的结论。格里姆布拉特和提特曼（Grimblatt & Titman，1989）、义普利托（Ipplito，1989）对互助基金业绩做了进一步研究，他们认为过去业绩表现好的基金并不表明未来也经营得比较好。

三、有效市场假说的意义

1. 理论意义

提高证券市场的有效性，根本问题就是要解决证券价格形成过程中在信息披露、信息传输、信息解读以及信息反馈各个环节所出现的问题，其中最关键的一个问题就是建立上市公司强制性信息披露制度。从这个角度来看，公开信息披露制度是建立有效资本市场的基础，也是资本市场有效性得以不断提高的起点。

2. 实践意义

（1）有效市场和技术分析。如果市场未达到弱式下的有效，则当前的价格未完全反映历史价格信息，那么未来的价格变化将进一步对过去的价格信息做出反应。在这种情况下，人们可以利用技术分析和图表从过去的价格信息中分析出未来价格的某种变化倾向，从而在交易中获利。如果市场是弱式有效的，则过去的历史价格信息已完全反映在当前的价格中，未来的价格变化将与当前及历史价格无关，这时使用技术分析和图表分析当前及历史价格对未来做出预测将是徒劳的。如果不运用进一步的价格序列以外的信息，明天的价格的最好预测值将是今天的价格。因此，在弱式有效市场中，技术分析将失效。

（2）有效市场和基本分析。如果市场未达到半强式有效，公开信息未被当前价格完全反映，分析公开资料寻找误定价格将能增加收益。但如果市场半强式有效，那么仅仅以公开资料为基础的分析将不能提供任何帮助，因为针对当前已公开的资料信息，目前的价格是合适的，未来的价格变化与当前已知的公开信息毫无关系，其变化纯粹依赖于明天新的公开信息。对于那些只依赖于已公开信息的人来说，明天才公开的信息，他今天是一无所知的，所以不用未公开的资料，对于明天的价格，他的最好的预测值也就是今天的价格。所以在这样的一个市场中，已公布的基本面信息无助于分析家挑选价格被高估或低估的证券，基于公开资料的基础分析毫无用处。

（3）有效市场和证券组合管理。如果市场是强式有效的，人们获取内部资料并按照它行动，这时任何新信息（包括公开的和内部的）将迅速在市场中得到反映。所以在这种市场中，任何企图寻找内部资料信息来打击市场的做法都是不明智的。这种强式有效市场假设下，任何专业投资者的边际市场价值为零，因为没有任何资料来源和加工方式能够稳定地增加收益。对于证券组合理论来说，其组合构建的条件之一即是假设证券市场是充分有效的，所有市场参与者都能同等地得到充分的投资信息，如各种证券收益和风险的变动及其影响因素，同时不考虑交易费用。但对于证券组合的管理来说，如果市场是强式有效的，组合管理者会选择消极保守型的态度，只求获得市场平均的收益率水平，因为区别将来某段时期的有利和无利的投资不可能以现阶段已知的这些投资的任何特征为依据，进而进行组合调整。因此在这样一个市场中，管理者一般模拟某一种主要的市场指数进行投资。而在市场仅达到弱式有效状态时，组织管理者则是积极进取的，会在选择资产和买卖时机上下功夫，努力寻找价格偏离价值的资产。

（4）有效市场的三种形式和证券投资分析有效性之间的关系如表 6-1 所示。

表 6-1　市场有效性与投资分析

	技术分析	基本分析	组合管理
无效市场	有效	有效	积极进取
弱式有效	无效	有效	积极进取
半强式有效	无效	无效	积极进取
强式有效	无效	无效	消极保守

第三节　有效市场假说面临的挑战

一、有效市场假说的缺陷

资本市场作为一个复杂系统并不像有效市场假说所描述的那样和谐、有序、有层次。比如，有效市场假说并未考虑市场的流通性问题，而是假设不论有无足够的流通性，价格总能保持公平。故 EMH 不能解释市场恐慌、股市崩盘，因为这些情况下以任何代价完成交易比追求公平价格重要得多。

尽管在西方学术界很少有哪一种理论能够获得像市场有效性理论那样多的支持和如此高的学术地位，但是该理论的局限性和缺陷还是十分明显的。

其一，从理论渊源来看，市场有效性理论脱胎于西方传统经济学的市场自发理论。因此它必然带有同样的痼疾：过分夸大和神化市场调节的自发作用；否定市场运行中的内在矛盾和问题；排斥政府调控市场运行的积极作用；从理性原则出发，用先验的理论假说和抽象的模型来规范和说明复杂多变的现实；重形式，轻内容，追求逻辑体系和数学形式的完美不惜牺牲经济理论的现实性；重现象，轻本质，注重现象描述，缺乏对市场运行及矛盾运动内在机理的深入研究。由于市场有效性理论存在上述弊端，因此在说明现实问题时，尤其是解释诸如“黑色星期一”之类的现实矛盾的时候往往显得苍白无力。

其二，从认识论上看，市场有效性理论从现象形态出发，以资本市场价格不规则运动为依据，割断资本市场运行与整个经济运行的内在联系，否定经济规律对资本市场运行的支配作用，否定人们认识资本市场运动规律的主观能动性，把资本市场视为超社会超经济存在的、纯粹的“物理实验场”。这种观点是不正确的，也是脱离实际的。毫无疑问，资本市场确实是一个盲目性很大、投机性很强、易受心理预期因素和突发事件影响的特殊市场。

特殊市场自然有特殊的运行方式和特殊的运动规律。但是，同时还要看到，资本市场毕竟不是孤立存在于社会经济活动之外的市场。作为市场，它是交换关系的总和。作为市场体系的必要组成部分，资本的运行和发展要受市场经济运行规律的制约，要反映市场经济运行规律的要求。总之，资本市场的运动是一个极为复杂的过程，因此对其认识和了解必须多角度、全方位展开。以局部认识概观资本市场运动的全貌，只会导致对资本市场运动规律的片面认识，从而得出不符合实际的结论。

其三，市场有效性理论提出的理性模型存在致命的弱点。先从模型本身看，理性市场模型是以完全理性和完全信息两个基本条件为前提。

二、完全信息的假设条件

（1）所有的信息都必须是公开和透明的。即将信息无偿地提供给所有的投资者；所有的投资者对信息的解释和判断不存在任何分歧，信息传递渠道畅通，不存在任何阻隔。

（2）价格已经反映了所有可以得到的信息，并且具有高度的灵敏性和传导性。

（3）价格是既定的量，所有的投资者只能根据给定的价格做出自己的选择。谁也不能支配和影响价格的形成，价格是唯一的调节信号。

三、完全理性的假设条件

（1）市场是理性的，即市场是完全竞争的市场和公平与效率统一的市场，不存在资本过剩和资本短缺的问题，资本可以自由地流出流入，交易过程是在瞬间完成的，既不存在虚假交易也不存在时间和数量调整。

（2）市场行为人是理性的，收益最大化是所有投资者从事证券交易的唯一动机，都必须自觉根据理性原则制定投资决策，调整交易数量，确立交易方式，规范交易行为，开展交易活动。

（3）市场运行是均衡的，能根据内部机制和外部环境的变化及时迅速地进行调整，从非均衡态自动恢复到均衡态。不难看出，在上述假设条件中，市场均衡假设是从理性市场假设中推导出来的，而理性市场假设又是以完全信息假设作为前提的。由于这些假设条件之间存在互为前提、循环证明的关系，只要人们对其中的一个假设条件证伪，上述假设条件形成的逻辑链条就会即刻断裂，市场有效性理论的基石就会因此而崩塌。

应当说，市场有效性理论面临的最大挑战还是来自西方资本市场现实的矛盾运动和内在运行危机。十分明显，若承认资本市场现实的矛盾运动和内在的运行危机，就得修改市场有效性理论的基本前提；而若无视现实矛盾的存在，市场有效性理论则会失去存在的价值。可见，市场有效性理论很难摆脱进退两难的困境。实践证明，一种理论如果不能说明现实问题，不能为解决现实问题提供有效的办法，这种理论或迟或早会被时代所抛弃。针对市场有效性理论存在的种种问题和面临的困境，有的西方学者预言，20 世纪 30 年代的大萧条动摇了古典经济学一般均衡理论的基础，为凯恩斯革命的兴起开辟了道路。20 世纪 80 年代的“黑色星期一”则撼动了新古典经济学市场的有效性理论的基石，为西方经济学的又一次革命拉开序幕。

课后习题

1. 如果市场是有效率的，在不重叠的两个时期内股票收益率的相关系数是多少？

2. 下列哪一项与“股票市场是弱有效的”命题相抵触？请解释。

A. 多于 25%的共同基金优于市场平均水平

B. 内部人员取得超常的交易利润

C. 每年一月，股票市场获得不正常的收益

3. 假定通过对股票过去价格的分析，投资者得到了以下观察现象。哪一个与有效市场假定的有效性形式相抵触？请说明理由。

A. 平均收益率远远大于零

B. 某一周的收益率与其下一周的收益率之间的相关系数为零

C. 在股票价格上涨 10%以后买进，然后在股价下跌 10%后卖出，能够取得超额收益

D. 投资者的持有期收益率较低的股票能够取得超过平均水平的资本利得

4. 如果有效市场假定成立，下列哪一种说法是正确的？

A. 未来事件能够被准确地预测

B. 价格能够反映所有可得到的信息

C. 证券价格由于不可辨别的原因而变化

D. 价格不起伏

5. 下列哪一现象为驳斥半强有效市场假定提供了依据?

A. 平均说来，共同基金的管理者没有获得超额利润

B. 在红利大幅上扬的消息公布以后买入股票，投资者不能获得超额利润

C. 市盈率低的股票倾向于有较高的收益

D. 无论在哪一年，都有大约50%的养老基金优于市场平均水平

第6~12题摘自过去的注册金融分析师考试（CFA）试题。

6. 半强有效市场假定认为股票价格:

A. 反映了已往的全部价格信息

B. 反映了全部的公开可得信息

C. 反映了包括内幕信息在内的全部相关信息

D. 是可以预测的

7. 假定某公司向它的股东们宣布发放一大笔意想不到的现金红利。在没有信息泄露的有效市场上，投资者可以预测:

A. 在公布时有大幅的价格变化　　B. 在公布时有大幅的价格上涨

C. 在公布后有大幅的价格下跌　　D. 在公布后没有大幅的价格变动

8. 下列哪一项为反对半强有效市场假定提供了依据?

A. 无论在哪一年，都有大约50%的养老基金超过了市场的平均水平

B. 所有的投资者都已经学会了应用关于未来业绩的信号

C. 趋势分析对确定股票价格毫无用处

D. 市盈率低的股票在长期内有正的不正常收益

9. 根据有效市场假定:

A. 贝塔值大的股票往往定价过高

B. 贝塔值小的股票往往定价过高

C. 阿尔法值为正的股票，正值会很快消失

D. 阿尔法值为负的股票往往产生低收益

10. 当以下哪一种情形发生时会出现“随机漫步”?

A. 股票价格随机地变动但可以预测

B. 股票价格对新的与旧的信息均反应迟缓

C. 未来价格变化与以往价格变化无关

D. 以往信息对于预测未来的价格是有用的

11. 技术性分析的两个基本假定是，证券价格能够:

A. 逐步地根据新的信息做出调整，研究经济环境能够预测未来市场的走向

B. 迅速地根据新的信息做出调整，研究经济环境能够预测未来市场的走向

C. 迅速地根据新的信息做出调整，市场价格由供求关系决定

D. 逐步地根据新的信息做出调整，市场价格由供求关系决定

12. 当技术分析人员说一只股票有很好的“相对强势”时是指：

A. 股票价格与市场价格指标或者行业价格指数的比率趋向于上升

B. 这只股票最近的交易量超过了它通常的交易量

C. 这只股票的收益率超过了国库券的收益率

D. 这只股票最近经营得比过去好

13. 运用相反意见法则，下列哪一项对于技术分析人员来说是市场看涨的标志?

A. 投资者的贷方余额下降

B. 对市场行情看跌的投资顾问的人数与持乐观态度的咨询服务人数的比值相当高

C. 很大比例的投机者预计股指期货价格会上涨

D. 场外交易量与纽约证券交易所交易量的比值相对偏高

14. 一个成功的企业（如微软）长年取得巨额的利润。这是否意味着违背了有效市场假说?

15. 假定投资者发现在红利大幅上涨之前，平均来说股票价格显示有持续不断的高收益。这是否违反了有效市场假说?

第七章 行为金融理论

【学习目标】

了解有效市场假说的理论；掌握行为金融学的定义与实验研究法；理解行为资产定价理论的推导和解释；理解行为资产组合理论的内容；熟悉金融市场中的认知、情绪与行为偏差。

第一节 行为金融学概述

一、有效市场假说的理论缺陷

有效市场假说实际上是一个在完全理性基础上的完全竞争市场模型。有效市场假说体现了经济学家一直梦寐以求的完全竞争均衡。但由于该理论是在给定的假设条件下逻辑推导的产物，存在着诸多问题。一方面它的严格假设条件与现实状况往往有较大出入，导致该理论与现实的偏离；另一方面该理论不能积极地指导人们的行为，它要求人们什么也别做，因为在市场有效的情况下，做什么都是徒劳，但是人们什么也不做，信息又如何反映在价格上，市场又如何变得有效呢？最致命的是现实中存在一些与有效市场理论相悖的异象：如股票收益的日历效应和规模效应，还有像“黑色星期一”之类的暴跌。根据有效市场假说，证券的价格波动不可能有明显的规律性，也不可能在没有重大消息公布的情况下，短期内出现巨幅波动。所以，有效市场假说是有缺陷的，主要表现在以下几个方面：

1. 理性交易者假设缺陷

有效市场假说首先就假设交易者是完全理性的，收益最大化是所有投资者从事交易的唯一动机，都必须自觉根据理性原则制定投资决策、调整交易数量、确立交易方式、规范交易行为、开展交易活动；当参与的投资者都是理性人时，证券市场是理性的，即市场是完全竞争的市场和公平与效率统一的市场，不存在资本过剩和资本短缺的问题，资本可以自由地流出流入，交易过程是在瞬间完成的，既不存在虚假交易也不存在时间和数量调整，这样可以形成一个均衡的市场，市场在理性人的参与下，能根据内部机制和外部环境的变化及时迅速地进行调整，从非均衡态自动恢复到均衡态。

然而，完全理性又要以确定性为条件。在商品市场上由于双方交易的客体是商品，在没有恶意欺诈的情况下，交易双方对自己的成本或效用都是清楚的，即双方面临的是一种确定性情况，双方能够理性地参与交易。但证券市场上交易的客体是证券，其收益不但受基础价值的影响，而且受市场交易情况的影响，在信息和知识不完全的情况下，对其收益无法做出准确的预期。当投资者面临的是一种不确定性情况，金融活动中经济主体行为会出现异化（完全理性行为的偏离），即有限理性。

2. 完全信息假设缺陷

有效市场假说依赖的完全竞争市场，必须具有完全信息。完全竞争市场的完全信息必须满足以下四个条件：①交易客体是同质。②交易双方均可自由进出市场。③交易双方都是价格的接受者，不存在操纵市场的行为。④所有交易双方都具备完全知识和完全信息。

在现代发达的证券市场中，证券基本是同质的，且对合法投资者进出市场也没有限制，所以条件①和条件②是满足的。但是，投资者一般可分为两类：个体投资者和机构投资者。对于条件③，由于机构投资者的存在，他们掌握着巨额资金，当他们对某个证券（特别是市值较小时）投资时，对证券的价格绝对是有影响的。机构投资者暗中勾结时（尽管法律上不允许，但现实中可能存在），甚至可以操纵某类证券或某个市场的价格水平，所以该条件在现实中难以成立。

对于条件④，完全竞争市场模型还要求交易双方具有完全信息和完全知识。完全信息是指与证券基础价值相关的所有信息。完全知识是指投资者能够根据所获得的完全信息对证券做出合理评价所需的全部知识。但下列因素造成投资者信息不完全：首先，证券市场存在大量的相关信息，人在有限的时间里不可能获得所有相关信息；其次，开发已存在但未公布的信息是有成本的，对个体投资者和机构投资者都存在着因为预期不经济而放弃开发的可能；最后，信息的提供者可能为了某些原因故意扩大或缩小甚至隐瞒或伪造信息。另外，投资需要非常丰富的知识，对于大多数投资者来说，都没有接受过高等教育和专业的训练，一般都不具备完全知识。所以，大多数投资者是在信息、知识都不完全的情况下对证券做出预期的，当某个不合理的预期占主导地位时，投资者的平均预期就偏离了证券的基础价值。

3. 有限套利

行为金融学认为，某些金融现象能够利用某些当事人并非完全理性的模型得到满意的解释。行为金融学的最成功之处在于，用一系列的理论文章证明在一个理性交易者和非理性交易者相互作用的经济中，非理性（Irrationality）能够对价格产生重大而长久的影响。这些在文献上称为有限套利（Limits Arbitrage）的论文构成了行为金融学两大理论板块的一块。

传统金融学方法的核心是假定套利是完全的（无风险的）。换言之，市场机制总是能够通过精明而理性的投资者（套利者）迅速纠正任何错误定价（Mispricing）。从期权定价理论到公司资本结构理论，这一基本假设体现在标准金融理论（Standard Financial Theory）的各个方面。然而，现实市场环境往往使该基本假设难以成立，从而降低了许多标准金融理论对现实经济世界的解释力；也正因如此，学界对这一基本假设的弱化促进了现代金融理论的发展。有限套利理论就是在这样的背景下诞生的。

该理论认为，市场不完善、投资者非理性、激励约束机制不健全等因素使套利者的套利行为受到限制，无法完全甚至不能纠正市场价格的偏离。假定不考虑资产替代性问题，从导致套利者套利行为受限制（即有限套利）的性质出发，这些因素又可划分为两类：时间约束和资金约束。

时间约束是指，相对于套利者买卖资产的期限而言，相关资产价格回归其基本价值的期限更长，使套利者不得不在价格恢复到基本价值水平之前出售或购入相关资产。

资金约束是指，由于资金规模的限制，当套利者面对套利机会时（资产价格低于其基本价值），无法购入合意规模的相关资产。对于一般套利者来说，资金约束可能缘于信贷配给；对于专业套利者来说，资金约束则可能缘于普通投资者的撤资——比如，就开放式基金管理人而言，若过去业绩欠佳，则有可能面临基金投资者的赎回。

二、行为金融学的定义与研究方法

行为金融学是心理学、行为理论与金融分析相结合的研究方法与理论体系。它分析人的心理、情绪以及行为对人的金融决策、金融产品的价格以及金融市场趋势的影响。行为金融学的特点：将传统的“理性选择”理论作为发展新的经济决策与市场均衡的起点；利用数据收集方法研究现实生活中人类的具体实际行为；利用人的心理学、社会学等研究成果来解释和理解传统“理性经济人”理论无法解释的问题。

行为金融学在继承传统金融学研究方法的同时，其在研究方法上的突出贡献就是将实验室研究导入了金融学研究。自从经济学成为一门独立的学科以来，几乎所有的主流经济学家都认为，实验室研究是自然科学研究者的“专利”，而经济学则一直拒绝引入实验室研究方法。这是因为经济学主要研究人的经济行为，经济学家无法像物理学家控制温度那样限制消费、产出、价格等经济变量，更无法在实验室里进行经济学实验。诺贝尔经济学奖获得者弗里德曼等都持有这种观点，萨缪尔森也曾认为经济学家只能像天文学家或气象学家一样进行观察。因为在检验经济法则的时候，经济学家是无法进行类似于化学家或生物学家所做的受控实验的。

所谓实验经济学研究，即在可控制的实验条件下，针对某一现象，通过控制某些条件观察决策者行为和分析实验结果，检验、比较和完善经济理论，并提供经济决策和投资决策的依据。经济学实验研究借鉴了心理学的实验研究，但两者也有不同之处。在心理学实验中，参加实验的被试者一般会得到少量的被试费，每个被试者得到的被试费是相同的；而在经济学实验中，被试者得到的报酬则取决于他们在实验中的决策和行为表现。心理学实验中的被试者通常不知道设计此实验的真实目的，而在经济学实验中则不然。因此，很多经济学家认为实验经济学结果更符合人的市场经济决策行为。

第二节　行为资产定价理论

一、基于效用函数修正的行为资产定价理论

该模型在一个一般均衡框架的基础之上，按照心理学所发现的非标准偏好，比如财富偏好、习惯形成、追赶时髦、损失厌恶等，修正代表性投资者的效用函数，旨在解释传统的定价理论所不能解释的谜题。基于效用函数修正的定价模型更好地刻画了投资者的真实状态。该视角下的行为资产定价模型能够有效解释金融市场上的各种“异象”，实现了对传统定价理论的延伸，且与传统的金融学得以兼容。

1. 模型的特点

基于效用修正的行为资产定价模型主要有以下特点。

首先，此类模型的研究角度从 CCAPM 模型出发，逐步引入各种行为因素，比如财富偏好、习惯形成、追赶时髦等，以此来实现更为精确的随机贴现因子（Stochastic Discount Factor，SDF）刻画。之所以选择修正投资者的效用函数，是因为行为资产定价理论认为，股票溢价之谜等实证难题来源于使用错误的效用函数来刻画投资者的行为，从而在此效用函数基础之上构造出来的消费——投资组合模型不能正确地反映投资者的最优行为，最终导致错误地度量投资者的相对风险规避系数。

其次，这类模型基本上使用一般均衡模型建立基本的分析框架。虽然在本质上，

研究资产定价理论并不一定需要一般均衡模型，但使用一般均衡框架可将行为资产定价理论模型统一起来。第一，大部分行为资产定价文献，特别是离散时间模型，都采用一般均衡模型。第二，局部均衡模型是一般均衡模型的退化情形，在一般均衡模型中，如果放松市场出清的要求，就得到了局部均衡模型。第三，局部均衡模型很难处理带有红利的定价理论，而一般均衡理论却可以十分便利地将股票的价格表示为其红利的价格。第四，一般均衡模型的计算方法和技巧更加丰富。在该框架下，修正后的效用函数表示为 $u(c_t,z_t)$，其中 z_t 是进入效用函数的变量，随着所研究的行为资产定价模型的不同而不同，比如习惯、财富、损失等，定价模型对效用函数的修正便一目了然。读者可清晰地看到金融学家对投资者行为的重新理解。

2. 一般均衡框架

在行为资产定价模型的一般均衡模型中，不但投资者效用最大化，而且各个市场都必须达到均衡（商品市场出清和各个资产市场出清）。因此，投资者的最优决策行为，不但决定了他的消费水平和资产持有的投资组合，而且决定了各个资产的价格。也就是说，在一般均衡模型中，资产的价格（或者收益率）是内生的。

考虑一个代表性投资者禀赋经济，类似于 Luca（1978）、Mehra 和 Prescott（1985）与 Bakshi 和 Chen（1996）所研究的经济。

（1）经济。考虑一个代表性投资者禀赋经济，代表性的投资者的 t 时财富为 W_t，希望使用该财富最大化期望终身总效用

$$\max E_t\left\{\sum_{j=0}^{\infty}\beta^j u(c_{t+j}, z_{t+j})\right\} \tag{7-1}$$

式中，E_t 是条件期望算子；β 是主观贴现因子；c_t 是消费；$u(c_t, z_t)$ 表示修正后的效用函数，其中 z_t 是进入效用函数的变量，随着所研究的行为资产定价模型的不同而不同，比如习惯、财富、损失等。假定效用函数二次连续可微。

（2）均衡。由于经济中的投资者是同质的，所以容易得到经济中的竞争性均衡。竞争性均衡使投资者效用最大化，另一方面使市场出清。

（3）均衡定价方程。投资者的控制变量则是所持有的资产数量，状态变量是财富和 z_t。不同的行为资产定价模型的具体求解过程有所不同，但思路大同小异。一般都是使用预算约束方程将消费替换为状态变量和控制变量，将下一期的财富替换为控制变量，得到如下欧拉方程：

$$1 = E_t(M_{t+1}, R^{\%}_{t+1}) \tag{7-2}$$

式中，$R^{\%}_{t+1}$ 表示各个资产的收益率，即 $(P_{t+1}+y_{t+1})/y_t$、R_{bt} 和 $R_{i,t+1}$，$M_{t+1}(\theta)$ 为随机贴现因子。不同的行为资产定价模型具有不同的随机贴现因子，并且投资者的主观参数向量 θ=（θ_1，…，θ_k）不同。

本节虽然是在一般均衡模型的基础上提出了行为资产定价理论的基本分析框架，

但这个分析框架和以前的模型相比，存在重要差别，即行为资产定价理论并不否认金融市场参与者的理性，但和传统理论不同，行为资产定价模型给参与者的理性施加了限制。因此，行为资产定价理论可以看作对传统资产定价理论的延伸，与传统的金融学是兼容的。

3. 模型的具体讨论

（1）财富偏好模型。财富偏好（Preference for Wealth）是指投资者积累财富不仅是为了获取财富所带来的消费品，而且是为了财富本身所带来的满足感。在财富偏好的模型中，除了消费之外，投资者的财富也是效用函数中的变量，表示为 $u(c_{t,} W_t)$。也就是说，投资者不但通过消费品得到效用，而且通过占有财富也得到效用。财富偏好可以用来解释像比尔·盖茨和李嘉诚这样的巨富拥有几辈子也花不完的财富，却仍然非常努力地工作。

Bakshi 和 Chen（1996）首次研究基于财富偏好的资产定价理论，在其模型中有三个基本假定。首先，假定经济中所有投资者是相同的，即代表性投资者经济，从而代表性投资的个人消费可以表示经济中的总消费，个人财富也可以表示经济中的总财富。其次，假定代表性投资者的效用函数含有财富，即财富偏好。最后，假定风险资产的对数收益率服从正态分布，均值与方差不是常数，而是随时间和资产的价格变化而变化。

该模型也给出了资产的收益和风险之间的线性关系：风险资产的期望收益率等于其消费风险乘以某系数，加上其财富风险乘以某系数，其中两个系数仅依赖于效用函数、消费以及财富。与 CCAPM 模型不同的是，在该模型中，资产的风险有两种不同的表现形式：一种是消费风险，定义为资产收益率和总消费收益率之间的协方差；另一种是财富风险，定义为资产的收益率和总财富增长率之间的协方差。在基于财富偏好的资本资产定价模型中，出现了财富风险一项，投资者的财富进入了其效用函数，所以投资者不仅关心其消费，而且关心其财富。如果某风险资产的收益率与财富的增长率正相关，那么持有该资产，将会增大投资者的财富波动性，进而降低投资者的效用水平。因此，只有当风险资产具有正的风险溢价时，投资者才愿意持有。特别地，如界资产的收益率与投资者的财富增长率正相关，那么将会增加该资产的溢价。Bakshi 和 Chen（1996）使用该理论解释了 Mehra 和 Presortt（1985）提出的股权溢价之谜（Equity Premium Puzzle）。

由于 Bakshi 和 Chen 的模型是建立在代表性投资者经济下的，所以他们的模型并非是对 Breede 的 CCAPM 模型一脉相承的发展，因此也有人质疑该模型对股权溢价之谜的解释。一方面，陈彦斌、周业安（2006）对 Bakshi 和 Chen 的假定做了修正。效用函数为一般化的财富偏好，而不采用幂函数等特殊的形式。另一方面，去除了相对财富的概念，减少了社会平均财富变量，从而简化了模型。假定风险资产的价格服从几何布朗运动。文章证明在异质者投资者经济中，基于财富偏好的资本资产定价模型不能成立。他们的研究推动了基于财富偏好的资本资产定价模型的发展。

（2）习惯形成模型。习惯形成（Habit Formation，Habit Persistence）指投资者的偏好不但依赖于当前的消费水平，还依赖于习惯，而习惯与投资者过去的消费水平有关。习惯形成描述了投资者心理的一个基本特征：重复刺激减弱了对刺激的感知能力和反应能力（Campbell 和 Cochrane，1999）。习惯越大，投资者从当期消费品所得到的效用水平就越小，即习惯的边际效用小于零。习惯形成可解释消费者总是对近期消费水平的变化敏感，而忽视消费的绝对水平。在宏观层面上，习惯形成还可以解释经济衰退为何令人极度恐惧，即使这种衰退与往年的经济增长相比对经济产出造成的影响并不大。

Abel（1990）在卢卡斯模型基础之上将习惯形成引进代表性投资者的效用函数。

$$u=\frac{\left(\frac{c_t}{h_t}\right)^{1-\alpha}}{1-\alpha} \tag{7-3}$$

其中，$h_t=c_{t-1}^{\gamma}$意味着当前消费所带来的效用会受制于过去的消费习惯，γ在这里代表投资者对过去消费习惯的依赖程度。他认为，习惯形成模型可以解释股票溢价之谜和无风险之谜，因为可以计算得到高的股票收益率和低的无风险利率。但是，Abel 的资产定价模型需要假设消费增长率是独立同分布的，与经验证据不相符合。陈彦斌、肖争艳（2005）对标准的资产定价模型做了两个修改：消费增长率服从一阶高斯自回归随机过程和代表性投资者具有习惯形成的效用函数。在其模型中，假设经济中只有股票和债券两种资产。经济中只有一种消费品，该消费品来自股票的红利。股票的数量等于经济中人口的数量。经济中有大量的偏好结构相同的投资者，投资者的即期效用函数不仅取决于当期消费，也取决于习惯变量，即上期的消费水平。模型中还假设代表性投资者经济中，投资者的最优消费、最优资产持有数量和资产价格在每一时期都做调整，以使得在均衡中产品市场、股票市场和债券市场三个市场同时出清。在数值模拟中，笔者采用了 Abel（1990）中的模拟数据，这些参数也是匹配美国经济的关键特征的，模拟结果与以往的研究成果具有可比性。文章的模拟结果显示，在习惯形成偏好以及消费增长率不是独立同分布的情况下，股票和债券的无条件期望收益率与历史平均水平非常接近。因此，它可以对股票溢价之谜提供一个可行的解释。

王庆石、肖俊喜（2005）在以前研究的基础上将代表性投资者或消费者的期望效用函数扩展为具有内生的习惯形成或局部持久性的期望效用函数，将具有内生的习惯形成或局部持久性的期望效用的基于消费的资本资产定价模型应用于中国股市。笔者将社会商品零售总额经 CPI 调整后再除以月度总人口数得到人均实际消费或代表性投资者消费，再将还权后的上证综合指数和深圳成分指数月度收盘指数数据经 CPI 调整，再取对数及一阶差分后，得到上证综合指数实际收益率和深圳成分指数实际收益率。最后从中银网获得 3 个月定期存款利率数据，把它作为相对无风险利率，并按照几何平均数方法折算月复利利率，并经 CPI 调整得到实际相对无风险利率。通过对具有内生习惯形成或局部持久性的基于消费的资本资产定价模型——Constantinides（1990）的模型进行估计和检验，获得如下经验结论：从某种程度上来说，目前中国股市经验上存在支持理性预期假说的可能性。中国股市上代表性投资者风险类型并非固定不变，在 2001 年 6 月以后，投资者由理性的风险规避者变为非理性的风险追逐者（或投机者）。在股市处于熊市时代表性投资者跨期偏好显性。而在股市处于牛市时或在股市上升期，消费刚性就不起作用了，局部持久性占优于习惯形成特性。

（3）追赶时髦模型。追赶时髦（Catching up with the Joneses）是指，投资者的效用函数定义在投资者自己当前的消费水平和滞后一期的经济中的平均总消费水平之上。也就是说，投资者关心的不是自己的绝对消费水平，而是相对消费水平。

Campbell 和 Cochrane 所定义的外在型习惯（External Habit）实际上就是追赶时髦；而内在型习惯（Internal Habit）则为本书前面所定义的习惯形成。

在 Abel（1990）的模型中，投资者的效用函数可以表达为 $u(c_t, v_t)$，$v_t = c_t/C_{t-1}^{\eta}$ 即投资者的效用仍按前一期市场平均的消费水平的相对消费水平来决定。其中 η 反映 r 追赶时髦的程度。基于追赶时髦的资本资产定价模型原理是：在基于追赶时髦的效用函数中包含投资者自己当前的消费水平和滞后一期的经济中的平均总消费水平，由于此期和滞后一期的消费增长率都进入资产定价方程，所以代表性投资者的追赶时髦行为会影响经济中所有资产的均衡收益率。利用滞后一期的消费增长率在当前是可测的这个事实，并将股票的资产定价方程减去债券的资产定价方程，可以发现股票溢价方程等同于基于 CRRA（Constantly Relative Risk Averse）效用函数的股票溢价方程。也就是说，追赶时髦行为并不影响股票溢价。

虽然追赶时髦不影响股票溢价，但是可以影响无风险利率。在基于追赶时髦的资产定价方程中，通过调整参数可以得到低水平的无风险债券收益率。而股票溢价不会发生变化，因此可以解释股票溢价之谜和无风险利率之谜。但是，这将显著地增加模型中无风险利率的波动率，而实际中无风险利率的波动率是非常小的。研究表明，参数的调整将对该模型的稳定性造成影响。

（4）损失厌恶模型。损失厌恶（Loss Aversion）是指人们面对同样数量的收益和损失时，损失会使他们产生更大的情绪波动。

Barberis、Huang 和 Santos（2001）在前人研究的基础上，将前景理论引入到股票的一般均衡定价模型中，重新定义了投资者的效用函数。BHS 假设投资者偏好的形成分为两部分：一部分是投资者消费获得的效用，而另一部分则是投资者持有风险资产的价值变化带来的效用。在考虑由资产价格波动所带来的效用时，投资者表现出两个非常重要的特点：第一，投资者关心的是金融资产的价值变化而不是财富总值，同时与资产价格的上升相比，投资者对于所持有资产的价格下降更为敏感，即投资者是损失回避的；第二，损失回避的程度取决于前期的投资表现。在经历前期损失之后，投资者的损失回避程度会下降；反之，会上升。也就是说，模型中投资者风险回避的程度是变化的。BHS 将损失厌恶的这种变化引入到刻画投资者偏好的模型中，模型的思想是：现金流的利好消息推动股票价格上升，使投资者产生前期收益，此时投资者对损失的厌恶程度会变小，他们会用较低的折现率对未来的现金流进行折现，从而将价格推到相对于当前红利更高的水平；相反，现金流的利空消息推动股票价格下跌，使投资者产生前期损失，此时投资者对损失的厌恶程度会变大，他们会用较高的折现率对未来现金流进行折现，从而将价格推到相对于当前红利更低的水平。

BHS 模型可以很好地解释股权溢价之谜。直观的理解是 BHS 模型论证了损失厌恶程度的变化可以产生股票价格的过度波动，而损失厌恶本身又使投资者不愿意看到股票市场存在频繁的下跌过程，因此投资者将对持有风险资产要求更多的溢价。BHS 模型很好地解释了股票溢价之谜，但无法解释无风险利率之谜。

类似的基于效用修正的模型还有递归效用函数模型、主观贴现因子模型等。这些模型都能很好地解释股权溢价之谜或无风险利率之谜。

综上所述，基于效用函数修正的行为资产定价模型更好地刻画了投资者的行为，贴近现实，且几乎都能解释金融市场上的“异象”。该体系下的模型研究极大地推动了以资产定价理论为核心的金融学的深入发展。

二、基于投资者异质性的行为资产定价理论

异质性是我们人类生活的一部分，人们在形成判断的方式上存在差异。某些人在形成判断时看来会依赖诸如表征推断这样的直观推断，而另外一些人在形成判断时看来会使用贝叶斯法则。即使在那些依赖表征推断的人中，异质性程度也会很大。Shefrin（2008）的经典著作《资产定价的行为方法》的核心思想假定投资者受制于启发式和代表性偏差，其信念、时间偏好和风险态度具有异质性，在一个一般均衡的框架下进行推导，获得有异于客观的情绪随机贴现因子，并推导出行为的资产定价模型，以及按照行为贝塔和市场贝塔对个体资产风险进行分解。

1. 证券市场中的异质信念

传统资产定价理论往往利用一个投资者作为代表，该投资者的信念和偏好决定了

价格。假定该代表投资者持有正确信念，并且追求预期效用最大化者，通常会表现出风险规避态度。然而在证券市场中存在大量的普通个体投资者和职业投资者。毋庸置疑，普通的个体投资者之间由于知识、信息、能力等存在较大差别，会表现出异质性。但是，职业投资者在进行判断时是否会出现“英雄所见略同”的现象呢?

2. 具有异质性信念的模型

传统资产定价理论往往使用一个代表投资者，而 Shefrin（2008）认为，这位代表性投资者可以设定价格，但是通常会持有错误的信念。同时，代表性投资者之间会表现出异质性，市场中的代表性投资者不会模仿市场中的任何其他投资者。因此，传统的资产定价模型中仅仅考虑了一个代表性投资者，即具有统一的信念。在 Shefrin（2008）具有异质性的资产定价模型中，设定市场中有两个代表性投资者，且他们对未来事件判断具有不同的信念，体现出异质性。模型中用 $j=1$、2 分别表示两个代表性投资者，投资者对 t 日出现事件 x_t 的概率判断为 $P_j(x_t)$。由于两个投资者具有不同的信念，那么 $P_1(x_t)\neq P_2(x_t)$。

在模型中用以消费为基础的对数效用函数 $\delta\ln(c_j(x_t))$ 表示投资者的效用，那么，投资者的期望效用函数为：

$$E(u_j)=\sum_{t,xt}P_j(x_t)\delta^t\ln(c_j(x_t)) \tag{7-4}$$

式中，δ 为折现因子且 $\delta\leqslant1$；t 表示时日；$c_j(x_t)$ 表示投资者 j 在事件 x_t 出现后的消费数量；事件 x_t 为时日 t 消费上升和下降的序列，用二项式表示，则上升时增长率 $u>1$，下降时增长率 $d<1$。在模型的异质性方面，假设两位投资者对于 u 和 d 的取值具有相同的看法，但是对于它们的概率则具有不同的看法。比如，在一个体现消费增长率的二项过程中，和上扬相关的概率是 0.85，假设投资者 1 认为和上扬变动相关的概率是 0.95，而投资者 2 认为和上扬变动相关的概率是 0.65。那么，可以认为投资者 1 是过于乐观了，而投资者 2 又过于悲观了。从式（7-4）中可以发现，投资者期望效用不仅与消费数量和价格相关，也与投资者主观的信念相关，且投资者的乐观和悲观情绪又会影响信念。

另外，投资者 j 的财富约束为：

$$\sum_{t,xt}v(x_t)w_j(x_t)\leqslant W_j \tag{7-5}$$

式中，W_j 表示投资者 j 的初始财富，$v(x_t)$ 为时日 t 出现事件 x_t 的状态价格，$w_j(x_t)$ 为投资者 j 持有的初始数量。投资者 j 的预算约束表明要求权 $\sum_{t,\ xt}v(x_t)w_j(x_t)$ 的价值不能够超过 j 的财富 W_j。

由式（7-4）和式（7-5），通过定义拉格朗日函数和一系列推导可得资产的状态价格：

$$v(x_t)=\frac{\delta^t P_R(x_t)}{g(x_t)} \quad (7-6)$$

其中投资者总体的主观概率为：

$$P_R(x_t)=w_1P_1(x_t)+w_2P_2(x_t) \quad (7-7)$$

总消费增长率为：

$$g(x_t)=w(x_t)/w(x_0) \quad (7-8)$$

从推导结果可以得到状态价格 $v(x_t)$ 与概率 $P_R(x_t)$ 有关。其中，$P_R(x_t)$ 是两个异质性投资者加权凸组合，如式（7-7）所示，说明不仅投资者的异质性以及乐观和悲观的程度会影响资产价格，而且投资者的财富占所有投资者财富的比重即“话语权”也会对资产价格产生影响。由于不同的投资者对事件 x_t 都会有一个概率密度函数，由式（7-7）可知两个代表性投资者对事件 x_t 也组成一个概率密度函数，那么资产的状态价格 $v(x_t)$ 也是与 $P_R(x_t)$ 相关的概率密度函数，即两个投资者对事件 x_t 的概率密度函数产生影响。

通过上面的分析可知，当市场中只存在一位代表性投资者，投资者的概率密度函数就是其均衡价格相关的概率密度函数。那么，市场中存在两个代表性投资者，投资者 1 和投资者 2 都具有二项信念。也就是说，他们会认为总消费增长率按照某个二项过程演进。因此，他们的主观概率密度函数也是二项概率。他们的密度函数具有相同的一般形式，但是，由于使用了不同的分支概率而彼此产生差异。实际上真实的概率密度函数也是二项的，并且因为一位投资者是乐观的而另外一位投资者是悲观的，所以真实密度函数的概率群介于两位投资者密度函数的概率群之间。

3. 行为随机贴现因子

在金融学中，情绪是错误的同义词，是投资者的总体错误反映在证券价格中。个人投资者的错误会通过表征推断和过度自信等形成市场情绪。在行为金融文献里，一般是用一阶矩来定义情绪，而当前的方法是用整个分布函数而不是一阶矩或者二阶矩来定义情绪。令：

$$\Phi(x_t)=\frac{P_R(x_t)\delta_R(x_t)}{\Pi(x_t)\delta_{R,\Pi}(t)} \quad (7-9)$$

定义情绪 $\Lambda=\ln(\Phi)$。这种方法反映了因为投资者错误而导致的两个偏离。

第一个偏离是来自代表性投资者的信念，相对于客观信念我们可以把它称为“市场信念”，用 $P_R(x_t)/\Pi(x_1)$ 表示，其中，$P_R(x_t)$ 表示“市场信念”，$\Pi(x_1)$ 表示客观的信念。第二个偏离是代表性投资者对均衡时间折现因子，用 $\delta_R/\delta_{R,\Pi}$ 表示，其中，δ_R 表示代表性投资者实际的时间折现因子，即对时间的偏好，$\delta_{R,\Pi}$ 表示代表性投资者客观的时间折现因子。当所有投资者持有客观正确的信念和时间偏好时 $\Phi=1$ 并且 $\Lambda=0$。

另外，情绪是一个随机过程。由于在不同的事件 x_t 出现时，不同的投资者由于异质性信念，就会在这个时日形成一个新的代表性投资者的概率密度函数，并且不同的投资者的概率密度函数不同，从而短期条件情绪值的序列就构成了一个随机过程。同样，可知情绪是时变的。因此，情绪要比平均乐观情绪或平均悲观情绪更加复杂，而且情绪涉及投资者错误的整个分布。

在离散时间、离散状态模型中，随机折现因子也被称作定价核 M_t，它衡量了每单位概率的状态价格，即：

$$E_t(M_{t+1}r_{t+1}(A))=1 \tag{7-10}$$

其中，A 可以代表任何资产。随机折现因子包含了所有的风险，是一个随机变量，能够将任何资产的收益进行折现，使其等于当期的价格，假设某种债券每期支付恰好 1 单位的消费，总实际利率为 i_1，每期的价格为 $1/i_1$，根据随机贴现因子，这种证券的价格为：

$$E_t(M_{t+1}1)=E_t(M_{t+1})=1/i_1 \tag{7-11}$$

另外，异质性 CRRA 模型中，均衡状态价格向量：

$$v(x_t)=\delta^t_{R,t}P_R(x_t)g(x_t)^{-\gamma_R(x_t)} \tag{7-12}$$

其价格与代表性投资者对时间折现因子，判断概率以及总的消费增长率有关系。那么，随机折现因子应该包含这三种因素，可以表示为情绪、总消费增长率和时间折现因子三项之和：

$$M=\Lambda-\gamma_R\ln(g)+\ln(\delta_{R,\Pi}) \tag{7-13}$$

其中，M、Λ、γ_R 和 g 都是 x_t 的函数。当情绪变量 Λ 一致为 0 时价格是客观的，这意味着其在事件树每个节点上的价值为 0。因此，当价格是客观时就不存在总体的信念扭曲，式（7-13）中唯一的有效驱动力就是基本过程，即消费增长率和客观的时间折现因子。

由此看出，行为随机折现因子可以分解为一个基本成分和一个情绪成分，其中情绪成分体现了市场中的总体错误。与传统随机折现因子是原生状态变量的单调递减函数相反，行为随机折现因子是一个振荡的函数，其中的振荡形状反映了总量市场错误的特定结构。

4. 行为资产定价模型

行为资产定价模型（Behavioral Asset Pricing Model，BAPM）是 Shefrin 和 Statman 在 1994 年挑战资本资产定价模型时提出的。与 CAPM 不同，在 BAPM 模型中，投资者被划分为信息交易者和噪声交易者。信息交易者是“理性投资者”，他们通常支持现代金融理论的 CAPM 模型，避免出现认识性错误并且具有均值方差偏好。噪声交易者通常跳出 CAPM 模型，易犯认识性错误，没有严格的均值方差偏好。当信息交易者占据交易的主体时，市场是有效率的，而当后者占据交易的主体地位时，市场是无效率的。在 BAPM 模型中，证券的预期收益是由其“行为贝塔”决定的，资本市场组合的问题仍然存在，只是均值方差有效组合会随时间而改变。

如果将对数效用函数替换成 CRRA 效用函数，可以推导证券 Z 上的风险溢价都可以由式（7-14）得到：

$$E_{\Pi,0}[r_Z(x_1)]-i_1=(i_{1,\Pi}-i_1)-\frac{cov[g(x_1)^{-\gamma_R},r_Z(x_1)]}{E_{\Pi,0}[g(x_1)^{-\gamma_R}]}+(i,\Pi)\frac{1-h_{Z,0}}{h_{Z,0}} \tag{7-14}$$

其中：

$$h_{Z,0}=\frac{E_{\Pi,0}[\delta_\Pi\Phi g(x_1)^{-\gamma_R}r_Z(x_1)]}{E_{\Pi,0}[\delta_\Pi g(x_1)^{-\gamma_R}r_Z(x_1)]} \tag{7-15}$$

式（7-14）表明任何证券 Z 的期望回报率是三项之和。第一项是均衡利率错误定价的程度。第二项是价格有效时适用于证券回报率 r_Z 的风险溢价。第三项是一个情绪溢价，它体现了同时针对无风险利率和与证券 Z 相关的价格动态而言的错误定价。特别地，当 $\Phi=1$ 和 $\Lambda=0$ 时，有 $h_{Z,0}=1$，那么，此时市场中不存在任何情绪，情绪溢价就为 0。

同时，从式（7-14）可以发现 $h_{Z,0}$ 显然是非负的，因为所有项都是非负的。但是，$h_{Z,0}$ 可以小于等于 1 或者是大于 1。在一种情形下它将是负数。如果在时日 t，代表投资者对于在 t+1 时 Z 的回报率是过分的，那么在 t+1 时体现 $g(x_1)^{-\gamma R}r_Z(x_1)$ 高实现值的事件 x_{t+1} 就会在 $E_{\Pi,0}[\delta_\Pi\Phi g(x_1)^{-\gamma R}r_Z(x_1)]$ 中比在 $E_{\Pi,0}[\delta_\Pi g(x_1)^{-\gamma R}r_Z(x_1)]$ 中得到更多重视，此时 $h_{Z,0}>1$。当 $h_{Z,0}>1$ 时，Z 在时日 t 的定价就偏高了。我们会看到情绪溢价成分 $(i_{1,\Pi})\frac{(1-h_{Z,0})}{h_{Z,0}}$ 将是负数。也就是说，定价偏高的证券组合具有异常期望回报率为负的特征，这符合我们的直觉。或者更为确切地说，Z 的期望回报率将小于仅仅基于基本价值得到的数值。同理，当 $h_{Z,0}<1$，Z 的期望回报率将大于仅仅基于基本价值得到的数值；当 $h_{Z,0}=1$，Z 的期望回报率将等于仅仅基于基本价值得到的数值。

第三节 行为资产组合理论

行为组合理论有两种分析模型：单一账户资产组合理论（BPT-SA）和多重账户资产组合理论（BPT-MA）。其区别在于单一心理账户下投资者与均值方差投资者一样，通过考虑协方差而将所有证券组合放入一个心理账户之中，而多重心理账户下则将证券组合归入不同的账户之中，并忽视账户间的相关性。

一、单一账户资产组合选择模型

在某些方面，单一账户资产组合理论关于资产组合的选择类似于均值—方差模型中的证券组合选择。均值方差理论的核心是（u，δ）平面中的均值方差有效边界。单一账户行为组合理论与之对应的则是（$E_h(W)$），Prob{W≤A}平面中的有效边界。在两种情况下，投资者都将选择具有较高值的 u 或 $E_h(W)$ 以及具有较低值的 δ 或 Prob{W≤A}。因此，均值方差有效边界通过取固定 δ 下的最大值 u 而获得，而单一账户行为组合理论有效边界则通过取固定 Prob{W≤A}下的最大值 $E_h(W)$ 而获得。

设投资者只有一个心理账户，在 0 时刻该心理账户中有 n 种基于某状态的或有债权。如果投资者在 0 时刻购买一个单位的状态 i 或有债权（Contigent Claim）（设状态 i 或有债权的单价为 v_i），即初期投入为 v_i，那么，当状态 i 在时刻 1 出现时投资者将获得一个单位的收益，否则收益为 0。设状态 i 在时刻 1 出现的概率为 p，若投资者在时刻 0 对状态 i 或有债权的投入为 v_iW_i，则状态 i 在时刻 1 出现后投资者在该或有债权上的收益为 W_i，并设想各状态按照一定的规则排序，以使得 v_i/p_i，（每单位概率的状态价格）随着 i 的增加而单调递减。假设投资者在时刻 0 有财富 W_0，通过购买一系列的或有债权以期待在状态 1 时刻获得 W_1，W_2，…，W_n 的收益（满足 $\sum v_iW_i \leqslant W_0$）并在安全优先的约束下寻求最大化财富 $E_h(W)$。

由此，单一账户证券组合选择模型为：

目标 max：$E_h(W)=\sum r_iW_i$

条件 $Prob\{W \leqslant A\} \leqslant \alpha$

$\sum r_iW_i \leqslant W_o$

其中，$\sum r_iW_i \leqslant W_o$ 是预算限制条件。

在此假定下可得其最优解为：

$W_i=0$ 条件：i 不属于 T

$W_i=A$ 条件：i 属于 $T/\{s_n\}$

$W_n=(W_0-\sum v_iW_i)/v_n$　当 $W_0>v_nA$，$W_n>A$ 时

$\sum r_iW_i$ 为状态 1 到 n−1 下的财富之和。T 是一个状态子集，包括第 n 种状态 s_n，且 $Prob\{T\} \geqslant \alpha$，但是 T 中不存在真子集 T′使 $Prob\{T'\} \geqslant \alpha$。目标函数中的 r_i 是经过调整的概率权重。

如果所有的状态都是等概率的，则必将存在一个关键状态 i_c，使得最优的资产组合有以下形式：

$W_i=0$，对于 $i \leqslant i_c$

$W_i=A$，对于 $i_c \leqslant i<n$

$W_n=\left(W_0-\sum_{i=1}^{n-1} v_i W_i\right)/v_n$，且当 $W_0>v_nA$ 时 $W_n>A$

其中 i_c 是满足 $\sum_{i>i_c} p_i \geqslant \alpha$ 的最小整数。

对最优解的解释：

首先注意到 $E_h(W)$ 是概率与财富的乘积 r_iW_i 之和。考虑没有约束条件下的最大化问题：$\max E_h(W)$。为了最大化概率与财富乘积的和，我们购买的或有债权应该是单位概率价格最低的那种或有债权，这将是状态 n，也即 $v_n/r_n=\min\{v_i/r_i\}$。因此，对于没有约束条件情况下最大化 $E_h(W)$ 的最优解是：$W_n=W_0/v_n$ 且对于所有其他的 i 有 $W_i=0$，特别当 $p_n \geqslant \alpha$ 时，在有约束条件下的最优解和这里无约束的最优解是一样的。下面进一步调整这个无约束条件下的最优解，考虑最便宜的满足约束条件的方法，我们可以看到所有包含状态 s_n 且 $Prob\{T''\} \geqslant \alpha$ 的集合 $\{T''\}$，且 T″的任一真子集 T′均不满足 $Prob\{T'\} \geqslant \alpha$，对于这样的一个集合我们设 $v_A(T'')=A\sum_{i \in T''} v_i$。从有限个数的集合 T″中挑选一个 T，且 T 的 $v_A(T)$ 值是最小的。然后，通过重新分配 $v_A(T)$ 的值，把原来只投资在状态 s_n 上债权的资金分配到集合 $T/\{s_n\}$ 中的状态以使此集合中的每一个状态都以相应的概率获得收益 A。

在等概率状态的情况下，对于所有的 i 有 $p_i=p$，为了达到概率约束条件，最小的状态个数应该是大于 α/p 的第一个整数，我们记为 n_α。由于比率 v_i/r_i 随着 i 的增加而减少，最优的分配方式就是投资者选择金字塔顶部的 n_α 种状态，而底部的 $n-n_\alpha$ 种状态分配的或有债权为 0。与前面一样，除了状态 s_n 以外，其他的属于这 n_α 种状态则分配 A 个单位的单价财富。

由此可以确定单一账户行为组合理论有效边界。它就是在 $Prob\{W \leqslant A\} \leqslant \alpha$ 的约束条件下由许多 $Prob\{W \leqslant A\}$ 值和对应其最大值 $E_h(W)$ 所构成的有序数对在（$E_h(W)$，$Prob\{W \leqslant A\}$）平面上绘出的曲线。投资者将通过沿有效边界最大化函数 $U(E_h(W), D(A))$ 来选择最优证券组合。

从模型解的形式可以看出单一账户行为组合理论有效证券组合收益的分布形式。其收益有三种可能的结果：0、A，以及高于 A 的值 W_n。这种收益分布类似于由收益为 A 或 0 的无风险债券和收益为 W_n 的彩票所构成的组合的收益分布。这与 Friedman 和 Savage 所观察到的人们同时购买保险和彩票的现象是一致的。这种同时性正是单一账户行为组合理论有效证券组合的表征。

在均值方差模型中，投资者的偏好可以用函数表示，其中，d 表示风险容忍程度，反映了投资者对风险的态度。在单一账户资产组合选择（BPT-SA）模型中，d

值则受到五个风险度量参数的影响，它们是：

q_s，用来测量“害怕”的程度（对安全的需要）；

q_p，用来测量“希望”的程度（对潜力的需要）；

A，期望水平；

δ，用来决定“害怕”与“希望”的相对强弱；

γ，用来决定获取与“害怕”与“希望”相关的期望水平的欲望程度。

正如在均值方差模型中，改变 d 值可以改变人们对风险的态度，进而改变了最优均值方差有效组合一样，这五个参数中任何一个参数值的变化都将会改变 d 值，进而改变投资者对证券有效组合的选择。

二、多重账户资产组合选择模型

Kroll、Levy 和 Rapopert（1988）做了一个实验，在实验中参与者被分成了三组，并给定了 A、B、C 三种证券的预期收益以及方差—协方差矩阵，然后要求他们对资产进行组合。在三个组中，分别给三种证券设定不同的相关程度，目的是考察实验参与者在资产配置中是否会考虑组合中的相关性。其中，A 与 B、A 与 C 的相关系数均设为 0，但是 B 与 C 的相关系数在三个组中各不相同，第一组中为 0，在第二组中为 0.8，在第三组中为-0.8，三的相关系数是明显不同的，如果参与者考虑协方差的话，那么在各组中分配给每一种证券的平均比率应该是不同的。实验结果发现三个组的资产组合并没有明显的区别。实质上，人们在构建资产组合时忽略了协方差。而多重账户资产组合正是考虑了这个因素，即假设人们不考虑账户间的相关性。

Shefrin 和 Statman（2000）研究了投资者具有两个心理账户的情况，分别对应高、低两个期望值，投资者既想避免贫困，又希望变得富有的愿望。投资者的目标就是将现有财富 W_0 在两个账户间分配以使整体效用达到最大。

假设低期望账户的效用函数为 Cobb-Douglsa 函数：

$$U_s = P_s^{1-\gamma} E_h (W_s)^{\gamma} \tag{7-16}$$

式中，P_s 代表达不到低期望水平 A_s 的概率；W_s 代表低期望账户的最终财富；而 γ 是一个非负权重参数。类似地，高期望账户的效用函数为：

$$U_r = P_r^{1-\beta} E_h (W_r)^{\beta} \tag{7-17}$$

式中各参数的含义与前式对应，则可假定投资者的效用函数是低期望账户的效用函数与高期望账户的效用函数的联合体：

$$U = [1 + K_{dr} P_r^{1-\beta} E_h (W_r)^{\beta}] K_{ds} P_s^{1-\gamma} E_h (W_s)^{\gamma} \tag{7-18}$$

式中，K_{dr}和 K_{ds}分别为反映投资者对高期望水平心理账户和低期望水平心理账户重视程度的权系数。

之所以构造这样的联合效用函数是因为这个函数包含了一个安全优先带，当低期望账户的效用为0时，投资者的效用也为0，而当高期望账户的效用为0时，投资者的效用却不必为0，这意味着财富中的一部分将首先分配给低期望账户，这也解释了人们将大部分资产用于构造较安全的投资组合而只是拿出一小部分购买彩票的事实。如果卖空被允许，投资者在他的高期望账户里可能会持有某些证券的空头，而在低期望账户里相应持有其多头，原因在于两种心理账户之间缺乏统一性，协方差被忽略了。

总之，投资者将心理账户与目标相匹配。两个心理账户不统一。最大化投资者整体效用的做法将会使低期望账户中的组合比高期望账户中的组合看起来更像无风险债券，而与之相反，高期望账户里的组合更像彩票。

第四节　金融市场中的认知、情绪与行为偏差

行为金融学理论的一大基石是认知心理学。人的心理活动分为认知过程和非认知过程，前者涉及感觉、知觉、记忆，思维等，后者涉及情绪、人格、意志等。认知心理学是行为金融的理论基础。认知过程往往会产生系统性的认知偏差；情绪过程可能会导致系统性的情绪偏差；意志过程既可能受到认知偏差的影响，又可能受到情绪偏差的影响。这些个体偏差加上金融市场存在的群体偏差或“羊群效应”，可能导致投资或投资组合中的决策偏差。投资决策偏差就会使资产价格偏离内在价值，导致资产定价的偏差。然而，资产定价的偏差往往会产生一种“锚定效应”或者“框定效应”，反过来影响投资者对资产价值的判断。行为金融学实际上就是试图探讨从投资者心理到市场的反应，再从市场表现到投资者心理这样一个交互过程的客观规律和客观机理，从而对人的行为和市场效率做出更符合实际解释和更有成效的指导。

一、过度自信

Mahajon将过度自信定义为一种过高估计一系列事件发生概率的行为。决策行为学的研究表明，对概率的个人评估能力，往往存在过度自信的倾向。也就是说，估计者自认为的概率估计准确性往往要低于其实际的准确性。人们常常对自己的预先判断很自信，但事实却相反。在研究过度自信现象时，学者们提出了一个被称为校准(Calibration)的概念，以反映估计者对自己所估计结果的准确性和判断能力。许多心理学实验表明，人们往往对自己的校准能力估计过高。

过度自信是常见的。它不限于普通判断或实验室实验。几乎从事各种职业的人都存在过度自信。多于2/3的小企业在四年内倒闭的观察结果表明，许多企业家高估了其成功的可能性。另外，华人比欧美人更加容易过度自信，反映出更多的情绪化过度乐观或悲观。

但过度自信不是普遍的。有关校准的研究已发现，在非常容易的项目上，过度自信消失，并常常观察到缺乏自信现象。也有研究表明，人们在后验概率估计中常常表现出保守或缺乏自信。

人们在判断中表现出过度自信的原因是多方面的。其中一个可能原因是人们习惯于寻求证据（因果逻辑）证明自己是正确的，而不习惯于从对立角度挑战自己的看法。另一个可能原因是自我归因偏差（Self-attribution Bias）。它是指把成功归结为自己的才能，失败归为坏运气。重复这样做的结果将是人们误认为自己非常有才能，对自己的信任走出了其实际水平。投资者在几个季度的成功之后就会变得过度自信。还有一个可能的原因是后见之明（Hindsight）的偏差。它是指事件发生之后，人们容易相信自己在事件发生之前就预测到了事件的发生。如果人们认为自己预测过去比实际能预测得更好，也会相信自己预测将来比实际能预测得更好。

过度自信可带来一些好处。表现出自信能增加经济生存能力。即使在业绩非常容易度量的基金管理业中，自信的基金经理更容易吸引客户。那些按照增加自身舒适的方式过滤信息的人，在理论上可能比那些总是理性地解释信息的人更加成功。这样，人们在采用直觉解决问题的过程中，逐渐滋长过度自信。

但过度自信具有一些不利影响，主要表现在以下几个方面：

第一，人们设定的估计值的置信区间窄而偏。98%的被试者的置信区间包括真值的机会约60%，这样实际感觉到的意外比预料得更频繁。另外，人们设定的置信区间是有偏的。往往通过感知到的图表上的自然的显著趋势来简化预测；过分相信自己精确预测的能力；最好的预测不是位于最高预测和最低预测的中间位置。当市场已上升很多时，人们认为继续上升的空间很小，向下的空间很大，不会对大跌感到意外，其最好的预测更接近于预测上限。同理当市场下降很多时则反之。产生这种有偏置信的原因是，人们的预测被锚定在图表的早期记录上。锚定效应依赖于早期记录的显著程度。对于一些发生概率很低但影响重大的事件，经历过的人一直担心它会再次发生。

第二，在估计概率时，人们的校准能力很差。研究发现，人们认为肯定发生的事件实际上只有约80%的可能发生；人们认为不可能发生的事件实际上却有20%的可能发生。

第三，与其说人们是谨慎的，不如说交易得更频繁，这导致过大的交易量。在对预期未来价格变化做出直觉判断时，投资者表现出过度自信，特别愿意根据这些判断采取行动。过度乐观的投资者认为自己能够挑选好的证券，往往选择过度积极的投资组合，导致交易次数增加。

二、后悔厌恶与处置效应

所谓“后悔”，是指个人因为做了某一个决定，而使自己丧失原本较好的结果而带来的痛苦。后悔比受到损失更加痛苦，因为这种痛苦让人们觉得要为损失承担责任。“后悔厌恶”是指当人们做出错误的决策时，对自己的行为感到痛苦。为了避免后悔，人们常常做出一些非理性行为。如投资者趋向于获得一定信息后，才做出决策，即便这些信息对决策者来讲并不重要，没有它们也能做出决策。后悔厌恶是泰勒在 1980 年首先提出来的，后经卡尼曼和特维茨基等发展而形成。它指不确定条件下，投资者在做出决策时要把现实情形和他们过去遇到过的不同选择的情形进行对比，如果个体认识到不同的选择会使他们处于更好的境地，他们就会因为自己做出了错误的决定而自责不已，这种情绪就是后悔；相反，如果从现实选择中得到了更好的结果，他就会有一种欣喜的感觉。后悔厌恶理论的核心主要有以下三点：

（1）胁迫情形下采取的行动所引起的后悔比非胁迫情形下的后悔要轻微。

（2）没有采取行动所引起的后悔比做了错误行动所引起的后悔要轻微。

（3）个体需对行动的最终结果承担责任情形下引起的后悔比无须承担责任情形下的后悔要强烈。有利的结果会使责任者感到骄傲，不利的结果会使责任者感到后悔。如果后悔比骄傲大，责任者会尽量避免采取这一行动。

谢夫林（Shefrin）和斯塔德曼（Statman）在 1985 年研究认为，投资者为了避免后悔，会倾向于继续持有具有资本损失的股票，而去变现已有资本利得的股票。他们把这种现象称为“处置效应”（Disposition Effect），即投资者长时间地持有损失股，而过早地卖出盈利股。

例如，某投资人在月初以 50 元买进某股票，到了月底，该股票的市价为 40 元，预期该股票未来不是上涨 10 元就是下跌 10 元。此时，投资者就要决定卖出股票或是继续持有该股票。谢夫林和斯塔德曼认为，投资者会将此决策过程编辑成以下两个期望的选择：

A. 立即出售该股票，马上确认 10 元的损失。

B. 继续持有该股票，有 50% 的可能性再损失 10 元，50% 的可能性可以扳回损失。

根据前景理论，价值函数在损失段是凸函数，此时投资者是风险偏好者。因此，投资者不会愿意确认该损失，而会尝试可能的扳平机会，所以投资者会继续持有该股票。这种现象与赌徒在赌输情况下希望翻本的心理是一样的。另外，若该股票价格为

60 元，我们同样可以根据价值函数在收益段是凹函数，推出此时投资者是风险规避者，更倾向于实现确定的盈利。因此，会比较早地出售已经盈利的股票，这与赌徒的见好就收的心理是一样的。

巴伯（Barber）和欧登（Odean）在 2000 年利用前景理论来解释处置效应，主要是从参考点的角度出发的。他们认为，投资者会以买价或心理价位作为参考点，来决定是否继续持有或者卖出股票，例如，假设一个投资者购买股票，他认为该股票的预期报酬高得足以让他承担风险，他会把买价作为参考点，如果股价上涨，会有盈利产生，此时价值函数是凹函数，表现为风险规避。假如投资者认为，股票的预期报酬会下降，他就会卖出该股票。另外，巴伯和欧登在 1999 年将处置效应运用到投资者同时持有两种股票的情况，假设两种股票一涨一跌。如果投资者此时面对流动性的需求，必须要卖出某种股票，而且这两种股票没有新的信息的影响，那么他会卖出哪种股票呢？他们的研究发现投资者比较有可能卖出上涨的股票。

三、心理账户

行为金融学认为，当行为人进行决策时，其不是权衡了各种情况进行全局考量，而是无意识地把一项决策分为几个部分来看待，即分成了若干个心理账户，其对每一个心理账户都会有不同的认知决策。谢夫林和斯塔德曼认为，投资者通常会将自己的投资组合分成两个部分，一部分是低收益的安全投资，另一部分是高收益的风险投资。可见，由于人们都有既想规避损失又想追求财富的心理预期，因而通常会把两个心理账户分开，一个用以规避贫穷，另一个用以发财致富。并且在考虑问题的时候，行为者往往每次只考虑某一个心理账户，从而把目前所要决策的问题与其他决策相分离。换言之，投资者会将投资组合放在若干个心理账户中，而不太注意它们之间的相关性。

人们常常错误地将一些资金的价值估计得比另一些低。比如赌场赢得的钱、股票市场获得的收益、意想不到的遗产、所得税的返还等都会被估计得比常规的收入低。人们倾向于更轻率地或随意地使用这些被低估的资产。泰勒于 1985 年将人们根据资金的来源、所在和用途等因素对资金进行归类这种现象称为“心理账户”（Mental Account）。传统的经济理论中假设资金是“可替代性”。也就是说，所有的资金都是等价的，那么 1000 元赌场赢得的资金和 1000 元工资收入是等价的。我们使用赌场赢得的资金和工资收入没有差别，然而在人们的眼里资金通常并不是那样可替代的。人们倾向于把他们的投资武断地分配到单独的心理账户中，并根据投资所在的账户分别做出决策。

卡尼曼和特维茨基曾在 1981 年就如下两个问题做过实验。

问题 1：假设你准备购买一件价格为 125 美元的夹克和一个价格为 15 美元的计算器。销售人员告诉你，这种夹克在该店的一个分店向顾客提供每件 5 美元的折扣，即该分店的售价是 120 美元。而前往该分店开车需要 20 分钟。你是否愿意开车 20 分钟到该分店购买以获得 5 美元的折扣？

问题 2：假设你准备购买一件价格为 125 美元的夹克和一个价格为 15 美元的计算器。销售人员告诉你，你要买的那种计算器，该店的一个分店向顾客提供每个 5 美元的折扣，即该种计算器在该分店的售价是 10 美元。而前往该分店开车需要 20 分钟。你是否愿意开车 20 分钟到该分店购买以获得 5 美元的折扣？

实验的结果显示，对于问题 1，大部分人的答案是否定的，即他们不会为了在一件售价为 125 美元的商品上节省 5 美元而开车 20 分钟，而对于问题 2，大部分人的答案却是肯定的。这个实验很好地证明了心理账户的存在。

在决策过程中，人们通过以下三种心理账户对所面对的选择的得失进行评价。

1. 最小账户（Minimal Account）

最小账户仅仅与可选方案间的差异有关，而与各个方案的共同特性无关。在这两个问题中，前往另一家商店被框定为“为了节省 5 美元”，这就是最小账户的估值。

2. 局部账户（Topical Account）

局部账户所描述的是可选方案的结果与参考水平之间的关系，这个参考水平由决策的背景所决定。在问题 2 中，相关的局部是“购买计算器”，前往另一家商店的好处被框定为“价格从 15 美元降到 10 美元”。因为这里潜在的节省只与计算器有关，所以夹克的价格没被考虑。在问题 1 中，相关的局部是“购买夹克”，前往另一家店的好处被框定为“价格从 125 美元降到 120 美元”。

3. 综合账户（Comprehensive Account）

综合账户从更广的类别对可选方案的得失进行评价。在这两个问题中，综合账户可以描述为，前往另一家店被框定为“价格从 140 美元降到 135 美元”。

卡尼曼和特维茨基认为，在上述情况下，人们自发地运用了局部账户，或者说“心理账户的局部组织”在起作用。因为问题 1 和问题 2 在最小账户和综合账户来看是等同的。也就是说，如果以最小账户或综合账户来进行估值的话，那么人们对问题 1 和问题 2 应该有相同的反应。实验中人们对问题 1 和问题 2 做出不同的选择，说明心理账户的局部组织使人们从相对值而非绝对值来评价损失，从而在两个商品的价格折扣交换后产生了不同的实验效果。

四、“羊群行为”

“羊群效应”的提出要追溯到凯恩斯（1936）的“选美论”（Beauty Contest）。

凯恩斯将股票市场的投资比作选美比赛。他认为，当竞争者被要求从 100 张照片中选出最漂亮的六张，获奖者往往不是那些选出自己认为最漂亮的六张的人，而是那些选出最能吸引其他竞争者的那六张照片的人，这使竞争者尽可能地猜测别的竞争者可能的选择，并模仿这种选择，不论自己是否真的认为当选者漂亮，从而产生了“羊群效应”。

金融市场中的“羊群行为”（Herd Behaviors），又称为“羊群效应”（Herd Effect）或“从众行为”，是一种特殊的非理性行为，指投资者在信息环境不确定的情况下，行为受到其他投资者的影响，模仿他人决策，或者过度依赖于舆论，而不考虑信息的行为。

人类的从众本能、人群间的沟通传染、出于对声誉和薪金的需求、信息的不确定性、信息成本过高都可能导致金融市场中“羊群行为”的产生。对于投资者而言，由于“羊群行为”与从众、缺乏创新思想联系在一起，参与“羊群行为”的人一般都持有一种保本不亏就可以的态度，他们最多只能获得不超过市场平均水平的收益率。从监管部门来看，“羊群行为”对于市场稳定具有消极的作用，全市场范围的“羊群行为”还将引发深层次的金融动荡。

【例 7–1】投海自尽的旅鼠

旅鼠是一种极普通、可爱的小动物，常年居住在北极，体形椭圆，四肢短小，比普通老鼠要小一些，最大可长到 15 厘米，尾巴粗短，耳朵很小。旅鼠主要分布于挪威北部和欧亚大陆的高纬度针叶林，旅鼠是北极所有动物中繁殖力最强的。旅鼠在数量急剧膨胀之后，会发生一种现象：所有的旅鼠开始变得焦躁不安，到处嚎叫，跑来跑去，并且停止进食。旅鼠们勇敢异常，充满挑衅性，肤色开始变红。它们聚集在一起，盲目而迷惘，忽然有一天，这些小家伙们开始向一个方向出发，形成一队浩荡的迁移大军，一直走到海边，然后从悬崖上跳进大海。

驱使旅鼠前进的，不是求死的欲望，而是惊慌，包括对饥饿的惊慌，以及对方向迷失的恐慌。在旅鼠数量剧增，当地的食物变得稀少时，旅鼠和其他动物一样，会向其他地方扩散。人们观察到，在挪威山区，山上的旅鼠向山谷扩散，有一部分会逐渐到达湖边和海边，在那里安置下来。但随着后来者越来越多，有些就会试图游到对岸去，有的就被淹死了。这可能就是旅鼠集体自杀的神话的源头。

引申到人类社会，便表现为采用同样的思维活动进行类似的行为，心理上依赖于和大多数人一样思考、感觉、行动，以减少采取行动的成本，获得尽可能大的收益。

【例 7–2】苹果的味道

课堂上，哲学家苏格拉底拿出一个苹果，站在讲台前说：请大家闻闻空气中的味道。一位学生举手回答：我闻到了，是苹果的香味！苏格拉底走下讲台，举着苹果慢慢地从每个学生面前走过，并叮嘱道：大家再仔细地闻一闻，空气中有没有苹果的香味？这时已有一半学生举起了手。苏格拉底回到了讲台上，又重复了刚才的问题。这一次，除了一名学生没有举手外，其他的全都举起了手。苏格拉底走到了未举手的这名学生面前问：难道你真的什么气味也没有闻到吗？那个学生肯定地说：我真的什么也没有闻到！

这时苏格拉底向学生宣布：未举手的学生是对的，因为这是一个假苹果。这个学生就是后来大名鼎鼎的哲学家柏拉图。

延伸到金融市场，借用生物学上羊群的群聚行为的概念，指代投资者信息不确定的情况下，行为受到其他投资者的影响，模仿他人决策，或者过多依赖于舆论，而不考虑私人信息的行为。大量证据显示，投资者的“羊群行为”既不利于个人的投资收益，也不利于金融市场的稳定。对投资者而言，“羊群行为”的投资者在市场中获得的收益率比较低，而对整个金融市场而言，“羊群行为”所导致的群体一致性行为会促使股票价格对价值的偏离，形成一种正反馈机制，导致股票市场的非理性繁荣与恐慌，加剧了股票市场的系统性风险。

金融投资决策中的“羊群行为”是普遍存在的，其发生的原因可以归纳为以下几个方面：

（1）投资者信息不对称、不完全。模仿他人的行为以节约自己搜寻信息的成本。人们越是缺少信息，越是容易听从他人的意见。

（2）推卸责任的需要。后悔厌恶心理使决策者为了避免个人决策失误可能带来的后悔和痛苦，而选择与其他人相同的策略，或听从他人的建议，因为这样的话，即使决策失误，决策者也能从心理把责任推卸给别人，而减轻自己的后悔。

（3）减少恐惧的需要。人类属于群体动物，偏离大多数人往往会产生一种孤单和恐惧感。

（4）缺乏知识经验以及其他一些个性方面的特征，如知识水平、智力水平、接受信息的能力、思维的灵活性、自信心等都是产生“羊群行为”的影响因素。一般有较高社会赞誉需要的人比较重视社会对他的评价，希望得到他人的赞许，也容易表现出从众倾向；还有具有高焦虑心态的人从众性也比较强；女性比男性更具有从众心理与行为。

五、证实偏差

一旦形成一个信念较强的假设或设想，人们有时会把一些附加证据错误地解释为对他们有利，不再关注那些否定该设想的新信息。人们有一种寻找支持某个假设的证据的倾向，这种证实而不是证伪的倾向叫“证实偏差”（Confirmation Bias）。

【实验 7-1】四卡片实验

下面是著名的选择作业或四卡片问题：假设在你的面前放了四张卡片，卡片的一面是字母而另一面是数字，你看到的四张卡片是 a、b、2 和 3。

现在让你对这四张卡片证明这样一个假设："所有一面是元音字母的卡片，其反面一定是一个偶数"。设想让你翻看上面这些卡片证明这一假设是否正确，那么，你会翻看什么卡片来证明这个假设呢？

只有 10%的被试验者做了正确的选择，即认为需要翻看 a 和 3，将近 50%的被实验者说要翻看卡片 a 和 2，约 35%的被试验者认为只需翻看卡片 a，其余为各种不同的选择。

实验的正确答案是只要翻看 a 和 3，为什么呢？因为证明这个很有效方法是看看是否存在否定假设的卡片。考虑到每张卡片都有与假设不符的可能性，如果我们翻开 a 卡片，我们既有可能看到一个偶数，也有可能看到一个奇数，如果我们看到奇数，那就可以断定假设是错误的，就不需要再翻看别的卡片了，如果我们看到偶数，说明假设可能是正确的但还不一定是正确的，还需要接着看别的卡片。如果我们翻看 b，这张卡片对我们判断假设的有效性不能提供任何证据，是一张与假设无关的卡片，所以我们不需要翻它。如果翻看数字 2 的卡片，我们也可能看到辅音字母。但那是与假设不相关的，我们也可能看到一个元音字母，这与假设一致，但还是不能证明假设是正确的，因为还需要看别的卡片，因此这张卡片也是不需要去翻的。最后，如果我们翻开 3，反面是元音字母的话，我们可以证明假设不成立，而如果是辅音字母的话，则既不能提供支持证据也不能提供否定证据。因此，能够对假设提供潜在否定证据的仅有两张卡片是 a 和 3。但是大多数人选择了 a 和 2，或只选择了 a。事实上，a 能够同时提供支持的或否定的证据，而 2 只能提供支持的证据。很明显，被试验者在这种选择作业中，极力去搜索可以证实假设的证据，而较少尝试寻找可以证伪假设的证据。之所以翻开 a 和 2，是因为人们在运用经验法则或启发式来寻找支持假设的证据。这种寻找证据来证实一个假设的倾向就是证实偏差。也就是说，人们把证实一个观点的证据赋予了过多的权重，而对否定一个观点的证据赋予了过少的权重。

还有一个常见的例子能够直观地说明证实偏差的存在。如果我们给出一个假设："所有的天鹅都是白色的"，你将如何去求证这个假设？通常的逻辑是，我们会不由自主地倾向于特别关注白天鹅、找寻白天鹅，找一只、两只……一百只，甚至更多。然而，我们可能没有意识到，无论找到多少只白天鹅，都证明不了"所有的天鹅都是白色的"。正确的思路是尝试去寻找一只黑天鹅，当然也可以是别的颜色——假如可能存在的话，去否定这个假设，这就是"证伪"，而证伪的心理过程往往被我们忽略。

信念坚持（Belief Perseverance）是导致证实偏差的心理基础，他们会坚持相信他们的假设，即使这个假设和新数据相矛盾。总之，这种偏差对新数据都没有足够重视。例如，如果人们相信有效市场假设，即使出现显著的反面证据，人们还会继续相信它、解释它。再如，一旦你相信一种投资战略较另一种有利，你可能会不再注意那些负面的信息，这将导致人们基于一种微弱的证据而维持一种设想，即使后续证据要求他们拒绝早期的信念。还有，当市场形成一种“股市将持续上涨”的信念时，投资者往往对有利的信息或证据特别敏感或容易接受，而对不利的信息或证据视而不见，从而继续买进并进一步推高股市；相反，当市场形成下跌恐慌时，人们就只能看到不利于市场的信息了，以致进一步推动股市下跌。

锚定往往也是导致证实偏差的心理因素之一。锚定并不是指人们误解附加证据，而是导致人们忽视附加证据。心理学证据揭示了这样的现象：人们倾向于把证据理解为支持初始假设的附加证据。人们在回忆中具有这样一种倾向，即将肯定的证据视为相关并且可靠的，而将否定证据视为不相关且不可信，因此在价值判断中容易接受肯定的证据，而对否定的证据则吹毛求疵。有了肯定的证据，决策者很快就减少了信息的复杂度，并且仅能有选择地记住具有支持性的印象，对于否定的证据，他们会继续思考那些不至于破坏“选择性解释”的信息。他们甚至把与其假设对立的模糊性和概念错误看作是对那些假设的基础进行修正的提示。甚至一些完全不一致的或是随机的数据，被放置于一个合适的偏差模式进行加工时，仍能保持甚至加强某人的预期。

证实偏差也是在经济生活中普遍存在，并且对人的行为决策有重要影响的一种心理偏差，作为投资者或是企业经理人，证实偏差会导致错误的判断与决策，进而导致市场的有效性和企业的损失。例如，在金融市场上，当整个市场处于繁荣的上升期，即使有各种各样的证据表明市场已经被严重地高估，人们仍然会倾向于这些负面的信息，而对正面信息赋予更高的权重，加上与生俱来的贪婪与恐惧，人们会乐观地不断推动市场，以至于市场价格越来越偏离其基础价值；相反，当市场处于低迷时期，人们会倾向于负面信息赋予更高的权重，从而导致市场更加低迷。从这个角度讲，证实偏差也是金融市场上正反馈机制形成的推动力之一。企业经理人的证实偏差更多地表现在投资决策上，对于具有信念而论证又不可行的项目，倾向于寻求正面信息而不肯放弃项目的实施，导致决策错误，甚至一错再错。

关键术语

行为金融学　有限理性　有限套利　实验经济学　行为随机贴现因子　一般均衡　行为资产定价理论　财富偏好　习惯形成　追赶时髦　行为资产组合理论　异质信念

单一账户资产组合　多重账户资产组合　过度自信　后悔厌恶　处置效应　心理账户　羊群效应　证实偏差

本章思考题

1. 试述行为金融学与传统金融学在前提假设上的差异，以及标准金融学是如何遭到质疑并发展到行为金融学的？

2. 解释行为金融学的定义以及其特点，举例说明如何用实验研究法研究行为金融学？

3. 对比习惯形成和追赶时髦这两种偏好，有何相似和不同？对资产定价的影响有何不同？

4. 现代投资组合理论的均值方差模型为什么不能解释投资者的现实投资组合选择？

5. 阐述有限套利和有限理性的含义。

6. 分别阐述金融市场中的过度自信、后悔厌恶表现。

7. 在投资决策中，投资者如何运用心理账户进行决策？

8. 证实偏差的心理学基础是什么？

第八章　利率期限结构

【学习目标】

掌握收益率曲线变化的本质；掌握不同类型债券远期利率的推导过程；了解预期理论、流动性偏好理论以及市场分割理论；了解期限结构的分类；掌握无套利定价的偏微分方法。

第一节　收益率曲线

一、收益率曲线的分类

利率期限结构是指在某一时点上，不同期限资金的收益率与到期期限之间的关系。利率期限结构是由各种期限不同的利率所构成的一条曲线，它的几何表达式被称为收益曲线。由于不同期限的利率之间存在着差异，从而使利率期限结构呈现出多种形状。债券收益曲线通常表现为以下四种情况：

1. 收益率上升曲线（见图8-1）

在某一时点上，债券的投资期限越长，收益率越高。也就是说，社会经济正处于增长期阶段（这是收益曲线最为常见的形态）。

2. 收益率下降曲线（见图8-2）

在某一时点上，债券的投资期限越长，收益率越低。也就意味着社会经济进入衰退期。

3. 平缓形收益率曲线（见图8-3）

它表明收益率的高低与投资期限的长短无关。这种情况作为一种极端情况，往往意味着社会经济的不正常。

4. 驼峰形收益率曲线（见图 8-4）

它表明债券收益率随投资期限不同，呈现波动。也就意味着社会经济未来有可能出现波动。

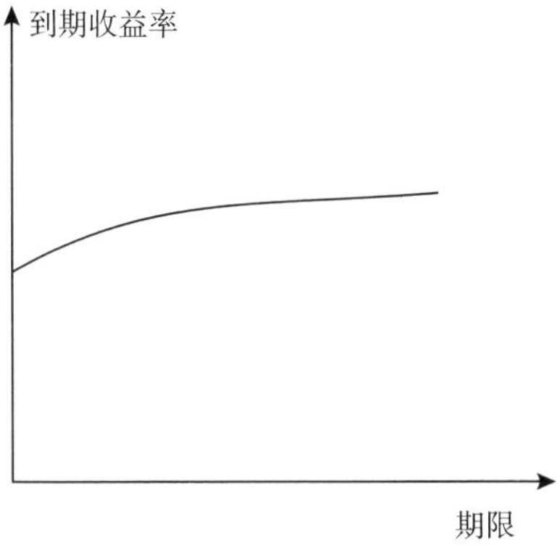

图 8-1　债券收益率上升曲线

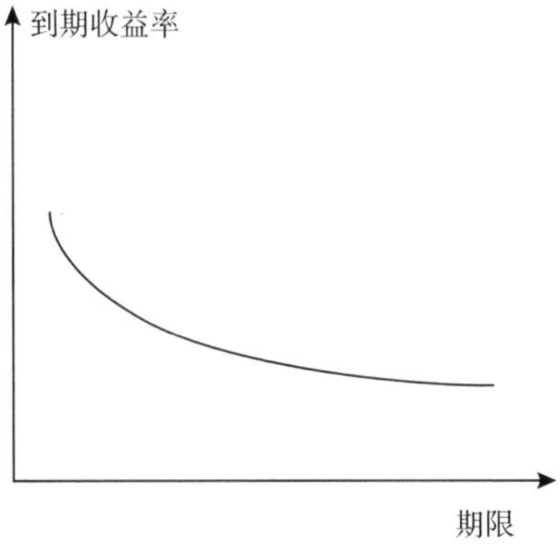

图 8-2　债券收益率下降曲线

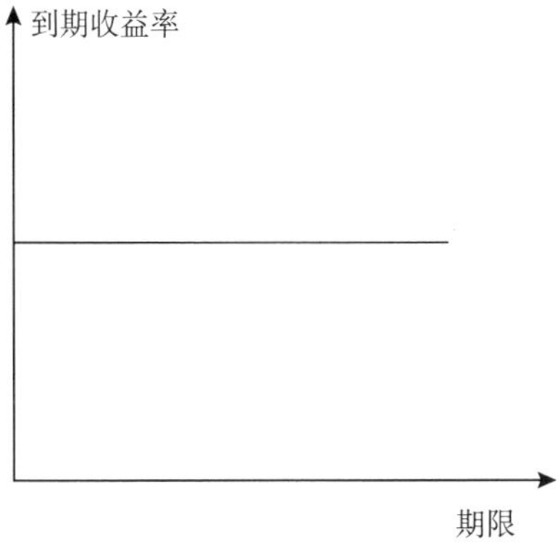

图 8-3　平缓形债券收益率曲线

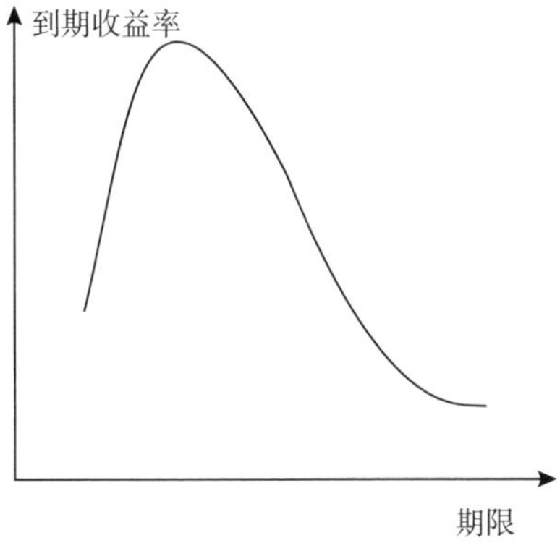

图 8-4　驼峰形收益率曲线

二、收益率曲线的应用

收益率曲线是分析利率走势和进行市场定价的基本工具，也是进行投资的重要依据。国债在市场上自由交易时，不同期限及其对应的不同收益率，形成了债券市场的“基准利率曲线”。市场因此而有了合理定价的基础，其他债券和各种金融资产均在这个曲线的基础上考虑风险溢价后确定适宜的价格。谈到利率，财经评论员通常会表示利率“走上”或“走下”，好像各个利率的走动均一致。如中央国债登记结算公司在中国债券信息网上提供的收益率曲线，该曲线是根据银行间债券市场所选取的一些基准债券的收益率所形成的。该网提供的每日以基准债券的市场价格绘制成的收益率曲线，可为投资者分析在银行柜台债券市场交易的债券的价格提供参考。投资者在其收益率曲线界面上，只要输入债券的剩余到期期限，就可得到相应的收益率水平。通过该收益率水平可计算出相应债券的价格，由此可作为投资者的交易参考。事实上，如果债券的年期不同，利率的走向便不同。最重要的是收益率曲线的整体形状，以及曲线对经济或市场在未来走势的启示。对于投资者而言，可以用来作为预测债券的发行投标利率、在二级市场上选择债券投资券种和预测债券价格的分析工具；对于发行人而言，可为其发行债券、进行资产负债管理提供参考。

第二节 远期利率的推导

一、零息票式债券远期利率的推导

1. 不同时点的短期利率

通常短期利率是指期限在 1 年以内（包括 1 年）的货币市场利率。这里，短期利率指凡是给定期限的利率，没有特别明确这个期限一般就是 1 年或者 1 年以内。因此可以说，这是一个相对广义的短期利率概念。假定有一期限为 1 年的零息票债券，还假定对当前来说，明年的今天到期的债券利率为 4%，1 年后的这种 1 年期债券的利率为 5%，2 年后的这种 1 年期债券的利率为 5.5%，1 年后的这种 3 年期债券的利率为 6%这完全是一种假定，因为以后各个不同时点的 1 年期债券利率水平是由当时的经济环境和市场资金供求情况决定的，无法事先确定的。表 8-1 “1 年期债券在不同时点的利率水平”也是假定的。

表 8-1 1 年期债券在不同时点的利率水平

时点	利率（%）	时点	利率（%）
当日	4	2 年后	5.5
1 年后	5	3 年后	6

2. 不同到期期限债券的价格

由于假定债券是零息债券，如果明年今日到期的债券可以获得本息 1000 元的话，当前这一债券的价格应为 1000 元，2 年后到期的 1 年期债券的现值为 1000/1.04 = 961.54 元，即它的折现值为 961.54 元。如果按照假定的利率，1000/(1.04×1.05) = 915.75 元，可以知道 1 年后它的价值将增加到 915.75×1.04 = 952.38 元，2 年后它的价值就是 1000 元（952.38×1.05 = 999.999 元）。从上面的计算中可以总结出计算 1 年期债券折现值的一般计算公式，有：

1 元 1 年期债券 n 期后的折现值。

$$PV = 1/[(1+r_1)(1+r_2)\cdots(1+r_n)] \tag{8-1}$$

这里 r_i 是第 i 年 1 年期利率，表 8-2 为 1 年期债券不同到期时间的折现值。

表 8-2 1 年期债券不同到期时间的折现值

到期时间（年）	债券现值（元）	到期时间（年）	债券现值（元）
1	961.54	3	868.01
2	915.75	4	818.88

3. 1 年期债券的到期收益率

有了债券的折现值，即债券的价格，我们就可以计算出 1 年期债券的各项收益率。这个收益率是与债券价格相等的单利，被称为到期收益率，它表现的是各期不同利率的平均收益率。它的计算公式为 1000 元债券的现值 = $1000/(1+y_n)^n$。根据这个公式，2 年后到期的 1 年期债券的到期收益率为 $915.75 = 1000/(1+y_2)^2$，$y_2 = 4.50\%$。运用这个算法，我们可以得到 1 年期债券不同到期时间的到期收益率（见表 8-3）。

表 8-3 1 年期债券不同到期时间的到期收益率

到期时间（年）	到期收益率（%）	到期时间（年）	到期收益率（%）
1	4.00	3	4.83
2	4.50	4	5.12

如果将不同到期时间的 1 年期债券的到期收益率标注在一个横坐标为不同到期时间，纵坐标为到期收益率的平面对应的点上，并把各个点连接起来，画出一条平滑的曲线，我们称这条曲线为收益率曲线。实际的收益率曲线可以有各种形状，可以是逐渐上升的，可以是逐渐下降的，也可以是有升有降的，这取决于市场利率未来的走势。

即期利率：零息债券到期收益率。购买政府发行的无息债券，投资者可以低于票面价值的价格获得，债券到期后，债券持有人可按票面价值获得一次性的支付，这种购入价格的折扣额相对于票面价值的比率则是即期利率。考虑到利率随期限长短的变化，人们采用了这样一种办法，就是对于不同期限的现金流，采用不同的利率水平进行折现。这个随期限而变化的利率就是即期利率。即期利率随期限而变化，形成一条连续起伏的数学曲线，叫作收益率曲线。需要注意的是，即期利率不是一个能够直接观察到的市场变量，而是一个基于现金流折现法，通过对市场数据进行分析而得到的利率。

远期利率：理论上，投资者可以通过比较不同期限债券的持有期收益率判断是否存在套利机会，从而决定投资策略。但是，投资者不可能事先知道未来年度债券短期利率的水平，知道的只有当前的价格和到期收益率。因此，我们可以运用债券价格和到期收益率推导出未来年度的短期利率，也就是远期利率。如果我们将远期利率定义为 f_n，就有：

$$(1+y_n)^n=(1+y_{n-1})^{n-1}(1+f_n) \tag{8-2}$$

远期利率与未来实际利率的短期利率不一定相等。只有在利率确定的条件下，远期利率才一定等于未来短期利率。

二、息票式债券远期利率的推导

上一节远期利率的推导是在零息票债券的形式下展开的，中国的大多数债券是零息票形式，但在美国多数是息票式的。息票式债券的远期利率推导要复杂一些，因为在整个债券有效期内会多次付息。就像可以将多个相同的数相加的问题可以简单地用乘法解决一样，也可以将息票式债券的远期利率推导化解为多个零息票债券远期利率的推导。即将息票式债券的每一次付息看作一期零息票债券的到期，这样一共要支付四次的息票式债券（最后一次还包括本金的支付），就可以看作零息票债券的滚动再投资。

1. 息票式债券利息计算举例

假定 1 年期债券的当前利率和未来几年的利率水平仍如上一节所示：假定现在投资者准备购买两种息票式债券，准备购买的债券面值各为 1000 元、到期期限均为 2 年，付息间隔均为 1 年一次，第一种债券的息票利率为 2%，第二种债券的息票利率为 6%。现在我们来计算这两种债券的价格。

第一种：$20/1.04+1020/1.04\times1.05=953.30$ 元，在这一价格上，它的到期收益率为 $953.30=(20\times1.05+1020)/(1+y_2)^2$　　　　$y_2=4.4986\%$

第二种：$60/1.04+1060/1.04\times1.05=1028.39$ 元，在这一价格上，它的到期收益率为 $1028.39=(60\times1.05+1060)/(1+y_2)^2$　　　　$y_2=4.4987\%$

我们看到，这两种债券的到期收益率仅有极微小的差距，由于两种债券有相同的到期日但有不同的收益率，因此可以说，不同的债券可能有不同的收益率，因而有不同的收益率曲线。

2. 纯收益率曲线的计算及其举例

我们称零息票债券收益率曲线为纯收益曲线。由于纯收益曲线代表了收益曲线的一般形式，因此我们希望存在不同的债券形式（包括息票式债券），这样，一种息票式债券就可以看成是一组零息票债券。在此基础上计算纯收益曲线。

假定有一种1年期面值为1000元的息票式债券，已知每半年支付2%利息，价格为948.77元；另一种1年期面值为1000元的息票式债券，已知每半年支付3.5%利息，价格为976.79元。我们希望知道按照这样的价格购买证券，半年后的短期利率和1年后的远期利率分别是多少？我们在计算前先假定持有债券半年时得到的1元的现值为 d_2，持有债券1年时得到的1元的现值为 d_2。由于d为折现值，所以有 $d_1=1/(1+r_1)$，这里 r_1 为前半年的短期利率；$d_2=1/[(1+r_1)(1+f_2)]$，f_2 为1年的远期利率。根据以上条件，得到如下方程：

$948.77=d_1\times20+d_2\times1020$　　　　$976.77=d_1\times35+d_2\times1035$

解方程，得 $d_1=0.9569$，$d_2=0.9114$。因此，如果 r_1 是前半年，则 $d_1=1/(1+r_1)=948.77$，所以 $r_1=0.045$，即 $r_1=4.5\%$；$d_2=1/[(1+r_1)(1+f_2)]=1/[1.045\times(1+f_2)]=0.9114$，所以 $f_2=0.05$，即 $f_2=5\%$。也就是说，前半年的短期利率为4.5%，后半年的远期利率为5%。

三、不确定条件下的远期利率推导

1. 确定利率条件下的投资

已知，在未来利率确定的条件下，有相同到期日的不同债券会提供相同的收益率。也就是说，投资者是投资一种2年期的零息债券还是投资一种1年期的零息票债券，到期连同本息再投资一种1年期的零息票债券，其结果是一样的。让我们举例说明，我们继续利用前文的有关条件，假定当前的1年期债券的利率还是4%，即 $r_1=4\%$；1年后的1年期债券的利率为5%，即 $r_2=5\%$。如果投资者准备投资2年零息票债券，希望2年后得到1000元本息，采用的投资方式是先投资于1年期零息票债券，到期后本息再投资于1年期零息票债券。那么在当天，投资者的投资额应该是915.75元，一年后得到本息952.38元［$915.75\times(1+0.04)=952.38$］。投资者再用952.38元买入1年期零息票债券，到期应得到本息共1000元［$952.38\times(1+0.05)=999.999$］。如果投资者采用的投资方式是一次性购买2年期的零息票债券，债券的价格仍为915.75元，两年的到期收益率应为4.5%，即 $y_2=4.5\%$，到期仍可获得本息1000元［$915.75\times(1+0.045)^2=1000.022$］。

2. 短期资金投资长期债券的风险

一般来说，如果投资者选择一种债券持有至到期，那么他的投资收益率是确定的。但是，如果投资于债券又没有持有至到期，投资者如何确定自己的收益水平？譬如，投资者购买2年期债券，购买后1年需要变现，尽管该债券信用等级很高，没有信用风险，买的时候也知道国债的收益率，但是投资者无法确定1年后出售的价格，因此无法事先知道自己的投资收益率。这个问题实际上是一个不确定利率条件下远期利率的决定问题。现在考虑投资者只投资1年的情况，如果他购买的是1年期债券，显然他的收益是明确的。如果利率是4%到期本息为1000元的零息票债券的价格应该是961.54元。这就是说，只要他用961.54元购买债券，到期就一定能得到4%的利息。但是，如果投资者购买的是期限为2年的债券，他只持有1年，到期他的债券能带来多高的收益取决于他出售的价格，而出售时的债券价格则取决于当时的利率水平。假如投资者用961.54元买的不是1年期零息票债券，而是2年期零息票债券，由于假定第1年利率为4%，第2年利率为5%，因此1年后该债券的价值应为1000元［961.54×(1+0.04)=1000］，债券到期时的面值应为1050元［1000×(1+0.05)=1050］。由于1年后利率升高，不是预期的5%，而是实际的8%，1年后面值为1050元的零息票债券的价格不再是1000元，而是981.31元［1050/(1+0.08)=981.31］。这就是说，投资者1年后出售债券时，只能得到本息981.31元，实际只得到利息19.77元（981.31－961.54=19.77），折合成年利率仅为2.06%（19.77/961.54=0.0206），而不是期望的4%。

3. 不确定利率条件下远期利率的决定

由以上的分析我们可以知道，当未来利率不确定时，投资者如果只进行1年期的投资而不愿意选择2年期的债券（因为会有未来利率不确定的风险），那么在什么情况下投资者才愿意投资于比自己准备持有的期限更长的债券呢？显然只有让投资者获得一个风险溢价，投资者才愿意进行这种方式的投资。具体到上个例子，如果投资者购买2年期债券的价格不是961.54元而是943.40元，也许投资者就愿意投资于这种2年期的零息票债券了。因为这意味着如果1年后利率上升至预期的5%，投资者可以以1000元的价格卖出手中的债券，实际得到了6%的利息［943.30×(1+0.06)］，其中包含了2%的风险溢价。这时就算1年后利率上升至8%，投资者仍然能够得到4%的收益率。在这种情况下，远期利率 f_2 不再等于预期的短期利率 r_2，超过的部分就是未来利率不确定带来风险所要求的溢价。实际上，投资者在进行决策时会进行期望的未来短期利率与远期利率的比较，看看债券所提供的风险溢价是否能够补偿他估计未来利率变动的风险。远期利率大于未来期望的短期利率的溢价也称流动风险溢价。

第三节　利率期限结构理论

我们前面学习了几种不同的收益率曲线，有时向上倾斜，有时向下倾斜，有时呈驼峰状，有时又呈平缓状。那么，决定收益率曲线形状的到底是什么？为了解释这个问题，许多学者提出了多种不同的理论，其中最被认可的有三种：预期理论、流动性偏好理论、市场分割理论。利率期限结构的理论也被称为利率期限形成假设或者传统利率期限结构理论。

一、预期理论

预期假说理论由 Fisher 首先提出，是最古老的利率期限结构理论。此后，Hicks 和 Lutz 等对此理论进行了后续的补充和完善。该理论认为，利率期限结构完全由市场预期的未来短期利率所决定。且远期利率是未来短期利率的无偏估计。时刻 T 时期的贴现债券的到期收益率等于市场预期的未来 t 至 T 时刻短期利率的几何平均。期限结构由下面这个公式定义：

$$R(t,T)=\frac{1}{T-t}\int_{t}^{T}E_t[r(s)]ds \tag{8-3}$$

其中，$E_t[\ ]$表示基于 t 时刻信息收集的期望函数，r(s) 表示 s 时刻短期利率。

根据这个公式，收益率是未来短期利率预期即远期利率的函数，收益率曲线的形状是由预期所决定的，如果交易市场上投资者普遍相信未来短期利率会上升，则收益率曲线呈上升形状；反之，预期未来的短期利率会下跌，则收益率曲线会呈下降形状。如果投资者预期短期利率保持不变，收益率曲线就应该是平滑的。

二、流动性偏好理论

Hicks 于 1946 年首先提出了不同期限债券的风险程度与利率期限结构的关系，较为完整地建立了利率期限结构的流动性偏好理论。

流动性偏好理论认为，投资者对风险持厌恶态度，除非远期利率超过预期短期利率，短期投资者不会持有长期债券。换句话说，需要有溢价存在使两种类型的投资者持有不同于他们投资理念的期限的债券。期限结构的流动性偏好理论的倡导者相信短期投资者占据市场统治地位，所以远期利率将会超过短期利率。他认为远期利率应该是预期的未来利率与流动性风险补偿的累加。这种理论的基础是，投资者在收益率相同的情况下更愿意持有短期债券，以保持资金较好的流动性。那么，长期债券的收益率必然要在预期的利率基础上增加对流动性的补偿，而且期限越长，补偿越高者之所以要保持资金的流动性，其原因往往出于自身对利率的预期。债券期限越长，其价格对利率变化的敏感性越大，所隐含的风险也越大，投资者投资债券必然要求一个额外的风险补偿。所以，在大多数情况下，流动性风险结果是形成了向上倾斜的收益率曲线。

流动性偏好的利率期限结构由下面这个公式定义：

$$R(t,T)=\frac{1}{T-t}\left[\int_t^T E_t[r(s)]ds+\int_t^T L(s,T)ds\right] \tag{8-4}$$

三、市场分割理论

市场分割理论的产生缘于市场的非有效性（或非完美性）和投资者的有限理性，它最早的倡导者是卡伯特森（Culbertson，1957）。市场分割理论认为，预期理论的假设条件在现实中是不成立的，因此也不存在预期形成的收益曲线；事实上，整个金融市场是被不同期限的债券所分割开来的，而且不同期限的债券之间完全不能替代。该理论认为，由于存在法律、偏好或其他因素的限制，投资者和债券的发行者都不能无成本地实现资金在不同期限的证券之间的自由转移。因此，证券市场并不是一个统一的无差别的市场，而是分别存在短期市场、中期市场和长期市场。不同市场上的利率分别由市场的供给和需求决定。当长期债券供给曲线与需求曲线的交点高于短期债券供给曲线与需求曲线的交点时，债券的收益率曲线向上倾斜；相反，当长期债券供给曲线与需求曲线的交点低于短期债券供给曲线与需求曲线的交点时，债券的收益率曲线向下倾斜。

市场分割理论具有明显的缺陷，持这种观点的投资者也越来越少。事实上，借贷双方在做出投资和筹资决定之前，都要比较长短期利率和预期的远期利率，然后选择最有利的利率与期限。因此，不同期限的债券都在借贷双方的考察范围之内，这说明任何一种期限的债券利率都与其他债券的利率相联系。这种理论被称作优先置产理论，它认为债券市场不是分割的，投资者会考察整个市场并选择溢价最高的债券品种进行投资。

从利率期限结构的三种理论来看，利率期限结构的形成主要是由对未来利率变化方向的预期决定的。

第四节　期限结构模型

利率期限结构模型在金融活动的实践中，尤其是在衍生产品的定价、债券定价以及保险精算等方面正变得越来越重要。然而，如果缺乏对利率期限结构模型的正确认识，则会导致模型的误用，进而在指导实践中出现重大的失误。在本章中，我们试图澄清一些利率期限结构模型中最常见的误解：无套利模型和均衡模型之间的选择，以及风险中性测度和现实测度之间的选择。这两个维度确定了四类模型形式，每一个模式都有其特有的应用。

一、利率期限结构模型的结构与层次

1. 静态模型

静态利率期限结构模型，是以当天的债券价格信息为基础，利用统计的技术拟合债券的市场价格，最终获得符合当天价格信息的利率期限结构，它的核心问题是如何从直接债券中剥离出即期利率。静态模型中最为常见的有样条函数模型和节约型模型。其中，样条函数模型主要包括多样式样条法、指数样条法和 B-Spline 模型。节约模型主要包括 Nelson-Siegel 模型和 Svensson 扩展模型。

2. 动态模型

基于即期利率或远期利率的微分方程，并对与利率相关的状态变量的衍化过程做某些特定的假设。包括均衡模型和无套利模型。

（1）均衡模型主要是基于流动性偏好理论建立起来的。与无套利模型相比，均衡期限结构模型是期限结构方法的真正模型。均衡模型试图捕获整段时间期限结构的行为，而不是仅仅描述特定的时点的价格。通常来说，均衡模型采用统计方法假定被观察的市场价格有一些统计误差，因此利率期限结构的结果是通过模型估计出来的，而非给定的。在估计的时间期限上均衡模型往往不能确切地与市场价格相匹配，因为该类模型使用了一些可以描述利率过程的基本成分，或称为状态变量去描述期限结构。一般的均衡模型不能获得依靠时间变量的参数；相应地，它们利用一些统计估计的方法得到一些常数参数来替代时变参数，这些常数参数来自所研究的收益率曲线的历史时间序列。利用均衡理论的优点是可以对未来事件的预期、风险偏好、市场参与者个人偏好以及消费时间的选择进行综合考虑，使之符合人们的预期，从而满足效用最大化原则。此外，在均衡模式下，各经济变量之间的关系比较清楚。均衡模式的缺点是它所得出的利率运动过程是一个产出结果，它主要是要与经济的均衡特征相符，因此可能得出与实际的利率期限结构不符的结果。

均衡模型用经济学方法从理性人角度出发，在一些严格的假设条件下如市场供需均衡、消费者偏好明确等建立的不必与现行观察到的收益率曲线保持一致的利率期限模型，它形式相对简单，以致难以准确刻画利率的变化规律，在实际运用中不便。具体来看，主要有单（双）因子模型两大类。无套利模型是以存在套利机会为假设前提，这意味着在完全市场中折现债券价格服从过程的概率大于零。无套利模型的基本思路是将真实的收益率曲线作为基础资产，收集市场数据，然后构建动态模型来描述即期利率的变化过程。

（2）无套利模型方法。无套利模型认为市场价格是给定的，模型参数的调整是为了正确地拟合价格。由于它将利率期限结构视为既定，因此无套利模型缺乏持续性。该类模型在研究和实际应用中引入了利率的二项式变动和三项式变动，并利用随机微分方程对其求解，从而在利率波动的约束条件下寻求利率的运行轨迹。在应用中，为了计算的便利，我们常常假定基本的利率收益曲线是满足随机过程的，然后对该过程中的漂移项（均值）和波动项（标准差）设定为一些由时间变量所决定的常数，并使方程的结果与实际的市场价格相匹配。为了得到这种方程与市场数据的精确拟合，它们对每一个市场价格需要至少一个参数作为模型的输入变量。尽管无套利模型在历史数据拟合上很出色，但它无法有效地模拟期限结构的未来的动态变化。在计算上利用无套利模型调整存在价格从而产生资产的合理的当前价格是可能的。因此，证券市场和场外衍生市场的大部分交易者将可获得的大量的时间变量参数输入到无套利模型中，从而获得特定资产价格的确切的拟合，而不管模型的行为和该期限结构的实际行为之间的不同。因此，无套利模型实际上是参照单一的时点来构建的。也就是说，无套利模型提供了一个市场的某一时点的静态描述。

无套利模型的优点是利率运动过程可以符合真实的期限结构。无套利模型的应用一般是与债券期权的定价相结合的。利用无套利模型时，一般分两步进行，首先从有限个状态变量确定出贴现债券的价格，然后再确定期权的价格。在确定期权的价格之前，首先必须把利率风险的市场价格确定为贴现债券价格的函数。但在确定风险的市场价格时，由于债券定价公式一般是非线性的，要从中求解出风险的市场价格在计算上存在着一定的难度。而且，由于瞬时即期利率与风险市场价格不独立，因此如果把风险市场价格设定为状态变量函数，可能会引起模型的不一致，即存在套利机会。

二、利率期限结构的主要模型

1. Nelson-Siegel 模型

在众多参数模型中，Nelson 和 Siegel 所提出的简约（Parsimonious）模型，被实证是若干模型中相当具有代表性的一种，这个模型的优点是计算简便，所需要的变量较少，特别适用于债券数量较少的市场，并且被许多国家的中央银行作为拟合的基础函数形式。本节将对 Nelson-Siegel 模型进行详细的介绍。

（1）基本模型。Nelson 和 Siegel 基于远期利率的 Laguerre 函数表达式，提出了一个收益率曲线参数模型。他们提出远期利率函数表达式为：

$$f(0,m)=\beta_0+\beta_1\exp\left(-\frac{m}{T_1}\right)+\beta_2\left[\frac{m}{T_1}\exp\left(-\frac{m}{T_1}\right)\right] \tag{8-5}$$

其中，f(0,m)表示即期计算的在未来 m 时刻的瞬时远期利率。根据式（8-5）可知：

$R(0,m)=\frac{1}{m}\int_0^m f(0,s)ds$，相对应的收益率曲线可表达为：

$$R(0,m)=\beta_0+\beta_1\frac{1-\exp\left(-\frac{m}{T}\right)}{\frac{m}{T}}+\beta_2\left[\frac{1-\exp\left(-\frac{m}{T}\right)}{\frac{m}{T}}-\exp\left(-\frac{m}{T}\right)\right] \tag{8-6}$$

其中，m 为期限，β_0、β_1、β_2 和 T 均为待估参数，而且具有各自的经济含义。

（2）参数的经济含义。T 控制着指数衰退的速度，高 T 值引起一个缓慢的衰退，从而能够更好地拟合长期收益率曲线；低 T 值引起一个快速的衰退，因此能够较好地拟合短期收益率曲线；与此同时，T 也控制了 β_2 的依附项极点值出现的位置。

β_0、β_1、β_2 是三个动态因子。β_0 的依附项是 1，在到期期限趋于无穷时不会衰退为 0，因此可以看作一个长期因子。β_1 的依附项是 $1-\exp\left(-\frac{m}{T}\right)/\frac{m}{T}$，是一个从 1 开始快速单调衰退为 0 的函数，因此 β_1 可以看作一个短期因子；β_2 的依附项 $1-\exp\left(-\frac{m}{T}\right)/\frac{m}{T}-\exp\left(-\frac{m}{T}\right)$，是一个开始为 0，先增加然后衰退为 0 的函数，因此 β_2 可以看作一个中期因子。三个动态因子的依附项随时间变化的动态过程如图 8-5 所示。

长期因子 β_0 控制的水平位置，很容易证明 $R(0,+\infty)=\beta_0$。因为对于所有的期限，依附项相同，所以 β_0 的增加将等量增加所有不同期限的收益率，导致收益率曲

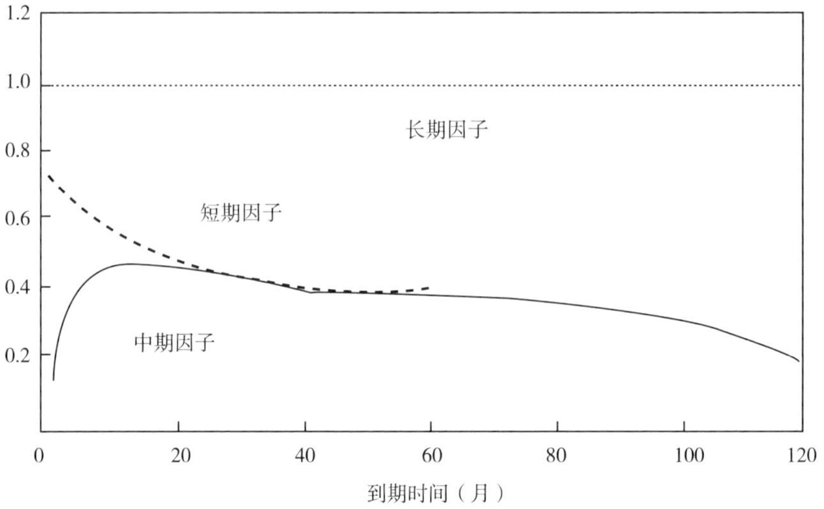

图 8-5 依附项随时间的动态变化

线的水平移动，因此称 β_0 为水平因子。

短期因子 β_1 与收益率曲线的倾斜度紧密相关，Frankel 和 Lown 将收益率曲线的倾斜度定义为 $R(0,+\infty)-R(0,0)$。很显然，$R(0,+\infty)-R(0,0)=-\beta_1$。换言之，$\beta_1$ 的相反数就等于倾斜度，因此我们称 β_1 为倾斜因子。

中期因子 β_2 与收益曲线的曲度高度相关，Diebold 和 Li 将曲度定义为期限为 2 年的到期收益率乘以 2，然后减去期限分别为 10 年和 3 个月的到期收益率之和，称 β_2 为曲度因子。

（3）Nelson-Siegel 模型拟合。如果在市场上存在不同期限的贴现债券，我们可以通过贴现债券价格获得不同期限的到期收益率，然后利用 Nelson-Siegel 模型拟合这些数据，从而估计模型的参数，最终得到该时点的利率期限结构。如果市场上没有贴现债券，只有直接债券，则需要先进行现金流分解，然后再拟合数据。

2. 无套利定价的偏微分方程法

无套利定价的偏微分方程法是 Merton 在 1973 年首先提出的，并且由 Vasicek 扩展得更加完善。根据无套利定价的偏微分方程法推导过来的偏微分方程被称为期限结构方程。

（1）期限结构方程。假设即期利率（瞬时无风险利率）满足一个连续马尔可夫扩散过程：$dr(t)=u_r dt+\delta_t dw(t)$。

其中，即期利率的漂移率为 u_r，u_r 是关于 t 和 w(t) 的函数，其表达式为 $u_r=u_r(t,r(t))$；dw(t) 是一个维纳过程。我们用 V(t,T) 表示利率或有权益。利率或有权益指与利率相关的资产，如贴现债券、付息债券、债券期权、利率互换等。在单因子模型中，假设利率相关的资产价格只由即期利率 r(t) D 和资产的到期时间（T-t）决定。利率期限结构：

$$R(t,T)=-\frac{1}{T-t}\ln P(t,T,r(t)) \tag{8-7}$$

（2）仿射期限结构模型。

$$P(t,T)=\exp(A(t,T)-B(t,T)r(t)) \tag{8-8}$$

其中，A(t,T)和 B(t,T)是关于到期时间 t 和 T 的函数。边界条件 P(T,T)=1 意味着 A(t,T)和 B(t,T)需要满足条件 A(T,T)=B(t,T)=0

（3）Vasicek 模型。Vasicek（1977）借鉴 Black 和 Scholes（1973）对期权定价的思想。在即期利率遵循一个扩散过程、贴现债券的价格只受到即期利率的影响和市场是有效的三个假设条件下推导出利率期限结构的一般化模型。Hull 和 White（1990）也以 Vasicek 模型为基础，提出了 Vasicek 模型的扩展形式。

1）基本模型。Vasicek 首次运用即期利率均值恢复的动态学研究利率期限结构。在 Vasicek 模型中，即期利率服从一个 Ornstein-Uhlenbeck 过程：

$$dr(t)=a(b-r(t))dt+\delta dW(t) \tag{8-9}$$

其中，a、b 和 δ 为正常的常数，a 代表均值回复的速度，b 代表利率的长期均值水平，δ 是即期利率的波动率，dW(t)是一个标准的维纳过程。

2）模拟的 Vasicek 模型。为了模拟 Vasicek 模型，首先将上式中的即期利率连续运动过程转变为离散过程。考虑经过一个很短时期 Δt，即期利率的变化值为 Δr：

$$\Delta r=a(b-r)\Delta t+\delta Z\sqrt{\Delta t} \tag{8-10}$$

本章小结

利率的期限结构理论可以用来解释为何收益率曲线会有不同形状。利率的期限结构理论主要包括市场预期理论、流动性偏好理论和市场分割理论。

远期利率是使盈亏平衡的未来利率，它使零息债券的再投资策略总收益与长期债券的总收益相等。

在确定性环境下，所有投资者对任一投资期限的投资要求相等的收益率。在一个无风险的经济环境中，各种债券的短期持有收益应该相等，且都等于可在市场实现的短期债券利率。类似地，短期债券在长期内再投资的所得收益应该等于长期债券的总收益。

通常预期假设理论认为远期利率是预期的未来利率的无偏估计。然而，有充分的理由相信远期利率不同于预期的短期利率，这是因为存在被称为流动性风险溢价的风险溢价。即使短期利率没有上升的预期时，正的流动溢价也可能导致收益曲线向上倾斜。

流动性溢价的存在使得从收益率曲线中推导预期未来利率变得极其困难。如果能够假设流动性溢价在一定时期内保持相对稳定，这一推导会相对容易。

关键术语

零息票式债券　息票式债券　预期理论　流动性偏好　市场分割　样条函数模型　节约模型　现金流分解　无套利定价　马尔可夫扩散　利率互换　单因子模型　仿射期限结构

本章思考题

1. 什么是利率的期限结构？

2. 根据预期假说，如果收益率曲线是向上倾斜的，市场预计短期利率必然会上升。这句话是对是错？说明原因。

3. 当前一年期零息债券的到期收益率为 7%，两年期零息债券的到期收益率为 8%，息票率为 9%，每年付息，债券面值为 100 元。求：

（1）该债券的售价；

（2）该债券的到期收益率；

（3）如果流动性偏好理论是正确的，且流动性溢价为 1%，重新计算债券明年的售价。

4. 如果一年后到期的偿还额 1000 元的零息债券现价 955 元，二年后到期的偿还额 1000 元的零息债券现价 910 元，求第一年和第二年的远期利率。

5. 面额为 1000 元，无违约风险的零息债券到期收益率曲线如表 8-4 所示：

表 8-4　无违约风险的零息债券到期收益率

期限/年	到期收益率（%）
1	10
2	11
3	12

（1）隐含的一年期远期利率是多少？

（2）假定期限结构的纯粹预期假说是正确的，如果市场预期是准确的，明年的纯收益曲线（即一年期和二年期零息债券的到期收益率）是多少？

（3）三年期债券的息票率是 12%，每年付息，当前价格为多少？如果以该价格买入，则明年总的预期收益率是多少？

第九章　债券投资和收益

【学习目标】

了解债券的概念、基本要素及其分类方式；了解债券价格的类型；了解债券定价的原理并掌握不同类型债券的定价方式；掌握债券的各种收益率；掌握债券的违约风险。

第一节　债券概述

债券是政府、金融机构、公司企业为筹集资金、依照法定程序向特定或者非特定投资者发行的，约定在一定期限内还本付息的有价证券。不仅反映了投资者与筹资者之间的债权债务关系，而且还具有金融工具和集资手段的功能。债券是一种流动性很强的有价债券，可以在证券市场上发行和转让。

一、债券的概念和要素

1. 债券的概念

债券是关于借贷安排的协议。借款人为一定数量的现金向出借人发行债券，债券即是借款人的“借据”。它是一种流动性很强的有价证券，可以在证券市场上发行和转让。

2. 债券的基本要素

债券作为证明债权债务关系的凭证，一般用具有一定格式的票面形式来表现。债券的基本要素主要由以下几个方面构成：

（1）票面金额。债券的票面价值是债券票面标明的货币价值，是债券发行人承诺在债券到期日偿还给债券持有人的金额。债券的票面价值要标明的内容主要有：币种、票面的金额。

（2）到期期限。债券到期期限是指债券从发行之日起至偿清本息之日止的时间，也是债券发行人承诺履行合同义务的全部时间。决定偿还期限的主要因素：资金使用方向、市场利率变化、债券变现能力。一般来说，当未来市场利率趋于下降时，应发行期限较短的债券；而当未来市场利率趋于上升时，应发行期限较长的债券，这样有利于降低筹资者的利息负担。

（3）票面利率。也称名义利率，债券年利息与债券票面价值的比值，用百分数表示，形式有单利、复利和贴现利率。影响票面利率的因素有：第一，借贷资金市场利率水平；第二，筹资者的资信；第三，债券期限的长短。一般来说，期限较长的债券流动性差，风险相对较大，票面利率应该定得高一些；而期限较短的债券流动性强，风险相对较小，票面利率就可以定得低一些。

（4）债务主体。债券发行者名称，为债权人到期追回本金和利息提供依据。

3. 债券的特征

债券作为一种有价证券，一般有以下特征：

（1）收益性。债券投资是一种直接投资，投资者本人直接承担了投资风险，同时也减少了投资过程的中间环节，所以债券投资的收益一般要高于银行存款。

（2）安全性。债券的安全性主要表现在以下两个方面：一是债券利息事先确定，即使是浮动利率债券，一般也有一个预定的最低利率界限，以保证投资者在市场利率波动时免受损失；二是投资的本金在债券到期后可以收回。

（3）流动性。债券的流动性是指债券在偿还期限到来之前，可以在证券市场上自由流通和转让。由于债券具有这一性质，保证了投资者持有债券与持有现款或将钱存入银行几乎没有什么区别。

（4）债券是一种有约定期限的有价证券。债券代表了债权债务关系，要有确定的还本付息日。当债券到期时，债务人就要偿还本金。

需要指出的是，债券的上述几个特性在一般情况下很难同时兼顾。例如，安全性高的债券收益率可能较低，而收益率高的债券可能其投资风险较大。因此，对于投资者来说，应根据自己的情况和要求，在这三者中间选择最适合自己的投资方式和组合。

二、债券的分类

债券的发行已经有很长的历史，而且种类越来越多。根据不同的标准可以有不同的分类方法，同一债券也可能归于不同种类。

1. 按债务发行主体分类

按照债务发行主体的不同，可以分为政府债券、金融债券和公司债券等，这是最主要、最常用的分类方式。

（1）政府债券：政府债券是政府为筹集资金而发行的债券。主要包括国债、地方政府债券等，其中最主要的是国债。国债因其信誉好、利率优、风险小而又被称为“金边债券”。

（2）金融债券：金融债券是由银行和非银行金融机构发行的债券。在我国，目前金融债券主要由国家开发银行、中国进出口银行等政策性银行发行。

（3）公司（企业）债券：公司（企业）债券是企业依照法定程序发行、约定在一定期限内还本付息的债券。公司债券的发行主体是股份公司，但也可以是非股份公司的企业发行债券，所以，一般归类时，公司债券和企业发行的债券合在一起，可直接称为公司（企业）债券。

2. 按付息方式分类

（1）贴现债券：贴现债券指债券券面上不附有息票，发行时按规定的折扣率，以低于债券面值的价格发行，到期按面值支付本息的债券。贴现债券的发行价格与其面值的差额即为债券的利息。

（2）零息债券：指债券到期时和本金一起一次性付息、利随本清，也可称为到期付息债券。付息特点，一是利息一次性支付，二是债券到期时支付。

（3）附息债券：指债券券面上附有息票的债券，是按照债券票面载明的利率及支付方式支付利息的债券。息票上标有利息额、支付利息的期限和债券号码等内容。持有人可从债券上剪下息票，并据此领取利息。附息国债的利息支付方式一般是在偿还期内按期付息，如每半年或一年付息一次。

（4）固定利率债券：就是在偿还期内利率固定的债券。与此对应的浮动利率债券是指利率可以变动的债券。这种债券的利率确定与市场利率挂钩，一般高于市场利率的一定百分点。

3. 按计息方式分类

（1）单利债券：指在计息时，不论期限长短，仅按本金计息，所生利息不再加入本金计算下期利息的债券。

（2）复利债券：与单利债券相对应，指计算利息时，按一定期限将所生利息加入本金再计算利息，逐期滚算的债券。

（3）累进利率债券：指年利率以利率逐年累进方法计息的债券。累进利率债券的利率随着时间的推移，后期利率比前期利率更高，呈累进状态。

4. 按利率确定方式分类

（1）固定利率债券：指在发行时规定利率在整个偿还期内不变的债券。

（2）浮动利率债券：是与固定利率债券相对应的一种债券，它是指发行时规定债券利率随市场利率定期浮动的债券，其利率通常根据市场基准利率加上一定的利差来确定。浮动利率债券往往是中长期债券。由于利率可以随市场利率浮动，采取浮动利率债券形式可以有效地规避利率风险。

5. 按偿还期限分类①

（1）长期债券：偿还期限在10年以上的为长期债券。

（2）中期债券：期限在1年或1年以上、10年以下（包括10年）的为中期债券。

（3）短期债券：偿还期限在1年以下的为短期债券。

6. 按债券形态分类

（1）实物债券（无记名债券）：是以实物债券的形式记录债权，券面标有发行年度和不同金额，可上市流通。实物债券由于其发行成本较高，将会被逐步取消。

（2）凭证式债券：是一种储蓄债券，通过银行发行，采用"凭证式国债收款凭证"的形式，从购买之日起计息，但不能上市流通。

（3）记账式债券：指没有实物形态的票券，以记账方式记录债权，通过证券交易所的交易系统发行和交易。由于记账式国债发行和交易均无纸化，所以交易效率高、成本低，是未来债券发展的趋势。

7. 按募集方式分类

（1）公募债券：指按法定手续，经证券主管机构批准在市场上公开发行的债券。这种债券的认购者可以是社会上的任何人。发行者一般有较高的信誉。除政府机构、地方公共团体外，一般企业必须符合规定的条件才能发行公募债券，并且要求发行者必须遵守信息公开制度，向证券主管部门提交有价证券申报书，以保护投资者的利益。

（2）私募债券：指以特定的少数投资者为对象发行的债券，发行手续简单，一般不能公开上市交易。

8. 按担保性质分类

（1）有担保债券（Mortgage Bonds）：指以财产作为担保品而发行的债券。以不动产如房屋等作为担保品，称为不动产抵押债券；以动产如适销商品等作为担保品的，称为动产抵押债券；以有价证券如股票及其他债券作为担保品的，称为证券信托债券。一旦债券发行人违约，信托人就可将担保品变卖处置，以保证债权人的优先求偿权。

（2）无担保债券（Debenture Bonds）亦称信用债券：指不提供任何形式的担保，仅凭筹资人信用发行的债券。政府债券属于此类债券。这种债券由于其发行人的绝对

① 我国企业债券的期限划分与上述标准有所不同。我国短期企业债券的偿还期限在1年以内，偿还期限在1年以上5年以下的为中期企业债券，偿还期限在5年以上的为长期企业债券。

信用而具有坚实的可靠性。除此之外，一些公司也可发行这种债券，即信用公司债。与有担保债券相比，无担保债券的持有人承担的风险较大，因而往往要求较高的利率。但为了保护投资人的利益，发行这种债券的公司往往受到种种限制，只有那些信誉卓著的大公司才有资格发行。

（3）质押债券：是指以其有价证券作为担保品所发行的债券。我国的质押债券是指已由政府、中央银行、政策性银行等部门和单位发行，在中央国债登记结算有限责任公司托管的政府债券、中央银行债券、政策性金融债券，以及经中国人民银行认可、可用于质押的其他有价证券。

9. 特殊类型债券

可转换公司债券：债券的划分方法很多，随便一张债券可以归于许多种类。如国债998，它可归于国债，它还是附息债券，它还是长期债券、上市债券，最后，它还可以归于无担保债券和公募债券。

三、债券的发行

债券发行是以债券形式筹措资金的行为过程。通过这一过程，发行者以最终债务人的身份将债券转移到它的最初投资者手中。

1. 债券的发行条件

债券发行的条件指债券发行者发行债券筹集资金时所必须考虑的有关因素，具体包括发行额、面值、期限、偿还方式、票面利率、付息方式、发行价格、发行费用、有无担保等，由于公司债券通常是以发行条件进行分类的，所以，确定发行条件的同时也就确定了所发行债券的种类。以公司债券为例，发行公司债券，应当符合下列条件：

①股份有限公司的净资产不低于人民币3000万元，有限责任公司的净资产不低于人民币6000万元；②本次发行后累计公司债券余额不超过最近一期期末净资产额的40%；金融类公司的累计公司债券余额按金融企业的有关规定计算；③公司的生产经营符合法律、行政法规和公司章程的规定，募集的资金投向符合国家产业政策；④最近三个会计年度实现的年均可分配利润不少于公司债券1年的利息；⑤债券的利率不超过国务院规定的利率水平；⑥公司内部控制制度健全，内部控制制度的完整性、合理性、有效性不存在重大缺陷；⑦经资信评估机构评级，债券信用级别良好。

2. 债券的发行方式

债券的发行方式分为直接发行和间接发行两种，其中又分为：

（1）定向发行。又被称为“私募发行”“私下发行”，即面向特定投资者发行。一般由债券发行人与某些机构投资者，如人寿保险公司、养老基金、退休基金等直接洽谈发行条件和其他具体事务，属直接发行。

（2）承购包销。指发行人与由商业银行、证券公司等金融机构组成的承销团通过协商条件签订承购包销合同，由承销团分销拟发行债券的发行方式。

（3）招标发行。指通过招标方式确定债券承销商和发行条件的发行方式。按照国际惯例，根据标的物不同，招标发行可分为价格招标、收益率招标；根据中标规则不同，可分为荷兰式招标（单一价格中标）和美式招标（多种价格中标）。

第二节 债券收益率

债券收益率是衡量债券投资收益通常使用的一个指标，是债券收益与其投入本金的比率，通常用年利率表示。债券的投资收益不同于债券利息，债券利息仅指债券票面利率与债券面值的乘积，它只是债券投资收益的一个组成部分。除了债券利息之外，债券的投资收益还包括价差和利息再投资所得的利息收入，其中价差可能为负值。债券收益率曲线是描述在某一时点上一组可交易债券的收益率与其剩余到期期限之间数量关系的一条曲线，即在直角坐标系中，以债券剩余到期期限为横坐标、债券收益率为纵坐标而绘制的曲线。

一、当期收益率

当期收益率是债券的年息除以债券当前的市场价格所计算出的收益率。用公式表示为：

$$y_c = \frac{c}{p} \tag{9-1}$$

二、到期收益率

到期收益率是指将债券持有到偿还期所获得的收益，包括到期的全部利息。它又被称为最终收益率，是投资购买国债的内部收益率。描述的是现在买进、持有至到期日这段时间债券提供的平均回报率，它是在投资者持有债券到期的前提下，使债券各个现金流的净现值等于 0 的贴现率。即可以使投资购买国债获得的未来现金流量的现值等于债券当前市价的贴现率。计算公式为：

$$P=\frac{C}{(1+y_{TM})}+\frac{C}{(1+y_{TM})^2}+\cdots+\frac{C}{(1+y_{TM})^T}+\frac{FV}{(1+y_{TM})^T}$$
$$=\sum_{t=1}^{T}\frac{C}{(1+y_{TM})^t}+\frac{FV}{(1+y_{TM})^T} \tag{9-2}$$

三、赎回收益率

赎回收益率是指允许发行人在债券到期以前按某一约定的价格赎回已发行的债券。它的计算和其他收益率相同，是计算使预期现金流量的现值等于债券价格的利率。若市场利率下调，对于不可赎回的债券来说，价格会上涨；但对于可赎回债券来说，当市场利率下调，债券价格上涨至赎回价格时，就存在被赎回的可能性，因此价格上涨存在压力。若债券被赎回，投资者不可能将债券持有到期，因此到期收益率失去意义，从而需要引进赎回收益率的概念。赎回收益率以平均年收益率表示，用以衡量从购买日到债券被发行人购回日，个人从债券投资中得到的收益。一般指的是第一赎回收益率，即假设赎回发生在第一次可赎回的时间，从购买到赎回的内在收益率。首次赎回收益率是累积到首次赎回日止，利息支付额与指定的赎回价格加总的现金流量的现值等于债券赎回价格的利率。

赎回收益率的计算公式为：

$$P=\frac{C}{(1+y_{TC})}+\frac{C}{(1+y_{TC})^2}+\cdots+\frac{C}{(1+y_{TC})^T}+\frac{P_c}{(1+y_{TC})^T}$$
$$=\sum_{t=1}^{T}\frac{C}{(1+y_{TC})^t}+\frac{P_c}{(1+y_{TC})^T} \tag{9-3}$$

四、持有期收益率

债券的持有期收益率描述的是现在买进，持有一个较长时间，然后以某个价格卖出债券，在整个持有期，该证券所提供的平均回报率。它是使投资者在持有债券期间获得的各个现金流的净现值等于0的贴现率。即：

$$P=\frac{C}{(1+y_{HP})}+\frac{C}{(1+y_{HP})^2}+\cdots+\frac{C}{(1+y_{HP})^T}+\frac{P_T}{(1+y_{HP})^T}$$
$$=\sum_{t=1}^{T}\frac{C}{(1+y_{HP})^t}+\frac{P_T}{(1+y_{HP})^T} \tag{9-4}$$

第三节 债券定价

一、债券价格

债券价格是指债券发行时的价格。理论上，债券的面值就是它的价格。但实际上，由于发行者的种种考虑或资金市场上供求关系、利息率的变化，债券的市场价格常常脱离它的面值，有时高于面值，有时低于面值。也就是说，债券的面值是固定的，但它的价格却是经常变化的。发行者计息还本，是以债券的面值为依据，而不是以其价格为依据的。债券价格主要分为票面价格和发行价格。

1. 票面价格

票面价格包括两方面的内容：一是票面价格的币种，即以何种货币作为债券价值的计量单位。币种的选择主要依其发行对象和实际需要确定。一般而言，若发行对象是国内有关经济实体，则选择国内货币作为债券价值的计量单位；若向国外发行，则选择债券发行地国家（地区）或者国际通用货币作为债券价值的计量单位。二是票面金额，票面金额不同，对于债券的发行成本、发行数额和持有者的分布具有不同影响。票面金额较小有利于小额投资者购买，从而有利于债券发行，但可能增加发行费用，加大发行工作量；票面金额较大则会降低发行费用，减少发行工作量，但也可能减少发行数量。债券的票面价值在发行时即已固定不变，发行者以它来衡量所需支付的利息，直接决定发行者筹资成本的高低。

2. 发行价格

（1）发行价格种类。债券发行价格是指在发行市场（一级市场）上，投资者在购买债券时实际支付的价格，它与债券的面值可能一致也可能不一致。理论上，债券发行价格是债券的面值和支付的年利息按发行当时的市场利率折现所得到的现值。通常有三种不同形式。①平价发行：即债券发行价格与票面名义价值相同。②溢价发行：即发行价格高于债券的票面名义价值。③折价发行：即发行价格低于债券的票面名义价值。

（2）影响债券发行价格的因素。

1）债券票面金额。债券票面金额是发行价格的决定因素。因为债券到期需要偿还本金，本金偿还按照票面金额进行，而发行价格是投资人投入的本金额。因此，从理论上讲，债券的发行价格应与票面金额一致。但在实际操作中，债券发行价格与票面金额经常出现偏离现象，但这种偏离仍以票面金额为中心，且偏离幅度不大。

2）债券票面利率。又称债券名义利率，是发行者向投资者支付的利息占票面金额的比率。债务人在确定债券发行条件时，通常按照市场收益率确定债券的票面利率。但在债券市场上，由于债券从决定发行到实际发行要经过一套发行程序，存在时间间隔，而资金市场上的收益水平不断变化，结果可能出现票面利率与市场实际收益率水平的差异，从而影响债券发行价格。

3）债券有效期限。对于投资者来讲，投资对象的收益与风险是否均衡是必须权衡的问题。一般来讲，债券的有效期限越长，其不可预测的市场风险越大，这种风险可以用较高的票面利率或者较低的债券发行价格来弥补。

4）债券的信用级别。债券信用级别反映债券按期还本付息的保证程度大小。信用级别低，则风险较高，发行价格通常较低；反之，如果信用级别很高，则风险极小，其售价也可能比较高。

5）新发债的发行量。债券发行的市场价格同样受供求关系影响。在某一时期内，如果各种债券的发行数量很小，不能满足投资者购买新发债券的需求，其发行价格就可以高一点；反之，如果各种债券的发行数量相当大，超过投资者需求，为保证筹到资金，发债人就可能会降低发行价格以吸引投资者。

（3）债券转让价格。债券转让价格是交易双方对已经在一级市场上发行但尚未到期的债券进行买卖或者转让的价格。与股票转让价格一样，债券转让价格包含理论价格和市场价格：前者根据规范的计算公式计算出来，后者则指债券在流通市场上交易的实际成交价格。交易价格的高低取决于公众对该债券的评价、市场利率以及人们对通过膨胀率的预期等。一般来说，债券价格与到期收益成反比。也就是说，债券价格越高，从二级市场上买入的债券的投资者所得到的实际收益率就越低；债券价格越低，从二级市场上买入的债券的投资者所得到的实际收益率就越高。不论票面利率与到期收益率的差别有多大，只要离债券到期日越远，其价格变动就越大。实行固定票面利率的债券价格与市场利率及通货膨胀率呈反方向变化，但实际实行保值补贴的债券除外。

二、债券价格变化

1. 债券价格随时间变化

当保持其他条件不变时，债券价格必然随时间变化。因为在债券特定到期日，债券价格必然等于其面值或者到期价值。债券发行后，在其年限内不断折价出售或者溢价出售。因此，保持其他因素不变，随着债券剩余期限接近到期日，折价出售的债券价格会随时间上升，而溢价出售的债券价格会随时间下跌。

图 9-1 显示了假定常数收益率下债券价格随时间的变化情况。图 9-1 中的债券 2 阐述了假设收益率保持 10%不变的息票率 10%、30 年期的债券。这只债券的价格不发生改变，以 1000 元开始并以 1000 元结束。此外，债券 1 阐述了必要收益率保持在 10%不变的息票率 8%、30 年期的债券。其价格开始低于 1000 元，因为债券 1 由于其息票率 8%低于开始必要收益率 10%而折价出售。债券 3 阐述了必要收益率保持在 10%不变的息票率 12%、30 年期的债券。债券 3 的价格开始高于 1000 元，因为它溢价出售（息票率 12%高于 10%的必要收益率）。如果所有其他因素保持不变，所有三只债券的价格必然会在到期日收敛到 1000 元。然而到期日前，利率和债券价格是不断变化的。

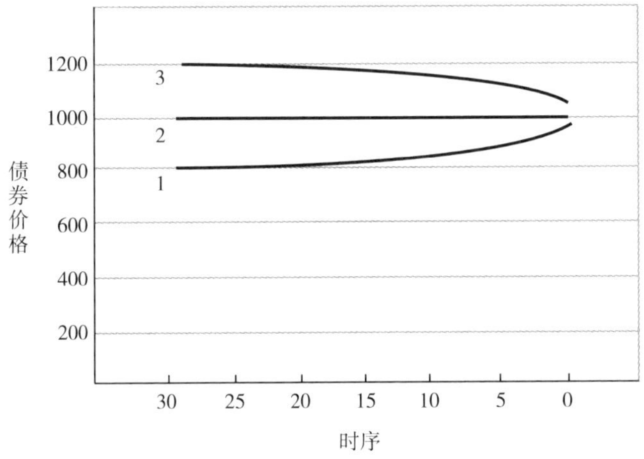

图 9-1　债券价格随时间变化

2. 债券价格随利率变化而变化

投资者应该时刻谨记债券价格和收益率之间的基本事实：债券价格与市场收益率反向变动。当新发行的债券投资者要求的必要收益率水平变化时，那么在外流通的所有债券的必要收益率也会变化。由于这些收益率变化，这些债券的价格也必然会变化。

图 9-2 显示了息票率在 10%的债券当市场收益率从 6%~14%以及到期期限从 1 年到 30 年时价格的情况。对于任何给定期限，当必要收益率上升时债券价格下降，当必要收益率从 10%的水平下降时债券价格上升。债券价格和利率之间反向关系的一个有趣推论如下：保持期限不变，利率下降导致的债券价格上升程度要高于利率相应上升所导致的债券价格下降的程度。

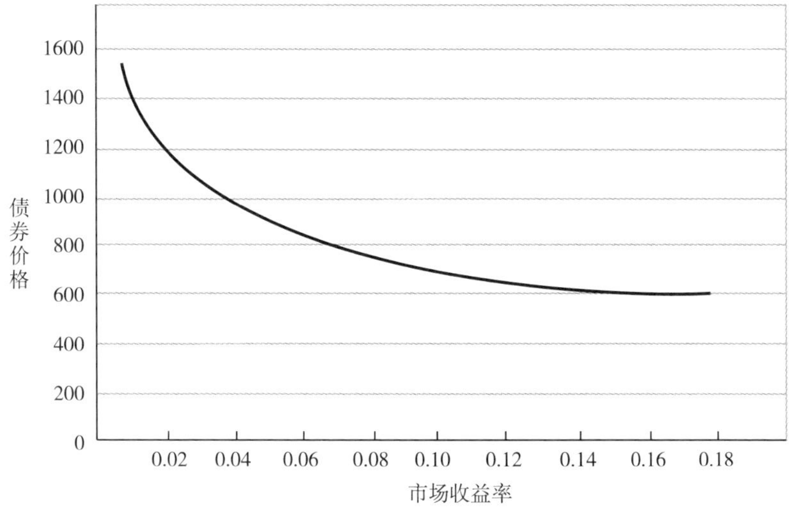

图 9-2 债券价格和市场收益率之间的关系

三、债券定价的原理

1962 年麦尔齐在对债券价格、债券利率、到期年限以及到期收益率之间进行研究后，最早系统地提出了债券定价的五个定理。至今，这五个定理仍然被视为债券定价理论的经典。

定理一：债券的价格和收益成反比。也就是说，当到期收益率上升时，债券价格会下降；反之，到期收益率下降时，债券价格会上升。这一定理对债券投资分析的价值在于，当投资者预测市场利率将要下降时，应及时买入债券，因为利率下降债券价格必然上涨；反之，当预测利率将要上升时，应卖出手中持有的债券，待价格下跌后再买回。

定理二：当债券的收益率不变时，即债券的息票率与收益率之间的差额固定不变时，债券的到期时间与债券价格的波动幅度成正比。即到期时间越长，价格波动幅度越大；反之，到期时间越短，价格波动幅度越小。随着债券到期时间的临近，债券价格的波动幅度减少，并且是以递增的速度减少；反之，到期时间越长，债券价格波动幅度增加，并且是以递减的速度增加。

这一定理说明：随着到期日的临近，债券价格对市场利率的敏感度以递增的比率减少。即债券价格的利率敏感性的减少大于相应的债券期限的减少。这一定理也说明：当到期期限增加时，债券价格对收益变化的敏感性以递减的比率增加，即债券价格的利率敏感性的增加小于相应的债券期限的增加。这个定理不仅适用于不同债券之间价格波动的比较，而且可以解释同一债券的到期时间的长短与其价格波动之间的关系。

定理三：在定理二的基础上，随着债券到期时间的临近，债券价格的波动幅度减少，并且是以递增的速度减少；反之增加。即对于等规模的收益变动，长期债券价格的变动幅度大于短期债券。

这一定理也可理解为，若两种债券的其他条件相同，则期限较长的债券销售价格波动较大，债券价格对市场利率变化较敏感；一旦市场利率有所变化，长期债券价格变动幅度大，潜在的收益和风险较大。随着债券到期时间的临近，债券价格的波动幅度减少，并且是以递增的速度减少；反之，到期时间越长，债券价格波动幅度增加，并且是以递减的速度增加。

定理四：对于期限既定的债券，由收益率下降导致的债券价格上升的幅度大于同等幅度的收益率上升导致的债券价格下降的幅度。即由收益上升引起的价格下降幅度低于由收益的等规模下降引起的价格上升的幅度。对于期限既定的债券，由收益率下降导致的债券价格上升的幅度大于同等幅度的收益率上升导致的债券价格下降的幅度。

这一定理说明债券价格对市场利率下降的敏感度比利率上升更大，这将帮助投资者在预期债券价格因利率变化而上涨或下跌能带来多少收益时做出较为准确的判断。即对于同等幅度的收益率变动，收益率下降给投资者带来的利润大于收益率上升给投资者带来的损失。

定理五：对于给定的收益率变动幅度，债券的息票率与债券价格的波动幅度之间成反比。也就是说，息票利率较高的债券，其价格的利率敏感性低于息票利率较低的债券。息票率越高，债券价格的波动幅度越小。

这一定理告诉投资者，对于到期日相同且到期收益率也相同的两种债券，如果投资者预测市场利率将下降，则应该选择买入票面利率较低的债券，因为一旦利率下降，这种债券价格上升的幅度较大。如果预测市场利率将上升，则应该选择卖出票面利率较低的债券，因为一旦利率上升，这种债券价格下降的幅度较大。值得注意的是，这一定理不适用于 1 年期的债券和永久债券。

四、债券定价模型

债券作为一种投资，现金流出是其购买价格，现金流入是利息和归还的本金，或者出售时得到的现金。债券的价值或债券的内在价值是指债券未来现金流入量的现值，即债券各期利息收入的现值加上债券到期偿还本金的现值之和。只有债券的内在价值大于购买价格时，才值得购买。

1. 零息债券的定价模型

对于零息债券的定价，期限为 1 年及 1 年之内，通常是按照银行贴现基准来定价，即用贴现率对票面值进行折现。零息债券的定价模型为：

$$P=M\left(\frac{1}{1+r}\right)^{m} \tag{9-5}$$

式中，P 代表债券价格，M 为债券的面值，r 为市场利率，m 为债券剩余期限。

【例 9-1】 从现在起 15 年到期的一张零息债券，如果其面值为 1000 元，市场利率为 12%，求该债券价格。

$$P=1000\times\left(\frac{1}{1+0.12}\right)^{15}=182.7(元)$$

2. 到期一次还本付息债券的定价模型

对于到期一次还本付息债券的定价，由于持有期间没有连续的利息现金流，只有一次现金流，只是在到期日（期满日）连本带利还清，也就是到期日的本息之和。所以，对于这样的债券只需要找到合适的贴现率，然后对债券终值贴现就可以了。一次还本付息债券的定价模型为：

$$P=M\frac{(1+i)^{n}}{(1+r)^{m}} \tag{9-6}$$

式中，P 代表债券价格，M 为债券的面值，i 为票面利率，r 为贴现利率，n 为债券的期限，m 为债券剩余期限。

【例 9-2】 某面值为 1000 元的 5 年期债券的票面利率为 8%。2010 年 1 月 1 日发行，2012 年 1 月 1 日年买入。假定此时债券的市场利率是 6%，买卖的均衡价格是多少？

$$P=1000\times\frac{(1+0.08)^{5}}{(1+0.06)^{3}}=1233.67(元)$$

3. 附息债券的定价模型

附息债券是指债券发行人承诺在债券到期之前，按照债券的票面利率定期向投资者支付利息，并在债券到期时偿还本金的债券。它是债券市场中最普遍和最具有代表性的债券。附息债券的期限一般在 1 年以上 30 年以下，但最长也可以达到 100 年，付息频率一般为 1 年 1 次或者半年 1 次。附息债券定价模型为：

$$P=\sum_{t=1}^{n} I\left(\frac{1}{1+r}\right)^{t}+M\left(\frac{1}{1+r}\right)^{n} \tag{9-7}$$

式中，P 代表债券价格，I 代表每年支付的利息金额，M 为债券的面值，r 为市场利率，n 为债券的期限。

【例 9-3】 有一张面值为 1000 元、10 年期 10%息票的债券，假设市场利率为 12%，计算其价值。

显然，对于该债券而言：

$I=1000\times10\%=100$，$n=10$，$r=0.12$

$$P=\sum_{1}^{10}100\times\left(\frac{1}{1+0.12}\right)^{t}+1000\times\left(\frac{1}{1+0.12}\right)^{10}$$

$$=100\times5.6502+1000\times0.332$$

$$=887.02\text{（元）}$$

第四节　债券违约风险

一、债券安全性的决定因素

债券评级机构主要根据发行公司的一些财务比率水平和趋势的分析，对其所发行的债券信用状况进行评级。评级安全性所用的关键财务比率有以下几个方面：

1. 偿债能力比率

即公司收入与固定成本之间的比率。例如，获利额对利息的倍数比率是息税前收入与应付利息的比率。固定费用偿付比率是收益对所有固定现金债务的比率。

2. 杠杆比率

即债务与资本总额的比率。过高的杠杆比率表明负债过多，标志着公司将无力获取足够的收益以保证债券的安全性。

3. 流动性比率

它是流动资产和流动负债的比值。最常见的两种流动性比率是流动比率（流动资产和流动负债的比值），以及速动比率（剔除存货后的流动资产与流动负债的比值）。这些比率反映了公司最具流动性的资产对负债进行偿还的能力。

4. 盈利比率

它是有关资产或者权益回报率的度量指标。盈利比率是一个公司整体财务指标的指示器。资产收益率是最常见的比率。具有较高资产回报率的公司，能对它们的投资提供更高的期望收益，因此在资本市场上能够更好地提升价值。

5. 现金流负债比率

这是总现金流与未偿债务的比值。

二、债券契约

债券是以契约形式发行的，联结债券发行人和持有人之间的协议。债券的部分内容是为保护债券持有者的权利而对发行人设置的一系列限制，包括与担保、偿债基金、股息政策和后续借贷相关的条款。发行人为了将债券卖给关心其安全性的投资者，需认可这些保护条款。

1. 偿债基金

不是简单的资金积累，而是一个国家为了实施有效的债务调整，达到债务信用的确立和国家财政，通过建立一种基金运行机制——基金的筹集、积累、管理和运用而形成的特殊的信用制度。从各国建立偿债基金的目的来看，主要是为了加强财政后备，谋求财政负担均衡，避免偿债高峰期出现财政偿债危机。现代偿债基金制度不是通过利息的积蓄来偿债，而是将偿债基金作为一个蓄水池来平衡年度偿债负担。债券到期需按照面值予以偿付，而该偿付将造成发行者庞大的现金支付。为确保该支付不会导致现金流危机，公司需要建立偿债基金将债务负担分散至若干年内。

偿债基金与常规债券的赎回存在两个方面的差别。首先，公司仅能以偿债基金赎回价格回购有限的债券。最好的情况下，某些契约允许公司使用双倍期权，即允许公司以偿债基金赎回价格回购规定债券数量的 2 倍。其次，可赎回债券的赎回价格通常高于面值。虽然从表面上来看，偿债基金更有可能偿付本金，从而保护了债券持有者的利益，但是实际上，它也可能损害投资者的利益。公司选择以市场价格购回折价债券，同时行权以面值购回溢价债券。因此，如果利率下降，债券价格上涨，公司就可以按照偿债基金的规定以低于市场价格的价格回购债券，从中受益。在这种情况下，公司的收益就是持有人的损失。

2. 次级额外债务

公司总的未偿还的债权数额是债券安全性的决定性因素之一。如果今天购买了一只债券，到了明天，该公司尚未偿还的债务却扩大了 3 倍，这意味着所持有的债券较刚刚购买时，信用质量降低了。为了防止公司以该方式损害债券持有人的利益，次级条款限制了额外借贷的数额。额外债务在优先权上要次于原始债务。也就是说，如果公司遭遇破产，在优先债务清偿以后，次级债务的债权人才能得到偿付。

3. 股利限制

契约也限制了公司的股利支付。这些限制迫使公司留存资产而不是将其全部支付给股东，故能对债券持有人起保护作用。一个典型的限制内容是，如果公司有史以来的股利支付超过了累计净收益与股票销售利润之和，就不得再支付股利。

4. 抵押品

某些债券的发行以特定的抵押为基础。抵押品可以有多种形式，但都代表公司。如果出现违约，债券投资者可以得到公司的某一特定资产。

三、违约风险

违约风险又称信用风险，是指证券发行人在证券到期时无法还本付息而使投资者遭受损失的风险，它通常针对债券而言。

信用风险是银行贷款或投资债券中发生的一种风险，也即为借款者违约的风险。在过去的数年中，利用新的金融工具管理信用风险的信用衍生工具发展迅速。适当利用信用衍生工具可以减少投资者的信用风险。信用风险是借款人因各种原因未能及时、足额偿还债务或银行贷款而违约的可能性。发生违约时，债权人或银行必将因为未能得到预期的收益而承担财务上的损失。违约风险，是指部分或全部初始投资不能收回的不确定性。违约风险越高，投资者则要求发行人为高风险支付更多利率。

违约事件是指出现违约情况时，银行有权宣布贷款立即偿还，并终止按照贷款协议的继续贷款承诺。

违约风险的主要特点有：①客观性，不以人的意志为转移。②传染性，一个或少数信用主体经营困难或破产就会导致信用链条的中断和整个信用秩序的紊乱。③可控性，其风险可以通过控制降到最低。④周期性，信用扩张与收缩交替出现。

违约风险溢价是指债券发行者在规定时间内不能支付利息和本金的风险。债券信用等级越高，违约风险越小；债券信用等级越低，违约风险越大。违约风险越大，债券的到期收益率越高。违约风险溢价一般会被添加进无风险真实利率里，以补偿投资者对违约风险的承受。公司债券或多或少都存在违约风险，政府债券通常被认为是没有违约风险的。如 AAA 级债券 DRP = 1.0%，BB 级债券 DRP = 5.0%；而美国国库券 DRP = 0。

四、信用违约掉期

信用违约掉期（CDS）实际上是对公司债券或者是贷款违约风险的保险政策。设计的初衷是为了让债权人为违约风险购买保护，CDS 的天然购买者是大规模的证券持有者或者是为了增加未偿还贷款信誉的银行。全球有价值 62 万亿元的信用违约掉期产品信贷违约掉期 CDS-CREDITDEFAULTSWAP（信用违全球有价值 62 万亿元的信用违约掉期产品约互换）是信贷衍生工具之一，合约由两个法人交易，一个称为买方（信贷违约时受保护的一方），另一个称为卖方（保障买方于信贷违约时损失）。

当买方在有抵押下借款给第三者（欠债人），而又担心欠债人违约不还款，就可以向信贷违约掉期合约提供者买一份有关该欠债人的合约/保险。通常这份合约需定时供款，直至欠债人还款完成为止，否则合约失效。倘若欠债人违约不还款（或其他合约指定情况，令人相信欠债人无力或无打算依时还款），买方可以拿抵押物向卖方索偿，换取应得欠款。卖方所赚取的是倘若欠债人依约还款时的合约金/保险费。有些信贷违约掉期合约不需要以抵押物便向卖方索偿（理赔金额与保险费成正比），只需要欠债人破产（或其他合约指定情况）即可。这些合约的功能不局限于风险转移（对冲），而是具有投机性质，例如，买方可以以合约赌博某家公司会破产一样，而他从未对该公司做出放债。

五、信用风险与担保债务凭证

担保债务凭证（CDO）出现在最近十年，是固定收益市场重置信用风险的主要机制。创建一个债务担保凭证，一家金融机构（通常是一家银行）通常首先建立一个合法的独特主体来购买，并在随后卖出一组债券和其他贷款的组合资产。为这一目的而建的载体就是所谓的结构投资载体（SIV）。CDO 是一种资产证券化的产品，使其他一些原来不能进入证券市场的产品经过重新包装之后、证券化之后，把能按揭支持的贷款产品推放到市场。最后的结果就是能带来很大的现金流和流动性，而且风险管理变得非常复杂和困难。

本章小结

债券是一种流动性很强的有价证券。债券价格区分票面价格、发行价格和转让价格。任何一种金融工具的理论价值都等于这种金融工具能为投资者提供的未来现金流量的贴现。

中长期国债的期限超过 1 年。它们按照或接近于面值发行，其报价扣除了应计利息。

可收回债券应提供更高的承诺到期收益率，以补偿投资者在利率下降和债券以规定的赎回价格赎回时所遭受的资本利得损失。债券发行时，通常有一个赎回保护期。此外，折价债券以远低于赎回价的价格销售，提供隐含的赎回保护。

浮动利率债券支付的票面利率高于短期参考利率某一固定溢价。因为票面利率与当前市场利率紧密相连，所以风险是有限的。

到期收益率是使债券现金流的现值与其价格相等的单利。债券价格与收益率负相关。对于溢价债券而言，票面利率高于现行收益率，而现行收益率则高于到期收益率。对于折价债券而言，则正好相反。

到期收益率常常被解释为投资者购买并持有一种债券直至到期的平均回报率的估计，但这个揭示不够精确。与此相关的测度有赎回收益率、实现的复合收益率和期望（或承诺）到期收益率。

零息票债券的价格随时间变化呈指数型上升，它提供了一个与利率相等的增值率。

关键术语

票面利率　到期期限　贴现债券　附息债券　平价债券　累进利率债券　固定利率债券　折价债券　浮动利率债券　溢价债券　当期收益率　到期收益率　赎回收益率　持有期收益率　偿债基金　次级额外债务　债券契约　信用违约掉期　信用风险担保债务凭证

本章思考题

1. 如何理解债券投资所面临的风险？

2. "国债是无风险债券"这种说法对吗？举例说明。

3. 论述票面利率、收益率、到期收益率的异同？

4. 假定到期收益率曲线是水平的，都是5%。一个债券票面利率是6%，每年支付一次利息，期限是3年。如果到期收益率曲线平行上升一个百分点，请计算债券价格的变化。

5. 设一个剩余期限为3年的固定利率债券，本金为100元，票面利率为4%，每年付息一次，当前1年、2年和3年期的即期利率分别为3.5%、3.80%和4.20%，请计算该债券的理论价格，并计算该价格对应的到期收益率。

6. 某剩余期限为2.25年浮动利率债券，每半年支付一次利息，参考利率为6个月期的SHIBOR加0.25%，若上一次付息日观察到的6个月期的SHIBOR利率为4%，当前3个月SHIBOR利率为3.80%，假设该债券的合理贴现率等于参考利率，请计算该浮动利率债券的价格。

第十章　债券资产组合管理

【学习目标】

了解利率风险、利率波动的敏感性；了解几种基本的消极管理策略；了解几种基本的积极管理策略；掌握债券资产组合的管理策略。

第一节　利率风险

对于打算持有债券至到期的投资者来说，债券到期前的价格变动对他的投资收益无影响；而对于其他人来说，因为债券在到期日前存在再投资风险，就得关注利率的变化，以防利率的上升造成资本利得的损失。此风险即为市场风险或利率风险。

债券价格受利率波动的影响。在竞争市场中，债券的期望收益率应该和市场利率相当。市场利率是波动的，当市场利率高于债券的期望收益率时，那么该债券的需求将会减少，这时债券价格一定会下跌；当市场利率低于债券的期望收益率时，那么该债券的需求将会增加，这时债券价格一定会上升。

一、利率的敏感性

面对纷繁复杂的利率波动，为了控制利率风险，金融机构以及投资者有必要对其进行量化分析来度量价格对利率的敏感性。

债券价格对市场利率变化的敏感性对投资者来说非常重要。利率敏感性受债券的期限、票面利率、初始到期收益率的影响。债券的期限是利率风险的主要决定因素。但是，期限本身不足以测度利率的敏感性。下面具体介绍利率敏感性与债券的期限、利息、收益率的关系：

（1）债券的期限与利率的敏感性成正比。当债券期限增加，债券价格对利率变化的敏感性增加，但利率风险的变动小于债券期限的变动。

（2）债券的票面利率与利率的敏感性成反比。低票面利率债券的价格对利率的变化更敏感。

（3）债券的初始到期收益率与利率的敏感性成反比。价格敏感性随着到期收益率的上升而下降。

如果利率上涨，债券支付的现金流会以更高的贴现率贴现，则债券的价值会有所降低，越是期限长的债券，利率上涨对价格的影响越大。

那么，票面利率或初始到期收益率等为什么会影响利率的敏感性？我们把息票债券看作息票支付的资产组合，因此债券的有效期限是债券支付的所有现金流的某种平均到期时间。票面利率或初始到期收益率影响了债券支付的现金流，进而影响了债券的有效期限，最终影响利率的敏感性。

二、久期（Duration）

我们知道债券价格对利率的敏感性会随着平均到期时间增加而增大，我们可以通过测度这个平均到期时间来测量债券对利率变化的敏感性。那么，债券支付现金流的平均有效期限该如何度量？

弗雷德里克·麦考利把这个平均期限定义为债券久期。麦考利久期是债券每次息票或债券本金时间的加权平均。每次支付时间的权重支付的现值除以债券总价值。

权重与在时间 t 上所发生的现金流的关系表示为：

$$W_t=\frac{CF_t/(1+y)^t}{P} \tag{10-1}$$

其中，y 代表债券到期收益率，P 代表债券总价值。

由权重可以得到麦考利久期公式：

$$D=\sum_{t=1}^{T} t\times w_t \tag{10-2}$$

长期债券比短期债券对利率的变动更为敏感，久期的测度能量化这种关系。当利率变化时，债券价格的变化率与其到期收益率的变化是相关的，可用下面公式表示：

$$\frac{\Delta P}{P}=-D\times\left[\frac{\Delta(1+y)}{1+y}\right] \tag{10-3}$$

债券价格的变化率等于债券久期乘以（1+债券收益率）的变化率。

在实际运用时，形式略有不同。通常定义 D^* 为修正久期，这里令 $D^*=D/(1+y)$，$\Delta y=\Delta(1+y)$，于是式（10-3）改写为：

$$\frac{\Delta P}{P}=-D^{*}\Delta y \qquad (10-4)$$

由式（10-4），我们知道债券价格的变化率正好是修正久期和债券到期收益率的乘积。当到期收益率只有较小的变化时，修正久期就可以近似地用来测度利率变化对债券价格的影响如图 10-1 所示。

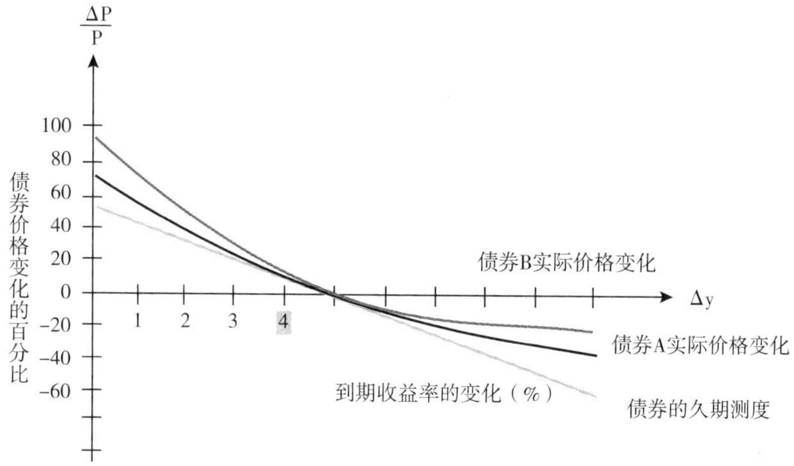

图 10-1　债券的久期

久期法则如下：

（1）零息债券的久期等于它的到期时间。

（2）到期时间不变时，票息率较高债券久期较短。

（3）久期通常会随着期限的增加而增加。但对于到期收益率很高的债券，随着期限的增加，久期会下降。

（4）其他条件不变，债券到期收益率较低时，息票债券的久期会较长。

（5）终身年金债券的久期：终身年金债券的到期期限是无限的，然而当收益率为 10%时，终身年金债券的久期是(1+10%)/10%＝11 年。这说明期限和久期的差别可以非常显著。

（6）债券组合的久期能够通过投资组合中债券久期的加权平均来计算。这也被称为久期的可加性。

然而，久期作为衡量价格敏感程度的指标，它的缺陷就在于没有完全考虑到收益率的上下波动情况。用久期衡量债券价格变动的前提是市场利率是单一的、平行变化的，即只考虑收益率曲线平行移动的情况。

三、凸性（Convexity）

由图 10-1 可以看到价格变化的百分比与收益率变化之间的关系并不是线性的，这使得对于债券收益率变化较大时，利用久期对利率敏感性的测度将产生明显的误差。在图 10-1 中，债券 A 和债券 B 在初始时有着相同的久期，相应的两条曲线和久期法则预期的价格变化百分比的直线在这一点相切，说明对于债券收益率的微小变化，久期可以给出利率敏感性的精确测度，但随着收益率变化程度的增加，对应于债券 A 和债券 B 的价格变化的两条曲线与久期的测度直线之间的距离不断扩大，这说明久期对利率敏感性的测度越来越不准确，另外债券 B 比债券 A 有着更大幅度的预测误差。这是因为债券 B 比债券 A 具有更大的凸度。

我们知道价格—收益曲线的斜率就是修正久期。那么价格—收益曲线的曲率就是凸性。凸性意味着债券的价格—收益曲线的斜率随着收益率而变化，因此凸性是价格—收益曲线的斜率的变化率。

由式（10-4）可以得到价格—收益曲线的斜率，即修正久期 $D^* = -\frac{\Delta P}{P\Delta y}$，那么凸性 C 就可以表达为：

$$C = \frac{d^2 D^*}{dy^2} \tag{10-5}$$

在考虑凸性时，式（10-3）就变成了：

$$\frac{\Delta P}{P} = -D^* \Delta y + 1/2 \times C \times (\Delta y)^2 \tag{10-6}$$

式（10-6）其实就是价格—收益函数的二阶展开。其中是修正久期，C 凸性。由式（10-6）可以看出，如果债券的凸性是正的，无论收益率是上升还是下降，凸性所引起的修正都是正的。因此如果修正久期相同，凸性越大越好。

凸性原理如下：

（1）凸性与到期收益率反相关。即债券的到期收益率越低，凸性越大。

（2）凸性与票面利率反相关。即债券的票面利率越低，凸性越大。

（3）凸性与期限正相关。即债券的期限越长，凸性越大。

第二节　消极管理策略

消极管理策略是债券组合管理者不积极寻求交易的可能性而企图战胜市场的一种

策略。它的基本假设是债券市场是半强式有效市场，债券的现时价格准确地反映了所有公开能获得的信息。

一、债券指数基金

指数化投资策略的目标是使债券投资组合达到与某个特定指数相同的收益，它以市场充分有效的假设为基础，属于消极型债券投资策略之一。这种策略虽然可以达到预期的绩效，但往往放弃了获得更高收益的机会或不能满足投资者对现金流的需求。以下几种因素解释了债券指数化投资的动机：第一，经验证据表明积极型的债券投资组合的业绩并不好；第二，与积极型债券组合管理相比，指数化组合管理所收取的管理费用更低；第三，选择指数化债券投资策略，有助于基金发起人增强对基金经理的控制力，因为指数化债券组合的业绩不能明显偏离其基准指数的表现。债券管理者采用指数化策略，首先要选定一个债券指数做依据，然后追踪这个指数构造一个债券组合。

1. 纯指数化组合投资策略

纯指数化组合投资是一种相对于某个特定的基准，使债券组合的风险最低同时预期收益率也最低的方法。这种方法的实质是保证债券投资组合的收益与指数的差距为两者之间的成本差额费用加上交易成本。纯指数化组合投资试图完全复制指数，即使自己的投资组合中各类债券的权重与债券指数相一致。因此，这种方法也称为完全复制法。然而在债券市场中，这种方法很难实现，并且成本也很高。这是因为指数中的许多债券是多年前发行的，其流动性一般较差，且在发行时利率与当前利率差别很大，现在的债券持有者可能不愿意出售所持有的债券。对于国债市场，完全复制法是可行的，而对于机构债券、抵押债券或公司债券市场这样做却不可行。机构债券或公司债券被锁定在机构投资者的长期债券投资组合中，只有当出价特别高时才能从这些投资者手中购买到这些债券。因此，即使有可能完全复制出一种广泛的债券指数，其结果也非常低效。

2. 增强指数化组合投资策略

增强指数化组合投资包括采用主要风险因子匹配来构建组合和采用少量风险因子不匹配来构建组合两种类型。前一种方法为了使指数的风险因素与投资组合的风险因素相匹配，需要大样本债券的投资。如果可以完全实现这种投资组合的话，较完全复制法来说，缺点是实现和维护的成本要相对低，优点是月平均跟踪差异会比较高，因此，它的净投资绩效将更接近指数。要被匹配的风险因素有部门、信用品质、久期、现金流分配、赎回风险等方面。通过匹配的风险因子，在市场发生大的变动时如企业债券的价差增加、利率水平改变等能够和基准指数的变动保持一致。通过有效率的构建方法以及在投资组合时选入被低估的债券，增强型组合投资能够取得比纯指数化组合更高的收益率。第二种方法允许在风险因素久期中出现微小的匹配误差，使组合投资倾向于某些特定因素如部门、信用品质、期限结构、赎回风险等。由于匹配误差非常微小，它仍可被视为一种增强型指数化组合投资方法。这些额外的增强实质上是在保持与指数相同的方向及相同的风险因素的同时，采用可进一步缩小与指数距离的调整策略。为成功地实现增强指数化组合投资，有很多种增强策略来弥补由于交易费用和成本带来的跟踪误差。主要包括成本增强策略、选择发行人增强策略、收益率曲线增强策略、行业和信用品质增强策略、赎回风险增强策略。

二、免疫策略

免疫策略是被许多债券投资者所广泛采用的策略，目的是使所管理的资产组合免予市场利率波动的风险。采取这种策略时，管理者选择久期与他们负债（现金外流）的久期相等的债券组合，利用价格风险和再投资利率风险互相抵消的特点，保证管理者不受损失。

免疫策略通常被认为是消极投资策略。因此，购买这种债券组合一直要持有至到期日。构造免疫债券组合时，一般假定收益率曲线是水平的，或者平移，但实际变动要复杂得多。当收益率曲线变动时，债券的久期会改变，并且债券组合的久期也会改变。为了使债券组合具有免疫力，需要频繁地再调整、重新构造债券组合，这样的免疫策略是积极投资策略。

1. 所得免疫策略

所得免疫策略保证投资者有充足的资金可以满足预期现金支付的需要。免疫投资策略对于社保基金、养老基金、保险基金等机构投资者具有十分重要的意义。因为这类投资者对资产的流动性要求很高，他们投资成败与否的关键在于投资组合中是否有足够的流动资产可以满足目前的支付。因此，这种情况下有效的投资策略是进行债券组合投资，可获得息票收入和本金同时也可满足未来现金需求，这种方法被称为现金配比策略。现金配比策略限制性强，弹性很小，这就可能会排斥许多现金流动性差的债券。

另一种可选择的策略是久期配比策略，这种策略只要求负债流量的久期和组合投资债券的久期相同即可，因而有更多的债券可供选择。但是，这一策略也存在一定不足之处，例如为了满足负债的需要，债券管理者可能不得不在极低价格时抛出债券。

为此，有必要将两种配比策略的优点结合起来，即水平配比策略。按照这一策略要求，投资者可以设计出一种债券投资组合，在短期内运用现金配比策略，在较长的时期内运用久期配比策略。这样既具有了现金配比策略中的流动性强的优点，又具有了久期配比策略中的弹性较大的优点。

2. 价格免疫策略

价格免疫策略由那些保证特定数量资产的市场价值高于特定数量资产负债的市场价值的策略组成。价格免疫使用凸性作为衡量标准，实现资产凸性与负债凸性相匹配。例如，一家保险投资基金有足够的资金支持，可以使债券投资组合资产的市场价值等于未来的支出负债的现值。只要资产凸性高于债券的凸性，两者间差额的市场价值就将随着利率的变化而增减。而且凸性越大，从利率变化所获得的利得也就越大。

【例 10-1】免疫策略的运用。某保险公司 7 年后必须支付 19487 元，市场利率为 10%。如果你是该公司的资产组合管理经理该如何用 3 年期的零息债券和年票支付的终身年金来构建免疫资产组合？

步骤如下：

(1) 债务的久期是一个一次支付的 7 年负债。

(2) 资产组合的久期终身年金的久期是 1.10/0.10=11 年，所以如果投资零息债券的资产组合比重为 W，投资终身年金的组合比重则是 (1-W)，那么资产组合的久期=W×3 年+(1-W)×11 年。

(3) 免疫策略要求资产组合的久期等于债务的久期，则 W×3 年+(1-W)×11 年=7 年，W=0.5。

(4) 债务的现值是 10000 元，W=0.5，所以免疫的资产组合为 5000 元的零息债券和 5000 元的终身年金。

三、现金流匹配策略

现金流匹配策略是一种特殊类型的免疫策略。债券组合的管理者建立一个债券组合，它的现金流将用于支付每一个到期的负债现金流。这种策略适用于非水平收益率曲线发生非平行频繁变化的情况，因为利率对债券组合没有相反的影响。

这样的现金流匹配的债券组合叫作专用债券组合。它没有任何再投资现金流，即没有再投资收益率风险。而且由于债券仅在到期时出售，所以也没有利率风险。只有当债券出现违约风险时，才会改变匹配策略所决定的债券投资组合构成。

四、或有免疫策略

或有免疫策略与所得免疫和价格免疫有所不同，它不是真正意义上的主动策略或被动策略。此策略指出了投资者允许组合在一定范围内保证最低收益率或价值进行主动型投资管理，一旦超出该范围，投资者就会立即停止采用此方法，而用市场利率来对剩余资产进行免疫，这样可以确保资产的最终值。

最早由利伯维茨和温伯格两位教授在 1982 年提出了或有免疫策略的思想。投资者不仅采取主动策略来追求高收益率，还运用传统免疫方法来确定在投资期限内有一个最低收益率，即它是用传统免疫来提供安全保障的主动管理策略。这种策略不但可以满足债券管理者实施激进式管理，还能够满足投资组合过程中使投资者将利率风险最小化的需求。如果债券投资管理者采用主动投资策略，但是他们只接受有限风险损失，即能够保证组合的最终价值，开始时管理者会采用主动的策略，并且还会提高自身的风险容忍度和可接受的部分风险损失，而不需要很快采用利率免疫策略。

或有免疫策略的基本思想是债券组合的管理者能够执行主动的组合管理策略，只有当债券组合可接受的最低回报率的实现受到较大威胁时，债券组合的管理者将会采用被动的管理策略。这个点称为触发点，债券组合的管理者将对债券组合实施免疫策略。在投资期限的剩余时间里，债券投资组合的回报率被控制在既定的水平以上。

五、消极投资策略的选择

面对各种债券投资组合管理策略，具体选择哪一种策略，投资者需要根据市场的实际情况与自身需求来确定。

1. 经过对市场的有效性进行研究，如果投资者认为市场效率较强时，可采取指数化的投资策略

当投资者对未来的现金流没有特殊的需求时，可根据自身可投资产品的范围以及其他要求，确定作为参照的指数（投资期限、变现性、信用风险的控制等），或者根据自身的情况建立一个独立的指数，然后按照指数化投资的方法建立债券组合。同时，建立组合的监控系统，监控追随误差与信用风险变化，在适当的情况下还可采取加强指数化的策略，进一步提高组合收益。

2. 当投资者对未来的现金流量有着特殊的需求时，可采用免疫和现金流匹配策略

此匹配策略需要同时考察市场的流通性。良好的流通性是实施免疫策略的必要保证，对于变现能力较差的债券，一定要在收益上给予补偿。当市场收益率曲线出现非平行的变化时，投资者需要对组合进行适当的调整，以适应未来现金流的要求。在实施现金流配比的策略时，投资者往往要付出较高的成本，并要求市场有丰富的债券品种，且期限结构比较完整。

另外，当投资者认为市场效率较低，而自身对未来现金流没有特殊的需求时，可采取积极的投资策略。实施积极的投资策略的关键在于投资者对市场利率水平的预期能力。投资者可根据未来预期与自身的风险承受能力建立债券投资组合灵活调整债券组合，争取更大的收益。比如可根据市场间的差价进行套利，或在风险不变的情况下通过债券替换提高收益或提高凸性。

第三节 积极管理策略

积极管理策略指债券组合管理人员根据债券市场不是完全有效市场的假设，采用积极投资策略管理债券组合的方法。这种方法是积极交易债券组合试图得到附加收益的一种策略。这就需要预测未来的利率走向，然后选择债券和决定市场的时机，或者识别错定价格的债券。

一、债券互换

债券互换是债券组合管理人员购买和出售同等数量的类似债券以提高债券组合收益率的积极管理方法。债券互换通常包括：替代互换、市场间差额互换、获取纯收益互换和利率预期互换。

1. 替代互换

替代互换指的是把债券组合中的债券转换成市场上同质的收益率更高的债券。这里的同质债券主要是指两种债券在期限结构、风险等级、票面收益率、赎回特征等方面大体上是相同的。使用替代互换策略主要是由于两种债券的收益率差不合理，或者说债券管理人认为市场对这两种债券的定价错误。这两种债券的不合理比价关系随着时间的推移会消失，而当下这种价格的不一致就会带来获利的机会。当这两种债券的收益率出现不同时，投资者将通过卖空价格高估的债券，同时购买价值低估的债券，未来当出现两种债券的价格一致时，投资者就可以获得超额利润。当然，债券互换策略也能够应用在债券组合的互换。

需要特别注意的是，若两种同质债券的收益率之间存在差异，是由两种债券的流动性、风险性、凸性不一样而造成的，且债券市场准确地对债券进行了定价，在这种情况下替代互换策略就不能获取超额利润。

2. 市场间差额互换

市场间差额互换是利用债券市场的不同部门间的收益差额的预期变化进行互换。互换将得到资本利益或至少和资本利益相当的较高收益。

3. 获得纯收益互换

获得纯收益互换是出售较低息票率或较低到期收益或两者的债券而购买相对高的

债券，目的是获得较高的收益。

4. 利率预测互换

利率预测互换是根据利率预测进行互换。近年来，由于利率有较大波动，利率预测互换使用更普遍。

二、利率预期与横向水平分析

通常用实现复收益率来测定任何已知的持有期上的债券业绩，它取决于债券的期初和期末的价格以及息票率。为了估计在持有期间的债券的收益就必须分析期初的收益结构以及随后可能的变化。横向水平分析是使用实现复收益率估计某个投资在横向水平上的业绩的一种方法。

债券投资的收益由息票收入、利息上的利息和资本盈亏构成。收益的资本盈余与债券的市值增量有关，这就需要估计债券的期末价格。如果已知估计的债券期末价格，而现时价格相对低，那么债券有相对高的预期收益。相反，现时价格相对高，那么债券有相对低的预期收益。

横向水平分析可以把资本盈余分成两部分：时间效应和收益变化效应。即：

盈余变化=时间效应+收益变化效应

三、积极策略和免疫策略的联合

在对或有免疫策略的讨论中，资金管理者可以对投资组合采取积极的管理策略，直到保底收益率被打破。但是，或有免疫策略并不是一种综合性或混合性策略。资金管理者或者选择免疫的模式，或者因保底收益率被打破而选择积极管理策略。与免疫策略不同，积极免疫联合策略则是资金管理者在同一时点对这两种策略的综合。

这种联合策略中的免疫策略可以是对单笔负债的免疫，也可以是对多笔负债的免疫。在单笔负债免疫的例子中，我们需要确立一个保证收益率以便稳定投资组合的总收益率。在多笔负债的例子中，我们应该在被免疫的负债已经确知时采取免疫策略，并且在重复免疫的过程中要关注新的要求。由于被免疫的负债以初始设定的负债为基础，并随着时间的推移而调整，形成未来负债的变化，例如，养老基金中负债的实际变动，因而这是一种适应性策略。对于给定的某种可接受的风险水平，联合策略中的积极策略将继续可以自由地实现预期收益最大化。

吉弗德提出的下列公式可以用来确定初始投资组合中采取积极策略的部分，其余的部分就是采取免疫策略的部分。

$$C_{posit}=\frac{r_{immu}-r_{min}}{r_{immu}-minr_{posit}} \tag{10-7}$$

在这个公式中，C_{posit}是采取免疫策略的部分，r_{immu}是免疫策略的目标收益率，r_{min}是客户确定的最低收益率，$minr_{posit}$是采取积极策略部分的预期最差收益率。我们假定免疫策略的目标收益率高于客户确定的最低收益率，也高于投资组合中采取积极策略部分的预期最差收益率。注意，根据确定投资组合中采取积极策略部分的份额的计算公式，在给定免疫目标收益率的情况下，客户可接受的最低收益率越低以及采取积极策略部分的预期最差收益率越高，积极管理的比例就越高。由于公式中的收益价值随着时间的推移而变动，资金管理者必须对这些价值实施持续监管，并在免疫策略与积极策略之间进行调整和重新平衡已取得适当的均衡。只要最差情形没有被打破，也即只要时机收益率没有下降到积极策略部分的预期最差收益率水平之下，客户确定的投资组合最低收益率就将得以实现。

本章小结

利率敏感性受债券的期限、票面利率、初始到期收益率影响。债券的期限与利率的敏感性成正比。债券的票面利率与利率的敏感性成反比。债券的初始到期收益率与利率的敏感性成反比。

麦考利久期是债券每次息票或债券本金时间的加权平均。零息债券的久期等于它的到期时间。终身年金债券的到期期限是无限的。

修正久期就是价格—收益曲线的斜率。那么凸性就是价格—收益曲线的曲率也就是二阶估计。凸性与期限正相关。即债券的期限越长凸性越大。

消极管理策略是债券组合管理者不积极寻求交易的可能性而企图战胜市场的一种策略。消极管理策略主要包括债券指数基金、免疫策略、现金流匹配策略和或有免疫策略。

积极管理策略指债券组合管理人员根据债券市场不是完全有效市场的假设，采用积极投资策略管理债券组合的方法。积极管理策略有债券互换和利率预测与横向水平分析。

关键术语

利率的敏感性　久期　凸性　指数化投资策略　免疫策略　现金流匹配策略　债券互换

本章思考题

1. 如何从经济学意义上解释债券价格与收益率之间存在反向变动关系?
2. 票面利率或初始到期收益率等债券特征为什么会影响利率的敏感性?
3. 如何理解久期与债券到期期限的区别?
4. 久期作为衡量价格敏感程度的指标，它有哪些缺陷?
5. 凸性是否始终大于0? 凸性大于0时的经济学含义是什么?

第十一章　股票投资与收益

【学习目标】

掌握股票的特征及分类；了解股票的发行方式；熟练掌握股票内在价值的计算方法；熟练掌握股票的估值模型。

第一节　股票的特征及分类

股票是一种有价证券，是经股份公司签发的，证明持有者拥有公司的股份，并按其所持股份享有权利和承担义务的书面凭证。它应载明公司的名称、公司成立的日期、股票的种类、票面金额及代表的股份数、股票的编号等。

股票和股份是两个既有联系又有区别的概念。股份是股份公司股本的等额构成单位，每一股份代表一定量的资本额。股票实质上是股份的具体变现形式。持有股票，一方面意味着拥有公司资本的一部分，另一方面表明持有者即股东在股份公司享有相应的权利和负有一定的义务。股票是股份的形式，股份是股票的内容。

股票一经认购，持有者不能以任何理由要求退还股本，只能通过证券市场将股票转让和出售。作为交易对象和抵押品，股票已经成为金融市场上主要的、长期的信用工具。但是在实质上，股票只能代表股份资本所有权的凭证，本身并没有任何价值，不是真实的资本，而是一种独立于实际资本以外的虚拟资本。

一、股票的特征

在市场经济运行环境下，股票具有以下四个特征：

1. 收益性

股票的收益性是指持有者凭借其持有的股票，有权按照公司章程的规定从公司领取股息和红利，获取投资的相关收益。股票收益的大小取决于公司的经营状况和盈利水平。一般情况下，持有股票获得的收益要高于银行储蓄的利息收入，也高于债券的利息收入。股票的收益性还表现在持有者利用股票可以获得价差收入和实现货币保值。也就是说，股票持有者可以通过低进高出赚取价差利润，或者在货币贬值时，股票会因为公司财产的增值而升值，或以低于市价的特价或无偿获取公司配发的新股而使股票持有者得到利益。

2. 风险性

股票的风险性是指与股票的收益性相对应的，持有者既有可能获得较高的投资回报，也要承担较大的投资风险。在市场经济活动中，由于多种不确定因素的影响，股票的收益不是事先已经确定的数值，而是一个难以确定的动态数值，它要随公司的经营状况和盈利水平发生波动，也要受到股票市场行情的影响。企业盈利高，投资者就能获得较高的股息红利；企业盈利低，投资者只能获得较低的股息红利；而当企业破产时，投资者的股票就会成为一张废纸。企业盈利高低与投资风险的大小是相伴而生的，因而投资者应该时时刻刻关注股价的变化。

3. 流通性

股票具有较高的流通性，它是商品交换的特殊形式。持有股票不同于持有一般的商品，它随时可以在股票市场上兑现。股票的流通性促进了社会资源的有效利用和资源的合理配置。在股票交易市场上，股票可以作为买卖对象随抵押品随时转让。这意味着转让者可以将其出资金额以股价的形式收回，而将股票所代表的股东身份及各种权益让渡给受让者。

4. 价格的波动性

股票在交易市场上作为交易对象，同其他商品一样也有自己的市场行情和市场价格。股票价格的高低不仅与公司的经营状况和盈利水平密切相关，而且与股票收益与市场利率之间的对比关系密切相关。此外，公平价格还受到国家政治、经济、社会以及投资者心理等因素的影响。因此，股票价格的变动又与一般性商品的市场价格变动存在差异，有涨有落是股票价格变动的基本特征。股票在交易价格上所表现出的波动性，既是公司吸引社会公众积极进行股票投资的重要原因，也是公司改善经营管理、努力提高经济效益、增强公司竞争力的重要外部因素。

二、股票的种类

公司发行的股票，按照不同的分类标准可以划分为不同的种类。本书主要介绍两种最常见的股票分类方法和内容。

1. 根据股票代表的股东权利不同，股票分为普通股股票和优先股股票

（1）普通股股票。这是指每一股份对公司财产都拥有平等收益，即股东享有的平等权利不加以特别限制，并能随着股份公司利润大小而分取相应红利的股票，这是股份公司发行的最基本、数量最多的股票，它构成股份公司资本的基本部分。普通股持有人是公司的基本股东，是公司的主要投资人，在享有较多权力、获得较多利益的同时，为公司承担较多的风险。普通股股票具有以下特征：①普通股股东有权参与公司的经营决策。②普通股股东有权参与公司剩余资产的分配。③普通股股东具有优先认股权。④普通股的股息不确定。

（2）优先股股票。这种股票是相对于普通股股票而言的，它是公司在筹集资金时，给予投资者某些优惠特权的股票。优先股比普通股安全，而股息又高于公司债券，因此可以吸引那些保守投资者购买。优先股具有以下特征：①优先股股东一般不参与公司的经营管理，但在某些特殊情况下或者当决策结果会影响优先股股东的地位和权益时，优先股股东有权参加股东大会，并行使表决权。②优先股股东优先获得股息支付和剩余资产清偿。③优先股股东获得的股息固定。④优先股股票可以由公司赎回。⑤优先股股息部分免缴纳所得税。

2. 按照股票是否能够上市流通，将其分为流通股股票和非流通股股票

（1）流通股股票。是指可以上市交易的股票，这种股票具有较好的流通性。在我国进行股权分置改革之前，我国上市公司中可以流通的股票一般占其总股本的25%左右。

（2）非流通股股票。是指不能上市流通的股票，它仅仅是一种股权的证明，但这并不意味着这些非流通股永远在流通领域之外，在一定的条件下这些股票有可能转化为流通股。

第二节　股票的发行方式

根据我国《证券发行与承销管理办法》的相关规定，首次公开发行股票可以根据实际情况，采取向战略投资者配售、向参与网下配售的询价对象配售以及向参与网上发行的投资者配售等方式。

1. 向战略投资者配售

首次公开发行股票数量在 4 亿股以上的，可以向战略投资者配售股票。发行人应当与战略投资者事先签署配售协议，并报中国证监会备案。发行人及其主承销商应当在发行公告中披露战略投资者的选择标准、向战略投资者配售的股票数量、占本次发行股票的比例及持有期限制等。战略投资者不得参与首次公开发行股票的初步询价和累计投标询价，并应当承诺获得本次配售的股票持有期限不少于 12 个月，持有期自本次公开发行的股票上市之日起计算。

2. 向参与网下配售的询价对象配售

发行人及其主承销商应当向参与网下配售的询价对象配售股票，并应当与网上发行同时进行。发行人及其主承销商向询价对象配售的股票数量原则上不低于本次公开发行新股及转让老股总量的 50%。询价对象与发行人、承销商可以自主约定网下配售股票的持有期限。

3. 向参与网上发行的投资者配售

向参与网上发行的投资者配售方式是指通过交易所系统公开发行股票。投资者参与网上发行应当遵循证券交易所和证券登记结算机构的相关规定。网上发行时发行价格尚未确定的，参与网上发行的投资者应当按照价格区间的上限申购，如果最终确定的发行价格低于价格区间上限，差价部分应当退还投资者。

第三节　股票投资价值的影响因素

1. 影响股票投资价值的内部因素

影响股票投资价值的内部因素主要有：公司净资产、公司盈利水平、股利政策、增资和减资以及资产重组。

（1）公司净资产。净资产是总资产减去负债后的净值，它是全体股东的权益，是决定股票投资价值的重要基本指标。公司经过一段时间的运营，其资产净值必然有所变动。股票作为投资的凭证，每一股代表一定数量的净值。从理论上讲，净值应当与股价保持一定的比例，即净值增加，股价上涨，净值减少股价下跌。

（2）公司盈利水平。公司业绩的好坏集中表现于盈利水平的高低。盈利水平是影响股票投资价值的基本因素之一，在一般情况下，公司的盈利增加，可以参与分配的股利也会相应增加，股票的市场价格上涨；公司的盈利水平减少，可分配的股利相应减少，股票的市场价格下降。但是，股票价格的涨跌和公司盈利水平的变化并不是完全同步发生的。

（3）公司的股利政策。公司的股利政策直接影响股票的投资价值。股利与股票价格成正比，股利高股价涨，股利低股价跌。股利来自公司的税后盈利，公司盈利的增加只为股利的分配提供可能，并非盈利增加股利一定增加。公司为了把盈利合理地分配到扩大再生产和支付股利以回报股东等用途，都会有一定的股利政策。股利政策体现了公司的经营作风和发展潜力，不同的股利政策对各期股利收入有不同的影响，此外，公司对股利的分配方式也会给股价波动带来影响。

（4）增资和减资。公司因业务的发展需要增加资本额而发行新股，在一般情况下，在没有产生相应效益前将使每股净资产下降，因而会促使股价下跌。但增资对不同公司股票价格的影响不尽相同。对那些业绩优良、财务结构健全、具有发展潜力的公司而言，增资意味着将增加公司的经营实力，会给股东带来更多的回报，股价不仅不会下跌，而且还可能会上涨。当公司宣布减资时，大多是因为经营不善、亏损严重、需要重新整顿，所以股价会大幅下降。

（5）公司资产重组。公司重组会引起公司价值的巨大变动，因而其股价也会随之产生剧烈波动。但公司重组对公司是否有利、重组后是否会改变公司的经营状况等，才是股价变动方向的决定因素。

2. 影响股票投资价值的外部因素

相对于内部因素来说，影响股票投资价值的外部因素主要是一些宏观因素。

（1）宏观因素。宏观经济走向和相关政策是一些股票投资价值的重要因素。宏观经济走向包括经济周期、通货膨胀率以及国际经济市场的变化等；国家的货币政策、财政政策、收入分配政策和对证券市场的监管政策等相关政策也会对股票的投资价值产生影响。

（2）行业因素。产业的发展状况和趋势对于该产业上市公司的影响是巨大的，因此，国家的产业政策和相关行业的发展等都会对该产业上市公司的股票投资价值产生影响。

（3）市场因素。证券市场上投资者对股票走势的心理预期会对股票价格走势产生重要影响，市场中的散户投资者往往有从众心理，对股市产生助涨或助跌的作用。

第四节　股票内在价值与市场价格

Benjamin Graham 指出内在价值是一个非常难以把握的概念，一般来讲，内在价值是指一种有事实（比如资产、收益、股息、明确的前景）为根据的价值，它有别于受到人为操纵和心理因素干扰的市场价格。在持续经营假设前提下，用来评估公司价值的最常用模型产生于人们的观察：股票投资者期望获得包括现金股利和资本利得或损失在内的收益。假设持有期为 1 年，股票 ABC 的预期每股股利 $E(D_1)$ 为 4 元，其当前市场价格 P_0 为 48 元，年末预期价格 $E(P_1)$ 为 52 元。在这里我们并不考虑下一年的价格是如何得出的，只考虑在已知下一年的价格时，当前的股票价格是否具有吸引力。

持有期的期望收益率等于 $E(D_1)$ 加上预期的价格增长 $E(P_1)-P_0$，再除以当前市场价格 P_0，即：

$$期望收益率 E(r)=\frac{E(D_1)+[E(P_1)+P_0]}{P_0} \qquad (11-1)$$

因此，持有期间的股票期望收益率等于预期收益率 $E(D_1)/P_0$ 与价格增长率即资本利得收益率 $[E(P_1)-P_0]/P_0$ 之和。

但是，股票 ABC 的必要收益率又是多少呢？根据资本资产定价模型我们知道，当股票的市场价格处于均衡水平时，投资者的期望收益率为 $r_f+\beta[E(R_M)-r_f]$。因此，用 β 来测度风险，资本资产定价模型可以用来估计投资者的期望收益率，该收益率是投资者对所有具有相同风险的投资所要求的收益率，我们通常用 k 来表示必要收益率。若股票定价是正确的，那么其期望收益率将等于必要收益率。证券分析师的目标是发现被误定价的股票，例如，定价被低估的股票的期望收益率将高于必要收益率。

假设 $r_f=6\%$，$E(R_M)-r_f=5\%$，股票 ABC 的 β 值等于 1.2，则 k 等于：

$$k=6\%+1.2\times5\%=12\%$$

因此，股票 ABC 的投资者在持有期间的期望收益率 16.7% 比其必要收益率高出 4.7%。显然，投资者会希望在投资组合中持有更多的 ABC，而不是采取消极投资策略。

判断股票价值是否被低估的另一种方法是比较股票的内在价值和市场价格。股票的内在价值（Intrinsic Value）通常用 V_0 表示，是指股票能为投资者带来的所有现金回报的现值，是把股利和最终出售股票的所得用适当的风险调整利率 k 进行贴现得到的。若股票的内在价值，或者说投资者对股票真实价值的估计，超过了其市场价格说明该股票的价格被低估了，值得进行投资。在股票 ABC 的例子中，根据一年的投资期和一年后 $P_1=52$ 元的价格预测，ABC 的内在价值为：

$V_0=[E(D_1)+E(P_1)]/(1+k)=(4+52)/1.12=50$ 元

这意味着，当 ABC 的股价等于每股 50 元时，投资者的收益率为 12%，恰好等于必要收益率。但是，当前的股价为每股 48 元，相对于内在价值而言股价被低估了。在这种价格水平下，股票 ABC 所提供的收益率相对于其风险而言偏高。换句话说，根据资本资产定价模型，这是一只正 α 的股票。投资者会希望在其投资组合中持有更多的 ABC，而不是采取消极的投资策略。

若 ABC 的内在价值低于其当前的市场价格，投资者会购买比采取被动投资策略更少的股票。甚至像我们在前面所讨论的那样，投资者会卖空 ABC。

当市场均衡时，股票的市场价格反映了所有市场参与者对其内在价值的估计。这意味着对 V_0 的估计与市场价格 P_0 不同的投资者，必定在 $E(D_1)$、$E(P_1)$ 和 k 的估计上全部或部分与市场共识不同。市场对必要收益率所达成的共识叫作市场资本化率（Market Capitalization Rate）。

【例 11-1】假如预期一年后股票 M 的股价为每股 59.77 元，其当前市场价格为每股 50 元，且预期公司会派发每股 2.15 元的股利。

（1）该股票的预期股利收益率、股利增长率和持有期收益率各是多少？

（2）若该股票的 β 值为 1.15，无风险收益率为 6%，市场投资组合的期望收益率为 14%，则股票 M 的必要收益率为多少？

（3）股票 M 的内在价值是多少？其与市场价格相比是高还是低？

第五节　比较估值

基本面分析的目的是发现被误定价的股票，股票的真实价值可以从一些可观察到的财务数据中得出，这些数据可以从多种途径方便地获得。例如，美国证券交易委员会在其 EDGAR 网站（www. sec. gov/edgar. shtml）中提供了相关信息，美国证券交易委员会要求所有上市公司（除外国公司和资产低于 1000 万元或股东少于 500 人的公司外）通过 EDGAR 提交注册报表、定期财务报告和其他信息，任何人都可以访问并下载这些信息。

许多网站提供各种数据分析信息，如标准普尔公司的市场观察服务（Market Insight Service），它包括 COMPUSTAT，微软公司的关键财务数据如表 11-1 所示。

表 11-1　微软公司的关键财务数据

<table>
<tr><td colspan="2">当前季度末：2009. 9</td><td colspan="2">当前年末：2009. 6</td></tr>
<tr><td colspan="4">综合信息</td></tr>
<tr><td>当前股价（元）</td><td>30. 07</td><td>实际普通股（人）</td><td>142468</td></tr>
<tr><td>发行在外股份数（100 万股）</td><td>8900</td><td>实际雇员（人）</td><td>93000</td></tr>
<tr><td>资本市值（100 万元）</td><td>267623</td><td>标准普尔评级</td><td>AAA</td></tr>
<tr><td>最近 12 个月</td><td colspan="2">公司</td><td>年度变（%）</td></tr>
<tr><td>销售收入（100 万元）</td><td colspan="2">56296</td><td>-8. 8</td></tr>
<tr><td>息税折旧前利润（100 万元）</td><td colspan="2">21799</td><td>-16. 5</td></tr>
<tr><td>净收入（100 万元）</td><td colspan="2">13770</td><td>-22. 5</td></tr>
<tr><td>经营活动产生的每股收益（元）</td><td colspan="2">1. 58</td><td>-18. 6</td></tr>
<tr><td>每股股利（元）</td><td colspan="2">0. 52</td><td>18. 2</td></tr>
</table>

续表

估值	公司	行业平均
股价/经营活动产生的每股收益	19.0	20.4
股价/账面价值	6.5	4.6
股价/销售收入	4.8	3.9
股价/现金流	16.3	20.9
盈利（%）	公司	行业平均
股权收益率	33.4	14.4
资产收益率	16.9	7.1
营业利润率	34.1	31.6
净利润率	24.5	12.4
财务风险	公司	行业平均
负债/权益	14.5	
现金流/股数	1.8	

资料来源：COMPUSTAT Company Profiles, January 13, 2010.

根据 COMPUSTAT 在 2010 年 1 月 13 日报告的微软公司关键财务数据显示（见表 11-1），微软当天的普通股股价是 30.07 元，发行在外的普通股股数是 89 亿股，总市值为 2676.23 亿元。表 11-1 中的“估值”栏还列出了微软股价与财务报表中的经营活动产生的每股收益、账面价值、销售收入和现金流这四个项目（首先将每一项目的数值除以发行在外的股份数）的比值，其中股价、每股收益（市盈率）为 19.0，股价/账面价值为 6.5，股价/销售收入为 4.8。这些比较估值比率通常用于评估一家公司相对于同行业其他公司的价值。表 11-1 中“估值”栏的最右边是在个人电脑软件行业中这些比率的行业平均值。

例如，分析师可能会把微软的股价/现金流比率 16.3 与行业平均水平 20.9 做比较。通过比较发现，微软的股价可能被低估了。但是，微软的股价/账面价值是 6.5，账面价值是指资产负债表中所列公司净值，而行业平均值为 4.6，通过比较这一比率发现，微软的股价似乎又被高估了。此外，微软的股价/销售收入的值也高于行业平均水平，这一比率对评估处于起步阶段的公司和行业非常有用。由于处于起步阶段的公司的经营利润通常为负值，而且不会对外报告，因此分析师把关注点从每股收益转到了每股销售收入上面。

账面价值的局限性：

公司股东有时被称为“剩余追索者”，这意味着股东的利益是公司资产扣除负债后的剩余价值，股东权益即为公司净值。然而，财务报表中的资产和负债是基于历史价值而非当前价值来确认的，例如，资产的账面价值等于最初取得成本减去一些折旧调整，即使该资产的市场价格已发生变化。而且，折旧是用来对资产的最初取得成本进行摊销的，它并不能反映资产的实际价值损失。

账面价值衡量的是资产和负债的历史成本，而市场价值衡量的是滞胀和负债的当前价值。股东权益的市场价值等于所有资产和负债的市场价值之差（股价等于股东权益的市场价值除以发行在外的股份数量）。我们以强调过，当前价值通常不等于历史价值。更重要的是，许多资产（如知名品牌的价值和特定专业知识的价值）根本不包括在资产负债表中。市场价值是基于持续经营假设来衡量公司价值的，一般情况下，股票的市场价值不可能等于其账面价值。

账面价值是否代表了股票价格的“底线”，市场价值是否永远不可能低于账面价值？尽管2010年微软的每股账面价值低于其市场价格，但是其他证据还是证明了上述观点（账面价值代表股价的“底线”）是错的。尽管这种情况不是很常见，但总有一些公司的股价低于账面价值。例如，2010年年初，Sprint/Nextel、花旗、Mitsubishi、E*trade和美国在线的股价均低于其账面价值。

每股清算价值（Liquidation Value）更好地衡量了股票的价格底线。清算价值是指公司破产后，变卖资产、偿还债务以后余下的可向股东分配的价值。这样定义的理由是，若一家公司的市场价值低于其清算价值，公司将成为被并购的目标，因为并购者发现买入足够多的股票获得公司控制权是有利可图的，因为清算价值将超过其购买股票所花费的成本。

评估公司价值的另一个方法是评估公司资产扣除负债后的重置成本（Replacement Cost）。一些分析师相信公司的市场价值不会长期高于其重置成本，因为如果市场价值长期高于重置成本，竞争者会试图复制这家公司，随着越来越多的相似公司进入这个行业，竞争压力将迫使所有公司的市值下跌，直至与重置成本相等。

这个观点在经济学家中非常流行。市值与重置成本的比值被称为托宾Q值（Tobin's Q），因诺贝尔经济学奖获得者詹姆斯·托宾而得名。根据上述观点，从长期来看，市值与重置成本的比值将趋向于1，但证据却表明该比值可在长期内显著不等于1。

尽管只关注资产负债表可以得到清算价值或重置成本等有用信息，但为了更好地估计公司价值，分析师通常会把重点转向预期未来现金流（在持续经营的假设前提下）。接下来本章将考察分析师对普通股进行估值所用的定量模型。

第六节　现值模型：股利贴现模型

假设某投资者买入一只Steady State Electronics公司的股票，计划持有一年。该股票的内在价值是年末公司派发的股利 D_1 与预期售价 P_1 的现值。为避免麻烦，从此以后我们用符号 P_1 代替 $E(P_1)$。但是，预期售价和股利是未知的，因此我们计算的是期望的内在价值，而非确定的内在价值。已知：

$$V_0=\frac{D_1+P_1}{1+K} \tag{11-2}$$

尽管根据公司的历史情况可以预测年末派发的股利，但是我们应该怎样估计年末的股价 P_1 呢？根据式（11-2），V_1（第一年末的内在价值）等于：

$$V_1=\frac{D_2+P_2}{1+K} \tag{11-3}$$

若假设下一年股票将会以内在价值被销售，即 $V_1=P_1$，将其代入式（11-2）可得：

$$V_0=\frac{D_1}{1+K}+\frac{D_2+P_2}{(1+K)^2} \tag{11-4}$$

该式可以解释为持有期为两年时的股利现值与售价现值之和。当然，现在需要给出 P_2 的预测值。根据上述内容类推，我们可以用 $(D_3+P_3)/(1+k)$ 来代替 P_2，从而将 P_0 与持有期为三年时的股利现值与售价现值之和联系起来。

更为一般的情况是，当持有期为 H 年时，我们可将股票价值表示为持有期为 H 年时的股利现值与售价现值之和，即：

$$V_0=\frac{D_1}{1+K}+\frac{D_2}{(1+K)^2}+\cdots+\frac{D_H+P_H}{(1+K)^H} \tag{11-5}$$

请注意，该式与前面债券估值公式的相似之处，两者中的价格都是一系列收入（债券的利息和股票的股利）的现值与最终收入（债券的面值和股票的售价）的现值之和。主要差别在于股票的股利不确定，没有固定的到期日，且最终售价也不确定。事实上，我们可以继续将上式中的价格无限地替代下去，得：

$$V_0=\frac{D_1}{1+K}+\frac{D_2}{(1+K)^2}+\frac{D_3}{(1+K)^3}+\cdots \tag{11-6}$$

式（11-6）说明股票的价格等于无限期内所有预期股利的现值之和。该式被称为股利贴现模型（Dividend Discount Model，DDM）。

式（11-6）很容易让人认为股利贴现模型只注重股利，而忽略了资本利得也是投资者投资股票的一个动机，这种观点是不正确的。事实上，式（11-2）已明确说明资本利得（反映在预期售价 P_1 中）是股票价值的一部分。股利贴现模型说明股票的未来售价取决于投资者现在对股利的预期。

式（11-5）中仅出现股利并不说明投资者忽略了资本利得，而是因为资本利得是由股票出售时人们对股利的预期决定的。这就是为什么式（11-4）中的股票价格可以写成股利现值与任何销售日期售价的现值之和。P_H是在时间 H 上对所有 H 时期后预期股利的贴现值之和，然后将该值贴现至现在，即时间 0。股利贴现模型说明股票价格最终取决于股票持有者不断取得的现金流，即股利。

一、固定增长的股利贴现模型

式（11-5）对股票进行估价时的作用并不大，因为它要求对未来无限期内的股利进行预测。为使股利贴现模型更具实用性，我们须引入一些简化的假设。在这个问题上，一个通常而有用的假设是股利增长率 g 是固定的。假设 $g=0.05$，最近支付的股利是 $D_0=3.81$，那么预期未来的股利为：

$D_1=D_0(1+g)=3.81\times1.05=4.00$

$D_2=D_0(1+g)^2=3.81\times(1.05)^2=4.20$

$D_3=D_0(1+g)^3=3.81\times(1.05)^3=4.41$

把这些股利的预测值代入式（11-4），可得出内在价值为：

$$V_0=\frac{D_0(1+g)}{1+k}+\frac{D_0(1+g)^2}{(1+k)^2}+\frac{D_0(1+g)^3}{(1+k)^3} \tag{11-7}$$

该式可化简为：

$$V_0=\frac{D_0(1+g)}{k-g}=\frac{D_1}{k-g} \tag{11-8}$$

注意，式（11-5）中是用 D_1而非 D_0除以（k-g）来计算内在价值的。若 Steady State Electronics 公司的市场资本化率为 12%，我们可以根据式（11-8）计算一股 Steady State Electronics 公司股票的内在价值，为：

$[3.81(1+0.05)]/(0.12-0.05)=57.14$ 元

式（11-7）被称为固定增长的股利贴现模型（Constant-Growth DDM，简称固定增长模型），或被称为戈登模型，以迈伦·戈登的名字命名，他使该模型普遍传播开来。该模型或许会让你回想起永续年金的计算公式。若股利不增长，那么股利流就是简单的永续年金，此时，估值公式变为 $V_0=D_1/k$。式（11-8）是永续年金计算公式的一般形式，它包含了年金增长的情况。随着 g 的增长（D_1确定）股价也在增长。

【例 11-2】优先股和股利贴现模型

优先股支付固定的股利，可使用固定增长的股利模型对优先股进行估值，只是股利的固定增长率为 0。例如，假设某种优先股的固定股利为每股 2 元，贴现率为 8%，则该优先股的价值为：

$V_0=2/(0.08-0)=25$(元)

【例 11-3】固定增长的股利贴现模型

H 公司刚刚派发了每股 3 元的年度股利，预期股利将以 8%的固定增长率增长，该公司股票的 β 值为 1.0，无风险利率为 6%，市场风险溢价为 8%，该股票的内在价值是多少？若你认为该公司股票的风险更高，β 值应为 1.25，那么你估计该股票的内在价值是多少？

因为刚刚派发了每股 3 元的股利且股利增长率为 8%，那么可以预测年末将派发的股利为 3×1.08=3.24 元，市场资本化率等于 6%+1.0×8%=14%，因此，该股票的内在价值为：

$V_0=D_1/(k-g)=3.24/(0.14-0.08)=54$(元)

若该股票被认为风险应该更高，则其价值应该更低。当其 β 值为 1.25 时，市场资本化率为 6%×1.25×8%=16%，那么股票的内在价值仅为：

3.24/(0.16-0.08)=40.50(元)

只有当 g 小于 k 时固定增长的股利贴现模型才可以使用，若预期股利的增长率将超过 k，股票的价值将会是无限大。若分析师认为 g 大于 k，该增长率 g 是无法保持的。适用于这种情况的估值模型是多阶段股利贴现模型，下面将对这种模型进行讨论。

固定增长的股利贴现模型被股票市场分析师广泛应用，因此有必要探索其含义和本身存在的局限性。在下列情形下固定增长的股利贴现模型意味着股票价值将会越来越大：

（1）预期的每股股利越高。

（2）市场资本化率 k 越小。

（3）预期的股利增长率越高。

固定增长模型的另一个含义是股价与股利将按同样的增长率增长。为了说明这一点，假设 Steady State Electronics 公司的股票按内在价值每股 57.14 元销售，即 $V_0=P_0$，则有：

$$P_0=\frac{D_1}{k-g} \tag{11-9}$$

从式（11-9）中可以发现，股价与股利是成比例的。因此，当预期第二年的股利将增长 g=5%时，股价也会增长 5%。下面将证明这一点：

$D_2=4\times1.05=4.20$(元)

$P_1=D_2/(k-g)=4.20/(0.12-0.05)=60.00$(元)

该股价比当前股价 57.14 元高了 5%。总结得出：

$$P_1=\frac{D_2}{k-g}=\frac{D_1(1+g)}{k-g}=\frac{D_1}{k-g}(1+g)=P_0(1+g) \tag{11-10}$$

因此，固定增长的股利贴现模型说明每年的股价这种都等于股利的固定增长率 g。注意，若股票的市场价格等于其内在价值（即 $V_0=P_0$），则持有期的收益率等于：

$$E(r)=股利收益率+资本利得收益率=D_1/P_0+(P_1-P_0)/P_0=D_1/P_0+g$$

该式提供了一种推断股票市场资本化率的方法。因为，如果股票按内在价值销售，则有 $E(r)=k$，即 $k=D_1/P_0+g$。通过计算股利收益率 D_1/P_0个估计股利增长率 g，我们可以得出 k。该式也被称为现金流贴现公式。

这种方法通常用于管制公共事业的定价问题中。负责审批公共设施定价决策的监管机构被授权允许公共事业公司在成本基础上加上“公平”的利润来确定价格，也就是说，允许公司在生产能力投资上获得竞争性收益。反过来，这个收益率是投资者投资该公司股票的必要收益率。公式 D_1/P_0+g 提供了一种推测必要收益率的方法。

【例 11-4】固定增长模型

假设 Steady State Electronics 公司为其计算机芯片赢得了一份主要合同，该合同非常有利可图，可在不降低每股 4 元股利的前提下，使股利增长率由 5%上升到 6%。该公司的股价将如何变化？

作为对赢得合同这一利好消息的反映，股价应该会上涨。事实上，股价确实上涨了，从最初每股 57.14 元上涨到了：

$D_1/(k-g)=4.00/(0.12-0.06)=66.67$(元)

宣布利好消息时持有该股票的投资者将会获得实质性的暴利。

另外，宣告利好消息后股票的期望收益率仍为 12%，与宣告利好消息前一样。

$E(r)=D_1/P_0+g=4.00/66.67+0.06=12\%$

这一结果是说得通的。赢得合同这一利好消息将被反映在股价中，股票的期望收益率与股票的风险水平一致，股票的风险水平并没有改变，因此期望收益率也不会改变。

二、戈登增长模型

1. 戈登股利增长模型的概念

戈登股利增长模型又称为“股利贴息不变增长模型”“戈登模型”（Gordon Model），在大多数理财学和投资学方面的教材中，戈登模型是一个被广泛接受和运用的股票估价模型，该模型通过计算公司预期未来支付给股东的股利现值来确定股票的内在价值，它相当于未来股利的永续流入。

戈登股利增长模型是股息贴现模型的第二种特殊形式，它分两种情况：一种是不变的增长率；另一种是不变的增长值。

不变增长模型有三个假定条件：①股息的支付在时间上是永久性的；②股息的增

长速度是一个常数；③模型中的贴现率大于股息增长率。

在戈登模型中，需要预测的是下一期股利及其年增长率，而不是预计每一期的股利，将所有现金流折现到0点，得到：

$$V=\frac{D_1}{1+r}+\frac{D_1(1+g)}{(1+r)^2}+\frac{D_1(1+g)^2}{(1+r)^3} \tag{11-11}$$

根据这个模型，公司的股利政策会对股票价值产生影响。这个模型十分有用，原因之一就是它使投资者可以确定一个不受当前股市状况影响的公司的绝对价值或“内在价值”。另外，戈登模型对未来的股利（而不是盈余）进行计量，关注投资者预期可以获得的实际现金流量，有助于不同行业的企业之间进行比较。

2. 戈登股利增长模型的内容

戈登股利增长模型认为，用投资者的必要收益率折现股票的必要现金红利，可以计算出股票的理论价格。

戈登模型揭示了股票价格、预期基期股息、贴现率和股息固定增长率之间的关系，用公式表示为：

$$P=\frac{D}{i-g} \tag{11-12}$$

式中，P为股票价格；D为预期基期每股股息；i为贴现率；g为股息年增长率。

由于股票市场的投资风险一般大于货币市场，投资于股票市场的资金势必要求得到一定的风险报酬，使股票市场收益率高于货币市场，形成一种收益与风险相对应的较为稳定的比价结构，所以戈登模型中的贴现率i应包括两部分：其一是货币市场利率r；其二是股票的风险报酬率i′，即i=r+i′，故戈登模型可以进一步改写为如下公式：

$$P=\frac{D}{r+i'-g} \tag{11-13}$$

这一模型说明股票价格P与货币市场利率r呈反向关系，r越高，股价P越低；反之亦然，这一关系被现今各国实践所证实。

第七节 市盈率

一、市盈率与增长机会

现实中对股票市场估值的讨论主要集中于公司的价格收益乘数（Price-earnings

Multiple）上，该值等于每股价格与每股收益之比，通常被称为市盈率。对增长机会的讨论将告诉我们为什么股票市场分析师如此关注市盈率。Cash Cow 和 Growth Prospects 两家公司的每股收益均为 5 元，但 Growth Prospects 公司的再投资率为 60%，预期的 ROE 为 15%，而 Cash Cow 公司的再投资率为零，所有盈利都将以股利的形式发放给股东。Cash Cow 的股价为每股 40 元，市盈率为 40/5 = 8，Growth Prospects 的股价为每股 57.14 元，市盈率为 57.14/5 = 11.4。这个例子说明市盈率是预测增长机会的一个有用指标。

将公式 $P_0 = E_1/K + PVGO$ 变形，我们可以看到增长机会是如何反映在市盈率中的：

$$\frac{P_0}{E_1} = \frac{1}{k}\left(1 + \frac{PVGO}{E/k}\right) \tag{11-14}$$

当 PVGO = 0 时，由式（11-14）可得 $P_0 = E_1/K$，即用 E_1 的零增长年金来对股票进行估值，市盈率恰好等于 1/k。但是，当 PVGO 成为决定价格的主导因素时，市盈率会迅速上升。

PVGO 与 E/k 的比率有一个简单的解释，即公司价值中增长机会贡献的部分与现有资产贡献的部分（即零增长集型中公司的价值 E/k）之比。当未来增长机会主导总估值时，对公司的估值将相对于当前收益较高。这样，高市盈率看上去表示公司拥有大量增长机会。

下面让我们看一下市盈率是否随着增长前景的变化而变化。例如，1992～2009 年，麦当劳的市盈率平均约为 19.0，而联合爱迪生公司（一家电力设施公司）的市盈率只有它的 2/3。这些数字并不能说明麦当劳相对于联合爱迪生公司而言被高估了。若投资者相信麦当劳的增长速度将高于联合爱迪生公司，那么有较高的市盈率是合理的。也就是说，如果投资者期望收益将快速增长，那么他们愿意为现在每一元的收益支付更高的价格。事实上，麦当劳的增长速度与它的市盈率是一致的。在这一时期，麦当劳的每股收益每年约以 11.0%的速度增长，而联合爱迪生公司的增长速度仅为 1.2%。

很明显，增长机会的差别使两家公司的市盈率大不相同。市盈率实际上是市场对公司增长前景的乐观态度的反映。分析师在使用市盈率时，必须清楚自己比市场更乐观还是更悲观，若更乐观，他们会建议买入股票。

有一种方法会使这些观点更明确。让我们重新回顾一下固定增长的股利贴现模型公式，$P_0 = D_1/(k-g)$，股利等于公司未用于再投资的盈利，即 $D_1 = E_1(1-b)$，又有 $g = ROE \times b$。因此代换 D_1 和 g 可得：

$$P_0 = \frac{E_1(1-b)}{k - ROE \times b} \tag{11-15}$$

说明市盈率等于：

$$\frac{P_0}{E_1}=\frac{1-b}{k-REO\times b} \tag{11-16}$$

通过上市容易证明市盈率随着 ROE 的增加而增加，这是说得通的，因为 ROE 高的项目会为公司带来增长机会。而且还容易证明，只要 ROE 超过 k，市盈率随着再投资率 b 的增加而增加。这也是说得通的，当公司有好的投资机会时，若公司可以更大胆地利用这些机会将更多的盈利用于再投资，市场将回报给它更高的市盈率。

但是切记，增长本身并不是人们所希望的好事。表 11-2 是用不同的 ROE 与 b 组合计算出的增长率和市盈率。虽然增长率随着再投资率的增加而增加（见表 11-2a），但市盈率却不是这样的（见表 11-2b）。在表 11-2b 第一行中，市盈率随着再投资率的增加而降低；在中间一行中，市盈率不受再投资率的影响；在第三行，市盈率随之而增加。

表 11-2　ROE 和再投资对增长率和市盈率的影响

	再投资率（b）			
	0	0.25	0.50	0.75
ROE（%）	a. 增长率（%）			
10	0	2.5	5.0	7.5
12	0	3.0	6.0	9.0
14	0	3.5	7.0	10.5
ROE（%）	b. 市盈率（%）			
10	8.33	7.89	7.14	5.56
12	8.33	8.33	8.33	8.33
14	8.33	8.82	10.00	16.67

对这种变动有一个简单的解释是，当预期 ROE 小于必要收益率 k 时，投资者更希望公司把盈利以股利的形式下来，而不是再投资于低收益率的项目。也就是说，由于 ROE 小于 k，公司价值随着再投资率的增加而降低。相反 ROE 大于 k 时，公司提供了有吸引力的投资机会，因此公司价值会随着再投资率的提高而增加。

最后，当 ROE 恰好等于 k 时，公司提供了拥有公平收益率的“盈亏平衡”的投资机会。在这种情况下，对投资者而言，将公司盈利进行再投资还是投资于其他具有相同市场资本化率的项目并无差别，因为在两种情况下，收益率均为 12%。因此，股价不受再投资率的影响。

综上所述，再投资率越高，增长率越高；但再投资率越高并不意味着市盈率越高。只有当公司提供的期望率大于市场资本化率时，高再投资率才会增加市盈率。否则，高再投资率只会损害投资者的利益，因为高投资意味着更多的钱将被投入到低收益率项目中。

【例 11-5】股票 ABC 的预期年净资产收益率为 12%，预期每股收益为 2 元，预期每股股利为 1.5 元，年市场资本化率为 10%。

(1) 其预期增长率、价格和市盈率分别为多少？

(2) 若盈余再投资率为 0.4，预期每股股利、增长率和市盈率分别为多少？

增长机会的重要性在对初创公司的估值中最为明显。例如，在 20 世纪 90 年代末网络公司繁荣发展时期，尽管许多公司仍未盈利，但市场却认为其市值高达数十亿元。例如，1998 年网络拍卖公司 eBay 的盈利为 240 万元，远远低于传统拍卖公司 Sotheby 高达 4500 万元的盈利，但 eBay 的市值却高出 Sotheby 10 倍之多，分别为 220 亿元和 19 亿元。

当然，若对公司的估值主要取决于其增长机会，那么对公司前景的重新估计就会对估值产生影响。20 世纪 90 年代末，当市场对大多数网络零售公司的商业前景产生怀疑时，也就是说市场对其增长机会的预期下降时，这些公司的股价急剧下降。

随着对公司发展前景预期的改变，股价也会巨幅波动，增长前景难以被控制，但从本质上说，正是这些增长前景使经济中富有活力的公司的价值不断上升。

二、市盈率与股票风险

所有的股票估值模型都包含一个重要含义：(其他条件相同) 股票的风险越高，市盈率就越低。从固定增长的贴现模型可以清楚地看到这一点：

$$\frac{P}{E}=\frac{1-b}{k-g} \tag{11-17}$$

公司风险越高，必要收益率就越高，即 k 越大，因此，市盈率会越低。即使不考虑固定增长的股利贴现模型也是正确的。对于任何期望收益和股利流，当人们认为风险越大时，其现值就越小，因此股价和市盈率也越低。

当然，你会发现许多刚起步的、高风险的小型公司都有很高的市盈率，但这与市盈率随着风险下降的说法并不矛盾，相反，这正说明市场预期这些公司会有高增长率。这就是为什么我们强调在其他条件相同时，风险越高，市盈率越低。若对增长率的预期不变，对风险预期越高，市盈率才越低。

为了得到准确的市盈率值，在运用市盈率方法估计股价时要注意以下几个方面：

(1) 由于市盈率的分母是会计收益，因此，它在某种程度上会受会计准则的影响。例如，在折旧与存货估价中要用历史成本。在高通货膨胀时期，用历史成本计算的折旧与存货的价值常常会被低估，因为它们的重置成本已随一般物价水平上升。因此，收益减折旧时会减得比较少，因而净收益会虚高，计算出的市盈率会偏低。

（2）市盈率水平与经济周期密切相关。由于公司财务报表中的盈利是根据通用会计准则计算出的，与公司的实际盈利并不一致。从理论上看，市盈率概念隐含地假设了盈利以固定速度上升，但是，公司财务报表中的盈利却随经济周期的进程经常有剧烈的波动。因此，在运用市盈率进行股价分析时，一定要认真考虑公司的长期增长前景，否则，就很难说市盈率是太高还是太低了。

（3）不同行业的市盈率会有很大的差别。

三、其他的比较估值比率

市盈率是一种比较估值比率，这种比率以一种基本指标（如盈利）为基础来比较公司之间的价值。例如，分析师可以比较同一行业中两家公司的市盈率来测试市场是否认为其中一家公司“更具有进取精神”。此外，还经常用到一些其他的比较估值比率。

1. 市净率

此比率使用每股价格除以每股账面价值。正如我们在前文介绍的一样，一些分析师认为账面价值可以有效衡量市场价值，因此把市净率（或股价账面价值比率）当作衡量公司进取性的指标。

2. 股价现金流比率

损益表中的利润会受不同会计方法的影响，因此不精确，甚至可以人为操纵。而现金流记录的是实际流入和流出企业的现金，受会计决策的影响较小。因此与市盈率相比，一些分析师更倾向于用股价现金重比率。在计算此比率时，有些分析师喜欢用经营现金流，还有些分析师喜欢用自由现金流，即扣除新增投资的经营现金流。

3. 股价销售额比率

许多刚起步的公司都没有盈利，因此市盈率对这些公司而言没有意义。近来股价销售额比率（股价与每股年销售额的比率）成为衡量这些公司的一个常用指标。当然，不同行业间的股价销售额比率会大不相同，因为不同行业的利润率相差很大。

4. 创造力

有时标准的估值比率是无法获得的，我们必须自己设计。20 世纪 90 年代，一些分析师根据网站点击次数对网络零售公司进行估值，最后，他们开始用“股价点击比率”来对这些公司估值。在新的投资环境中，分析师使用可获得的信息来设计最好的估值工具。

第八节　PEG 指标

一、PEG 指标的含义

PEG 指标即市盈率相对盈利增长比率，是由上市公司的市盈率除以盈利增长速度得到的数值。该指标既可以通过市盈率考察公司目前的财务状况，又通过盈利增长速度考察未来一段时期内公司的增长预期，因此是一个比较完美的选股参考指标。

该指标最先由英国投资大师史莱特提出，后来由美国投资大师彼得·林奇发扬光大。史莱特被称为 PEG 选股法的创始者，同时名列 18 位投资大师排行榜中。PEG 指标最先在英国证券市场上使用，但是英国证券市场的影响力较小，所以该指标提出后，并未在世界引起较大的反响。1992 年，史莱特通过自己的著作《祖鲁原则》，将市盈率相对盈利增长比率这一投资和选股方法推广到了美国。此后，在美国著名投资大师彼得·林奇的努力下，终于使这一投资理念深入人心。后来，更多的人将 PEG 方法的功绩归功于彼得·林奇。

所谓 PEG，是用公司的市盈率（PE）除以公司未来 3 年或 5 年的每股收益复合增长率。比如一只股票当前的市盈率为 20 倍，其未来 5 年的预期每股收益复合增长率为 20%，那么这只股票的 PEG 就是 1。当 PEG 等于 1 时，表明市场赋予这只股票的估值可以充分反映其未来业绩的成长性。

如果 PEG 大于 1，则这只股票的价值就可能被高估，或市场认为这家公司的业绩成长性会高于市场的预期。

通常，那些成长型股票的 PEG 都会高于 1，甚至在 2 以上，投资者愿意给予其高估值，表明这家公司未来很有可能会保持业绩的快速增长，这样的股票就容易有超出想象的市盈率估值。

当 PEG 小于 1 时，要么是市场低估了这只股票的价值，要么是市场认为其业绩成长性可能比预期的要差。通常价值型股票的 PEG 都会低于 1，以反映低业绩增长的预期。投资者需要注意的是，像其他财务指标一样，PEG 也不能单独使用，必须要和其他指标结合起来，这里最关键的还是对公司业绩的预期。

由于 PEG 需要对未来至少 3 年的业绩增长情况做出判断，而不能只用未来 12 个月的盈利预测，因此大大提高了准确判断的难度。事实上，只有当投资者有把握对未来 3 年以上的业绩表现做出比较准确的预测时，PEG 的使用效果才会体现出来，否则会起误导作用。此外，投资者不能仅看公司自身的 PEG 来确认它是高估还是低估，如果某公司股票的 PEG 为 12，而其他成长性类似的同行业公司股票的 PEG 都在 15 以上，则该公司的 PEG 虽然已经高于 1，但价值仍可能被低估。

二、PEG 指标的计算

PEG 的中文名称为市盈率相对盈利增长比率，该指标的计算公式为：

PEG＝市盈率÷盈利增长比率

假设某只股票的市盈率为 30，通过计算和预测，得到企业盈利增长率为 15%，则该股票的 PEG 为 30÷15＝2，如果盈利增长率为 30%，则 PEG 为 30÷30＝1，如果盈利增长率为 60%，则 PEG 为 30÷60＝0. 5。显然，PEG 值越低，说明该股的市盈率越低，或者盈利增长率越高，从而越具有投资价值。

三、PEG 指标的应用

用 PEG 指标选股的好处就是将市盈率和公司业绩成长性对比起来看，其中的关键是要对公司的业绩做出准确的预期。

投资者普遍习惯于使用市盈率来评估股票的价值，但是，当遇到一些极端情况时，市盈率的可操作性就有局限，比如市场上有许多远高于股市平均市盈率水平，甚至高达上百倍市盈率的股票，此时就无法用市盈率来评估这类股票的价值。

但如果将市盈率和公司业绩成长性相对比，那些超高市盈率的股票看上去就有合理性了，投资者就不会觉得风险太大了，这就是 PEG 估值法。PEG 虽然不像市盈率和市净率使用得那样普及，但也是非常重要的，在某些情况下还是决定股价变动的决定性因素。

PEG 指标弥补了静态市盈率指标在判断股票投资价值时的缺陷，不但考虑了本会计报告期的财务状况，同时也考虑了过去几年企业盈利的增长情况，以及未来几年企业的发展机遇。PEG 指标同时也弥补了动态市盈率指标的不足之处。相对于动态市盈率对盈利增长率的计算，PEG 指标的计算过程显得更为合理和科学。PEG 指标虽然同样带有一定的人为预测因素，但 PEG 指标在计算过程中，对盈利增长率的预测是建立在对企业本身近距离的研究和观察之上的，因此更为准确。

此外，PEG 指标还解决了静态市盈率和动态市盈率共同面临的一个问题，那就是对于价值评估标准的选择，这也是 PEG 指标选股法最大的优势所在。传统的市盈率选股法，是将个股市盈率与行业平均市盈率或者市场平均市盈率做比较，选出具有相对较低市盈率的个股进行投资。由于市场平均市盈率受宏观经济波动影响较大，容易产生脱离价值轨道的现象，导致作为价值评估标准的市场平均市盈率，本身并不具备可比性。

PEG 指标成功解决了这一问题，因为 PEG 选股法并不将市场平均水平作为价值评估的标准，而是将该标准定为数字 1。PEG 值低于 1 时，说明该股票价值被低估，值得投资者进行投资；当 PEG 值超过 1 时，说明该股票价值被高估，已经持有该股的投资者，应该卖出该股票，买入其他 PEG 值低于 1 的股票。彼得·林奇曾经指出，最理想的投资对象的 PEG 值应该低于 0.5。

第九节　自由现金流的估值方法

可以代替股利贴现模型对公司进行估值的另一种模型是自由现金流模型，自由现金流是指扣除资本性支出后可以由公司或股东支配的现金流。这种方法特别适用于那些不派发股利的公司，因为无法使用股利贴现模型对这些公司估值。但是，自由现金流模型适用于任何公司，并且可以提供一些股利贴现模型无法提供的有用信息。

一种方法是用加权平均资本成本对公司自由现金流（Free Cash Flow for the Firm，FCFF）进行贴现来估计公司价值，然后扣除已有的债务价值来得到权益价值。另一种方法是直接用权益资本成本对股东自由现金流（Free Cash to the Equity Holders，FCFE）贴现来估计权益的市场价值。

公司自由现金流是公司经营活动产生的税后现金流扣除资本投资和净营运资本后的净现金流，既包括支付给债权人的现金流，也包括支付给股东的现金流，其计算公式如下：

$$FCFF = EBIT(1-t_c) + \text{折旧} - \text{资本化支出} - NWC\text{ 的增加} \tag{11-18}$$

其中，EBIT 为息税前利润；t_c为公司税率；NWC 为净运营资本。

另一种方法是使用股东自由现金流来估算公司价值。股东自由现金流与公司自由现金流的不同之处在于它算涉及税后利息费用以及新发行或重购债务的现金流（即偿还本金的现金流出减去发行新债获得的现金流入）。

$$FCFE = FCF - \text{利息费用} \times (1-t_c) + \text{净负债的增加} \tag{11-19}$$

公司自由现金流贴现模型是把每一年的现金流进行贴现，然后与估计的最终价值 V_T的贴现值相加。式（11-19）中，我们用固定增长模型来估计最终价值，贴现率为加权平均资本成本。

$$公司价值=\sum_{t=1}^{n}\frac{FCFF_t}{(1+WACC)^t}+\frac{V_T}{(1+WACC)^T},\ 其中,V_T=\frac{FCFF_{T+1}}{WACC-g} \quad (11-20)$$

要得到权益价值，可用推导出来的公司价值减去现有负债的市场价值。

另外，可以用权益资本成本 k_E 对股东自由现金流进行贴现：

$$权益价值=\sum_{t=1}^{T}\frac{FCFE_t}{(1+K_E)^t}+\frac{V_T}{(1+K_E)^T},\ 其中,V_T=\frac{FCFE_{T+1}}{k_E-g} \quad (11-21)$$

与股利贴现模型一样，自由现金流模型也用一个最终价值来避免把无限期的现金流贴现并相加。最终价值可能是固定增长永续现金流的现值，如式（11-21）所示，也可能是 EBIT、账面价值、利润或自由现金流的某一倍数。一般情况下，内在价值的估计都得依靠最终价值得到。

关键术语

异常收益　系统风险　非系统风险　市盈率效应　优先股　公开发行　纯收益曲线　单因素模型　现金流量表　利息保障倍数　发行方式　股票投资　内在价值　市场价格　比较估值　现值模型　股利贴现模型　戈登增长模型　增长机会　股票风险　自由现金流

本章思考题

1. 在什么情形下你会选择股利贴现模型而非现金流模型对公司进行估值？

2. 一家上市公司目前支付了每股 10 元的股利，而且预期无限期内将以 5%的增长率增长。假定股票当前的市场价值为每股 40 元，请根据固定增长的股利贴现模型计算的投资必要收益率是多少？

3. 假定宏利公司目前不派发任何现金股利，且预期未来 5 年内都不会派发现金股利，其最近的每股收益为 10 元，全部用于再投资。预期未来 5 年的每年 ROE 为 20%，且在这 5 年内的全部盈利也将用于再投资，从第 6 年开始，预期公司的 ROE 将下降到 15%，公司把盈利的 40%作为股利发放，而且这种状态将一直持续下去，宏利公司的市场资本化率为 15%。

（1）请估计宏利公司股票的每股内在价值是多少？

（2）假设当期的股价等于其内在价值，预期明年的股价应该如何变化？后年的股价又将如何变化？

（3）如果从第 6 年开始，宏利公司的股利支付率仅为 20%，估计宏利公司股票的内在价值将如何变化？

4. 发达公司去年经营活动产生的息税前现金流为200万元，预期今后将以5%的增长率持续下去。为了实现这一目标，公司每年必须将税前现金流的20%用于投资，公司税率为35%。去年的折旧为20万元，并预期将与经营现金流保持相同的增长率。无杠杆现金流的合理资本化率为12%，公司目前的负债为400万元，请使用自由现金流模型估计公司的权益价值。

第十二章 宏观经济分析与行业分析

【学习目标】

了解年全球经济和国内宏观经济对公司发展的重要性；了解政府的需求政策和供给政策；掌握各种经济指标；掌握决定经济周期敏感性的因素。

第一节 全球经济

全球经济情况可能会影响公司的发展前景，比如会影响公司的出口量和产品价格，会影响公司的对外投资等。

全球经济中影响公司发展前景的最重要的因素是汇率，即一种货币兑换另一种货币的比率。

影响汇率变动的因素：

国际收支。如果一国国际收支为顺差，则该国货币汇率上升；如果为逆差，则该国货币汇率下降。

通货膨胀。如果通货膨胀率高，则该国货币汇率低。

利率。如果一国利率提高，则汇率高。

经济增长率。如果一国为高经济增长率，则该国货币汇率高。

财政赤字。如果一国的财政预算出现巨额赤字，则其货币汇率将下降。

外汇储备。如果一国外汇储备高，则该国货币汇率将升高。

投资者的心理预期。投资者的心理预期在目前的国际金融市场上表现得尤为突出。汇兑心理学认为外汇汇率是外汇供求双方对货币主观心理评价的集中体现。评价高，信心强，则货币升值。这一理论在解释无数短线或极短线的汇率波动上起到了至关重要的作用。

各国汇率政策的影响。

通过分析影响汇率变动的因素，我们可以预测汇率变动的趋势。下面我们来看看汇率变动是如何影响经济并最终影响股票的投资价值的。

汇率对经济的影响：

汇率对进出口的影响：汇率下降，能起到促进出口、抑制进口的作用。

汇率对物价的影响：汇率下降会引起国内价格总水平的提高；汇率提高起到抑制通货膨胀的作用。

汇率对资本流动的影响：汇率对长期资本流动影响较小。从短期来看，汇率贬值；资本流出；汇率升值，有利于资本流入。

汇率通过影响进出口、物价及资本量来影响公司的成本、销售额及股票的需求量。

第二节　国内宏观经济

分析宏观经济的意义：

1. 把握证券市场的总体变动趋势

在证券投资领域中，宏观经济分析非常重要，只有把握住经济发展的大方向，才能把握证券市场的总体变动趋势，做出正确的长期决策；只有密切关注宏观经济因素的变化，尤其是货币政策和财政政策因素的变化，才能抓住证券投资的市场时机。

2. 判断整个证券市场的投资价值

证券市场的投资价值与国民经济整体素质、结构变动息息相关。这里的证券市场的投资价值是指整个市场的平均投资价值。从一定意义上说，整个证券市场的投资价值就是整个国民经济增长质量与速度的反映，因为不同部门、不同行业与成千上万的不同企业相互影响、互相制约，共同影响国民经济发展的速度和质量。宏观经济是各个体经济的总和，因而企业的投资价值必然在宏观经济的总体中综合反映出来，所以，宏观经济分析是判断整个证券市场投资价值的关键。

3. 掌握宏观经济政策对证券市场的影响力度与方向

证券市场与国家宏观经济政策息息相关。在市场经济条件下，国家通过财政政策和货币政策来调节经济，或挤出泡沫，或促进经济增长，这些政策直接作用于企业，从而影响经济增长速度和企业效益，并进一步对证券市场产生影响。因此，证券投资必须认真分析宏观经济政策，掌握其对证券市场的影响力度与方向，以准确把握整个证券市场的运动趋势和各个证券品种的投资价值变动方向。这无论是对投资者、投资对象，还是对证券业本身乃至整个国民经济的快速健康发展都具有重要的意义。

下面我们将介绍一些常见的描述宏观经济的经济统计量及其对股票价格的影响。

一、国内生产总值（Gross Domestic Product，GDP）

国内生产总值（GDP）是指在一定时期内（一个季度或一年），一个国家或地区的经济中所生产出的全部最终产品和劳务的价值，常被公认为衡量国家经济状况的最佳指标。

国内生产总值（GDP）是国内宏观经济核算体系中一个重要的综合性统计指标。它反映一国（或地区）的经济实力和市场规模。一个国家或地区的经济究竟处于增长抑或衰退阶段，从这个数字的变化便可以观察到。一般而言，当 GDP 的增长数字处于正数时，即显示该地区经济处于扩张阶段；反之，如果处于负数，即表示该地区的经济进入衰退时期了。

值得提出的是，衡量国内生产总值的增长不能用名义增长率，要用剔除通胀率的实际增长率。当实际增长率是负的，表明经济状况恶化，股市会有中长期的向下趋势；当实际增长率由负转为正时，表明经济出现好转信号，股市会上涨。如图 12-1 所示，随着我国 GDP 的稳步上升，上证指数整体上也是呈上升趋势。

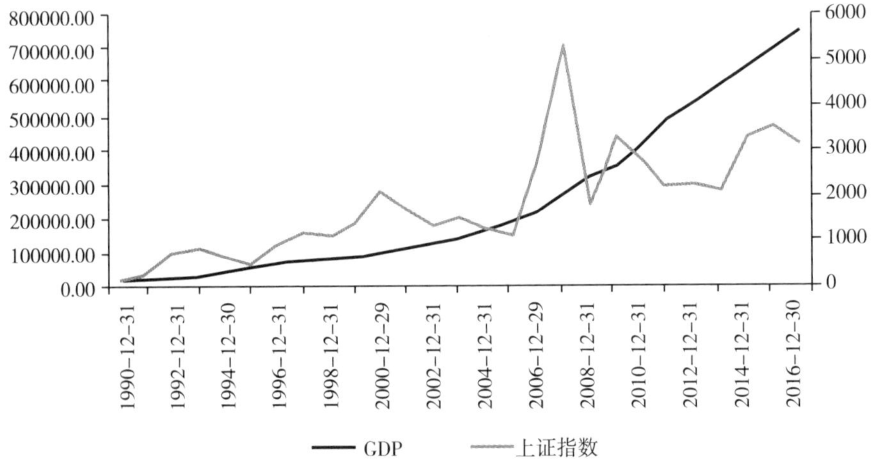

图 12-1 GDP 和上证指数

二、就业与失业率（Unemployment Rate）

失业率是指正在寻找工作的劳动人口占总劳动人口（就业人口和有工作意愿而

仍未有工作的劳动人口）的比率。失业数据的月份变动可适当反映经济发展。失业率与经济增长率具有反向的对应变动关系。失业率被视为落后指标。

失业率过高会导致居民收入下降，企业生产降低，企业有效需求和有效供给下降，经济不景气，股市会下跌。

相反，失业率下降表明经济转好，企业的有效需求和供给都会上升，企业利润提高，股票价格会上升。

三、通货膨胀率（Inflation Rate）

通货膨胀率是指物价的普遍上涨。经济学上，通货膨胀率为：物价平均水平的上升速度（以通货膨胀为准）。在实际中，一般不直接、也不可能计算通货膨胀，而是通过价格指数的增长率来间接表示。由于消费者价格是反映商品经过流通各环节形成的最终价格，它最全面地反映了商品流通对货币的需要量。因此，消费者价格指数是最能充分、全面反映通货膨胀率的价格指数。世界各国基本上均用消费者价格指数（我国称居民消费价格指数），也即 CPI 来反映通货膨胀的程度。

通货膨胀的影响主要有：引起收入和财富的再分配，扭曲商品相对价格，降低资源配置效率，促发泡沫经济乃至损害一国的经济基础和政权基础。

通胀对股市的影响归纳起来就是，通胀初期，对股市有积极影响，股价会在一段时间上升，持续通胀开始对股市产生负面影响，当通胀延续并进一步恶化时股价就会大幅度下跌。

四、利率

利率表示一定时期内利息量与本金的比率，通常用百分比表示。利率通常由国家的中央银行控制，利率是国家宏观经济调控的重要工具之一。当经济过热、通货膨胀上升时，便提高利率、收紧信贷；当过热的经济和通货膨胀得到控制时，便会把利率适当地调低。

利率对股市的影响比较直接，利率下跌一方面会使企业资金成本下降，提高公司利润，进而有利于公司股票价格上升，另一方面会降低银行对资金的吸引力，会使资金分流到股市，促进股票价格上涨。

五、预算赤字

预算赤字是指政府支出与收入的差额。一国之所以会出现预算赤字，有许多原因。有的是为了刺激经济发展而降低税率或增加政府支出，有的则因为政府管理不当，引起大量的逃税或过分浪费。当一个国家要降低预算赤字可以减少政府支出、发行货币和发行国债等。

由于预算赤字对经济的影响是不确定的，因此预算赤字对股市的影响要具体问题具体分析。

六、心理预期

心理预期强调未来的不确定性对于人们的经济行为的影响作用。对未来预期乐观，经济繁荣；对未来预期悲观，经济萧条。

第三节 需求波动与供给波动

需求波动是指影响经济中产品和服务需求的事件。正向的需求波动有税率降低、货币供给增加、政府支出增加和出口需求增加。

供给波动是指影响产能和成本的事件。比如，原材料的变化和劳动力成本的变化等。

第四节 政府的经济政策

政府的经济政策按照需求波动与供给波动可分为需求方政策和供给方政策。需求方政策包括财政政策和货币政策。

一、财政政策

财政政策是指为促进就业水平提高，减轻经济波动，防止通货膨胀，实现稳定增长而对政府财政支出、税收和借债水平所进行的选择，或对政府财政收入和支出水平所作的决策。或者说，财政政策是指政府变动税收和支出以便影响总需求进而影响就业和国民收入的政策。它是国家干预经济的主要政策之一。

政府支出有两种形式：

1. 税收

它通过两种途径影响整体经济。首先，税收影响人们的收入。此外，税收还能影响物品和生产要素，因而也能影响激励机制和行为方式。

2. 政府购买

指的是政府在物品和劳务上的花费，比如购买政府办公用品、修建道路、支付政府人员的薪水等，其次是政府转移支付，以提高某些群体（如老人或失业者）的收入。

二、货币政策

指中央银行为实现其特定的经济目标而采用的各种控制和调节货币供应量或信用量的方针和措施的总称，包括信贷政策、利率政策和外汇政策。根据对总产出的影响方面，可把货币政策分为两类：扩张性货币政策（积极货币政策）和紧缩性货币政策（稳健货币政策）。在经济萧条时，中央银行采取措施降低利率，由此引起货币供给增加，刺激投资和净出口，增加总需求，称为扩张性货币政策。反之，经济过热、通货膨胀率太高时，中央银行采取一系列措施减少货币供给，以提高利率、抑制投资和消费，使总产出减少或放慢增长速度，使物价水平控制在合理水平，称为紧缩性货币政策。

货币政策的最终目标，一般有四个：稳定物价、充分就业、促进经济增长和平衡国际收支等。但需要指出的是，我国的货币政策目标仅仅有保持货币币值稳定和促进经济增长。《中国人民银行法》第3条规定，中国人民银行的“货币政策目标是保持货币币值稳定，并以此促进经济增长”。

三、供给方政策

供给方政策旨在提高经济生产能力，创造一个良好环境，使工人和资本所有者具有最大的动机和能力去生产和开发产品。大部分供给方政策主张通过减少政府干预以增进自由市场效率。

供给方政策的优点：

1. 降低通货膨胀

AS曲线右移将导致更低的价格水平。供给方政策通过使经济的生产更有效率，将会降低抑制通货膨胀的成本。

2. 降低失业率

供给方政策将有助于降低结构性失业、摩擦性失业及真实工资失业。这样有助于降低失业率的自然水平。

3. 经济增长

通过使 AS 曲线右移，供给方政策将增加经济增长的自然率水平。

4. 有助于贸易及国际收支平衡

通过使厂商生产效率更高，更有竞争力，他们将出口更多。

第五节 经济周期

尽管政府的经济政策在减轻经济波动方面付出了一些努力，但经济仍不断波动。下面我们来分析经济波动的规律。

一、经济周期

经济周期一般是指经济活动沿着经济发展的总体趋势所经历的有规律的扩张和收缩。是国民总产出、总收入和总就业的波动，是国民收入或总体经济活动扩张与紧缩的交替或周期性波动变化。周期循环并非简单地重复，运行规律也不是一成不变，不能简单地套用历史经验进行对周期拐点的判断，而应根据经验具体情况具体分析。

经济周期分为繁荣、衰退、萧条和复苏四个阶段，表现在图形上叫衰退、谷底、扩张和顶峰更为形象，也是现在普遍使用的名称。

根据与经济波动相关性强弱可将行业分为周期性行业（Cyclical Industry）和防御性行业。周期性行业是指和国内或国际经济波动相关性较强的行业，其中典型的周期性行业包括大宗原材料（如钢铁、煤炭等）、工程机械、船舶等。防御性行业（Defensive Industry）与周期性行业刚好相反。这种类型产业的运动状态并不受经济周期的影响。也就是说，不论宏观经济处在经济周期的哪个阶段，产业的销售收入和利润均呈缓慢增长态势或变化不大。例如，食品业和公用事业就属于防御性行业。

简单来说，提供生活必需品的行业就是非周期性行业，提供生活非必需品的行业就是周期性行业。

二、经济指标

由于经济波动具有周期性，那么经济波动是可以预测的。下面就来介绍用来预测、度量和解释经济波动的十种先行指标、四种同步指标和七种滞后指标。

先行指标是在其他经济变化之前就开始波动的指标。由十个分指数组成，七个是非金融方面的，三个是金融方面的。

1. 非金融类指标

（1）制造业平均每周工作时数：来自就业形势报告。时数的持续增多或减少经常成为企业将要雇用或者解雇工人的提示信号。

（2）平均每周首次失业救济申请人数：是从事业救济申请报告中得到的。失业救济首次申请数量在经济状况恶化时攀升，在经济走强时下降。

（3）制造业消费品和原材料新增订货量：来自工厂订货量报告。这一经过通货膨胀调整的系列指标是对制造商关于目前存货水平合意程度的度量，从侧面反映了未来的消费需求。

（4）供应商表现或交货期指数：来自供应商管理协会的制造业调查。如果想客户交付产品的时间延长，意味着订单涌来得太快，以至于产生了“瓶颈”，因为产品不能以同样快的速度出货。从另一个方面来看，更快的交货与经济减速联系密切。当订货量下降时，生产不会太紧张，订货和交换之间的周转时间缩短了。

（5）制造业非国防资本品新增订单量：来自工厂订货报告。企业如果怀疑经济下滑正在显现，那就不太可能把钱花在资本设备和物品上。

（6）私人住房建造许可证：来自住房开工报告。

（7）密歇根大学消费者预期指数：对未来经济状况和家庭收入预期的变化可以改变消费者的支持行为。

2. 金融指标

（1）基于标准普尔500股票指数的股票价格：标准普尔股票指数的升降是投资者判断经济未来走向的“晴雨表”。

（2）实际M2货币供应量：当M2的增长跟不上通货膨胀时，就是银行信贷量下降、经济将要走弱的信号。

（3）10年期国库券和联邦基金利率之间的利差：如果利差扩大，以至于长期利差实质上高于短期利差，就是经济处于增长通道的信号。如果两种利差到期利率之间没有什么差别或者呈负相关，那就是经济将有麻烦的信号。

同步指标是指其达到高峰或低谷的时间与总体经济出现高峰或低谷的时间大致相同的指标。同步指标可描述总体经济的运行轨迹，确定总体经济运行的高峰或低谷位置。它是分析现实经济运行态势的重要指标。同步指标的变动时间与一般经济情况基本一致，可以显示经济发展的总趋势，并确定或否定先行指标预示的经济发展趋势。主要的经济同步指标有：国内生产总值、工业总产值、社会消费品零售总额等。

滞后指标是指其高峰或低谷出现的时间晚于总体经济出现高峰或低谷的时间的指标。它有助于分析前一经济循环是否已结束，下一循环将会如何变化。滞后指标一般有：财政收入、工业企业实现利税总额、城市居民人均可支配收入等。

第六节　行业分析

投资者进行宏观分析的目的是预测未来经济前景，然后决定是否进行股票投资。如果对未来经济前景看好，那么接下来就应该进行行业分析。因为在同一经济环境下不同的行业之间的经营业绩是不一样的。当然，如果我们只进行企业分析，虽然我们可以知道某个企业的经营和财务状况，但不能知道其他同类企业的状况，无法通过比较知道企业在同行业中的位置。而这在充满着高度竞争的现代经济中是非常重要的。行业分析是上市公司分析的前提，是连接宏观经济分析和上市公司分析的桥梁。行业分析的目的是挖掘最具投资潜力的行业，进而选出最具投资价值的上市公司。

由此可见，只有进行行业分析，我们才能更加明确地知道某个行业的发展状况，以及它所处的行业生命周期的位置，并据此做出正确的投资决策。

一、行业的分类

行业一般是指生产或提供相同或类似产品或服务的一个企业群体。为了经济统计的需要，各国都按照一定的标准对行业进行分类，这些标准包括劳动对象的同类性、劳动资料功能的相同性、劳动过程运用技术的一致性和劳动成果的相似性。

我国目前对行业分类有多种方法，如国家统计局在 1985 年公布的三大产业分类、1994 年发布的国家标准行业分类和 2002 年公布的新国民经济行业分类等。这些分类方法主要用于经济统计，而对证券投资者并不适用，因此有必要从证券投资的角度来对行业进行分类。

我国证券监管机构于 2001 年公布了《上市公司行业分类指引》，以营业收入为标准，将上市公司分为 13 类：农、林、牧、渔业，采掘业，制造业，电力、煤气及水的生产和供应业，建筑业，交通运输、仓储业，信息技术业，批发和零售贸易，金融、保险业，房地产业，社会服务业，传播与文化产业，综合类。

为了使用方便，现实经济活动中还存在其他一些行业分类。例如，根据行业未来的发展前景，可将行业分为朝阳行业和夕阳行业；根据行业所采用技术的先进程度，可将行业分为新兴行业和传统行业；根据行业的要素集约度，可将行业分为资本密集型、技术密集型和劳动密集型行业。

二、行业对经济周期的敏感性

我们通过宏观经济分析预测出宏观经济状态之后，就要分析宏观经济状态对行业的影响。因为不同行业对经济周期敏感性是不一样的。

1. 决定经济周期敏感性的三个因素

（1）产品销售额的敏感性。必需品对经济周期的敏感性较低。非必需品如钢铁、汽车、船舶和运输对经济周期的敏感性较高。

（2）经营杠杆，反映销售和息税前盈利的杠杆关系。指在企业生产经营中由于存在固定成本而使利润变动率大于产销量变动率的规律。固定成本高的公司经营杠杆高，经济形势的任何轻微变动都会对其盈利能力产生巨大影响。

（3）财务杠杆，是负债情况的反映。债务的利息支付情况与销售额无关，所以可将其视为能够提高对经济周期敏感性的固定成本。

2. 按照不同行业对经济周期的敏感性不同，可以将行业分为以下三类

（1）增长型行业，这类行业的运动形态与经济活动总水平的周期及其振幅无关。这些行业收入增长的速率相对于经济周期的变动来说，并未出现同步影响，因为它们主要依靠技术的进步、新产品推出更优质的服务，从而使其经常呈现出增长形态。选择这类行业进行投资，既可以享受行业快速增长的利益，又可以规避经济周期波动的风险，因此备受投资者青睐。近些年来的计算机及复印机等行业就属于增长型行业。

（2）周期型行业，是指和国内或国际经济波动相关性较强的行业，其中典型的周期性行业包括大宗原材料（如钢铁、煤炭等）、工程机械、船舶等。周期性行业的特征就是产品价格呈周期性波动的，产品的市场价格是企业赢利的基础。简单来说，提供生活必需品的行业就是非周期性行业，提供生活非必需品的行业就是周期性行业。

（3）防御型行业，与周期型行业刚好相反，这种类型行业的运动状态受经济周期的影响较小或者说不受影响。也就是说，不论宏观经济处在经济周期的哪个阶段，产业的销售收入和利润均呈缓慢增长态势或变化不大。例如，食品业和公用事业就属于防御型产业。

了解行业对经济周期的敏感性，投资者可以顺应经济环境选择最佳的行业进行投资。当经济处于繁荣阶段时，选择周期型行业进行投资，当经济处于衰退阶段时，选择防御型行业进行投资。

三、行业的生命周期

行业的生命周期指行业从出现到完全退出社会经济活动所经历的时间。行业的生命发展周期主要包括四个发展阶段：创业阶段、成长阶段、成熟阶段、衰退阶段。下面就对每一阶段进行详细阐述。

1. 创业阶段

这一时期的产品设计尚未成熟，行业利润率较低，市场增长率较高，需求增长较快，技术变动较大，行业中的用户主要致力于开辟新用户、占领市场，但此时技术上有很大的不确定性，在产品、市场、服务等策略上有很大的余地，对行业特点、行业竞争状况、用户特点等方面的信息掌握不多，企业进入壁垒较低。

2. 成长阶段

这一时期的市场增长率很高，需求高速增长，技术渐趋定型，行业特点、行业竞争状况及用户特点已比较明朗，企业进入壁垒提高，产品品种及竞争者数量增多。

3. 成熟阶段

这一时期的市场增长率不高，需求增长率不高，技术上已经成熟，行业特点、行业竞争状况及用户特点非常清楚和稳定，买方市场形成，行业盈利能力下降，新产品和产品的新用途开发更为困难，行业进入壁垒很高。

4. 衰退阶段

这一时期的行业生产能力会出现过剩现象，技术被模仿后出现的替代产品充斥市场，市场增长率严重下降，需求下降，产品品种及竞争者数目减少。

从衰退的原因来看，可能有四种类型的衰退，它们分别是：

（1）资源型衰退，即由于生产所依赖的资源的枯竭所导致的衰退。

（2）效率型衰退，即由于效率低下的比较劣势而引起的行业衰退。

（3）收入低弹性衰退，即因需求—收入弹性较低而衰退的行业。

（4）聚集过度性衰退，即因经济过度聚集的弊端所引起的行业衰退。

四、影响行业发展的主要因素

在现实生活中，行业的实际生命周期由于受政府政策、技术进步及社会习惯的改变等诸多因素的影响而变得复杂得多。

1. 政府政策

政府主要通过行业政策和管制政策来影响行业的经营范围、增长速度和价格政策等方面进而来影响行业的发展。受影响的行业主要有公共事业如供水、煤气和电力等。

2. 技术进步

技术进步对行业发展的影响是巨大的，它不仅使新产品的推出成为可能，而且能提高行业的生产效率，从而促进行业快速成长。在这个科学技术日新月异的时代，投资者应充分了解各行业技术发展的状况和趋势。

3. 社会习惯的改变

随着社会的进步，人们的生活水平和教育程度都得到了提高，人们的消费心理和消费习惯逐渐改变，从而引起了对某些商品的需求的变化，进而影响行业的发展。

关键术语

宏观经济分析　国内生产总值　通货膨胀率　预算赤字　经济政策　经济周期　经济指标　行业分析

本章思考题

1. 汇率对一国的经济有哪些影响?
2. 经济急剧衰退时，应采取怎样的货币政策和财政政策?
3. 在供给方经济学家看来，所得税税率降低将会对产品价格产生什么样的长期影响?
4. 货币政策与股市涨跌之间有什么关系?
5. 公司的哪些特征会使其对经济周期更敏感?

第十三章　财务报表分析

【学习目标】

区分会计利润和经济利润；掌握盈利能力的度量方法；掌握比率分析法；理解经济增加值；了解价值投资；格雷厄姆技术。

第一节　会计收益与经济收益

前面我们已经提及，股票估值模型须要度量经济利润（Economic Earnings），经济利润指可以支付给股东的、会影响公司生产能力的可持续现金流。而会计利润（Accounting Earnings）会受一些与资产估价有关的会计方法的影响，如存货计价时是使用先进先出法还是后进先出法，还受某些支出确认方式的影响，如怎样把资本性投资确认为折旧费用。会计收益仍然是以历史成本为主要计量基础、以权责发生制为确认基础，是将一定时期内的收入与费用相配比的结果。会计收益从财务资本保全观念出发，强调已实现收入与相关历史成本的配比，体现的是“收入费用观”。经济收益以资本保全为基础，是剔除追加投资和利润分配等企业与投资人交易之后，净资产的增加额。

本章稍后将详细讨论与这些会计方法有关的问题。除了这些会计问题，在不同的经济周期，公司利润会沿趋势线上下波动，这或许更准确地反映了可持续的经济利润，这为解释净收益增加了难度。一个人要知道会计利润与经济利润的接近程度，投资者在对公司估值时会意识到会计数据的重要作用。事实上，公司损益表中的净利润确实向人们传递了有关公司前景的重要信息。这种现象在实践中也得到了体现，当公司宣告盈利超出市场分析或投资者预期时，股价会倾于上涨。

第二节　盈利能力度量

度量盈利能力时的主要关注点是公司收益。为了便于公司间的横向比较，总收益被表示成一元投资所创的收益。所以净资产收益率（ROE）被定义为（税后）利润与权益账面价值的比率，用来衡量权益资本的盈利。类似地，资产收益率（ROA）被定义为息税前利润与总资产的比率，用来衡量全部资本的盈利能力。因此，ROE 与 ROA 是相互联系的，但是正如我们将要介绍的，两者之间的关系受公司财务政策的影响。

一、历史净资产收益率与未来净资产收益率

净资产收益率是影响公司收益增长率的两个主要因素之一。有时假设未来净资产收益率与过去值相等是有其合理性的，但是过去很高的净资产收益率并不一定意味着未来资产收益率也会很高。另外，净资产收益率下降表明公司新投资的净资产收益率低于以往投资的净资产收益。对证券分析师来说至关重要的一点是不要把历史价值作为对未来价值的预测，近期数据或许提供了与未来业绩的信息，但分析师应一直关注未来，对未来股息和收益的预测决定了公司股票的内在价值。

二、财务杠杆与净资产收益率

所有分析师在解释公司净资产收益率的过去表现或预测其未来值时，都必须注意公司债务和权益的组合业务的利息率。下面举一个例子，假设 A 公司是一家全股权融资公司，总资产为 10000 万元，其所得税率为 40%。表 13-1 列出了在经济周期的三个不同阶段，销售收入、息税前利润和净利润的表现。此外，它还包括两个最常使用的衡量盈利能力的指标，即资产收益率和净资产。

表 13-1　经济周期不同时期 A 公司的盈利能力

项目	销售收入（100 万元）	EBIT（100 万元）	ROA（%每年）	净利润（100 万元）	ROE（%每年）
坏年份	80	5	5	3	3
正常年份	100	10	10	6	6
好年份	120	15	15	9	9

B 是另一家与 A 相似的公司，但是 10000 万元的资产中有 4000 万元是债务融资，利率为 8%，因此每年的利息费用为 320 万元。表 13-2 列出了 B 与 A 的不同。

表 13-2　财务杠杆对 ROE 的影响

项目	EBIT（100 万元）	B		A	
		净利润（100 万元）	ROE（%每年）	净利润（100 万元）	ROE（%每年）
坏年份	5	3	3	1.08	1.8
正常年份	10	6	6	4.08	6.8
好年份	15	9	9	7.08	11.8

我们可以发现，在三种不同的情境中，两家公司的销售收入、EBIT 和 ROA 都是相同的，也就是说，两家公司的经营风险相同，但它们的财务风险不同。尽管两家公司在三种不同情形中的 ROA 均相同，但是 B 的 ROE 在正常年份和好年份高于 A，而在坏年份却低于 A。

因此，ROE、ROA 和杠杆之间的关系可以总结为下式：

$$ROE=(1-税率)\left[ROA+(ROA-税率)\frac{债务}{权益}\right] \tag{13-1}$$

这种关系包含着以下含义：若公司没有债务或若公司的 ROA 等于债务的利率，那么其 ROE 将等于(1-税率)×ROA。若 ROE 超过了利率，则 ROE 超过(1-税率)×ROA 的程度将高于较高的负债权益比率。

这一结果是讲得通的：若 ROA 超过借款利率，那么公司赚到的收益将超过支付给债权人的利息，剩余的收益归公司所有者或者股东所有。若 ROA 低于借款利率，那么 ROE 将会下降，下降程度取决于债务权益率。

第三节　比率分析

一、净资产率的分解

为了理解对公司净资产收益率的影响因素，尤其是它的趋势和相对于竞争对手的表现，分析师通常会把净收益率“分解”成一系列的比率。每一个组成比率都有其自身的含义，这一过程可以帮助分析师把注意力集中于业绩的相互独立的因素上来。这种对 ROE 的分解通常被称为杜邦体系（DuPont System）。对 ROE 进行分解的一种有效方法是：

$$ROE=\frac{净利润}{税前利润}\times\frac{净利润}{EBIT}\times\frac{EBIT}{销售收入}\times\frac{销售收入}{资产}\times\frac{资产}{权益} \tag{13-2}$$

表 13-3 是在三种不同经济状况下，A 和 B 两家公司所有这些比率的比较。首先看第三个因子与第四个因子及其乘积 EBIT/资产，即公司的资产收益率。

表 13-3　对 A 和 B 两家公司的比率分解分析

	ROE	(1)净利润/税前利润	(2)税前利润/EBIT	(3)EBIT/销售收入	(4)销售收入/资产	(5)资产/权益	(6)复合杠杆因子(2)×(5)
				坏年份			
A	0.030	0.6	1.000	0.0625	0.8000	1.000	1.000
B	0.018	0.6	0.360	0.0625	0.8000	1.667	0.600
				正常年份			
A	0.060	0.6	1.000	1.000	1.000	1.000	1.000
B	0.068	0.6	0.680	1.000	1.000	1.667	1.134
				好年份			
A	0.090	0.6	1.000	0.1250	1.200	1.000	1.000
B	0.118	0.6	0.787	0.1250	1.200	1.667	1.311

因子 3 通常被称为公司的利润率（Profit Margin）或销售收益率（Return On Sales，ROS），表示每 1 元销售收入的经营利润。在正常年份利润率是 0.10 或 10%；在坏年份是 0.625，或 6.25%；在好年份是 0.125 或 12.5%。

因子 4 是销售收入与总资产的比率，通常被称为总资产周转率（Total Asset Turnover，TAT），它表示公司资产的效率，代表每 1 元资产每年可以产生多少销售收入。正常年份里，两家公司的总资产周转率均为 1.0，意味着 1 元资产每年可产生 1 元销售收入；在坏年份，该比率为 0.8；在好年份，该比率为 1.2。

比较 A 和 B 两家公司我们可以发现因子 3 和因子 4 不依赖于公司的财务杠杆。在三种不同的情境下，两家公司的这两个比率均相等。

类似地，因子 1 是税后净利润与税前利润的比率，我们称为税收负担比率，两家公司的值相同。税收负担反映了政府的税收状况，也反映了公司为尽量减少税收负担而实行的政策。在本例中，它不随经济周期改变，一直为 0.6。

因子 1、因子 2 和因子 3 不受公司资本结构的影响，而因子 2 和因子 5 受此影响。因子 2 是税前利润与 EBIT 的比率。当公司不用向债权人支付利息时，税前利润会达到最大。事实上，这个比率可用另一种方式表示：

$$\frac{\text{税前利润}}{\text{EBIT}}=\frac{\text{EBIT}-\text{利息费用}}{\text{EBIT}} \tag{13-3}$$

我们也可以把因子 2 称为利息负担比率。A 公司没有财务杠杆，因此该比率达到了最大值 1。财务杠杆的水平越高，利息负担比率便越低。A 公司的该比率不随经济周期变化，一直为常数 1.0，说明完全不存在利息支付。然而对 B 公司而言，利息费用是固定的，而息税前利润却在变化，因此利息负担比率在坏年份里为 0.36，在好年份里为 0.787。

与利息负担比率紧密相关的一个比率是利息覆盖倍数（Interest Coverage Ratio），或者称为利息保障倍数（Times Interest Earned），被定义为：

$$\text{利息保障倍数}=\frac{\text{EBIT}}{\text{利息费用}} \tag{13-4}$$

高利息保障倍数说明公司破产的可能性很小，因为年收益远高于年利息支付。它被贷款者和借款者广泛用于判断公司的举债能力，是公司债评级的主要决定因素。

因子 5 是资产与权益的比率，用来度量公司的财务杠杆水平，被称为杠杆比率（leverage ratio），等于 1 加上债务权益比率。在表 14-3 中，A 公司的杠杆比率是 1，而 B 公司的是 1.667。

我们知道，只有当总资产收益率大于公司的债务利率时，财务杠杆才能帮助提高净资产收益率。这一事实是如何在表 14-3 的比率中反映出来的呢？

答案是为了测度杠杆在整个框架中的影响，分析师必须计算利息负担比率与杠杆比率的乘积（因子 2 和因子 5 列示在表 14-3 的第六列中）。因子 6 被称为复合杠杆因数，对 A 公司而言，该值在三种情境下一直为常数 0。但对 B 公司，在正常年份和好年份里，复合杠杆因数大于 1，分别为 1.134 和 1.311，说明财务杠杆对 ROE 具有促进作用；在坏年份里，该值小于 1，说明当 ROA 小于利率时，ROE 随债务的增加而下降。

这些关系可以归纳为：

$$\text{ROE}=\text{税收负担比率}\times\text{利息负担比率}\times\text{利润率}\times\text{总资产周转率}\times\text{杠杆比率} \tag{13-5}$$

因为：

$$\text{ROA}=\text{利润率}\times\text{总资产周转率} \tag{13-6}$$

且复合杠杆系数=利息负担比率×杠杆比率，我们可以把净资产收益率分解如下：

$$\text{ROE}=\text{税收负担比率}\times\text{ROA}\times\text{复合杠杆系数} \tag{13-7}$$

式（13-6）说明总资产收益率是利润率和总资产周转率的产物，其中一个比率较高通常伴随着另一比率较低。因此，只有评估同一行业内的公司时，单独比较这些比率才有意义，跨行业比较可能会产生误导。

即使处于同一行业，当公司追求不同的市场战略时，它们的利润率和市场周转率有时也会显著不同。例如在零售行业，Neiman Marcus 追求高利润率、低周转率的政策，而沃尔玛公司追求低利润率、高周转率的政策。

二、流动性比率

流动性和利息覆盖倍数在评估公司证券风险方面起着重要作用，主要用来评估公司的财务能力。流动性比率包括流动比率、速动比率和利息覆盖倍数等。

1. 流动比率（Current Ratio）

流动比率=流动资产/流动负债。这一比率用来衡量公司通过变现流动资产（即把流动资产转换为现金）来偿还流动负债的能力，它反映了公司在短期内避免破产的能力。例如，2008 年 GI 公司的流动比率是(60+30+90)/(36+87.3)= 1.46，其他年份分别为：

表 13-4 GI 公司流动比率

2008 年	2009 年	2010 年	2010 年的行业平均值
1.46	1.17	0.97	2.0

表 13-4 说明 GI 公司流动比率随时间变化的不利趋势以及落后于行业平均的不利局面。

2. 速动比率（Quick Ratio）

速动比率=（现金+有价证券+应收账款）/流动负债，这一比率也被称为酸性测验比率（acid test ratio），其分母与流动比率的分母相同，但分子只包括现金、现金等价物和应收账款。对于那些不能迅速把存货变现的公司而言，速动比率比流动比率能更好地反映公司的流动性。GI 公司的速动比率与其流动比率具有相同的趋势如表 13-5 所示：

表 13-5 GI 公司速动比率

2008 年	2009 年	2010 年	2010 年的行业平均值
0.73	0.58	0.49	1.0

与现金和有价证券相比，公司应收账款的流动性相对较差，因此，除速动比率外，分析师还会计算公司的现金比率（Cash Ratio），定义如下：

$$现金比率=(现金+有价证券)/流动负债 \tag{13-8}$$

GI 公司的现金比率如表 13-6 所示：

表 13-6　GI 公司现金比率

2008 年	2009 年	2010 年	2010 年的行业平均值
0.487	0.389	0.324	0.70

GI 公司的流动性比率连续三年大幅下降，到 2010 年为止显著低于行业平均值。流动比率和利息覆盖倍数（利息保障倍数也在下降）的共同下降说明公司的信用等级在下滑，毫无疑问，GI 公司在 2010 年具有较高的信用风险。

三、市净率：增长与价值

市场价值与账面价值比率也称市净率（market-book-value ratio，P/B），等于公司普通股的每股市价除以价值，即每股股东权益。一些分析师认为公司股票的市净率越低，则投资风险越小，他们把账面价值看作支撑价格的“底线”。这些分析师假定市场价格不可能降至账面价值以下，因为公司总是可以选择按账面价值来出售其资产。然而，这种观点是有问题的。事实上，一些公司的股票确实是在账面价值以下进行交易的，例如上一章中提到的关于 2010 年初美国银行和花旗银行的例子。但是，一些分析师把较低的市净率看作一种“安全边际”，而且部分分析师在挑选股票的过程中会剔除或拒绝高市净率的股票。

事实上，对市净率的更好解释是它是一种测度公司增长机会的工具。上一章中我们提到，公司价值的两部分是现有资产和增长机会。

另一种把公司增长与价值联系起来的衡量指标是市盈率。事实上，正如本章中所看到的，增长机会价值与现有资产价值的比率很大程度上决定了市盈率。尽管低市盈率股票允许获得现有收益支付较低的价格，但高市盈率股票仍更值得投资，只要预期其收益增长率足够快。

但是，许多分析师相信低市盈率的股票比高市盈率的股票更具吸引力。事实上，使用资本资产定价模型量收益率的标杆时，低市盈率的股票通常具有正的投资 α 值。但是，有效市场的追随者会质疑这种观点，他们这种过分简单的法则根本无法带来异常收益，在这种情况下资本资产定价模型或许根本不是测度收益率的一个好标准。

在任何情况下都要切记，股票向其所有者既传递了对当前收益的所有权，也传递了对未来收益的所有权对高市盈率的最好解释或许是表明公司拥有高增长机会的一种信号。

在结束有关市净率以及市盈率的讨论之前，有必要指出它们之间的重要关系：

$$\text{ROE}=\frac{\text{收益}}{\text{账面价值}}=\frac{\text{市场价格}}{\text{账面价值}}\div\frac{\text{市场价格}}{\text{收益}}=\frac{\text{P/B}}{\text{P/E}} \tag{13-9}$$

通过变形可以得到市盈率等于市净率除以净资产收益率：

$$\frac{\text{P}}{\text{E}}=\frac{\text{P/B}}{\text{ROE}} \tag{13-10}$$

因此，即使一家公司的 P/B 比率较高，但是只要其净资产收益率足够高，它的市盈率也可以相对较低。

华尔街会经常区分“好公司”和“好投资”。一家好公司的盈利性或许会很好，净资产收益率通常也很高，但若其股价水平与其 ROE 相适应同样很高的话，那么其 P/B 比率也将很高进而市盈率也会很高，从而降低了该公司股票的吸引力。因此，一家公司的 ROE 很高并不能说明其股票是一项好的投资。相反，只要低 ROE 公司的股价足够低，其股票也会成为一项好投资。

第四节　经济附加值

财务比率的最主要用途是评估公司业绩。尽管盈利能力经常被用来衡量公司业绩，但仅有盈利能力是远远不够的有当公司项目的收益率高于投资者在资本市场中的期望收益（在风险调整的基础上）时，公司才可以被认为是成功的。有当公司再投资资金的收益率高于资本的机会成本，即市场资本化率时，将收益再投资于公司才会增加股价。为了解释机会成本，我们可以采用总资产收益率与资本机会成本（k）之差来衡量公司的成功。经济增加值等于 ROA 与 k 之间的差额乘以投资到公司中的资本，因此它衡量了公司收益超过机会成本的那部分价值。经济增加值也被称为剩余收入（Residual Income）。

【例 13-1】经济增加值

2009 年，沃尔玛的加权平均资本成本为 5.9%（根据其债务成本、资本结构、权益 β 系数和由资本资产定价模型的权益成本计算得到）。它的总资产收益率为 9.6%，比其投资在厂房、设备和专有技术上的资本的机会成本高 3.7%。换句话说，投资者投资于沃尔玛公司的每 1 元所获得收益，都要比投资于其他相同风险股票的期望收益高 3.7 美分。沃尔玛的资本总额为 1150 亿元，因此它的经济增加值，即超过机会成本的收益，为(0.096−0.059)×1150=42.5 亿元。

表 13-7 列出了部分公司的经济增加值，最高的是沃尔玛公司。从表 13-7 中可

以看到，尽管沃尔玛公司的ROA与资本之差较小，但它的EVA远远高于葛兰素史克公司。这是因为沃尔玛资本总额要大很多。表中EVA最低的是美国电公司，尽管它的资本总额很大，但获得的收益却低于资本的机会成本，导致其EVA为绝对值非常大的负值。

表 13-7　2009 年部分公司的经济增加值

	EVA（10亿元）	资本（10亿元）	ROA（%）	资本成本（%）
沃尔玛	4.25	115.03	9.6	5.9
葛兰素史克	3.53	41.94	15.5	7.1
安进	0.66	34.28	9.1	7.2
埃克森美孚	0.58	115.97	7.2	6.7
英特尔	0.20	42.04	10.4	9.9
摩托罗拉	-0.06	13.53	7.8	8.2
惠普	-0.59	54.79	6.0	7.1
美国电话电报	-4.94	171.21	4.9	7.8

从表13-7可以看出，即使EVA为负的公司，其会计利润仍有可能为正。例如，从传统标准来看，美国电话电报公司在2009年是盈利的，其ROA为4.9%。但是其资本成本却为7.8%，从这一标准考虑，美国电话电报能弥补资本的机会成本，2009年的EVA为负值。EVA把资本的机会成本当作一种真实成本，就像其他成本都应从收入中扣除，从而得到一条更有意义的“底线”。正在获利但利润不足以弥补机会成本的公司可以重置资本使其得到更好的利用。因此，现在越来越多的公司开始计算EVA，并使管理层的薪水与之挂钩。

第五节　价值投资：格雷厄姆技术

若不提本杰明·格雷厄姆这位最伟大的投资“大师”的思想，关于基本面证券分析的内容就不完善。在20世纪后半叶现代投资组合理论提出之前，格雷厄姆是唯一一位在投资分析领域中最重要的思想家、作家和导师，他在该领域的影响至今仍非常深远。

格雷厄姆的代表作是与哥伦比亚大学的戴维·多德教授在1934年合著的《证券

分析》，本节阐述了该书的主要思想。格雷厄姆相信通过认真分析公司财务报表便能发现有投资价值的股票。通过多年研究，他发展了多种不同的规则来确定最重要的财务比率，并提出了判断股票价值是否被低估的关键因素。他的著作多次再版，在投资领域产生了深远影响并取得了巨大成功，格雷厄姆技术被广泛使用。在 1976 年的一次研讨会上，格雷厄姆说：

我不再主张运用那些复杂的证券分析技术来发现投资良机。40 年前我们的书《证券分析》首次出版时，通过仔细分析我们可以发现价值被低估的股票，但自此以后，情况已发生了很大变化。过去，任何一位训练有素的证券分析师都能通过仔细研究发现价值被低估的股票。但在目前已有大量研究的情况下，我怀疑这种努力能否产生价值来抵消成本。只有在非常有限的范围内，我赞成现已被学者广泛接受的“有效市场”理论。

但是在这次研讨会上，格雷厄姆建议使用一种简单的方法来识别价值被低估的股票：

我首选的更简单的技术是购买那些低于营运资本或流动资产净值的普通股，流动资产净值是指不包括厂房和其电固定资产，并扣除所有负债后的流动资产价值。在管理投资基金时，我们广泛运用了这种方法，在 30 多年的时间里，获得的年平均收益率约为 20%。我认为这是一种非常简单的系统投资方法，而且这不是建立在个别结果上，而是根据可预期的群体收益。

对于那些有兴趣尝试格雷厄姆技术的人来说，有两个便利的信息来源：《标准普尔手册》和《价值线投资调查》，它们都列出了售价低于营运资本净值的股票。

关键术语

异常收益　酸性测验比率　会计收益　积极型管理　积极型投资组合　估价比率　套利定价理论　平价期权　资产负债表　买卖价差　债券契约　经济增加值　账面价值　杠杆比率　固定增长模型　速动比率　信用风险　市场资本化率　资产收益率　资产收益率　价值投资

本章思考题

1. 某公司的净资产收益率为 3%，债务权益比率为 0.5，税率为 25%，债务利率为 6%，那么该公司的总资产收益率是多少？

2. 某公司的税收负担比率为 0.75，杠杆比率为 1.25，利息负担比率为 0.6，销售收益率为 10%，该公司每 1 元可以创造 2.4 元的销售收入，那么该公司的净资产收益率是多少？

3. 根据下列关于A公司的现金流量数据计算该公司的：

（1）投资活动提供或者使用的净现金。

（2）融资活动提供或者使用的净现金。

（3）年度现金的净增加或减少额。

表 13-8　A 公司现金流数据

项目	金额（元）
现金股利	80000
购买汽车	33000
支付债务利息	25000
销售旧设备	72000
回购股票	55000
支付供应商现金	95000
向客户收取的现金	300000

4. 以下是Q公司和S公司的财务报表信息，请根据以上信息，对两家公司的盈余质量进行评价。

表 13-9　Q 和 S 公司财务报表信息

项目	Q公司	S公司
商誉	20年内摊销	
厂房设备	寿命内按直线法进行计提折旧	寿命内按加速法进行计提折旧
应收账款	应收账款的2%计提坏账准备	应收账款的5%计提坏账准备

5. 甲公司2008年的营业净利率比2007年下降5%，总资产周转率提高10%，假定其他条件与2007年相同，那么甲公司2008年的权益净利率比2007年提高多少？

6. 杜邦公司把净资产收益率分解为以下5个组成部分：营业利润率、总资产收益率、利息负担率、财务杠杆、所得税税率。

请根据下列表格数据计算：

（1）计算2012年和2016年以上五个组成部分的值，并根据计算出的结果计算2012年和2016年的净资产收益率。

（2）简要说明从2012年到2016年总资产周转率和财务杠杆的变化对净资产收益率的影响。

表 13-10 损益表和资产负债表（简表）

项目	2012 年	2016 年	项目	2012 年	2016 年
损益表数据			资产负债表数据		
收入	542000	979000	固定资产	41000	70000
营业利润	38000	76000	资产总额	245000	291000
折旧和摊销	3000	9000	营运资本	123000	157000
利息费用	3000	0	负债总额	16000	0
税前利润	32000	67000	所有者权益总额	159000	220000
所得税	13000	37000			
税后净利润	19000	30000			

第十四章　证券投资基金

【学习目标】

掌握证券投资基金的概念；掌握证券投资基金的特点；掌握证券投资基金的市场参与主体；了解证券投资基金的起源及发展；了解证券投资基金在中国的发展历程以及目前全球基金业的发展特点；了解证券投资基金的分类。

第一节　证券投资基金的概念

证券投资基金，是指通过发售基金份额，将众多不特定投资者的资金汇集起来，形成独立财产，委托基金管理人进行投资管理，基金托管人进行财产托管，由基金投资人共享投资收益、共担投资风险的集合投资方式（见图 14-1）。

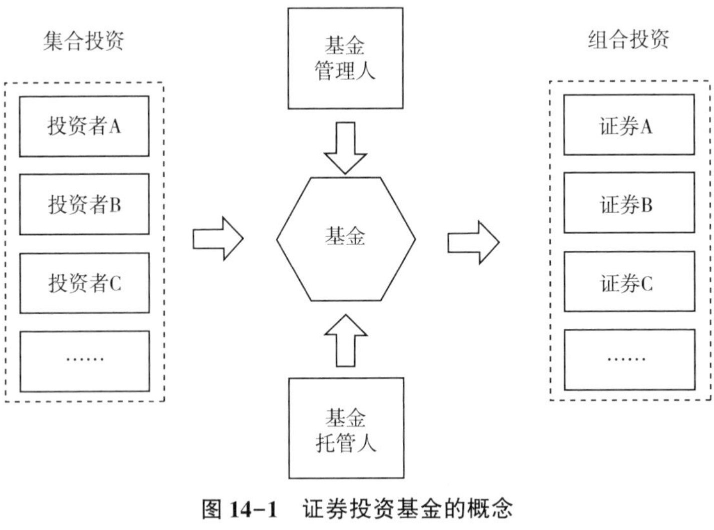

图 14-1　证券投资基金的概念

从本质上来看，证券投资基金属于一种间接投资工具，投资者通过基金管理人的专业代理投资，获取一定的收益。

世界上不同国家和地区对证券投资基金的称谓有所不同。证券投资基金在美国被称为“共同基金”（Mutual Fund），在英国和中国香港地区被称为“单位信托基金”（Unit Trust），在欧洲一些国家被称为“集合投资基金”或“集合投资计划”（Collective Investment Scheme），在日本和中国台湾地区则被称为“证券投资信托基金”（Securities Investment Trust）。

证券投资基金自身主要有四个区别于其他投资工具的特点：

（1）集合理财、专业管理。基金将众多投资者的资金集合起来，委托专业的基金管理人进行理财投资管理。

（2）组合投资、分散风险。基金一般都会选择购买一组证券组合，而非单一证券，以此来分散风险。

（3）利益共享、风险共担。基金盈亏都由基金投资者承担，各投资者按照投资比例分享收益或者承担损失，基金托管人和管理人只收取相应的费用而不参与收益分配或承担损失。

（4）独立托管、保障安全。基金管理人只负责基金的投资，而基金财产是由基金托管人负责，有力地保障了投资者的财产安全。

第二节　证券投资基金的市场参与主体

依据所承担的职责与作用的不同，基金市场的参与主体可分为基金当事人、基金市场服务机构、基金监管机构和基金自律组织三大类。

一、基金当事人

根据我国的证券投资基金合同设立，基金当事人包括基金份额持有人、基金管理人和基金托管人。基金份额持有人即基金投资者，是基金的出资人、基金资产的所有者和基金投资回报的受益人。基金管理人（又称为基金管理公司）是基金产品的募集者和管理者，其最主要职责就是按照基金合同的约定，负责基金资产的投资运作，在有效控制风险的基础上为基金投资者争取最大的投资收益。基金托管人是基金资产的保管者，其职责主要体现在基金资产保管、基金资金清算、会计复核以及对基金投资运作的监督等方面。在我国，基金托管人只能由依法设立并取得基金托管资格的商业银行担任。

二、基金市场服务机构

基金管理人、基金托管人既是基金的当事人，又是基金的主要服务机构。除基金管理人与基金托管人之外，基金市场上还有许多面向基金提供各类服务的其他机构。这些机构主要包括基金销售机构、基金注册登记机构、律师事务所、会计师事务所、基金投资咨询公司、基金评级机构等。

基金销售机构是受基金管理人委托从事基金代理销售并通过中国证监会认定的机构。目前，我国基金销售机构主要包括商业银行、证券公司、证券投资咨询机构、专业基金销售机构以及中国证监会规定的其他机构。

基金注册登记机构是指负责基金登记、存管、清算和交收业务的机构，其具体业务包括投资者基金账户管理、基金份额注册登记、清算及基金交易确认、红利发放、基金份额持有人名册的建立与保管等。目前，在我国承担基金份额注册登记工作的主要是基金管理公司自身和中国证券登记结算有限责任公司（以下简称中国结算公司）。

律师事务所和会计师事务所作为专业、独立的中介服务机构，为基金提供法律、会计服务。

基金投资咨询公司是向基金投资者提供基金投资咨询建议的中介机构。

基金评级机构则是向投资者以及其他市场参与主体提供基金评价业务、基金资料与数据服务的机构。

三、基金监管机构和基金自律组织

1. 基金监管机构

我国的基金监管机构主要为中国证券监督管理委员会、中国人民银行、证券交易所。

中国证券监督管理委员会（以下简称中国证监会）。中国证监会下设基金管理部和证监会在各地的派出机构（上海、广州、深圳证管办和北京证券监管办事处）专门行使对基金市场的监管。

各派出机构按属地原则对基金管理公司进行监管。对于注册地和主要办公地不在同一城市的基金管理公司，以基金管理公司主要办公场所所在地派出机构监管为主、注册地派出机构协助监管的原则进行分工。

中国人民银行主要负责监管金融市场的安全运行及银行和信托等金融机构的运作，由于基金一般由银行托管。因此，银行作为基金托管机构时，必须经中国人民银行批准。

我国大陆地区证券交易所主要有上海和深圳两大交易所。证券交易所的监管职责是对基金的交易行为进行监控。交易所在日常交易监控中，将单只基金视为单一投资人，将单只基金管理公司视为持有不同账户的单一投资人，比照同一投资人进行监控。

2. 基金自律组织

中国证券投资基金协会是我国基金行业的自律组织，是由基金管理人、基金托管人或基金销售机构等行业组织成立的协会。协会在促进同业交流、提高从业人员素质、加强行业自律管理、促进行业规范发展等方面发挥着重要的作用。

图 14-2 是我国证券投资基金市场参与主体关系图。从图 14-2 中可以看出，基金投资者、基金管理人与基金托管人是基金的当事人。基金市场上的各类中介服务机构通过自己的专业服务参与基金市场，监管机构和自律组织则对基金市场上的各种参与主体实施全面监督管理。

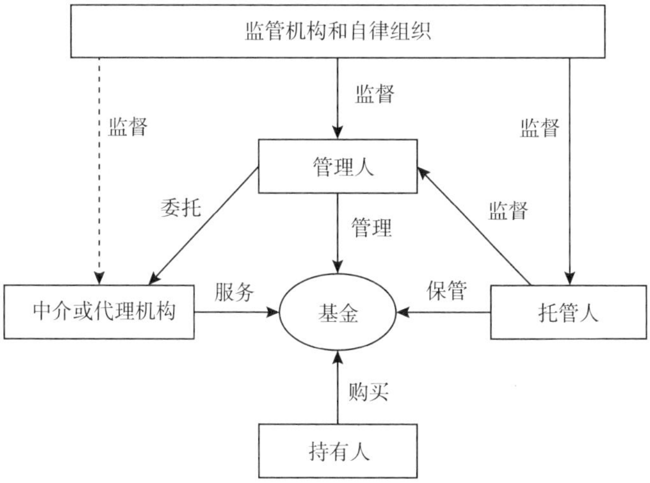

图 14-2 证券投资基金市场参与主体关系

第三节 证券投资基金的起源及发展

一、证券投资基金的起源

证券投资基金的起源地是英国。产业革命极大地推动了英国生产力的发展，国民收入大幅增加，社会财富迅速增长，为谋求资本的最大增值，出现了集合众多投资者的资金、委托专人经营和管理的想法。1868 年，英国成立“海外及殖民地政府信托基金”，该基金与股票类似，既不能退股，也不能将基金份额兑现，认购者的权益仅限于分红和派息两项。这为现代基金的产生奠定了基础，金融史学家将之视为证券投资基金的雏形。

早期的基金管理没有引进专业的管理人，而是由投资者通过签订契约，推举代表来管理和运用基金资产。1873 年，苏格兰人罗伯特·富莱明创立“苏格兰美国投资信托”，专门办理新大陆的铁路投资，聘请专职的管理人进行管理，这时投资信托才成为一种专门的盈利业务。

初创阶段的基金多为契约型投资信托，投资对象多为债券。1879 年，英国《股份有限公司法》公布，投资基金脱离原来的契约形态，发展成为公司型投资基金。至 1890 年，运作中的英国投资信托基金超过 100 家，以公债为主要投资对象，在类型上主要是封闭型基金。

二、全球基金业的发展

20 世纪以后，世界基金业发展的大舞台转移到美国。1924 年 3 月 21 日，“马萨诸塞投资信托基金”在美国波士顿成立，成为世界上第一只公司型开放式基金。此后，美国的基金开始快速成长，从 1926 年到 1928 年 3 月，美国成立的公司型基金多达 480 家，到 1929 年基金业资产达到 70 亿美元，为 1926 年的 7 倍。

1929 年 10 月，全球股市崩溃，大部分基金倒闭或停业，基金业总资产在 1929~1931 年间下降了 50%以上。整个 20 世纪 30 年代，基金业的发展一直处于停滞不前的状态。

20 世纪 40 年代以后，众多发达国家的政府认识到证券投资基金的重要性，纷纷立法加强监管，完善对投资者的保护措施，为基金业发展提供了良好的外部环境。1940 年，美国颁布《投资公司法》和《投资顾问法》，以法律形式明确了基金的规范运作，严格限制投机活动，为投资者提供了体系完整的法律保护，并成为其他国家制定相关基金法律的典范。

20 世纪六七十年代，美国的共同基金产品开始趋于多样化，在规模上也发生了很大的变化。1971 年，第一只货币市场基金建立；1972 年出现了 46 只债券和收入型基金，到 1992 年增加到了 1629 只；1974 年，美国颁布实施《雇员退休收入保障法》，养老计划获得了支持，个人退休账户开始出现，极大地推动了对共同基金的需求。

1990 年，美国共同基金业的资产净值首次达到 1 万亿美元，基金达到 3100 多只。1999 年底，突破 6 万亿美元，经过 2001 年和 2002 年证券市场的短暂调整后，

2006 年底美国共同基金业的资产净值达到 10 万亿美元，截至 2007 年末，美国的共同基金资产规模达到了 12 万亿美元。相较于 1980 年，美国仅有 6.25%的家庭投资基金，现在约有 50%的家庭投资于基金，基金占所有家庭资产的 40%左右。证券投资基金已经成为一种大众化的投资工具。

在 2008 年金融危机爆发后，基金业的规模因资金净流出出现短暂下降，之后又迅速恢复。截至 2015 年底，美国基金资产规模达到 20.9 万亿美元。图 14-3 是美国基金业 70 多年来的变化情况。

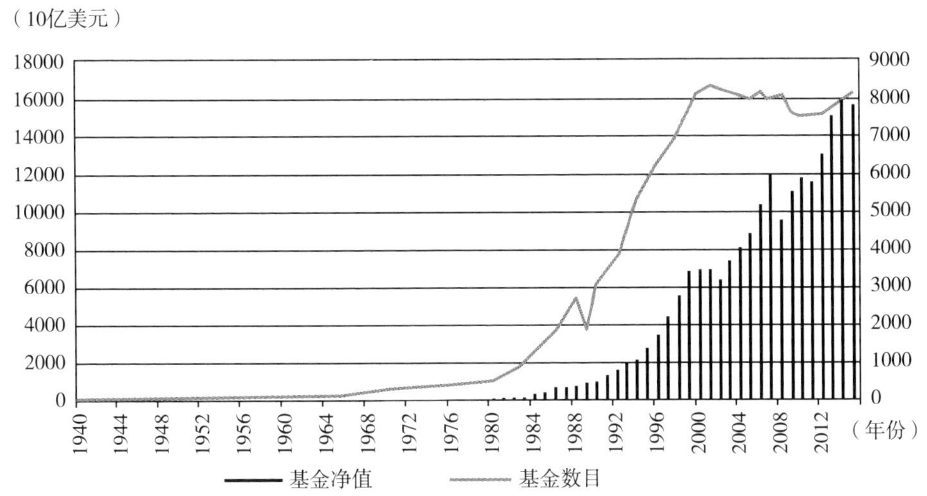

图 14-3　美国基金的净值与基金数量（1940~2015 年）

资料来源：美国投资公司协会。

证券投资基金在世界范围内得到普及性发展，基金业的快速扩张正在成为一种国际性的现象。根据美国投资公司协会（ICI）的统计，截至 2015 年末，全球基金业资产净值规模达到 37.93 万亿美元（见表 14-1）。

表 14-1　全球基金业资产净值规模（1999~2015 年）

单位：十亿美元

年份	股票基金	债券基金	货币市场基金	平衡型/混合型基金	其他	总计资产净值规模
1999	5878	2104	2287	971	55	11391
2000	5962	2077	2483	1022	190	11871
2002	4204	2534	3190	918	229	11324
2004	7219	3313	3323	1445	398	16165
2006	10431	3882	3848	2116	676	20953

续表

年份	股票基金	债券基金	货币市场基金	平衡型/混合型基金	其他	总计资产净值规模
2008	6426	3393	5780	1825	676	18898
2009	8854	4552	5305	2400	840	22906
2010	10471	5414	4993	2778	1010	24665
2011	9487	5821	4693	2734	1018	23753
2012	10706	7013	4785	3122	1170	16796
2013	13269	7084	4760	3706	1211	30049
2014	16054	8204	4638	4943	2688	37072
2015	16188	8112	5072	5166	2780	37925

通过上述发展历程，可以看出目前全球基金业发展的趋势与特点主要有以下四点：①美国占据主导地位，其他国家和地区发展迅猛；②开放式基金成为证券投资基金的主流产品；③基金市场竞争加剧，行业集中趋势突出；④基金资产的资金来源由个人投资者转向机构投资者。

三、中国基金业的发展

根据我国基金业的发展过程中主管机关管辖权力过渡、基金监管法规的颁布、基金市场主流品种的变化以及公众对基金认识的转变等几条线索，可以将我国基金业的发展划分为以下四个历史阶段。

1. 早期探索阶段（1985~1997 年）

20 世纪 80 年代末，一批由中资或外资金融机构在境外设立的“中国概念基金”相继推出，在这些境外“中国概念基金”与中国证券市场初步发展的影响下，国内基金开始发展，在 1992 年前后形成了投资基金热。1992 年 6 月，深圳市率先公布了《深圳市投资信托基金管理暂行规定》，同年 11 月，深圳市人民银行批准成立了深圳市投资基金管理公司，发起设立了当时国内规模最大的封闭式基金——天骥基金，规模为 5.81 亿元人民币。1992 年 11 月，经中国人民银行总行批准的国内第一家投资基金——淄博乡镇企业投资基金（简称淄博基金）正式设立，并于 1993 年 8 月在上海证券交易所挂牌上市，成为我国首只在证券交易所上市交易的投资基金，该基金为公司型封闭式基金，募集规模 1 亿元人民币，60%投向淄博乡镇企业，40%投向上市公司。这一阶段成立的基金数量共有 79 只，总资产达 90 多亿元人民币，投资者约 120 万户，大部分是在 1992 年前后成立的。相对于 1997 年《证券投资基金管理暂行办法》实施以后发展起来的证券投资基金，习惯上将 1997 年以前设立的基金称为“老基金”。

处于探索阶段的基金在运作过程中都积累了一些宝贵经验，培养了一批基金管理从业人才，但是也存在着大量问题，主要表现在以下三个方面：一是由于缺乏基本的法律规范，基金普遍存在法律关系不清、无法可依、监管不力的问题。二是“老基金”资产大量投向了房地产、企业法人股权等，因此实际上可算是一种产业投资基金，而非严格意义上的证券投资基金。三是“老基金”深受 20 世纪 90 年代中后期我国房地产市场降温、实业投资无法变现以及贷款资产无法回收的困扰，资产质量普遍不高。总体而言，这一阶段中国基金业的发展带有很大的探索性、自发性与不规范性。

2. 试点发展阶段（1998~2002 年）

在对“老基金”发展过程加以反思的基础上，1997 年 11 月，国务院证券委员会颁布了《证券投资基金管理暂行办法》，为我国证券投资基金业的规范发展奠定了法律基础，1998 年 3 月 27 日，经中国证监会批准，新成立的南方基金管理公司和国泰基金管理公司分别发起设立了规模均为 20 亿元人民币的两只封闭式基金——“基金开元”和“基金金泰”，由此拉开了中国证券投资基金试点的序幕。基金试点的当年，我国共设立了 5 家基金管理公司，管理封闭式基金 5 只（单只基金的规模同为 20 亿元人民币），基金募集规模 100 亿份，年末基金净资产合计 107.4 亿元人民币。

在新基金快速发展的同时，中国证监会开始着手对“老基金”进行清理规范，将老基金资产置换后合并扩募改制成为新的证券投资基金。2000 年共有 36 只“老基金”改制成了 11 只证券投资基金，基金的数量在 2000 年底达到了 33 只。同时新成立了 6 家基金管理公司，由它们管理改制后的基金。

在封闭式基金成功试点的基础上，2000 年 10 月 8 日，中国证监会发布并实施了《开放式证券投资基金试点办法》，由此揭开了我国开放式基金发展的序幕。2001 年 9 月，我国第一只开放式基金——华安创新诞生，到 2001 年底，我国已有华安创新、南方稳健和华夏成长 3 只开放式基金，2002 年底开放式基金迅速发展到 17 只，规模 566 亿份。从 2003 年开始，我国开放式基金在数量上已超过封闭式基金成为证券投资基金的主要形式，并且在资产规模上逐渐超过封闭式基金。

在试点发展阶段，我国基金业在发展上主要表现出以下特点：①基金在规范化运作方面得到很大的提高；②在封闭式基金成功试点的基础上成功地推出开放式基金，使我国的基金运作水平实现历史性跨越；③对“老基金”进行了全面规范清理，绝大多数老基金通过资产置换、合并等方式被改造成为新的证券投资基金；④监管部门出台了一系列鼓励基金业发展的政策措施，对基金业的发展起到了重要的促进作用；⑤开放式基金的发展为基金产品的创新开辟了新的天地。

3. 快速发展阶段（2003~2008 年）

2003 年 10 月 28 日，十届全国人大常委会第五次会议审议通过《中华人民共和国证券投资基金法》并于 2004 年 6 月 1 日实施，基金业的法律规范得到重大完善。《证券投资基金法》的出台为我国基金业的发展奠定了坚实的法律基础。在此基础上，我国证券投资基金业走上了一个更快的发展轨道。

这一阶段基金发展的主流品种是开放式基金，自 2002 年 8 月银丰基金发行成功后直到 2007 年 7 月，我国一直未发行新的封闭式基金。2006~2007 年受益于股市繁荣，我国证券投资基金得到有史以来最快的发展，其主要表现在以下几方面：

（1）基金业监管的法律体系日益完善。为配合《证券投资基金法》的实施，中国证监会相继出台了包括《基金管理公司管理办法》《基金运作管理办法》《基金销售管理办法》《基金信息披露管理办法》等六项行政规章及若干配套监管文件，形成了以"一法六规"为核心的比较完善的监督管理法规体系。

（2）基金产品和业务创新继续发展。基金产品的创新层出不穷，先后出现了 ETF、LOF、生命周期基金、QDII 基金、结构分级基金、社会责任基金、ETF 基金等多种创新品种。品种创新推动中国基金业在规模上达到了一个新的台阶。

（3）基金业资产规模急速增长，基金投资者队伍迅速壮大。2006 年全部证券投资基金资产规模合计 8564.61 亿元人民币，比 2005 年增幅超过 80%。2007 年底，全部 368 只证券投资基金资产净值合计 32786.17 亿元人民币，是 2006 年同期的 3.83 倍；基金投资者已经超过 1 亿户，大约有 1/4 的中国家庭购买了基金，基金资产总规模相当于城乡居民人民币储蓄总额的 1/6，基金业的影响力显著上升。

（4）基金管理公司分化加剧、业务呈现多元化发展趋势。在此期间，基金管理公司管理的资产规模普遍增长，2007 年底有 9 家基金公司规模超过千亿元，前十大基金管理公司占总市场份额的 49.78%。另外，我国的基金管理公司除募集、管理公募基金外，已被允许开展社保基金管理、企业年金管理、QDII 基金管理以及特定客户资产管理等其他委托理财业务，基金管理公司的业务日益多元化。

（5）基金行业对外开放程度不断提高。首先，合资基金管理公司数量不断增加，我国第一家中外合资基金公司诞生于 2002 年末。其次，合格境内机构投资者的推出使我国基金行业开始进入国际投资市场。自 2007 年我国首批推出 4 只 QDII 基金后，至 2009 年末共有 9 只 QDII 基金成功募集运作。最后，自 2008 年 4 月起，部分基金管理公司开始到中国香港地区设立分公司，从事资产管理相关业务。

4. 平稳发展和创新阶段（2008 年至今）

2008 年以后，由于全球金融危机的影响、我国经济增速的放缓和股市的大幅调整，基金行业进入了平稳发展时期，管理资产规模发展停滞，股票型基金呈现持续净流出态势。面对不利的外部环境，基金业进行了积极的改革和探索。

（1）“放松管制、加强监管”。这一时期，基金监管机构不断坚持市场化改革方向，贯彻“放松管制、加强监管”的思路，允许基金管理公司开展专户管理等私募业务、设立子公司开展专项资产管理和销售业务、设立中国香港子公司从事人民币合格境外投资者（RMB Qualified Foreign Institutional Investors，RQFII）等国际化业务，基金产品的审批逐步放松，取消产品发行数量的限制，审核程序大大简化。

在放松管制的同时，加强了行为监管，打击违法活动，设立“不能搞利用非公开信息获利、不能进行非公平交易、不能搞各种形式的利益输送”三条底线。2012年6月6日，中国证券投资基金业协会正式成立。2012年12月28日，全国人大常委会审议通过了修订后的《证券投资基金法》并于2013年6月1日正式实施。伴随法律法规的修订完善，我国基金业的制度基础得以夯实，基金业的发展环境进一步得到优化。

（2）基金管理公司业务和产品创新，不断向多元化发展。随着行业管制的放松和市场化改革，基金管理公司业务范围得到极大拓展。业务和产品创新热情得到释放。除传统的公募基金业务外，企业年金业务、社保基金、特定客户资产管理等业务有了较快发展。子公司投资于非上市股权、债权和收益权资产的专项资产管理计划开始大量出现，一些基金管理公司还开始涉足财富管理业务。基金产品创新也得到较快发展，基金产品更加精细化，覆盖范围更广。出现了各类股票型、债券型分级基金产品，行业、债券、黄金、跨市场和跨境等ETF产品，短期理财债券型基金产品，T+0和具有支付功能的货币市场基金和场内货币市场基金等新产品。

（3）互联网金融与基金业有效结合。互联网金融与货币市场基金领域成功融合，凭借在投资回报和资金运用便捷性方面的综合竞争优势，成为公募基金行业快速成长的新生力量代表。2013年6月，与天弘赠利宝货币基金对接的余额宝产品推出，规模及客户数迅速爆发增长，成为市场关注的新焦点。此外，淘宝网店、好买基金网、天天基金网等网上销售基金的创新方式也逐渐兴起。

（4）股权与公司治理创新得到突破。修改后的《证券投资基金法》放宽了基金管理公司股东的资格条件，2013年国务院批复同意了中国证监会关于主要股东和非主要股东条件的请示，对自然人成为股东做出了明确规定。2013年、2014年，天弘、中欧等基金管理公司先后实现管理层及员工持股，也有不少公司通过子公司来间接实现管理层股权激励，这些探索体现了基金行业人力资本的价值，有利于建立长效激励约束机制。

（5）专业化分工推动行业服务体系创新。修订后的《证券投资基金法》的实施为基金服务机构大发展提供了空间，加速了行业外包市场的发展。特别在基金销售方面，一批城市商业银行和农村商业银行获得基金代销资格，依托互联网的独立销售机构和支付机构得到壮大。

（6）混业化与大资产管理的局面初步显现。修订后的《证券投资基金法》以及配套政策的颁布实施，搭建了大资产管理行业基本制度框架。私募基金纳入统一监管，基金管理公司可以通过设立子公司从事专项资产管理业务，证券公司、保险资产管理公司及其他资产管理机构可以申请开展公募基金业务。各类金融机构交叉持股现象更加普遍，发行各类资产管理产品，形成相互关联的业务网络，同时伴随着互联网金融的发展、互联网企业的逐渐进入，一个更加开放、竞争的资产管理时代已经到来。

截至 2015 年 3 月底，我国证券投资基金业资产管理规模合计达到约 23.82 万亿元人民币，其中公募基金资产规模 5.24 万亿元人民币，基金公司管理的非公开募集基金资产（基金子公司专项资产管理计划、基金专户、基金公司管理的社保基金、企业年金等）规模 6.96 万亿元人民币，私募证券投资基金规模 2.79 万亿元人民币。表 14-2 和图 14-4 是我国基金业发展概况。

表 14-2　我国基金管理公司、基金业和开放式基金的发展概况

年份	基金管理公司数目（家）	基金数目（只）	其中：开放式基金数目（只）	基金资产净值（亿元人民币）	其中：开放式基金资产净值（亿元人民币）
1998	6	5	0	107	0
1999	10	22	0	574	0
2000	10	33	0	846	0
2001	15	51	3	821	118
2002	21	71	17	1230	513
2003	34	110	56	1716	854
2004	45	161	107	3246	2437
2005	53	218	164	4691	3869
2006	58	307	254	8565	6941
2007	59	345	311	32754	30390
2008	61	438	406	19388	18673
2009	60	556	525	26761	25522
2010	63	704	665	25201	23908
2011	69	914	857	21919	20684
2012	73	1173	1105	28661	27248
2013	89	1551	1421	30012	28024
2014	98	2060	2040	50914	48353

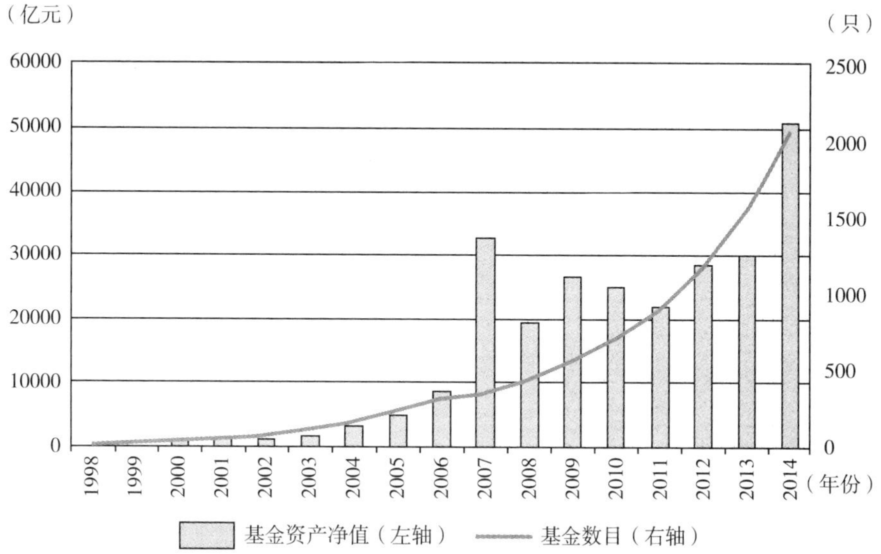

图 14-4　我国证券投资基金发展概况

第四节　证券投资基金的分类

随着基金数量、品种的不断增多，对基金进行科学合理的分类，无论是对基金投资者、基金管理公司，还是对基金研究评价机构、监管部门来说都具有重要意义。对基金投资者而言，科学合理的基金分类将有助于投资者加深对各种基金的认识及对风险收益特征的把握，有助于投资者做出正确的投资选择与比较。对基金管理公司而言，基金业绩的比较应该在同一类别中进行才公平合理。对基金研究评价机构而言，基金的分类则是进行基金评级的基础。对监管部门而言，明确基金的类别特征将有利于针对不同基金的特点实施更有效的分类监管。

构成基金的要素有多种，因此可以依据不同的标准对基金进行分类。

1. 根据运作方式的不同，可以将基金分为封闭式基金、开放式基金

封闭式基金是指基金份额在基金合同期限内固定不变，基金份额可以在依法设立的证券交易所交易，但基金份额持有人不得申请赎回的一种基金运作方式。

开放式基金是指基金份额不固定且可以在基金合同约定的时间和场所进行申购或者赎回的一种基金运作方式。

两者的比较如表 14-3 所示。

表 14-3 封闭式基金与开放式基金的比较

	封闭式基金	开放式基金
规模	固定	不固定
存续期限	确定	不确定，理论上可以无限期存续
交易方式	上市流通	一般不上市，通过向基金管理公司和代销机构进行申购赎回
交易价格	根据市场行情变化，对于单位资产净值可能折价或溢价，且多为折价	按照每日基金单位资产净值
信息披露	每周公布基金单位资产净值，每季度公布资产组合	每日公布基金单位资产净值，每季度公布资产组合，每6个月公布变更的招募说明书
投资策略	全部资金可进行长期投资	强调流动性管理，基金资产中要保持一定现金及流动性资产

2. 根据法律形式的不同，可以将基金分为契约型基金、公司型基金等

不同的国家（地区）具有不同的法律环境，基金能够采用的法律形式也会有所不同。目前我国的基金全部是契约型基金，而美国的绝大多数基金则是公司型基金。组织形式的不同赋予了基金不同的法律地位，基金投资者所受到的法律保护也因此有所不同（见表 14-4）。

表 14-4 契约型基金与公司型基金的比较

	契约型基金	公司型基金
法律主体资格	不具有法人资格	具有法人资格
投资者地位	权力小	权力大
基金营运依据	合同	投资公司章程

3. 依据投资对象的不同，可以将基金分为股票基金、债券基金、货币市场基金、混合基金等

股票基金是指以股票为主要投资对象的基金。股票基金在各类基金中历史最为悠久，也是各国（地区）广泛采用的一种基金类型。根据中国证监会对基金类别的分类标准，基金资产 80%以上投资于股票的为股票基金。

债券基金主要以债券为投资对象。根据中国证监会对基金类别的分类标准，基金资产 80%以上投资于债券的为债券基金。

货币市场基金以货币市场工具为投资对象。根据中国证监会对基金类别的分类标准，仅投资于货币市场工具的为货币市场基金。

混合基金同时以股票、债券等为投资对象，以期通过在不同资产类别上的投资实现收益与风险之间的平衡。根据中国证监会对基金类别的分类标准，投资于股票、债券和货币市场工具，但股票投资和债券投资的比例不符合股票基金、债券基金规定的为混合基金。

4. 根据投资目标的不同，可以将基金分为增长型基金、收入型基金和平衡型基金

增长型基金是指以追求资本增值为基本目标，较少考虑当期收入的基金，主要以具有良好增长潜力的股票为投资对象。

收入型基金是指以追求稳定的经常性收入为基本目标的基金，主要以大盘蓝筹股、公司债、政府债券等稳定收益证券为投资对象。

平衡型基金则是既注重资本增值又注重当期收入的一类基金。

一般而言，增长型基金的风险大、收益高；收入型基金的风险小、收益较低；平衡型基金的风险、收益则介于增长型基金与收入型基金之间。

5. 依据投资理念的不同，可以将基金分为主动型基金与被动（指数）型基金

主动型基金是一类力图取得超越基准组合表现的基金。与主动型基金不同，被动型基金并不主动寻求取得超越市场的表现，而是试图复制指数的表现。被动型基金一般选取特定的指数作为跟踪的对象，因此通常又被称为指数型基金。

6. 根据募集方式的不同，可以将基金分为公募基金和私募基金

公募基金是指可以面向社会公众公开发售的一类基金。私募基金则是只能采取非公开方式，面向特定投资者募集发售的基金。

公募基金主要具有如下特征：可以面向社会公众公开发售基金份额和宣传推广，基金募集对象不固定；投资金额要求低，适宜中小投资者参与；必须遵守基金法律和法规的约束，并接受监管部门的严格监管。而私募基金不能进行公开的发售和宣传推广，投资金额要求高，投资者的资格和人数常常受到严格的限制。此外，私募基金在运作上具有较大的灵活性，所受到的限制和约束较少。它既可以投资于衍生金融产品进行买空卖空交易，也可以进行汇率、商品期货投机交易等。私募基金的投资风险较高，主要以具有较强风险承受能力的富裕阶层为目标客户。

7. 根据基金的资金来源和用途的不同，可以将基金分为在岸基金和离岸基金

在岸基金是指在本国募集资金并投资于本国（地区）证券市场的证券投资基金。离岸基金是指一国（地区）的证券投资基金组织在他国发售证券投资基金份额，并将募集的资金投资于本国（地区）或第三国（地区）证券市场的证券投资基金。

8. 特殊类型基金

（1）系列基金。系列基金又称为伞型基金，是指多个基金共用一个基金合同，子基金独立运作，子基金之间可以进行相互转换的一种基金结构形式。

（2）基金中的基金。基金中的基金是指以其他证券投资基金为投资对象的基金，其投资组合由其他基金组成。目前，我国尚无此类基金存在。

（3）保本基金。保本基金是指通过采用投资组合保险技术，保证投资者在投资到期时至少能够获得投资本金或一定回报的证券投资基金。保本基金的投资目标是在锁定下跌风险的同时力争有机会获得潜在的高回报。目前，我国已有多只保本基金。

（4）交易型开放式指数基金（Exchange Traded Funds，ETF）与 ETF 联接基金。交易型开放式指数基金通常又称为交易所交易基金，是一种在交易所上市交易的、基金份额可变的一种开放式基金。ETF 交易模式如图 14-5 所示。ETF 一般采用被动式投资策略跟踪某一标的市场指数，因此具有指数基金的特点。

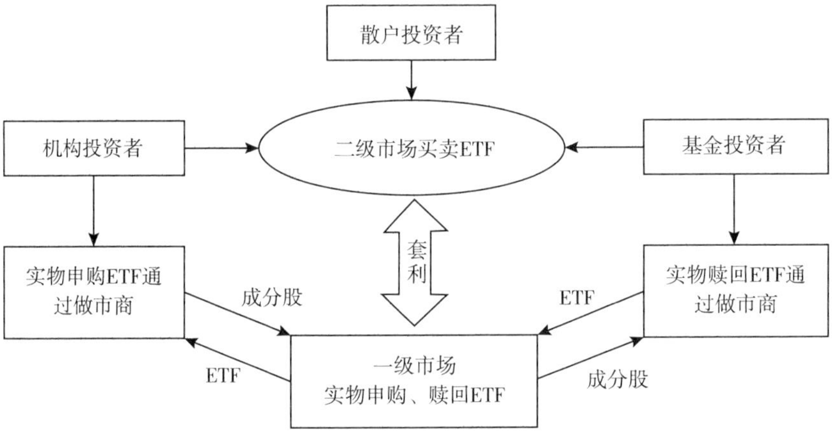

图 14-5　ETF 交易模式

ETF 联接基金是将绝大部分基金财产投资于某一 ETF（称为目标 ETF），密切跟踪标的指数表现，可以在场外（银行渠道等）申购赎回的基金。根据中国证监会的规定，ETF 联接基金投资于目标 ETF 的资产不得低于联接基金资产净值的 90%，其余部分应投资于标的指数成分股和备选成分股。并且，ETF 联接基金的管理人不得对 ETF 联接基金财产中的 ETF 部分计提管理费。从性质上看，可以将 ETF 联接基金看作一种指数型基金中的基金（见表 14-5）。

表 14-5　ETF 联接基金与 ETF 的比较

	ETF 联接基金	ETF
业绩	密切跟踪标的指数表现	
运作方式	开放式	
申请门槛	低（1000 份）	高（至少 30 万份、50 万份、100 万份等）

续表

	ETF 联接基金	ETF
投资标的	1. 跟踪同一标的指数的证券组合（即目标 ETF） 2. 标的指数的成分股和备选成分股 3. 中国证监会规定的其他证券品种 4. ETF 联接基金财产中，目标 ETF 不得低于基金资产净值的 90%。它更类似于增强指数基金	“一揽子”股票或债券组合，这一组合中的股票或债券种类与某一特定指数构成完全一致
申购赎回渠道	银行、券商	券商
费用	管理费：90%的 ETF 资产不得收取管理费	ETF 在交易所交易的费用与封闭式基金相同
	托管费：ETF 部分不得计提托管费	
	费率：与开放式基金费率相同	

（5）上市开放式基金（Listed Open-ended Funds，LOF）。上市开放式基金是一种既可以在场外市场进行基金份额申购、赎回，又可以在交易所（场内市场）进行基金份额交易和基金份额申购或赎回的开放式基金。它是我国对证券投资基金的一种本土化创新。

表 14-6　LOF 与 ETF 的比较

	LOF	ETF
标的	基金份额与现金的对价	基金份额与“一揽子”股票
场所	代销网点、交易所	交易所
限制	没有特别要求	基金份额通常要求在 50 万份以上
投资策略	既可以是指数型基金，也可以是主动管理型基金	完全被动式管理方法
报价	1 天只提供 1 次或几次基金净值报价	每 15 秒提供一个基金净值报价

（6）合格的境内机构投资者基金。QDII 基金是指在一国境内设立，经该国有关部门批准从事境外证券市场的股票、债券等有价证券投资的基金。它为国内投资者参与国际市场投资提供了便利。2007 年我国推出了首批 QDII 基金。

（7）分级基金。分级基金又称为“结构型基金”“可分离交易基金”，是指在一只基金内部通过结构化的设计或安排，将普通基金份额拆分为具有不同预期收益与风险的两类（级）或多类（级）份额并可分离上市交易的一种基金产品。分级基金的净值收益其实都来源于母基金，只是把母基金的总收益按照一定的规则分配到子基金上去。简单来说，分级基金只是利益或者亏损再分配的过程。

分级基金通俗的解释就是，A 份额和 B 份额的资产作为一个整体投资，其中持有

B 份额的人每年向 A 份额的持有人支付约定利息，至于支付利息后的总体投资盈亏都由 B 份额承担。以某融资分级模式分级基金产品 X（X 称为母基金）为例，分为 A 份额（约定收益份额）和 B 份额（杠杆份额），A 份额约定一定的收益率，基金 X 扣除 A 份额的本金及应计收益后的全部剩余资产归入 B 份额，亏损以 B 份额的资产净值为限由 B 份额持有人承担。当母基金的整体净值下跌时，B 份额的净值优先下跌。相应地，当母基金的整体净值上升时，B 份额的净值在提供 A 份额收益后将获得更快的增值。B 份额通常以较大程度参与剩余收益分配或者承担损失而获得一定的杠杆。

目前，我国主要有三种类型的分级基金，分别是开放式分级基金、半封闭式分级基金、封闭式分级基金，其特点如表 14-7 所示。

表 14-7 分级基金的分类

<table>
<tr><th>类型</th><th>存在场外基础份额</th><th>场内上市份额</th><th>配对转换</th><th>场外基础份额</th><th>场内 A 份额</th><th>场内 B 份额</th></tr>
<tr><td>开放式</td><td>是</td><td>A 份额+B 份额</td><td>是</td><td>单独设代码，正常申购、赎回</td><td colspan="2">场内上市交易，但不可申购、赎回</td></tr>
<tr><td>半封闭式</td><td rowspan="2">否</td><td>B 份额</td><td rowspan="2">否</td><td rowspan="2">无</td><td>每 3 个月或 6 个月开放一次</td><td>上市交易，封闭期内不能申购、赎回</td></tr>
<tr><td>封闭式</td><td>A 份额+B 份额</td><td colspan="2">场内上市交易，封闭期内不可申购、赎回</td></tr>
</table>

关键术语

证券投资基金　共同基金　单位信托基金　集合投资计划　封闭式基金　开放式基金　契约型基金　公司型基金　股票基金　债券基金　货币市场基金　指数基金　公募基金　私募基金　在岸基金　离岸基金　交易型开放式指数基金　上市开放式基金　合格的境内机构投资者　分级基金

本章思考题

1. 证券投资基金与股票、债券及其他衍生品等投资产品的区别是什么？请收集资料说明。

2. 针对证券投资基金的五个特点，找出实例进行阐述。

3. 分析股票基金、债券基金、货币市场基金的特点，并将三者的区别进行分析。

4. 了解我国基金的发展历程，对其中出现的创新产品进行总结，绘制我国证券投资基金发展线路图。

5. 收集资料，对分级基金的发展历程进行了解，写出每个阶段的发展特点。

6. 收集资料，分析现有国际基金市场和国内基金市场的特点，并对比说明。

第十五章　证券投资基金管理

【学习目标】

掌握证券投资基金的基本运作流程，包括证券投资基金的募集认购和交易清算；掌握六种主要的基金的运作流程及特点；了解证券投资基金的资产估值的概念、目的、考虑的因素、程序和原则；了解证券投资基金品种的具体估值方法。

第一节　证券投资基金的基本运作

一、基金的基本运作流程

证券投资基金的基本运作流程主要包括两大块：第一部分是证券投资基金的募集认购；第二部分是证券投资基金的交易结算。

1. 基金的募集认购

基金的募集是指基金管理人根据有关规定向中国证监会提交募集申请文件、发售基金份额、募集基金的行为。基金的募集一般要经过申请、核准、发售、基金合同生效四个步骤。

（1）基金募集申请。我国基金管理人进行基金的募集，必须根据《证券投资基金法》的有关规定，向中国证监会提交相关文件。申请募集基金应提交的主要文件包括：募集基金的申请报告、基金合同草案、基金托管协议草案和招募说明书草案等。

（2）基金募集申请的核准。根据《证券投资基金法》的规定，中国证监会应当自受理基金募集申请之日起 6 个月内做出核准或不予核准的决定。基金募集申请经中国证监会核准后方可发售基金份额。

（3）基金份额的发售（认购）。基金管理人应当自收到核准文件之日起 6 个月内进行基金份额的发售。基金的募集期限自基金份额发售日开始计算，募集期限不得超过 3 个月。基金管理人应当在基金份额发售的 3 日前公布招募说明书、基金合同及其他有关文件。基金募集期间募集的资金应当存入专门账户，在基金募集行为结束前任何人不得动用。

（4）基金合同生效。①基金募集期限届满，基金管理人应当自募集期限届满之日起 10 日内聘请法定验资机构验资，并自收到验资报告起 10 日内，向中国证监会提交备案申请和验资报告，办理基金的备案手续。中国证监会自收到基金管理人验资报告和基金备案材料之日起 3 个工作日内予以书面确认；自中国证监会书面确认之日起，基金备案手续办理完毕，基金合同生效。基金管理人应当在收到中国证监会确认文件的次日发布基金合同生效公告。②基金募集期限届满，基金不满足有关募集要求的基金募集失败，基金管理人应承担以下责任：以固有财产承担因募集行为而产生的债务和费用；在基金募集期限届满后 30 日内返还投资者已缴纳的款项，并加计银行同期存款利息。

2. 基金的交易结算

基金的交易结算主要是指基金的交易和资金的清算。关于基金的交易，不同的基金有不同的规则，将会在后文进行阐述，此处重点讲述资金的清算。基金份额申购（认购）、赎回的资金清算是根据登记机构确认的投资者申购（认购）、赎回数据信息进行的。基金申购（认购）、赎回成功的投资者的资金将会从投资者的资金账户转移至基金在托管银行开立的基金银行存款账户或从基金账户转移至投资者的资金账户。资金清算流程如图 15-1 所示。

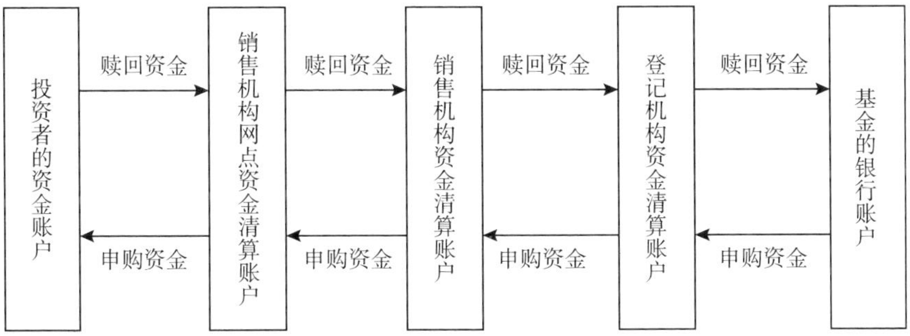

图 15-1 资金清算流程

二、封闭式基金的运作

1. 封闭式基金的募集认购

封闭式基金的募集又称封闭式基金份额的发售，是指基金管理人根据有关规定向中国证监会提交募集文件、发售基金份额、募集基金的行为。封闭式基金的募集要经过申请、核准、发售、备案、公告五个步骤。

封闭式基金的基金合同生效，要求在基金募集期限届满时，需满足募集的基金份额总额达到核准规模的80%以上、基金份额持有人不少于200人的要求。

封闭式基金的认购特点如表15-1所示。

表15-1 封闭式基金的认购特点

认购方式	网上发售：通过与证券交易所交易系统联网的全国各地的证券营业部，向公众发售基金份额
	网下发售：通过基金管理人指定的营业网点和承销商的指定账户，向机构或个人投资者发售基金份额
认购价格	一般采用1元基金份额面值加计0.01元发售费用的方式加以确定
认购程序	1. 开立深、沪证券账户或深、沪基金账户及资金账户
	2. 在资金账户中存入足够的资金
	3. 以"份额"为单位提交认购申请（认购申请一经受理就不能撤单）

2. 封闭式基金的上市交易

封闭式基金的上市交易特点如表15-2所示。

表15-2 封闭式基金的交易特点

上市交易条件		1. 基金的募集符合《证券投资基金法》的规定 2. 基金合同期限为5年以上 3. 基金募集金额不低于2亿元人民币 4. 基金份额持有人不少于1000人 5. 基金份额上市交易规则规定的其他条件
交易规则	账户开立	必须开立深、沪证券账户或深、沪基金账户及资金账户
	交易时间	每周一至周五（法定公众节假日除外）9:30~11:30、13:00~15:00
	交易原则	价格优先、时间优先
	报价单位	基金的申报价格最小变动单位为0.001元人民币，买入与卖出封闭式基金份额申报数量应当为100份或其整数倍，单笔最大数量应低于100万份
	交割	实行T+1日交割、交收

续表

交易费用	不得高于成交金额的 0.3%，起点 5 元；交易不收取印花税
折（溢）价率	折（溢）价率 $=\frac{\text{二级市场价格}-\text{基金份额净值}}{\text{基金份额净值}}\times100\%$ $=(\frac{\text{二级市场价格}}{\text{基金份额净值}}-1)\times100\%$

三、开放式基金的运作

1. 开放式基金的募集认购

（1）开放式基金的募集。开放式基金的募集是指基金管理公司根据有关规定，向中国证监会提交募集文件，首次发售基金份额募集基金的行为。开放式基金的募集程序包括申请、核准、发售、备案、公告五个步骤。

开放式基金的基金合同生效，要求在基金募集期限届满时，需满足募集份额总额不少于 2 亿份、基金募集金额不少于 2 亿元人民币、基金份额持有人不少于 200 人的要求。

（2）开放式基金的认购。投资者认购开放式基金，一般通过基金管理人或管理人委托的商业银行、证券公司等经国务院证券监督管理机构认定的其他机构办理。认购开放式基金通常分开户、认购和确认三个步骤（见表 15-3）。

表 15-3　开放式基金的认购程序

步骤	工作内容
开户	开立基金账户和资金账户
认购	填写认购申请表 按销售机构规定的方式全额缴款 在募集期内可多次认购基金份额，已受理认购申请不得撤销
确认	T 日提交认购申请，T+2 日查询认购申请的受理情况 若认购申请无效，资金退回

表 15-4 为开放式基金的认购方式、费用及份额计算。

表 15-4　开放式基金的认购方式、费用及份额计算

内容	说明
认购方式	金额认购，结束后再以基金面值为基准换算为认购数量
收费模式	前端收费：认购基金份额时就支付认购费用
	后端收费：认购基金份额时不收费，赎回基金份额时才支付认购费用
认购费率	认购费率不得超过认购金额的 5% 股票型基金的认购费率大多为 1%~1.5%，债券型基金的认购费率通常在 1%以下，货币型基金一般认购费为 0
认购费用及份额	$净认购金额=\frac{认购金额}{1+认购费率}$ 认购费用=净认购金额×认购费率 $认购份额=\frac{净认购金额+认购利息}{基金份额面值}$

2. 开放式基金的申购与赎回

投资者在开放式基金合同生效后，申请购买基金份额的行为通常被称为基金的申购。开放式基金的赎回是指基金份额持有人要求基金管理人购回其所持有的开放式基金份额的行为。

基金认购与基金申购略有不同，一般区别在于：①认购费一般低于申购费，在基金募集期内认购基金份额，一般会享受到一定的费率优惠。②认购是按 1 元进行认购，而申购通常是按未知价确认。③认购份额要在基金合同生效时确认，并且有封闭期；而申购份额通常在 T+2 日之内确认，确认后的下一工作日就可以赎回。

开放式基金的申购、赎回交易相关特点如表 15-5 所示。

表 15-5　开放式基金的交易特点

交易原则	股票基金、债券基金	1. “未知价”交易原则。投资者在申购、赎回股票基金、债券基金时并不能即时获知买卖的成交价格。申购、赎回价格只能以申购、赎回日交易时间结束后基金管理人公布的基金份额净值为基准进行计算。这与股票、封闭式基金等大多数金融产品按已知价原则进行买卖不同 2. 金额申购、份额赎回原则。股票基金、债券基金申购以金额申请，赎回以份额申请。这是适应未知价格情况下的一种最为简便、安全的交易方式。在这种交易方式下，确切的购买数量和赎回金额在买卖当时是无法确定的，只有在交易次日或更晚一些时间才能获知
	货币市场基金	1. 确定价原则。货币市场基金申购、赎回基金份额价格以 1 元人民币为基准进行计算 2. 金额申购、份额赎回原则。货币市场基金申购以金额申请，赎回以份额申请
交易场所		通过基金管理人的直销中心与基金销售代理人的代销网点进行

续表

交易时间		交易日的9:30~11:30、13:00~15:00
交易费用	申购费用	申购采用全额交款方式，申购费率不得超过申购金额的5%
	赎回费用	赎回费率不得超过基金份额赎回金额的5%，不得低于赎回费总额的25%，并应当归入基金财产
	销售费用	从基金财产中按一定比例计提
申购份额计算		$净申购金额=\frac{申购金额}{1+申购费率}$ 申购费用=净申购金额×申购费率 $申购金额=\frac{净申购金额}{申购当日基金单位净值}$
赎回金额计算		赎回金额=赎回总额-赎回费用 赎回总额=赎回数量×赎回日基金份额净值 赎回费用=赎回总额×赎回费率
交易款项支付		申购全额支付，赎回7日之内支付
交易登记		T+1日办理登记

3. 开放式基金份额的转换、非交易过户、转托管与冻结

开放式基金份额的转换是指投资者不需要先赎回已持有的基金份额，就可以将其持有的基金份额转换为同一基金管理人管理的另一基金份额的一种业务模式。基金份额的转换一般采取未知价法，按照转换申请日的基金份额净值为基础计算转换基金份额数量。

开放式基金非交易过户是指不采用申购、赎回等基金交易方式，将一定数量的基金份额按照一定规则从某一投资者基金账户转移到另一投资者基金账户的行为，主要包括继承、司法强制执行等方式。接受划转的主体必须是合格的个人投资者或机构投资者。

基金持有人可以办理其基金份额在不同销售机构的转托管手续。转托管在转出方进行申报，基金份额转托管一次完成。一般情况下，投资者于T日转托管基金份额成功后，转托管份额于T+1日到达转入方网点，投资者可于T+2日起赎回该部分基金份额。

基金注册登记机构只受理国家有权机关依法要求的基金账户或基金份额的冻结与解冻。基金账户或基金份额被冻结的，被冻结部分产生的权益（包括现金分红和红利再投资）一并冻结。

4. 开放式基金份额的登记

开放式基金份额的登记，是指投资者认购基金份额后，由登记机构为投资者建立基金账户，在投资者的基金账户中进行登记，标明投资者所持有的基金份额。基金份额登记过程实际上是注册登记机构通过注册登记系统对基金投资者所投资基金份额及其变动的确认、记账的过程。这个过程与基金的申购、赎回过程是一致的，具体流程如图 15-2 所示：

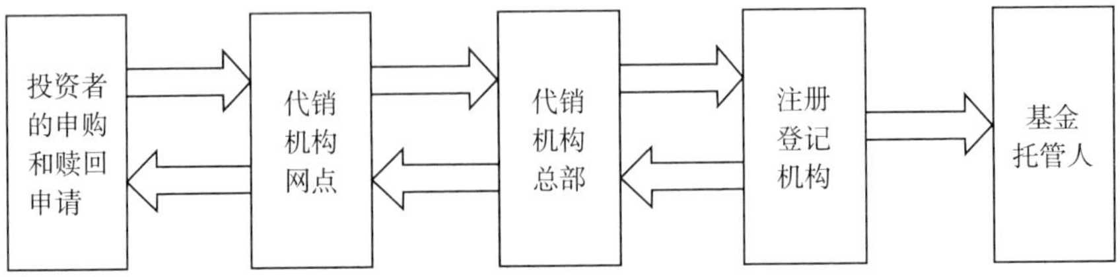

图 15-2 开放式基金的份额登记流程

四、ETF 基金的运作

1. ETF 份额的认购

ETF 份额的认购特点如表 15-6 所示。

表 15-6 ETF 份额认购特点

认购方式	现金认购：用现金认购 ETF 份额	场内现金认购：投资者通过基金管理人指定的发售代理机构以现金方式参与证券交易所网上定价发售
		场外现金认购：投资者通过基金管理人及其指定的发售代理机构以现金进行的认购
	证券认购：用指定证券换购 ETF 份额	
认购开户	场内现金认购：沪、深证券账户	
	场外现金认购：开放式基金账户或沪、深证券账户	
	证券认购：沪、深 A 股账户	
认购费用及份额	场内现金认购	认购佣金＝认购价格×认购份额×佣金比率 认购金额＝认购价格×认购份额×（1+佣金比率）
	场外现金认购	认购费用＝认购价格×认购份额×认购费率 认购金额＝认购价格×认购份额×（1+认购费率）
	证券认购	认购佣金＝认购价格×认购份额×佣金比率 $\text{净认购份额}=\frac{\text{认购份额}-\text{认购佣金}}{\text{认购价格}}$

2. ETF 份额的上市交易特点

ETF 份额的上市交易特点如表 15-7 所示。

表 15-7　ETF 的上市交易特点

份额折算	时间	建仓期不超过 3 个月，基金管理人以某一选定日期作为基金份额折算日，以标的指数的 1‰（或 1%）作为份额净值，对原来的基金份额进行折算
	登记	由基金管理人办理，并由登记结算机构进行基金份额的变更登记
	原则	持有人持有的基金份额占基金份额总额的比例不发生变化；基金份额折算对基金份额持有人的收益无实质性影响
	折算方法	$折算比例=\frac{计算当日的基金资产价值/基金总份额}{标的指数的收盘值/1000}$
上市交易原则		1. 上市首日的开盘参考价为前一工作日的基金份额净值 2. 实行价格涨跌幅限制，涨跌幅设置为 10%，从上市首日开始实行 3. 买入申报数量为 100 份及其整数倍，不足 100 份的部分可以卖出 4. 基金申报价格最小变动单位为 0.001 元
申购和赎回	场所	参与券商或参与券商提供的其他方式
	时间	基金自基金合同生效日后不超过 3 个月的时间起开始办理赎回 交易日的 9:30~11:30 和 13:00~15:00
	数额限制	最小申购、赎回单位为 50 万份或 100 万份
	原则	1. 采用份额申购、份额赎回的方式 2. 申购对价、赎回对价包括组合证券、现金替代、现金差额及其他对价 3. 申购、赎回申请提交后不得撤销
	程序	提出—确认与通知—清算交收与登记（T+2 日内）
	对价及费用	场内交付组合证券、现金替代、现金差额及其他对价，场外交付现金对价；申购赎回按照 0.5%的标准收取佣金
申购清单和赎回清单	清单内容	T 日申购、赎回清单公告内容包括最小申购、赎回单位所对应的组合证券内各成分证券数据、现金替代、T 日预估现金部分、T-1 日现金差额、基金份额净值及其他相关内容
	组合证券相关内容	申购、赎回清单将公告最小申购、赎回单位所对应的各成分证券名称、证券代码及数量
	现金替代相关内容	1. 三种情形： （1）禁止现金替代 （2）可以现金替代：替代金额=替代证券数量×该证券最新价格×（1+现金替代溢价比例） （3）必须现金替代：固定替代金额=申购、赎回清单中该证券的数量×该证券经除权调整的 T-1 日收盘价 2. 预估现金部分相关内容：T 日预估现金部分=T-1 日最小申购、赎回单位的基金资产净值-（申购、赎回清单中必须用现金替代的固定替代金额+申购、赎回清单中可以用现金替代成分证券的数量与 T 日预计开盘价相乘之和+申购、赎回清单中禁止用现金替代成分证券的数量与 T 日预计开盘价相乘之和） 3. 现金差额相关内容：T 日现金差额=T 日最小申购、赎回单位的基金资产净值-（申购、赎回清单中必须用现金替代的固定替代金额+申购、赎回清单中可以用现金替代成分证券的数量与 T 日收盘价相乘之和+申购、赎回清单中禁止用现金替代成分证券的数量与 T 日收盘价相乘之和）

续表

暂停申购、赎回的情形	1. 不可抗力导致基金无法接受申购、赎回 2. 证券交易所决定临时停市，导致基金管理人无法计算当日基金资产净值 3. 证券交易所、申购赎回代理证券公司、登记结算机构因异常情况无法办理申购、赎回 4. 法律法规规定或经中国证监会批准的其他情形

“最新价格”的确定原则为：①该证券正常交易时，采用最新成交价；②该证券正常交易中出现涨停时，采用涨停价格；③该证券停牌日当日有成交时，采用最新成交价；④该证券停牌且当日无成交时，采用前一交易日收盘价。

五、LOF 基金的运作

1. LOF 份额的认购

目前，我国只有深圳证券交易所开办 LOF 业务，因此本节主要介绍深圳证券交易所有关 LOF 的认购与交易规则（见表 15-8）。

表 15-8　LOF 份额认购的特点

认购方式	场外认购	场内认购
注册登记	中国结算公司的开放式基金注册登记系统	中国结算公司的证券登记系统
认购渠道	基金管理人及其代销机构的营业网点	具有基金代销业务资格的证券经营机构营业部
账户	中国结算公司深圳开放式基金账户	深圳人民币普通证券账户或证券投资基金账户
认购金额及佣金	$认购份额=\frac{净认购金额}{基金份额面值}$ 认购手续费=净认购金额×认购费率 $净认购金额=\frac{认购金额}{1+认购费率}$	认购金额=挂牌价格×认购份额×（1+证券公司佣金比率） 证券公司佣金=挂牌价格×认购份额×证券公司佣金比率 净认购金额=挂牌价格×认购份额

2. LOF 份额的上市交易与申购、赎回

LOF 基金合同生效后即进入封闭期，封闭期一般不超过 3 个月，封闭期内，基金不受理赎回。基金开放日后才可以进行基金的交易。LOF 基金的上市交易与申购、赎回的相关特点与封闭式基金基本相同，只在上市交易条件相对放松，减少了基金合同期限为 5 年以上的限制。但是，LOF 基金具有一个独特的特点，即可以进行转托管。

LOF 份额的转托管业务包含两种类型：系统内转托管和跨系统转托管。系统内转托管是指投资者将托管在某证券经营机构的 LOF 份额转托管到其他证券经营机构（场内到场内），或将托管在某基金管理人或其代销机构的 LOF 份额转托管到其他基金代销机构或基金管理人（场外到场外）的操作。跨系统转托管是指投资者将托管在某证券经营机构的 LOF 份额转托管到基金管理人或代销机构（场内到场外），或将托管在基金管理人或其代销机构的 LOF 份额转托管到某证券经营机构（场外到场内）。

目前，基金份额的跨系统转托管需要 2 个交易日的时间，即持有人 T 日提交基金份额跨系统转托管申请；如处理成功，T+2 日起，转托管转入的基金份额可赎回或卖出。并且处于下列情形之一的 LOF 份额不得办理跨系统转托管：

（1）处于募集期内或封闭期内的 LOF 份额。

（2）分红派息前 R−2 日至 R 日（R 日为权益登记日）的 LOF 份额。

（3）处于质押、冻结状态的 LOF 份额。

六、QDII 基金的运作

QDII 基金的运作包括认购和申购赎回，其相关规则与开放式基金基本相似，因此本节主要分析 QDII 基金与开放式基金的不同之处。

1. QDII 基金份额的认购

由于 QDII 基金主要投资于境外市场，与仅投资于境内证券市场的其他开放式基金相比，在认购的具体规定上有如下特点：

（1）发售 QDII 基金的基金管理人必须具备合格境内机构投资者资格和经营外汇业务资格。

（2）基金管理人可以根据产品特点确定 QDII 基金份额面值的大小。

（3）QDII 基金份额除可以用人民币认购外，也可以用美元或其他外汇货币为计价货币认购。

2. QDII 基金份额的申购与赎回

QDII 基金与一般开放式基金在申购和赎回上的区别：

（1）币种。一般情况下，QDII 基金申购、赎回的币种为人民币，但基金管理人可以在不违反法律法规规定的情况下，接受其他币种的申购、赎回，并提前公告。

（2）拒绝或暂停申购的情形。因为 QDII 基金主要投资于海外市场，所以拒绝或暂停申购的情形与一般开放式基金有所不同，如基金资产规模不可超出中国证监会、国家外汇管理局核准的境外证券投资额度等。

七、分级基金的运作

1. 分级基金份额的募集认购

我国分级基金的募集包括合并募集和分开募集两种方式。合并募集，是投资者以母基金代码进行认购。募集完成后，场外募集基础份额不进行拆分，场内募集基础份额在募集结束后自动分拆成子份额。分开募集，是分别以子代码进行认购，通过比例配售实现子份额的配比。目前，我国分开募集的分级基金仅限于债券型分级基金。

分级基金的认购与 LOF 类似，包括场外认购和场内认购两种方式，此处不再赘述。

2. 分级基金份额的上市交易及申购、赎回

（1）分级基金份额的上市交易。分开募集的分级基金，是分别以子代码进行募集，基金成立后，向深圳证券交易所提交上市申请，仅以子代码上市交易，母基金既不上市也不申购、赎回。

对于以母基金代码进行合并募集的分级基金，募集完成后，将基础份额按比例拆分为不同风险收益的子份额，部分或全部类别份额上市交易。目前我国发行的合并募集分级基金，通常是子份额上市交易，基础份额仅进行申购和赎回，不上市交易。因此，合并募集的分级基金募集完成后，通常是仅将场内认购的份额按比例拆分为子份额，场外认购的基金份额以基础份额的形式持有。

分级基金上市遵循证券交易所相关上市条件和交易规则。

（2）开放式分级基金份额的申购和赎回。开放式分级基金份额的申购和赎回包括场内和场外两种方式。

分开募集的分级基金，以子代码进行申购和赎回，母基金代码不能进行申购和赎回。

目前我国发行的合并募集的分级基金，通常只能以母基金代码进行申购和赎回，子基金份额只能上市交易，不能单独申购和赎回。场内申购的基础份额可以按比例拆分为子份额上市交易。投资者可以按初始份额配比比例将其持有的不同风险收益的子份额配对转换为基础份额，然后以母基金代码进行赎回。

开放式分级基金份额的场内、场外申购和赎回遵循 LOF 的原则和流程。

分级基金较普通基金复杂，风险更大，投资者需要具有更强的风险承受能力。自 2012 年起，新募集的分级基金要求设定单笔认购/申购的下限：合并募集的分级基金，单笔认购/申购金额不得低于 5 万元；分开募集的分级基金，B 类份额单笔认购/申购金额不得低于 5 万元。

（3）分级基金的跨系统转托管。由于分级基金份额是分系统登记的，登记在基金注册登记系统的基金份额只能申请赎回，不能直接在证券交易所卖出，登记在证券登记结算系统中的基金份额可以在证券交易所卖出。

基金份额持有人拟申请将登记在基金注册登记系统中的基金份额进行上市交易，必须先办理跨系统转托管，即将登记在基金注册登记系统中的基金份额转托管到证券登记结算系统。基础份额从基金注册登记系统中的基金份额转托管到证券登记结算系统后，将基础份额拆分为子基金份额后可以在证券交易所卖出。基金份额持有人也可以将登记在证券登记结算系统中的基金份额转托管到基金注册登记系统。

（4）分级基金的运作机制。

1）配对转换机制。配对转换机制指分级基金场内份额的合并与分拆，合并指同时持有A类份额和B类份额的投资者按照两类份额的份额配比合并成基础份额的行为。分拆指持有场内基础份额的投资者按照A类份额和B类份额的份额配比分拆成两类份额的行为。如果投资者持有的是场外基础份额，则可以把场外基础份额通过跨系统转托管的方式转为场内基础份额，然后进行分拆。

2）折算机制。折算机制的存在是为了对基金收益进行分配并且防止基金净值过低或过高。折算机制包括到期折算和到点折算（见表15-9）。

表15-9　分级基金的折算机制

分级基金种类	特点	到期折算	到点折算
开放式	无封闭期 场外母份额 A+B上市	每个滚动期末折算 对A类份额或母份额	B类份额下限一般设为0.15~0.5； 母份额上限一般设为2
半封闭式	有封闭期 仅B上市	每3月或6月折算 仅对A类份额折算	无
封闭式	有封闭期 A+B上市	无	无

到期折算（也称定期折算）指分级基金按照固定的周期（一般情况下，周期设置成1年或3年）将三类份额或者A类份额的净值调整为1元，超过1元的部分等额转换为母基金份额返还给投资者。

到点折算（也称不定期折算）指当母基金净值上涨至某一阈值或B类份额净值跌至某一阈值（向下不定期折算）时，母基金份额、B类、A类份额的净值全部变成1元，折算的原则是保证两类子份额的比例不变，则净值小于1元的子基金折算后份额相应地减少，类似缩股，净值超过1元的部分等额转换为母基金份额返还给投资者。

（5）分级基金套利。配对转换机制是分级基金的套利基础，通过一级申赎市场和二级买卖市场出现价格差异后，在两个市场进行倒腾和买卖就可以实现套利（见图 15-3）。

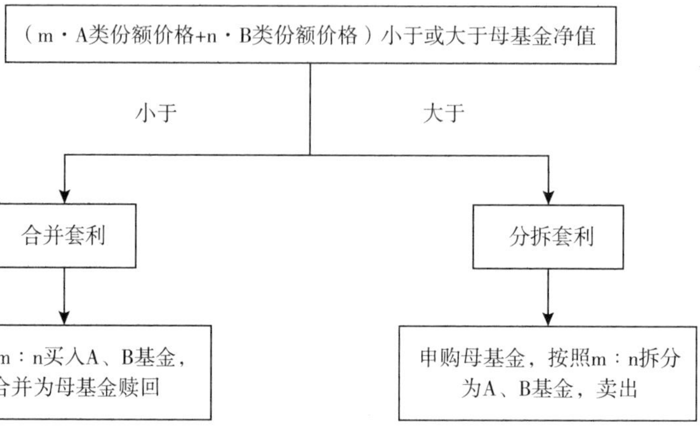

图 15-3　分级基金套利

第二节　证券投资基金的资产估值

一、证券投资基金资产估值的概念及意义

1. 基金资产估值的概念

基金资产估值是指通过对基金所拥有的全部资产及所有负债按一定的原则和方法进行估算，进而确定基金资产公允价值的过程。

基金资产总值是指基金全部资产的价值总和。从基金资产中扣除基金所有负债即是基金资产净值。基金资产净值除以基金当前的总份额，就是基金份额净值。用公式表示为：

$$\text{基金资产净值}=\text{基金资产}-\text{基金负债} \tag{15-1}$$

$$\text{基金份额净值}=\frac{\text{基金资产净值}}{\text{基金总份额}} \tag{15-2}$$

基金份额净值是计算投资者申购基金份额、赎回资金金额的基础，也是评价基金投资业绩的基础指标之一。

2. 基金资产估值的意义

由于基金份额净值是开放式基金申购份额、赎回金额计算的基础，直接关系到基金投资者的利益，要求基金份额净值的计算必须准确。对于基金投资者来说，申购者希望以低于实际价值的价格进行申购；赎回者希望以高于实际价值的价格进行赎回；而基金的现有持有人则恰恰相反，希望流入比实际价值更多的资金，流出比实际价值更少的资金。因此，基金份额净值必须是公允的。

二、证券投资基金资产估值需要考虑的因素

1. 估值频率

基金一般都按照固定的时间间隔对基金资产进行估值，通常监管法规会规定一个最小的估值频率。对开放式基金来说，估值的时间通常与开放申购、赎回的时间一致。目前，我国的开放式基金于每个交易日估值，并于次日公告基金份额净值。封闭式基金每周披露一次基金份额净值，但每个交易日也都进行估值。

海外的基金多数也是每个交易日估值，但也有一部分基金是每周估值一次，有的甚至每半个月、每月估值一次。基金估值的频率是由基金的组织形式、投资对象的特点等因素决定的，并在相关的发行法律文件中明确。

2. 交易价格

当基金只投资于交易活跃的证券时，对其资产进行估值较为容易。这种情况下，市场交易价格是可接受的，也是可信的，直接采用市场交易价格就可以对基金资产估值。

当基金投资于交易不活跃的证券时，资产估值问题则要复杂得多。在这种情况下，基金持有的证券要么没有交易价格，要么交易价格不可信。

比如我国的银行间债券市场就会经常出现以下情况：某些证券品种交易次数很少，或者根本就没有交易；某些品种开始时有交易，但交易越来越少。在我国股票市场上也有过某些出现严重问题的股票，由于涨、跌停板的限制，一些股票会接连几个交易日封于涨、跌停位置。

在上述情况下对基金资产进行估值时就需要非常慎重，其中证券资产的流动性是非常关键的因素。

3. 价格操纵及滥估问题

在对基金资产估值时还需注意价格操纵和滥估问题。例如，某债券流动性很差，基金管理人可以连续少量买入以“制造”出较高的价格，从而提高基金的业绩，这就是价格操纵。而在对流动性差的证券及问题证券进行估值时需要有主观判断，此时的主观判断如果由基金管理人来做出，便为滥估提供了机会。

因此，要避免基金资产估值时出现价格操纵及滥估现象，需要监管当局颁布更为详细的估值规则来规范估值行为，或者由独立的第三方进行估值。如果基金管理人通过估值技术获得所持有证券的公允价值，基金托管人应对基金管理人所采用的估值技术的科学性、合理性、合法性等方面进行审查，以保证通过估值技术获得的估值结果是公允的。

4. 估值方法的一致性及公开性

估值方法的一致性是指基金在进行资产估值时均应采取同样的估值方法，遵守同样的估值规则。估值方法的公开性是指基金采用的估值方法需要在法定募集文件中公开披露。假若基金变更了估值方法，也需要及时进行披露。

三、证券投资基金资产估值的程序、原则

1. 基金资产估值的责任人

我国基金资产估值的责任人是基金管理人，但基金托管人对基金管理人的估值结果负有复核责任。

为准确、及时地进行基金估值和份额净值计价，基金管理公司应制定基金估值和份额净值计价的业务管理制度，明确基金估值的原则和程序；建立健全估值决策体系；使用合理、可靠的估值业务系统；加强对业务人员的培训，确保估值人员熟悉各类投资品种的估值原则及具体估值程序；不断完善相关风险监测、控制和报告机制；根据基金投资策略定期审阅估值原则和程序，确保其持续适用性。

托管银行在复核、审查基金资产净值、基金份额申购和赎回价格之前，应认真审阅基金管理公司采用的估值原则和程序。当对估值原则或程序有异议时，托管银行有义务要求基金管理公司做出合理解释，通过积极商讨达成一致意见。

为提高估值的合理性和可靠性，行业还成立了基金估值工作小组。工作小组定期评估基金行业的估值原则和程序，并对活跃市场上没有市价的投资品种、不存在活跃市场的投资品种提出具体估值意见。基金管理人和托管银行在进行基金估值、计算基金份额净值及相关复核工作时，可参考工作小组的意见，但是并不能免除各自的估值责任。

2. 估值程序

（1）基金份额净值是按照每个开放日闭市后，基金资产净值除以当日基金份额的余额数量计算。

（2）基金日常估值由基金管理人进行。基金管理人每个工作日对基金资产估值后，将基金份额净值结果发给基金托管人。

（3）基金托管人按基金合同规定的估值方法、时间、程序对基金管理人的计算

结果进行复核，复核无误后签章返回给基金管理人，由基金管理人对外公布，并由基金注册登记机构根据确认的基金份额净值计算申购、赎回数额。月末、年中和年末估值复核与基金会计账目的核对同时进行。

3. 估值的基本原则

（1）对存在活跃市场的投资品种，如估值日有市价的，应采用市价确定公允价值。估值日无市价的，但最近交易日后经济环境未发生重大变化，应采用最近交易市价确定公允价值。估值日无市价的，且最近交易日后经济环境发生了重大变化的，应参考类似投资品种的现行市价及重大变化因素，调整最近交易市价，确定公允价值。有充分证据表明最近交易市价不能真实反映公允价值的（如异常原因导致长期停牌或临时停牌的股票等），应对最近交易的市价进行调整，以确定投资品种的公允价值。

（2）对不存在活跃市场的投资品种，应采用市场参与者普遍认同且被以往市场实际交易价格验证具有可靠性的估值技术确定公允价值。运用估值技术得出的结果，应反映估值日在公平条件下进行正常商业交易所采用的交易价格。采用估值技术确定公允价值时，应尽可能使用市场参与者在定价时考虑的所有市场参数，并应通过定期校验确保估值技术的有效性。

（3）有充足理由表明按以上估值原则仍不能客观反映相关投资品种公允价值的，基金管理公司应根据具体情况与托管银行进行商定，按最能恰当反映公允价值的价格估值。

4. 计价错误的处理及责任承担

（1）基金管理公司应制定估值及份额净值计价错误的识别及应急方案。当估值或份额净值计价错误实际发生时，基金管理公司应立即纠正，及时采取合理措施防止损失进一步扩大。当基金份额净值计价错误达到或超过基金资产净值的 0.25%时，基金管理公司应及时向监管机构报告；当计价错误达到 0.5%时，基金管理公司应当公告并报监管机构备案。

（2）基金管理公司和托管银行在进行基金估值、计算或复核基金份额净值的过程中，未能遵循相关法律法规规定或基金合同约定，给基金财产或基金份额持有人造成损害的，应分别对各自行为依法承担赔偿责任。因共同行为给基金财产或基金份额持有人造成损害的，应承担连带赔偿责任。

5. 暂停估值的情形

当基金有以下情形时，可以暂停估值：

（1）基金投资所涉及的证券交易所遇法定节假日或因其他原因暂停营业时。

（2）因不可抗力或其他情形致使基金管理人、基金托管人无法准确评估基金资产价值时。

（3）占基金相当比例的投资品种的估值出现重大转变，而基金管理人为保障投资人的利益已决定延迟估值。

（4）如出现基金管理人认为属于紧急事故的任何情况，会导致基金管理人不能出售或评估基金资产的。

（5）中国证监会和基金合同认定的其他情形。

四、具体几种投资品种的估值方法

1. 交易所上市、交易品种的估值

通常情况下，交易所上市的有价证券（包括股票、权证等）以其估值日在证券交易所挂牌的市价（收盘价）估值；交易所上市交易的债券按估值日收盘净价估值；交易所上市不存在活跃市场的有价证券，采用估值技术确定公允价值。交易所以大宗交易方式转让的资产支持证券，采用估值技术确定公允价值，在估值技术难以可靠计量公允价值的情况下，按成本进行后续计量。

2. 交易所发行未上市品种的估值

（1）首次发行未上市的股票、债券和权证，采用估值技术确定公允价值，在估值技术难以可靠计量公允价值的情况下按成本计量。

（2）送股、转增股、配股和公开增发新股等发行未上市股票，按交易所上市的同一股票的市价估值。

（3）首次公开发行有明确锁定期的股票，同一股票在交易所上市后，按交易所上市的同一股票的市价估值。

（4）非公开发行有明确锁定期的股票，按下述方法确定公允价值：①如果估值日非公开发行有明确锁定期的股票的初始取得成本高于在证券交易所上市交易的同一股票的市价，应采用在证券交易所上市交易的同一股票的市价作为估值日该股票的价值。②如果估值日非公开发行有明确锁定期的股票的初始取得成本低于在证券交易所上市交易的同一股票的市价，应按以下公式确定该股票的价值：

$$FV=C+(P-C)\frac{(D_t-D_r)}{D_t} \tag{15-3}$$

式中：FV 表示估值日该非公开发行有明确锁定期的股票的价值；C 表示该非公开发行有明确锁定期的股票的初始取得成本（因权益业务导致市场价格除权时，应于除权日对其初始取得成本做相应调整）；P 表示估值日在证券交易所上市交易的同一股票的市价；D_t 表示该非公开发行有明确锁定期的股票锁定期所含的交易所的交易天数；D_r 表示估值日剩余锁定期，即估值日至锁定期结束所含的交易所的交易天数（不含估值日当天）。

3. 交易所停止交易等非流通品种的估值

（1）因持有股票而享有的配股权，从配股除权日起到配股确认日止，如果收盘价高于配股价，按收盘价高于配股价的差额估值。收盘价等于或低于配股价，则估值为零。

（2）对停止交易但未行权的权证，一般采用估值技术确定公允价值。

（3）对于因重大特殊事项而长期停牌股票的估值，需要按估值基本原则判断是否采用估值技术。目前，中国证券业协会基金估值工作小组介绍了此类股票常用估值方法，包括指数收益法、可比公司法、市场价格模型法和估值模型法等，供基金管理人对基金估值时参考。另外，也有基金管理人参考“中证协基金估值指数”，采用指数收益法对部分长期停牌股票进行估值。

4. 全国银行间债券市场交易债券的估值

全国银行间债券市场交易的债券、资产支持证券等固定收益品种，采用第三方估值机构提供的相应品种当日的估值价格。

关键术语

封闭式基金　开放式基金　交易型开放式指数基金　上市开放式基金　合格的境内机构投资者　分级基金　资产估值

本章思考题

1. 某投资人投资 3 万元认购某开放式基金，认购资金在募集期间产生的利息为 5 元，其对应的认购费率为 1.8%，基金份额面值为 1 元，则其认购费用及认购份额为多少？

2. 某投资者通过场外（某银行）投资 1 万元申购某上市开放式基金，假设基金管理人规定的申购费率为 1.5%，申购当日基金份额净值为 1.025 元，则其申购手续费和可得到的申购份额为多少？

3. 某投资者赎回上市开放式基金 1 万份基金单位，持有时间为 1 年半，对应的赎回费率为 0.5%。假设赎回当日基金单位净值为 1.025 元，则其可得净赎回金额为多少？

4. 假设某投资者在某 ETF 基金募集期内认购了 5000 份 ETF，基金份额折算日的基金资产净值为 3127000230.95 元，折算前的基金份额总额为 3013057000 份，当日标的指数收盘值为 966.45 元。问该投资者的折算比例为多少？折算后的基金份额为多少？

5. 假设某基金持有的三种股票的数量分别为10万股、50万股和100万股，每股的收盘价分别为30元、20元和10元，银行存款为1000万元，对托管人或管理人应付未付的报酬为500万元，应付税费为500万元，已售出的基金份额2000万份。则该基金份额净值为多少？

6. 2011年3月15日，中央电视台对“双汇发展”子公司济源双汇公司猪肉使用瘦肉精事件进行了曝光，双汇发展股票于当日午盘后跌停，并于3月16日开始停牌。紧随其后，先后有二十几家公募基金公司公告对旗下基金持有的“双汇发展”采用估值技术估值。请采用本文的估值方法，对其进行估值。

第十六章　证券投资基金的投资管理及评价

【学习目标】

掌握证券投资基金投资管理步骤；了解证券投资基金投资决策流程和投资研究；掌握证券投资基金的资产配置含义、目标及考虑因素；掌握资产配置的流程、方法及类型；掌握证券投资基金的股票型投资策略和债券型投资策略；了解证券投资基金的绩效评价的意义及需要考虑的因素；了解证券投资基金的业绩衡量、业绩评价及业绩归因。

第一节　证券投资基金的投资管理

证券投资基金投资管理流程如图 16-1 所示。

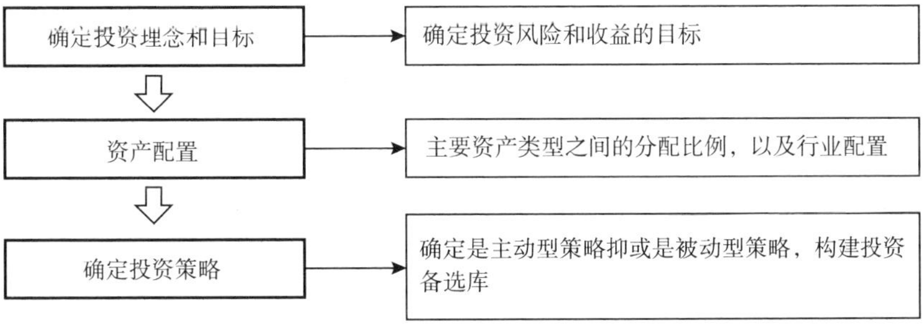

图 16-1　证券投资基金投资管理流程

一、确定投资理念和目标

确定投资理念和目标是证券投资基金管理的第一步，也是最基础的一步，因为这关系到基金经理在之后的资产配置和投资策略的选择。确定投资理念和目标主要包括两大环节：投资决策和投资研究。

1. 投资决策

投资决策是指基金管理公司中的投资决策委员会确定基金投资策略和投资组合的原则，以指导基金资产的运作。投资决策制定通常包括投资决策的依据、决策的方式和程序、投资决策委员会的权限和责任等内容。我国基金管理公司一般的投资决策程序是：公司研究发展部提出研究报告→投资决策委员会决定基金的总体投资计划→基金投资部制订投资组合的具体方案→风险控制委员会提出风险控制建议，具体流程如图 16-2 所示。

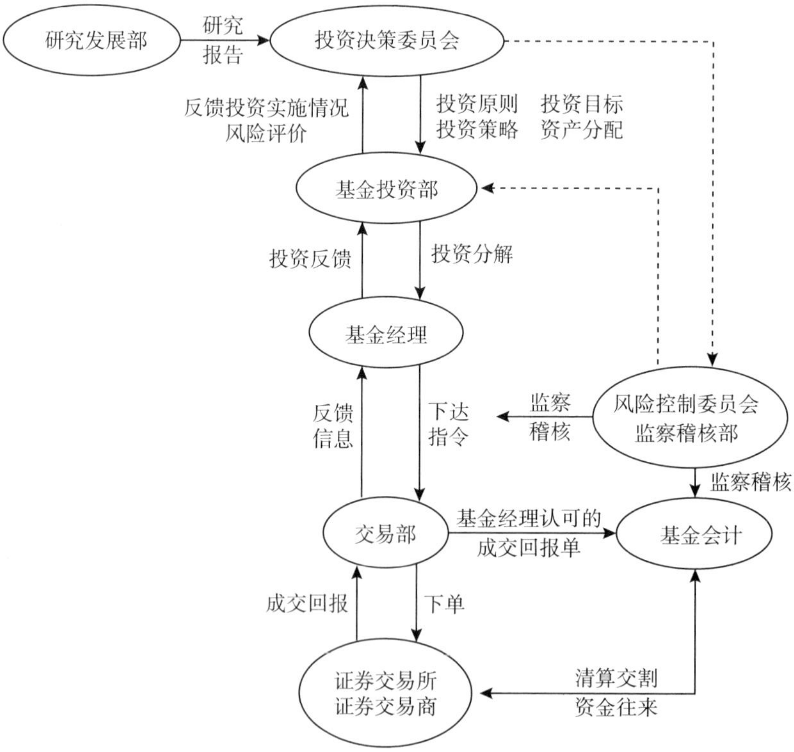

图 16-2 投资决策流程

2. 投资研究

投资研究是基金管理公司进行实际投资的基础和前提，基金实际投资绩效在很大程度上取决于投资研究的水平。基金管理公司研究部的研究内容一般包括宏观与策略研究、行业研究、投资对象研究。其中，投资对象研究又分为个股研究和债券研究，个股研究是针对股票投资的研究，侧重于股票投资价值的估值；而债券研究是针对债券投资的，主要侧重于债券久期的判断和券种的选择。

二、资产配置

1. 资产配置管理概述

（1）资产配置的含义及目标。资产配置是指根据投资需求将投资资金在不同资产类别之间进行分配，通常是将资产在低风险、低收益证券与高风险、高收益证券之间进行分配。在现代投资管理体制下，投资一般分为规划、实施和优化管理三个阶段。投资规划即资产配置，是资产组合管理决策制定步骤中最重要的环节。

资产配置的目标在于以资产类别的历史表现与投资者的风险偏好为基础，决定不同资产类别在投资组合中所占比重，从而降低投资风险，提高投资收益，消除投资者对收益所承担的不必要的额外风险。

（2）资产配置的主要考虑因素。资产配置过程是在投资者的风险承受能力与效用函数的基础上，根据各项资产在持有期间或计划范围内的预期风险收益及相关关系，在可承受的风险水平上构造能够提供最优回报率的资金配置方案的过程。一般来说，提供最好的、具有长期收益前景的投资项目和市场是有风险的，而具有最大安全程度的市场则只能提供相应的收益前景。资产配置作为投资管理中的核心环节，其目标在于协调提高收益与降低风险之间的关系，这与投资者的特征和需求密切相关。因而，短期投资者的最低风险战略可能与长期投资者的最低风险战略大不相同。除此之外，个人与机构投资者对资产配置也会有不同的选择。一般而言，进行资产配置主要考虑的因素有：

1）影响投资者风险承受能力和收益要求的各项因素。包括投资者的年龄或投资周期、资产负债状况、财务变动状况与趋势、财富净值和风险偏好等因素。一般情况下，对于个人投资者而言，个人的生命周期是影响资产配置的最主要因素。在最初的工作累积期，考虑到流动性需求和为个人长远发展目标进行积累的需要，投资应偏向风险高、收益高的产品；进入工作稳固期以后，收入相对而言高于支出，可适当选择风险适中的产品以降低长期投资的风险；当进入退休期以后，支出高于收入，对长远资金来源的需求也开始降低，可选择风险较低但收益稳定的产品，以确保个人累积的资产免受通货膨胀的负面影响。随着投资者年龄的日益增加，投资应该逐渐向节税产品倾斜。在整个投资过程中，机构投资者则更着重机构本身的资产负债状况以及股东、投资者的特殊需求。

2）影响各类资产的风险收益状况以及相关关系的资本市场环境因素。这些因素包括国际经济形势、国内经济状况与发展动向、通货膨胀、利率变化、经济周期波动和监管等。一般只有专业投资者和机构投资者会受到监管的约束。监管的各种法规、条例会随着时间的推移而变化，在进行资产配置时必须充分考虑各种市场和监管因素的变化和影响。

3）资产的流动性特征与投资者的流动性要求相匹配的问题。资产的流动性是指资产以公平价格售出的难易程度，体现投资资产时间尺度和价格尺度之间的关系。现金和货币市场工具如国库券、商业票据等是流动性最强的资产，而房地产、办公楼等则是流动性较差的资产。投资者必须根据自己短时间内处理资产的可能性，建立投资中流动性资产的最低标准。

4）投资期限。投资者在有不同到期日的资产（如债券等）之间进行选择时，需要考虑投资期限的安排问题。

5）税收考虑。税收结果对投资决策意义重大，因为任何一个投资策略的业绩都是由其税后利润的多少来进行评价的。对面临高税率的个人投资者和机构投资者而言，他们更重视在整个资产配置中合理选择避税或缓税的投资产品。

2. 资产配置的基本步骤

一般情况下，资产配置的过程包括以下几个步骤：明确投资目标和限制因素→明确资本市场的期望值→明确资产组合中包括的资产→确定有效资产组合的边界→寻找最佳的资产组合，具体流程如图 16-3 所示。

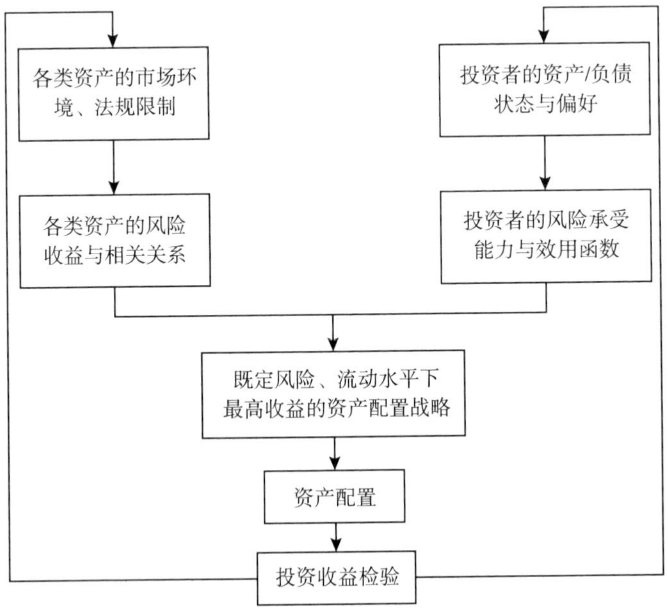

图 16-3 资产配置流程

3. 资产配置的基本方法

针对上述影响资产配置五个环节的主要因素，资产管理人需要采用相应方法加以对待，其中历史数据法和情景综合分析法是贯穿资产配置过程的两种主要方法。

（1）历史数据法。历史数据法假定未来与过去相似，以长期历史数据为基础，根据过去的经历推测未来的资产类别收益。有关历史数据包括各类型资产的收益率、以标准差衡量的风险水平以及不同类型资产之间的相关性等数据，并假设上述历史数据在未来仍然能够继续保持。在进行预测时一般需要按照通货膨胀预期进行调整，使调整后的实际收益率与过去保持一致。

（2）情景综合分析法。与历史数据法相比，情景综合分析法在预测过程中的分析难度和预测的适当时间范围不同，也要求更高的预测技能，由此得到的预测结果在一定程度上也更有价值。一般来说，情景综合分析法的预测期间在3~5年，这样既可以超越季节因素和周期因素的影响，能更有效地着眼于社会政治变化趋势及其对股票价格和利率的影响，也为短期投资组合决策提供了适当的视角，为战术性资产配置提供了运行空间。

运用情景综合分析法进行预测的基本步骤包括：分析目前与未来的经济环境，确认经济环境可能存在的状态范围，即情景→预测在各种情景下，各类资产可能的收益与风险，各类资产之间的相关性→确定各情景发生的概率→以情景的发生概率为权重，通过加权平均的方法估计各类资产的收益与风险。

（3）两种方法在资产配置过程中的运用。

1）确定投资者的风险承受能力。

目前，方差度量法是最常见、最简便的风险度量方法。下面分别利用历史数据法和情景综合分析法确定方差。

- 历史数据法

$$\sigma^2=\frac{1}{N}\sum_{t=1}^{n}(R_t-\bar{R})^2 \quad (16-1)$$

式中：R_t 表示 t 时期内的投资收益率；$\bar{R}$ 表示平均投资收益率；N 表示总体个数。

- 情景综合分析法

$$\sigma^2=\sum_{t=1}^{n}\{[R_i-E(R)]^2\cdot P_i\} \quad (16-2)$$

式中：R_i 表示在 i 情形下的投资收益率；P_i 表示 i 情形发生的概率；E（R）表示期望回报的投资收益率。

很显然，能够容忍投资组合的波动，或者愿意承担盈余波动的投资者将有机会选择更高收益的资产类别，从而提高长期收益，降低长期商业成本。

2）确定资产类别收益预期。

- 历史数据法

$$\overline{R}=\frac{1}{N}\sum_{t=1}^{n}R_t \tag{16-3}$$

式中：R_t 表示 t 时期内的投资收益率；N 表示总体个数。

- 情景综合分析法

$$E(R)=\sum_{i=1}^{n}(R_i\cdot P_i) \tag{16-4}$$

式中：R_i 表示在 i 情形下的投资收益率；P_i 表示 i 情况发生的概率。

（4）构造最优投资组合。

在确定资产类别收益预期的基础上，可以计算不同资产类别之间的相关程度以及不同资产之间投资收益率的相关程度（计算期望收益率、协方差和相关系数）。资产管理人还可以在每一风险水平上计算能够取得最高收益的投资组合的构成，即构成资本资产定价模型中的有效市场前沿。

1）确定不同资产投资之间的相关程度。

- 历史数据法

$$Cov_{(1,2)}=\frac{1}{N}\sum_{t=1}^{N}(R_{t,1}-\overline{R_1})(R_{t,2}-\overline{R_2}) \tag{16-5}$$

式中：$R_{t,1}$表示资产 1 在 t 时期的投资收益率；$R_{t,2}$表示资产 2 在 t 时期的投资收益率；$\overline{R_1}$表示资产 1 的期间平均投资收益率；$\overline{R_2}$表示资产 2 的期间平均投资收益率；N 表示总体的个数。

- 情景综合分析法

$$Cov_{(1,2)}=\sum_{i=1}^{n}\{P_i\cdot[R_{i,1}-E(R_1)]\cdot[R_{i,2}-E(R_2)]\} \tag{16-6}$$

式中：$R_{i,1}$表示在 i 情形下资产 1 的投资收益率；$R_{i,2}$表示在 i 情形下资产 2 的投资收益率；P_i 表示情形发生的概率；$E(R_1)$表示资产 1 的期望投资收益率；$E(R_2)$表示资产 2 的期望投资收益率。

2）确定不同资产投资之间的投资收益率相关程度。

$$\rho_{1,2}=\frac{Cov_{(1,2)}}{\sigma_1\cdot\sigma_2} \tag{16-7}$$

当 $\rho_{1,2}=+1$ 时，说明两种资产的投资收益情况呈完全正相关关系，E(R)落在 L 线上；当 $\rho_{1,2}=-1$ 时，说明两种资产的投资收益情况呈完全负相关关系，E(R)落在直线 BC 和 CA 上；当 $\rho_{1,2}=0$ 时，说明两种资产的投资收益之间没有任何相关关系。一般情况下，$\rho\in(-1,\ 1)$ 且 $\rho\neq0$，即所有资产均为风险资产，E(R)落在曲线 AB 上。

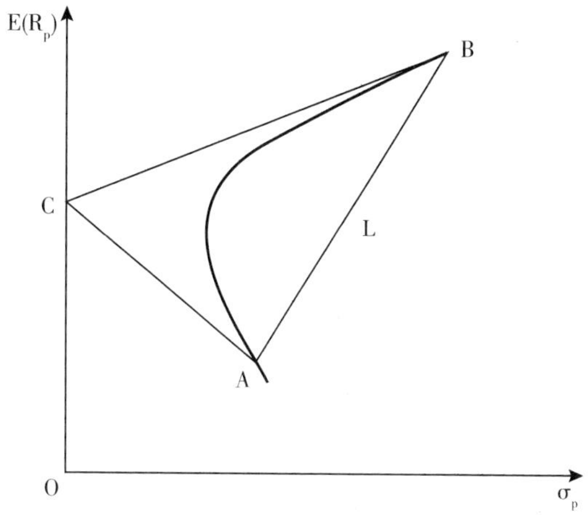

图 16-4　相关系数对投资组合收益与风险的影响

3）确定有效市场前沿。

明确了单一资产的投资收益率、风险状况这两者之间的相关程度以及与收益的相关关系，则可计算资产组合的期望收益率和风险，从而确定有效市场前沿。具体计算方法如下：

- 计算组合的期望收益率

$$E(R_p)=\omega_1 E(R_1)+\omega_2 E(R_2) \tag{16-8}$$

式中：$E(R_1)$表示资产 1 的期望投资收益率；$E(R_2)$表示资产 2 的期望投资收益率；ω_1 表示资产 1 在资产组合中的比例；ω_2 表示资产 2 在资产组合中的比例。

- 计算资产配置的风险

$$\sigma_p^2=\omega_1^2\sigma_1^2+\omega_2^2\sigma_2^2+2\omega_1\omega_2\sigma_1\sigma_2\rho_{1,2} \tag{16-9}$$

式中：σ_1 表示资产 1 的投资收益风险度；σ_2 表示资产 2 的投资收益风险度；$\rho_{1,2}$ 表示资产 1 和资产 2 的期望投资收益率相关度。

- 确定有效市场前沿

在确定了资产组合的投资风险、期望收益率以及不同资产之间的投资收益相关度以后，必须对所有组合进行检验，找到在同一风险水平下能够令期望投资收益率最大化的资产组合，或者是在同一期望投资收益率下风险最小的资产组合。所有满足这一要求的资产组合形成了有效市场前沿线。

4. 资产配置类型

资产配置在不同层面有不同含义。

（1）从范围上看，可分为全球资产配置，股票、债券资产配置和行业风格资产配置等。全球资产配置的期限在 1 年以上；股票、债券资产配置的期限为半年；行业资产配置的时间最短，一般根据季度周期或行业波动特征进行调整。

(2) 从时间跨度和风格类别上看，可分为战略性资产配置、战术性资产配置和资产混合配置等。资产配置的战略性资产配置策略以不同资产类别的收益情况与投资者的风险偏好、实际需求为基础，构造一定风险水平上的资产比例，并保持长期不变。战术性资产配置则是在战略资产配置的基础上根据市场的短期变化，对具体的资产比例进行微调。不同范围资产配置在时间跨度上往往不同。

表 16-1 不同资产配置类型的特点

资产配置类型	战略性资产配置	战术性资产配置
对投资者的风险承受和风险偏好的认识和假设	根据实际情况的改变重新估计投资者偏好与风险承受能力是否发生了变化	假定投资者的风险承受能力与效用函数是较为稳定的
对资产管理人把握资产投资收益变化的能力要求	风险收益特征与资产管理人对资产类别收益变化的把握能力相关性较低	资产管理人能够准确地预测市场变化，并且能够有效地实施动态资产配置投资方案

(3) 从配置策略上可分为买入并持有策略、恒定混合策略、投资组合保险策略和动态资产配置策略等。买入并持有策略属于消极型的长期再平衡策略，是指按确定的、恰当的资产配置比例构造了某个投资组合后，在诸如 3~5 年的适当持有期间内不改变资产配置状态，保持这种组合。恒定混合策略、投资组合保险策略和动态资产配置策略则相对较为积极。恒定混合策略是指保持投资组合中各类资产的比例固定；投资组合保险策略是在将一部分资金投资于无风险资产从而保证资产组合最低价值的前提下，将其余资金投资于风险资产，并随着市场的变动调整风险资产和无风险资产的比例，同时不放弃资产升值潜力的一种动态调整策略；动态资产配置是根据资本市场环境及经济条件对资产配置状态进行动态调整，从而增加投资组合价值的战略。

表 16-2 资产配置策略的特点

资产配置策略	买入并持有策略	恒定混合策略	投资组合保险策略
市场变动时的行动方向	不行动	下降时买，上升时卖	下降时卖，上升时买
支付模式	直线	凹形	凸形
有利的市场环境	牛市	易变，波动性大	强趋势
要求的市场流动性	小	适度	高

一般而言，从实际操作经验看，资产管理者多以时间跨度和风格类别为基础，结合投资范围确定具体的资产配置策略。

三、确定投资策略

1. 股票投资策略

股票投资组合管理是在组合管理投资理念的基础上发展起来的。分散风险和最大化投资收益是组合管理的基本目标。根据对市场有效性的不同判断，股票投资组合管理又衍化出积极型与消极型两类投资策略。积极型投资策略旨在通过基本分析和技术分析构造投资组合，并通过买卖时机的选择和投资组合结构的调整，获得超过市场组合收益的回报。消极型投资策略则以拟合市场投资组合为主要目的，通过跟踪误差，尽量缩小投资组合与市场组合的差异，并以获得市场组合平均收益为主要目标。

（1）积极型股票投资策略。积极型股票投资策略是投资经理人在长期的实践摸索中逐步形成的多样化投资策略的集合表现形式，在长期的发展过程中形成了各种不同的理论基础和具体的操作方法。归纳起来大致包括以下几种：在否定弱式有效市场前提下的以技术分析为基础的投资策略，如道氏理论、移动平均法、价格与交易量的关系等理论；在否定半强式有效市场前提下的以基本分析为基础的投资策略，如低市盈率法和股利贴现模型等；结合对弱式有效市场和半强式有效市场的挑战，人们提出了市场异常策略，常见的包括小公司效应、低市盈率效应、日历效应、遵循公司内部人交易等。

（2）消极型股票投资策略。消极型股票投资策略以有效市场假说为理论基础，可以分为简单型和指数型两类策略。①简单型消极投资策略一般是在确定了恰当的股票投资组合之后，在 3~5 年的持有期内不再发生积极的股票买入或卖出行为，而进出场时机也不是投资者关注的重点。简单型消极投资策略具有交易成本和管理费用最小化的优势，但同时也放弃了从市场环境变化中获利的可能，适用于资本市场环境和投资者偏好变化不大，或者改变投资组合的成本大于收益的情况。②指数型消极投资策略的核心思想是相信市场是有效的，任何积极的股票投资策略都不能取得超过市场的投资收益，因此复制一个与市场结构相同的指数组合，就可以排除非系统性风险的干扰而获得与市场相同或相近的投资回报。因此，采取指数型策略的投资管理人并不试图用基本分析的方式来区分价值被高估或低估的股票，也不试图预测股票市场的未来变化，而是力图模拟市场构造投资组合，以取得与市场组合相一致的风险收益结果。

2. 债券投资策略

（1）积极债券组合管理。债券市场积极型投资策略主要通过对错误定价债券的识别以及市场利率的预测来获取债券市场的超额收益。主要包括水平分析策略、债券互换策略和骑乘收益率曲线策略。

水平分析策略是一种基于对未来利率预期的债券组合管理策略，其中一种主要的形式为利率预期策略。在这种策略下，债券投资者基于其对未来利率水平的预期来调整债券资产组合，以使其保持对利率变动的敏感性。由于久期是衡量利率变动敏感性的重要指标，这意味着如果预期利率上升，就应当缩短债券组合的久期；如果预期利率下降，则应当增加债券组合的久期。

债券互换策略是指同时买入和卖出具有相近特性的两个以上债券品种，从而获取收益级差的策略。其思想是通过对债券或其组合在水平比较分析中的收益率预测来主动调换债券，用定价过低的债券替换定价过高的债券，或用收益率较高的债券替换收益率较低的债券。主要包括替代互换、市场间利差互换以及税差激发互换。替代互换是指在债券出现暂时的市场定价偏差时，将一种债券替换成另一种完全可替代的债券，以期获取超额收益；市场间利差互换是不同市场之间债券的互换；税差激发互换是指通过债券互换来减少年度的应付税款，从而提高债券投资者的税后收益率。

骑乘收益率曲线策略，又称收益率曲线追踪策略，可以视为水平分析的一种特殊形式。债券的收益率曲线随时间变化而变化，因此债券投资者能够以债券收益率曲线形状变动的预期为依据来建立和调整组合头寸。

（2）消极债券组合管理。消极的债券组合管理者通常把市场价格看为均衡交易价格，因此他们并不试图寻找低估的品种，而只关注于债券组合的风险控制。在债券投资组合管理过程中，通常使用两种消极管理策略：一种是指数策略，目的是使所管理的资产组合尽量接近于某个债券市场指数的表现；另一种是免疫策略，这是被许多债券投资者所广泛采用的策略，目的是使所管理的资产组合免予市场利率波动的风险。

指数策略和免疫策略都假定市场价格是公平的均衡交易价格。它们的区别在于处理利率暴露风险的方式不同。债券指数资产组合的风险报酬结构与所追踪的债券市场指数的风险报酬结构近似；而免疫策略则试图建立一个几乎是零风险的债券资产组合，在这个组合中，市场利率的变动对债券组合的表现几乎毫无影响。

指数化投资策略的目标是使债券投资组合达到与某个特定指数相同的收益，它以市场充分有效的假设为基础。这种策略虽然可以达到预期的绩效，但往往放弃了获得更高收益的机会或不能满足投资者对现金流的需求。

F. M. Reddington 于 1952 年最早提出免疫策略，他把免疫策略定义为："资产投资以这样的方式进行，在这种方式下，已有商业免予受利率一般波动的影响"。免疫策略主要有单一免疫策略、多重免疫策略和现金流匹配策略。

第二节　证券投资基金的评价

一、证券投资基金的评价概述

概括而言，基金评价就是依据科学的方法，通过对基金业绩的衡量，对基金经理或基金公司的投资能力做出评价，目的就是要将具有优秀投资能力的基金经理（基金管理人）甄别出来。基金评价有狭义与广义之分，狭义的基金评价只涉及基金产品本身表现的评价，而广义的基金评价则会包括对基金公司的评价。本章内容仅限于狭义的基金评价。

狭义的基金评价涉及业绩衡量（Performance Measurement）、业绩评价（Performance Evaluation）与业绩归因分析（Attribution Analysis）三个方面。业绩衡量侧重于回答“是”什么的问题，业绩评价侧重于回答业绩“好坏”的问题，而归因分析则侧重于探寻业绩“好坏”的原因。

1. 证券投资基金的业绩评价的意义

从应用的角度看，对投资者而言，基金评价可以为投资者提供选择基金的依据，帮助投资者监测基金表现；对基金管理公司而言，基金评价不但可以帮助其了解竞争对手、促进市场营销，而且还为其进行投资监控、改善投资表现提供了重要的反馈机制；对投资顾问而言，基金评价更成为其进行基金分析、推荐基金的有力武器；对基金监管机构而言，规范基金评价业务，对维护市场的公平竞争、保护投资者的利益具有重要的意义。

2. 证券投资基金的业绩评价需要考虑的因素

不同基金的投资目标、范围、比较基准等均有差别。因此，基金的表现不能仅仅看回报率。为了对基金业绩做出有效的衡量，下列因素必须加以考虑：

（1）基金的投资目标。基金的投资目标不同，其投资范围、操作策略及其所受的投资约束也就不同。例如，债券型基金与股票型基金由于投资对象不同，在基金业绩衡量上就不具有可比性。再如，一个仅可以进行小型股票投资的基金经理与一个仅投资于大型公司的基金经理也不具有可比性。因此，在业绩比较中必须注意投资目标对基金业绩衡量可比性所造成的影响。

（2）基金的风险水平。现代投资理论表明，投资收益是由投资风险驱动的，而投资组合的风险水平却深深地影响着组合的投资表现，表现较好的基金可能仅仅是由于其所承担的风险较高所致。因此，为了对不同风险水平基金的投资表现做出恰当的考察，必须考察该基金所获得的收益是否足以弥补其所承担的风险水平，即需要在风险调整的基础上对基金的业绩加以衡量。

（3）基金规模。基金存在一些固定成本，如研究费用和信息获得费用等。与小规模基金相比，规模较大的基金的平均成本更低，可以有效地减少非系统性风险。但是基金规模过大，对可选择的投资对象、被投资股票的流动性等都有不利影响。

（4）时期选择。在基金业绩比较中，计算的开始时间和所选择的计算时期不同，衡量结果也会不同。一些公司常常会挑选对自己有利的计算时期进行业绩的发布。因此，必须注意时期选择对业绩评价可能造成的偏误。

3. 证券投资基金的业绩评价的原则

为了规范基金评价业务，中国证监会于2009年11月颁布了《证券投资基金评价业务管理暂行办法》，要求以公开形式发布基金评价结果的机构在从事基金评价业务的过程中应遵循下列原则：

（1）长期性原则，即注重对基金的长期评价，培育和引导投资人的长期投资理念，不得以短期、频繁的基金评价结果误导投资人。

（2）公正性原则，即保持中立地位，公平对待所有评价对象，不得歪曲、诋毁评价对象，防范可能发生的利益冲突。

（3）全面性原则，即全面综合评价基金的投资收益和风险或基金管理人的管理能力，不得将单一指标作为基金评级的唯一标准。

（4）客观性原则，即基金评价过程和结果客观准确，不得使用虚假信息作为基金评价的依据，不得发布虚假的基金评价结果。

（5）一致性原则，即基金评价标准、方法和程序保持一致，不得使用未经公开披露的评价标准、方法和程序。

（6）公开性原则，即使用市场公开披露的信息，不得使用公开披露信息以外的数据。

二、证券投资基金的业绩衡量

基金收益率的计算是衡量基金业绩的第一步。基金收益率是证券或投资组合在一定时间内获得的回报，测量的是证券或投资组合的增值或贬值。

1. 证券投资基金收益率的计算

（1）简单（净值）收益率。它的计算不考虑分红再投资时间价值的影响，其计算公式与股票持有期收益率的计算类似：

$$R=\frac{NAV_t+D-NAV_{t-1}}{NAV_{t-1}}\times 100\% \qquad (16-10)$$

式中：R 表示简单收益率；NAV_t、NAV_{t-1}表示期末、期初基金的份额净值；D 表示在考察期内，每份基金的分红金额。

简单（净值）收益率由于没有考虑分红的时间价值，因此只能是一种基金收益率的近似计算。

（2）时间加权收益率。时间加权收益率由于考虑到了分红再投资，能更准确地对基金的真实投资表现做出衡量。

时间加权收益率的假设前提是红利以除息前一日的单位净值减去每份基金分红后的份额净值立即进行了再投资。分别计算分红前后的分段收益率，时间加权收益率可由分段收益率的连乘得到：

$$\begin{aligned}R&=[(1+R_1)(1+R_2)\cdots(1+R_n)-1]\times 100\%\\&=\left[\frac{NAV_1}{NAV_0}\times\frac{NAV_2}{NAV_1-D_1}\times\cdots\times\frac{NAV_{n-1}}{NAV_{n-2}-D_{n-2}}\times\frac{NAV_n}{NAV_n-D_{n-1}}\right]\times 100\%\end{aligned} \qquad (16-11)$$

式中：R_1 表示第一次分红之前的收益率；R_2 表示第一次分红至第二次分红期间的收益率，以此类推；NAV_0 表示基金期初份额净值；NAV_1、…、NAV_{n-1}分别表示除息前一日基金份额净值；NAV_n 表示期末份额净值；D_1、D_2、…、D_{n-1}表示份额基金分红。

在时间加权收益率的计算上，另一种更容易理解的方法是，将分红转换成基金份额进行再投资。时间加权收益率反映了 1 元投资在不取出的情况下（分红再投资）的收益率，其计算将不受分红多少的影响，可以准确地反映基金经理的真实投资表现，现已成为衡量基金收益率的标准方法。

（3）算术平均收益率与几何平均收益率。在对多期收益率的衡量与比较上，常常会用到平均收益率指标。平均收益率的计算有两种方法：算术平均收益率与几何平均收益率。

1）算术平均收益率的计算公式为：

$$R_{\bar{A}}=\frac{\sum_{t=1}^{n}R_t}{n}\times 100\% \qquad (16-12)$$

式中：R_t 表示各期收益率；n 表示期数。

2）几何平均收益率的计算公式为：

$$R_{\bar{G}}=\left(\sqrt[n]{\prod_{t=1}^{n}(1+R_t)}-1\right)\times 100\% \qquad (16-13)$$

一般地，算术平均收益率要大于几何平均收益率，每期的收益率差距越大，两种平均方法的差距越大。

几何平均收益率可以准确地衡量基金表现的实际收益情况，因此，常用于对基金过去收益率的衡量上。算术平均收益率一般可以用作对平均收益率的无偏估计，因此它更多地被用来对将来收益率的估计。1 年以上的长期收益率往往需要转换为便于比较的年平均收益率。

（4）年度（化）收益率。有时需要将阶段收益率换算成年收益率，这就涉及年度收益率（简称年化收益率）的计算。年化收益率有简单年化收益率与精确年化收益率之分。已知季度收益率，简单年化收益率的计算公式如下：

$$R_{年}=\sum_{i=1}^{4}R_i \tag{16-14}$$

式中：$R_{年}$ 表示年化收益率；R_i 表示季度收益率。

已知季度收益率，精确年化收益率的计算公式为：

$$R_{年}=\prod_{i=1}^{4}(1+R_i)-1 \tag{16-15}$$

类似地，可以将周收益率、月收益率转换为年化收益率。

2. 证券投资基金绩效的收益率衡量

上述收益率给出了基金经理人的绝对表现，但投资者却无法据此判断基金经理人业绩表现的优劣。基金表现的优劣只能通过相对表现才能做出评判。分组比较与基准比较是两个最主要的比较方法。

（1）分组比较法。分组比较就是根据资产配置的不同、风格的不同、投资区域的不同等，将具有可比性的相似基金放在一起进行业绩的相对比较，其结果常以排序、百分位、星号等形式给出。这种比较要比不分组的全域比较更能得出有意义的衡量结果。

分组比较的基本思路是，通过恰当的分组，尽可能地消除由于类型差异对基金经理人相对业绩所造成的不利影响。如由于股票市场周期性波动的影响，一段时间以来，增长型基金的表现普遍较好，而价值型基金的表现较差。如果将它们分在一组比较，价值型基金的相对表现就会普遍较差，而增长型基金的相对表现就会较好。这种由于市场原因而引起的业绩的相对变动将不利于对基金经理投资技巧高低的区分。

尽管分组比较目前仍然是最普遍、最直观、最受媒体欢迎的业绩评价方法，但该方法在应用上却存在一系列潜在的问题。第一，在如何分组上，要做到公平分组很困难，从而也就使比较的有效性受到质疑。第二，很多分组含义模糊，因此有时投资者并不清楚在与什么比较。第三，分组比较隐含地假设了同组基金具有相同的风险水平，但实际上同组基金之间的风险水平可能差异很大，未考虑风险调整因素的分组比较也就存在较大的问题。第四，如果一个投资者将自己所投资的基金与同组中中位基金的业绩进行比较，由于在比较之前，无法确定该基金的业绩，而且中位基金会不断变化，因此也就无法很好地比较。第五，投资者更关心的是基金是否达到了其投资目的，如果仅关注基金在同组的相对比较，将会偏离业绩评价的根本目的。

（2）基准比较法。基准比较法是通过给被评价的基金定义一个适当的基准组合，比较基金收益率与基准组合收益率的差异来对基金表现加以衡量的一种方法。基准组合是可投资的、未经管理的、与基金具有相同风格的组合。

一个良好的基准组合应具有如下五个方面的特征：①明确的组成成分，即构成组合的成分证券的名称、权重是非常清晰的。②可实际投资的，即可以通过投资基准组合来跟踪积极管理的组合。③可衡量的，即指基准组合的收益率具有可计算性。④适当的，即与被评价基金具有相同的风格与风险特征。⑤预先确定的，即基准组合的构造先于被评估基金的设立。基准组合既可以是全市场指数、风格指数，也可以是由不同指数复合而成的复合指数。

与分组比较法一样，基准比较法在实际应用中也存在一定的问题：一是在如何选取适合的指数上，投资者常常会无所适从，因为要从市场上已有的指数中选出一个与基金投资风格完全对应的指数非常困难。二是基准指数的风格可能由于其中股票性质的变化而发生变化。如价值指数中的股票，可能会变为成长型的股票，如果不进行定期调整，该指数就不适宜再作为衡量价值基金表现的基准继续使用。同样，基金的风格也可能随时间的变化而变化。三是基金经理常有与基准组合比赛的念头。这方面主要存在两种做法：一种是通过持有不包括在基准中的资产，尽力在业绩上超过基准组合的表现；另一种做法是尽力模仿基准组合，而不思进取。四是公开的市场指数并不包含现金余额，但基金在大多数情况下不可能进行全额投资，这也会为比较增加困难。五是公开的市场指数并不包含交易成本，而基金在投资中必定会有交易成本，也常常引起比较上的不公平。

3. 风险调整业绩衡量方法

现代投资理论表明，承担风险的大小在决定投资组合的收益上具有基础性的作用，因此高回报的基金可能仅仅是由于其承担了较高的风险，而表现较差的基金并不一定是由于基金经理的投资能力不足，可能只是因为其风险暴露较低。因此，上述用收益率衡量业绩的方法存在很大的不足，因此下面将介绍考虑风险调整的几种基金业绩衡量方法。

（1）夏普指数。这是由诺贝尔经济学得主威廉·夏普于 1966 年提出的另一个风险调整衡量指标。夏普指数以标准差作为基金风险的度量，给出了基金份额标准差的超额收益率。用公式可表示为：

$$S_p = \frac{\overline{R_p} - \overline{R_f}}{\sigma_p} \tag{16-16}$$

式中：S_p 表示夏普指数；$\overline{R_p}$表示基金的平均收益率；$\overline{R_f}$表示基金的平均无风险利率；σ_p 为基金的标准差。

分别以月度、季度计量可得到基金的月夏普指数、季夏普指数等。为便于比较，通常情况下夏普指数以年或年化数据进行计算，这时标准差也要进行相应的年化处理：

$$\sigma_{年化}=\sigma_{周}\times\sqrt{52}=\sigma_{月}\times\sqrt{12}=\sigma_{季}\times\sqrt{4} \tag{16-17}$$

式中：$\sigma_{周}$、$\sigma_{月}$、$\sigma_{季}$ 表示周、月、季标准差。

夏普指数调整的是全部风险，因此，当某基金就是投资者的全部投资时，可以用夏普指数作为业绩衡量的适宜指标。

（2）特雷诺指数。第一个风险调整衡量方法是由特雷诺（Treynor，1965）提出的，因此也就被人们称为“特雷诺指数”。特雷诺指数给出了基金份额系统风险的超额收益率。用公式可表示为：

$$T_p=\frac{\overline{R_p}-\overline{R_f}}{\beta_p} \tag{16-18}$$

式中：T_p 表示基金的特雷诺指数；$\overline{R_p}$表示考察期内基金的平均回报率；$\overline{R_f}$表示考察期内平均无风险收益率；β_p 表示基金的系统风险。

特雷诺指数用的是系统风险而不是全部风险，因此，当一项资产只是资产组合中的一部分时，特雷诺指数就可以作为衡量业绩表现的恰当指标加以应用。

特雷诺指数的问题是无法衡量基金经理的风险分散程度。β值并不会因为组合中所包含的证券数量的增加而降低，因此当基金分散程度提高时，特雷诺指数可能并不会变大。

（3）詹森指数。它是由詹森（Jensen，1968，1969）在 CAPM 模型基础上发展出的一个风险调整差异衡量指标。根据 CAPM 模型，在 SML 线上可以构建一个与施加积极管理的基金组合的系统风险相等的、由无风险资产与市场组合组成的消极投资组合。詹森认为，将管理组合的实际收益率与具有相同风险水平的消极（虚构）投资组合的期望收益率进行比较，二者之差可以作为业绩优劣的一种衡量标准，即：

$$\alpha_p=R_p-E(R_p) \tag{16-19}$$

实际应用中，对詹森指数的最佳估计可以通过下面的回归方程进行：

$$R_{pt}-R_{ft}=\hat{\alpha}_p+\hat{\beta}_p(R_{mt}-R_{ft}) \tag{16-20}$$

或有：

$$\hat{\alpha}_p=R_p-[\overline{R_f}+(\overline{R_m}-\overline{R_f})\hat{\beta}] \tag{16-21}$$

式中：R_{mt}为市场指数收益率；R_{ft}为无风险收益率；$\hat{\alpha}_p$为 α_p 的最小二乘估计；$\hat{\beta}_p$为 β_p 的最小二乘估计。

如果$\hat{\alpha}_p=0$，说明基金组合的收益率与处于同等风险水平的被动组合的收益率不存在显著差异，该基金的表现就被称为是中性的。只有成功地预测到市场变化或正确地选择股票，或同时具备这两种能力，施加积极管理的基金组合才会获得超过 SML 线上相应组合的超常业绩表现，这时$\hat{\alpha}_p>0$。而$\hat{\alpha}_p<0$ 则表示基金的业绩表现差强人意。

（4）信息比率。信息比率（IR）以马科维茨的均异模型为基础，可以用以衡量基金的均异特性。其计算公式如下：

$$IR=\frac{\overline{D_p}}{\sigma_{D_p}} \tag{16-22}$$

$D_P=R_P-R_b$，表示基金与基准组合的差异收益率；$\overline{D_P}=\overline{R_P}-\overline{R_b}$，表示差异收益率的均值；$\sigma_{D_P}=\sqrt{\frac{\sum_{t=1}^{T}(D_{pt}-\overline{D_p})^2}{T-1}}$是差异收益率的标准差。

基金收益率相对于基准组合收益率的差异收益率的均值，反映了基金收益率相对于基准组合收益率的表现。基金收益率与基准组合收益率之间的差异收益率的标准差，通常被称为“跟踪误差”（Tracking Error），反映了积极管理的风险。信息比率越大，说明基金经理单位跟踪误差所获得的超额收益越高。因此，信息比率较大的基金其表现要好于信息比率较低的基金。

（5）M^2 测度。尽管可以根据夏普指数的大小对组合业绩表现的优劣加以排序，但夏普指数本身的数值却难以加以解释。为此，诺贝尔经济学奖获得者 France Modigliani 与其孙女 Leah Modigliani（1997）提出了一个赋予夏普比率以数值化解释的指标，即 M^2 测度的指标：

$$M^2=\overline{R}_{P*}-\overline{R}_M=S_P\sigma_M+R_f-\overline{R}_M=\frac{\sigma_M}{\sigma_P}(\overline{R}_P-R_f)-\overline{R}_M+R_f \tag{16-23}$$

式中：M^2 表示测度；$\overline{R}_P$、$\overline{R}_{P*}$表示水平下的平均收益率；σ_P、σ_M 表示基金和市场组合 M 的标准差；R_f 表示无风险收益率。

这一方法的基本思想就是通过无风险利率下的借贷，将被评价组合（基金）的标准差调整到与基准指数相同的水平下，进而对基金相对基准指数的表现做出考察。由于 M^2 测度实际上表现为两个收益率之差，因此也就比夏普指数更容易为人们所理解与接受。不过，M^2测度与夏普指数对基金业绩表现的排序是一致的。

三、证券投资基金的业绩评价

基金的业绩评价是指对基金经理的投资能力进行评价。基金经理的投资能力是指基金经理对市场整体走势的预测能力。具有投资能力的基金经理能够正确地估计市场的走势，因而可以在牛市时，降低现金头寸或提高基金组合的 β 值；在熊市时，提高现金头寸或降低基金组合的 β 值。下面介绍几种评价基金经理的投资能力的方法。

1. 现金比例变化法

在市场繁荣期，成功的投资能力表现为基金的现金比例或持有的债券比例应该较小；在市场萧条期，基金的现金比例或持有的债券比例应较大。现金比例变化法就是一种较为直观的、通过分析基金在不同市场环境下现金比例的变化情况来评价基金经理投资能力的一种方法。为便于说明，这里将债券等同为现金，并以债券指数的收益率作为现金收益率，只考虑基金在股票与现金资产之间进行资产的转换。

使用这种方法，首先需要确定基金的正常现金比例。正常现金比例既可以是基金投资政策规定的，也可以用评价期基金现金比例的平均值作为代表。实际现金比例相对于正常现金比例的偏离即可以被看作主动性的择时活动所致，进而可以用下式衡量择时活动的“损益”情况：

择时损益=(股票实际配置比例-正常配置比例)×股票指数收益率+(现金实际配置比例-正常配置比例)×现金收益率

2. 成功概率法

成功概率法是根据对市场走势的预测而正确改变现金比例的百分比来对基金投资能力进行衡量的方法。由于股票市场的涨跌概率各占 60%与 40%，因此一个没有任何市场预测能力的基金经理，如果总是将市场看作牛市，其正确预测市场的概率将高达 60%。为了对这种衡量偏误加以纠正，使用成功概率法对投资能力进行评价的一个重要步骤是需要将市场划分为牛市和熊市两个不同的阶段，通过分别考察基金经理在两种情况下的预测能力，从而对基金的投资能力做出衡量。

设 P_1 表示基金经理正确地预测到牛市的概率，P_2 表示基金经理正确地预测到熊市的概率，成功概率可由下式给出：

$$成功概率=(P_1+P_2-1)\times 100\% \tag{16-24}$$

3. 二次项法

一个成功的市场选择者，能够在市场处于涨势时提高其组合的 β 值，而在市场处于下跌时降低其组合的 β 值。因此，对于一个成功的市场选择者而言，其 β 值可表示为：

$$\beta_{it}=\beta_i+\gamma_i(r_{mt}-r_f) \tag{16-25}$$

正值的 γ_i 表明，组合经理能随市场的上涨（下跌）而提升（降低）其组合的系统风险。将上式代入单因素詹森指数模型，就得到了一个带有二次项的、可以将詹森的总体衡量分解为选股能力 α 和市场选择能力 γ_i 的模型：

$$r_i-r_f=\alpha+\beta_i(r_m-r_f)+\gamma_i(r_m-r_f)^2+\varepsilon_i \tag{16-26}$$

原假设是 $\gamma_i=0$。如果 $\gamma_i>0$，表明基金经理具有成功的市场选择能力。也就是说，一个成功的市场选择者能够在市场高涨时提高组合的 β 值，在市场低迷时降低 β 值。

二次项法是由特雷诺与梅热（Masuy）于 1966 年提出的，因此通常又被称为“T-M 模型”。

4. 双贝塔方法

亨芮科桑和莫顿（Henriksson 和 Melton）于 1981 年提出了另一种相似却更为简单地对选股和投资能力进行估计的方法。他们假设，在具有投资能力的情况下，资产组合的 β 值只取两个值：市场上升时期 β 取较大的值，市场下降时期 β 取较小的值。于是，亨芮科桑和莫顿通过在一般回归方程中加入一个虚拟变量来对投资能力进行估计：

$$r_i-r_f=\alpha+\beta_1(r_m-r_f)+\beta_2(r_m-r_f)D+\varepsilon_i \qquad (16-27)$$

式中：D 是一个虚拟变量。当 $r_m>r_f$ 时，$D=1$；当 $r_m<r_f$ 时，$D=0$。ε_i 是零均值的随机残差。如果 β_2 为正，说明存在市场选择能力。α 用来衡量经理的选股表现。这样，基金的 β 值在市场下跌时为 β_1，在市场上扬时为 $\beta_1+\beta_2$。因此，这种方法被称为“双 β 模型”或“H-M 模型”。

T-M 模型和 H-M 模型关于选股和市场选择的表述很相似，只是对管理组合的 SML 的非线性做了不同的处理。

四、证券投资基金的业绩归因

在计算出基金超额收益的基础上可以将其分解，研究基金超额收益的组成。这就是基金的业绩归因。基金业绩归因的方法有很多种。对于股票型基金，业内比较常用的业绩归因方法是 Brinson 方法。这种方法较为直观、易理解，它把基金收益与基准组合收益的差异归因于四个因素：资产配置、行业选择、证券选择以及交叉效应。

1. 资产配置与证券选择

基金在不同资产类别上的实际配置比例对正常比例的偏离，代表了基金经理在资产配置方面所进行的积极选择。因此，不同类别资产实际权重与正常比例之差乘以相应资产类别的市场指数收益率的和，就可以作为资产配置选择能力的一个衡量指标。类似地，基金在不同类别资产上的实际收益率与相应类别资产指数收益率的不同，代表了基金经理在证券选择方面所进行的积极操作的贡献。因此，基金在不同类别资产上的实际收益率与相应类别资产指数收益率的差乘以基金在相应资产的实际权重的和，就可以作为证券选择能力的一个衡量指标。

假设在一个考察期，基金 P 包括了 N 类资产，基金在第 i 类资产上事先确定的正常的（政策规定的）投资比例为 ω_{bi}，而实际的投资比例为 ω_{pi}。第 i 类资产所对应的基准指数的收益率为 r_{bi}，基金在该类资产上的实际投资收益率为 r_{pi}。

根据投资组合收益率的计算公式，在考察期内基金的实际收益率可表示为：

$$r_p = \sum_{i=1}^{N} \omega_{pi} r_{pi} \tag{16-28}$$

基准组合的收益率可表示为：

$$r_b = \sum_{i=1}^{N} \omega_{bi} r_{bi} \tag{16-29}$$

$(r_p - r_b)$代表了基金收益率与基准的差异收益率。资产配置效果（贡献）可由下式给出：

$$T_p = \sum_{i=1}^{N} (\omega_{pi} - \omega_{bi}) r_{bi} \tag{16-30}$$

当 $T_p>0$，说明基金经理在资产配置上具有良好的选择能力；反之，则说明基金经理在资产配置上不具有良好的选择能力。资产配置实际上反映了基金经理对各个市场走势的预测能力，因此资产配置能力实际上反映了基金在宏观上的择时能力。

证券选择效果（贡献）可由下式给出：

$$S_p = \sum_{i=1}^{N} (r_{pi} - r_{bi}) \omega_{bi} \tag{16-31}$$

同样，$S_p>0$，表示基金经理具有良好的证券选择能力。

不难验证有：$r_p - r_b = T_p + S_p$

2. 行业选择

用于考察基金资产配置能力类似的方法，可以对基金在各类资产内部细类资产的选择能力上进行进一步的衡量。这里仅在股票投资方面对基金在行业或部门上的选择能力进行说明。

假设在一个考察期内，基金在第 j 个行业上的实际投资比例为 ω_{pj}，而第 j 个行业在市场指数中的权重为 ω_j，第 j 个行业的行业指数在考察期内的收益率为 r_j，那么，行业或部门选择能力则可以用下式加以衡量：

$$T = \sum_{j=1}^{n} (\omega_{pi} - \omega_j) r_j \tag{16-32}$$

从基金股票投资收益率中减去股票指数收益率，再减去行业或部门选择贡献，就可以得到基金股票选择的贡献。

关键术语

资产配置　战术性资产配置　战略性资产配置　积极资产配置　消极资产配置

业绩衡量　业绩评价　归因分析　夏普指数　特雷诺指数　詹森指数　信息比率

本章思考题

1. 假设有两家公司，一家是橙汁生产公司，另一家是雨伞制造公司。两家公司的业绩都易受到天气的影响。橙汁生产公司的业绩在天气晴朗的情况下较好，而雨伞制造公司的业绩在天气阴雨的情况下较好。假设在未来一年天气平均较为晴朗的概率为50%，平均较为阴雨的概率为50%。两个公司在两种状态下的预期收益率如表16-3所示。求两个公司的预期收益率。

表16-3　预期收益率

单位：%

	晴朗	阴雨
橙汁生产公司	10	-2
雨伞制造公司	-4	10

2. 请对比股票投资型策略和债券投资型策略，说明分别在何种情境下更为适用。

3. 假设某投资者在2014年12月31日，买入1股A公司股票，价格为100元，2015年12月31日，A公司发放3元分红，同时其股价为105元。那么该区间内资产回报率、收入回报率、总持有区间的收益率分别为多少？

4. 假设某基金在2012年12月3日的单位净值为1.4848元，2013年9月1日的单位净值为1.7886元。其间该基金曾于2013年2月28日每份额派发红利0.275元。该基金2013年2月27日（除息日前一天）的单位净值为1.8976元，则该基金在这段时间内的时间加权收益率为多少？

5. 已知某基金近三年来累计收益率为26%，那么应用几何平均收益率计算的该基金的年平均收益率应为多少？

6. 假设当前一年期定期存款利率（无风险收益率）为5%，基金P和证券市场在一段时间内的表现如表16-4所示。则基金P的风险与整个市场相比如何？

表16-4　基金P和证券市场在一段时间内的表现

	基金P	证券市场（M）
平均收益率（%）	40	25
标准差	0.5	0.25

第十七章　远期与期货市场

【学习目标】

掌握远期合约和期货的概念及分类；了解期货合约的条款及交易机制；掌握期货合约定价的主要理论；掌握期货市场的主要功能。

衍生产品市场在金融领域变得越来越重要。现在，期货和期权交易在全世界的许多交易所都十分活跃。在场外市场，金融机构、基金经理和企业的资金部之间经常进行远期合约、互换、期权和其他形式的衍生产品交易。我们经常看到衍生产品被嵌入债券，用于公司高管的报酬，用于资本投资项目，用于将按揭风险从发起人转移到投资人，等等。我们已经进入一个崭新的阶段，在这一阶段，每一个金融从业人员都应该了解衍生产品市场的运作机制、衍生产品的应用以及产品的定价过程。

衍生产品（Derivative）是指由某种更为基本的变量派生出来的产品。衍生产品的标的变量常常是某种交易资产的价格。例如，股票期权是由股票派生出的衍生产品。然而，衍生产品价格几乎可以依赖于任何变量，其中包括猪肉价格、某个滑雪胜地的降雪量。

远期是最基本、最古老的衍生产品。期货则是远期的标准化。在这一章里，我们将重点了解远期合约与期货合约。

第一节　远期合约的基本内容

一、远期合约的定义

远期合约（Forward Contract）是一种比较简单的衍生产品，它是在将来某一指定时刻以约定价格买入或卖出某一产品的合约。在远期合约中，同意在将来某一时刻以某一约定价格买入资产的一方被称为多头（Long Position）。相应地，同意在将来的某一时刻以同一约定价格卖出资产的另一方被称为空头（Short Position）。

远期合约与即期合约（Spot Contract）对应，即期合约是指在今天就要买入或者卖出资产的合约，而远期合约是在今天达成合约但是在未来某一约定时间完成交割。远期合约是在场外交易市场中金融机构之间或金融机构与其客户之间的交易。一般来说，双方协议确定合约的各项条款，其合约条件是为买卖双方量身定制的，满足了买卖双方的特殊要求，一般通过场外交易市场（OTC）达成。

远期合约的交易机制可以归纳为两大特征：分散的场外交易和非标准化合约。

远期合约不在交易所交易，而是在金融机构之间或金融机构与客户之间通过谈判后签署。已有的远期合约也可以在场外市场交易流通。由于技术手段的发展，现代远期交易已经发展成为通过计算机网络相互连通的全球性场外市场，其交易主要是私下进行的，基本不受监管当局的监督。

由于不在交易所集中交易，而是交易双方具体谈判商定细节，远期合约的另一个重要特点就是非标准化。在签署远期合约之前，双方就可以就交割地点、交割时间、交割价格、合约规模、标的物的品质等细节进行谈判，以便尽量满足双方的需要。

二、远期合约的分类

远期合约分为商品远期合约和金融远期合约。根据标的资产的不同，常见的金融远期合约有远期利率协议、远期外汇协议、远期股票合约等。

1. 远期利率协议

远期利率协议（Forward Rate Agreements，FRA）是买卖双方同意从未来某一商定的时刻开始，在某一特定时期内按协议利率借贷一笔数额确定、以特定货币表示的名义本金的协议。合约中最重要的条款要素为协议利率，通常称为远期利率，即现在时刻的将来一定期限的利率。例如，1×4 远期利率，表示 1 个月之后开始的期限为 3 个月的远期利率；3×6 远期利率，则表示 3 个月之后开始的期限为 3 个月的远期利率。

【例 17-1】假定某甲公司预期在未来的 3 个月内将借款 100 万美元，借款的时间为 6 个月。假定该公司准备以伦敦同业拆借利率获得资金。现在 LIBOR 利率为 6%，公司希望筹资成本不高于 6.5%，为了控制筹资成本，该公司与 B 客户签署了一份远期利率协议。

交易的 B 客户担心未来利率会下降，希望资金利率为 6%以上。

最终协议约定的利率为 6.25%，名义本金 100 万美元，协议期限为 6 个月，自现在起3个月内有效。这在市场上被称作"3-9"月远期利率协议，或简称为3×9远期利率协议。

协议规定，如果3个月有效期内市场的LIBOR高于6.25%，B客户将向甲公司提供补偿，补偿的金额为利率高于6.25%的部分6个月期的利息。

如果在3个月有效期内，利率低于6.25%，甲公司将向B客户提供补偿，补偿的金额则为利率低于6.25%部分6个月期的利息。

如果在3个月有效期内规定利率正好为6.25%，则双方不必支付也得不到补偿。这样，无论在有效期内市场利率发生什么样的变化，双方都锁定了自己所需的利率。

如果在有效期内，6个月期贷款利率涨了，比如涨到7%，甲公司就可以从B客户获得3750美元（0.75%×1000000美元×6/12=3750美元）的补偿。这样甲公司在市场上虽然是以7%的利率借的资金，但是考虑到所得到的补偿，实际的利率被补偿在6.25%的水平上。

如果在有效期内，市场的利率没有达到6.25%的水平，比如只有5.75%，B客户就可以从甲公司获得2500美元（0.50%×1000000美元×6/12=2500美元）的补偿。这样B客户在市场上虽然是5.75%的利率储蓄的，但是考虑到所得到的补偿，实际得到的利率仍然是6.25%。

协议中的参考利率常常选择那些不太容易被操纵的有明确意义的利率，如LIBOR、银行优惠利率、短期国库券利率等。

2. 远期外汇协议

远期外汇协议（Forward Exchange Agreements，FXA）是指双方约定在将来某一时间按约定的汇率买卖一定金额的某种外汇的合约。交易双方在签订合同时，就确定将来交割时的汇率，到时不论汇率如何变化，都按此汇率交割。在交割时，名义本金通常并不交割，而只交割合同中规定的远期汇率与当时的即期汇率之间的差额。应该注意的是，有些国家由于外汇管制，因此本金不可交割。这种外汇远期协议被称为本金不可交割远期（Non-Deliverable Forwards，NDF），它与本金可交割但不交割远期（Non-Delivery Forwards）是不同的，要注意区别。例如在新加坡，就有人民币兑美元的NDF市场。

随着远期外汇交易的扩大，远期汇率波动的风险日益突出。为了规避这种风险，汇率协议（Exchange Rate Agreements，ERA）应运而生。ERA实际上是远期的远期外汇协议，其远期期限是从未来的某个时点开始计算得到。如1×4ERA是指从起算日之后的一个月（结算日）开始计算的为期3个月的远期外汇协议。

3. 远期股票合约

远期股票合约（Equity Forwards）是指在将来某一特定日期按特定价格交付一定数量单个股票或"一揽子"股票的协议。远期股票合约在世界上出现时间不长，总交易规模也不大。

总的来说，作为场外交易的非标准化合约，远期的优势在于灵活性很大，可以根据交易双方的具体需要签订远期合约，比较容易规避监管。但相应地，远期合约也有其明显的缺点：首先，远期合约没有固定集中的交易场所，不利于信息交流和传播，不利于形成和发现统一的市场价格，市场效率较低。其次，每份远期合约千差万别，给远期合约的二级流通造成了较大不利，因此远期合约的流通性较差。最后，远期合约的履约没有保证，当价格变动对一方有利时，对方有可能无力或无诚意履行合约，因此远期合约的违约风险（Default Risk）相对较高。正是这些缺陷促成了期货市场的发展。

三、远期价值和远期价格

远期合约中规定的未来交易价格被称为“交割价格”。显然，远期协议一旦签订，在协议到期之前交割价格是不会改变的。下面再介绍“远期价值”（Forward Value）和“远期价格”（Forward Price）的概念。

所谓远期价值，是指远期合约本身的市场合理价值。例如，一个交割价格为10元、交易数量为100单位、距离到期日还有1年的远期合约，如果标的资产当前的市场价格为15元，市场无风险连续复利率为10%，则对多头来说，该远期合约的价值就为 $(15-10\times e^{-10\%\times1})\times100=595$ 元。对空头来说，该远期合约价值就为-595元。

关于远期价值的讨论要分远期合约签订时和签订后两种情形。在签订远期合约时，如果市场是有效的，对于一份公平的合约，多空双方所选择的交割价格应使远期价值在签署合约时等于零。这意味着无须成本就可处于远期合约的多头或空头状态。在远期合约签订以后，由于交割价格不再变化，多空双方的远期价值将随着标的资产价格的变化而变化。显然，如果标的资产价格高于交割价格的现值，多方的远期价值就是正的而空方的远期价值就是负的，反之亦然。

远期价格则是一个不同的概念。所谓远期价格，是指使远期合约价值为零的交割价格。定义远期价格为F，前述例子中的远期价格就是使 $(15-F\times e^{-10\%\times1})\times100=0$ 的F，简单计算可得F=16.58元。也就是说，当交割价格为16.58元时，该远期价值才等于零。

远期价格是理论上的交割价格。关于远期价格的讨论也要分为远期合约签订时和签订后两种情形。在一份远期合约签订时，如果实际交割价格不等于这个理论上的远期价格，该远期合约价值对于多空双方来说就都不为零。也就是说，签订的当时即有一方盈利而另一方亏损，是一份不公平的合约，实际上隐含了套利空间。一份公平合理的远期合约在签订的当时应使交割价格等于远期价格。在远期合约签订以后，交割价格已经确定，远期合约价值不一定为零，远期价格也就不一定等于该交割价格。前述例子中，远期价格与交割价格差异的贴现（16.58-10）$\times e^{-10\%\times 1}\times 100=595$ 元，正好等于多头的远期价值。也就是说，远期合约签订后，远期价格与交割价格差异的贴现决定了远期价值。

第二节　期货合约的基本内容

一、期货合约的定义

与远期合约类似，期货合约（Futures Contract）是在将来某一指定时刻以约定价格买入或卖出某一产品的标准化合约。与远期合约不同的是，期货合约交易是在交易所进行的。为了保证交易的正常进行，交易所对期货合约指定了一些标准特性。期货合约的交易双方并不一定知道交易对手，交易所设定了一套机制来保证交易双方履行合约承诺，如每日盯市结算和保证金制度等。

与远期合约的分类相似，根据标的资产不同，常见的金融期货主要可分为股票指数期货、外汇期货和利率期货等。其中，股票指数期货是指以特定股票指数为标的资产的期货合约。外汇期货则以货币作为标的资产，如美元、英镑、日元等。利率期货是指标的资产价格依赖于利率水平的期货合约，如欧洲美元期货和长期国债期货等。它们与前面介绍的远期利率协议、远期外汇协议和远期股票合约的区别主要体现在交易机制的不同上。

二、期货合约的条款

期货交易的基本特征就是在交易所集中交易和标准化，这两个特征及其衍生出的一些交易机制，是期货有别于远期的关键。下面将逐一介绍期货的主要交易特征。当然，交易所不同、期货合约种类不同，具体的交易机制也会有所差异，但关键之处基本都是一致的。

期货与远期交易的第一个不同在于期货合约通常有标准化的合约条款。特定期货合约的合约规模、交割日期和交割地点等都是标准化的，在合约上均有明确规定，无须双方再商定，价格是期货合约的唯一变量。因此，交易双方最主要的工作就是选择适合自己的期货合约，并通过交易所竞价或根据做市商报价确定成交价格。

有时，交易所会赋予期货合约的空方（卖方）对交割商品（主要适用于利率期货和商品期货）、交割时间和交割地点（主要适用于商品期货）进行选择的权利。对于不同的交割商品和交割地点，交易所将根据空方的选择按事先规定的公式对其收取的价款进行相应的调整。

一般来说，常见的标准期货合约条款包括：

1. 合约名称

合约名称注明了该合约的品种名称及其上市交易所名称。以中国金融期货交易所沪深 300 股指期货合约为例，合约名称为“沪深 300 股指期货合约”。

2. 交易单位/合约价值

交易单位，是指在期货交易所交易的每手期货合约代表的标的物的数量。如大连商品交易所豆粕期货合约的交易单位为“10 吨/手”。

合约价值，是指每手期货合约所代表的标的物的价值。如沪深 300 股指期货的合约价值为“300 元×沪深 300 指数”（其中“300”元为沪深 300 指数期货的合约）。在进行期货交易时，只能以交易单位（合约价值）的整数倍进行买卖。

对于商品期货来说，确定期货合约交易单位的大小，主要应当考虑合约标的物的市场规模、交易者的资金规模、期货交易所的会员结构，该商品的现货交易习惯等因素。一般来说，某种商品的市场规模较大，交易者的资金规模较大，期货交易所中愿意参与该期货交易的会员单位较多，则该合约的交易单位就可以设计得大一些；反之则小一些。

3. 报价单位

报价单位，是指在公开竞争过程中对期货合约报价所使用的单位，即每计量单位的货币价格。例如，国内阴极铜、铝、小麦、大豆等期货合约的报价单位以元（人民币）/吨表示；沪深 300 股指期货合约的报价单位以指数点表示。

4. 最小变动价位

最小变动价位，是指在期货交易所的公开竞价过程中，对合约每计量单位报价的最小变动数值。在期货交易中，每次报价的最小变动数值必须是最小变动价位的整数倍。最小变动价位乘以交易单位，就是该合约价值的最小变动值。例如，沪深 300 股指期货合约的最小变动价位是 0.2 点，即每手合约的最小变动值是 0.2 点×300 元/点=60 元。

商品期货合约最小变动价位的确定，通常取决于该合约标的物的种类、性质、市场价格波动和商业规范等。

最小变动价位的设置是为了保证市场有适度的流动性。一般而言，较小的最小变动价位有利于市场流动性的增加，但过小的最小变动价位将会增加交易协商成本，不利于交易者进行交易。

5. 每日价格最大波动限制

每日价格最大波动限制规定了期货合约在一个交易日中的交易价格波动不得高于或者低于规定的涨跌幅度。每日价格最大波动限制一般是以合约上一交易日的结算价位基准确定的。期货合约上一交易日的结算价加上允许的最大涨幅构成当日价格上涨的上限，成为涨停板；而该合约上一交易日的结算价减去允许的最大跌幅则构成当日价格下跌的下限，称为跌停板。在我国期货市场，每日价格最大波动限制设定为上一交易日结算价的一定百分比。

每日价格最大波动限制的确定主要取决于该种标的物市场价格波动频繁程度和波动大小。一般来说，标的物价格波动越频繁、越剧烈，该商品期货合约允许的每日价格最大波动幅度就应设置得大一些。

6. 合约交割月份（或合约月份）

合约交割月份，是指某种期货合约到期交割的月份。

商品期货合约交割月份的确定一般受该合约标的商品的生产、使用、储藏、流通等方面的特点影响。例如，许多农产品期货的生产与消费具有很强的季节性，因而其交割月份的规定也具有季节性特点。

7. 交易时间

期货合约的交易时间由交易所统一规定。交易者只能在规定的交易时间进行交易。日盘交易时间一般分上午和下午进行，每周 5 天。此外，我国交易所还对不少品种进行夜盘交易，形成了连续交易。

8. 最后交易日

最后交易日，是指某种期货合约在合约交割月份中进行交易的最后一个交易日，过了这个期限的未平仓期货合约，必须按规定进行实物交割或现金交割。期货交易所根据不同期货合约标的物现货交易特点等因素确定最后交易日。

9. 交割日期

交割日期，是指合约标的物所有权进行转移，以实物交割或现金交割方式了结未平仓合约的时间。

10. 交割等级

交割等级，是指由期货交易所统一规定的、准许在交易所上市交易的合约标的物的质量等级。在进行期货交易时，交易双方无须对标的物的质量等级进行协商，发生实物交割时按交易所期货合约对等的质量等级进行交割。

对于商品期货来说，期货交易所在制定合约标的物的质量等级时，常常采用国内或国际贸易中最通用和交易量较大的标准品的质量等级为标准交割等级。

一般来说，为了保证期货交易顺利进行，许多期货交易所都允许在实物交割时，实际交割的标的物的质量等级与期货合约规定的标准交割等级有所差别，即允许用于标准品有一定等级差别的商品做替代交割品。期货交易所统一规定替代品的质量等级和品种。交货人用期货交易所认可的替代品代替标准品进行实物交割时，收货人不能拒收。用替代品进行实物交割时，价格需要升贴水。交易所根据市场情况统一规定和适时调整替代品与标准品之间的升贴水标准。

11. 交割地点

交割地点是由期货交易所统一规定的进行实物交割的指定地点。

商品期货交易大多涉及大宗实物商品的买卖，因此，统一制定交割仓库可以保证卖方交付的商品符合期货合约规定的数量与质量等级，保证买方收到符合期货合约规定的商品。期货交易所在指定交割仓库时主要考虑的因素是：指定交割仓库所在地区的生产或消费集中程度，指定交割仓库的储存条件、运输条件和质检条件等。

金融期货交易不需要指定交割仓库，但交易所需要指定交割银行。负责金融期货交割的指定银行，必须具有良好的金融资信、较强的进行大额资金结算的业务能力，以及先进、高效的结算手段和设备。

12. 交易手续费

交易手续费是期货交易所按成交合约金额的一定比例或按成交合约手数收取的费用。交易手续费的高低对商场流动性有一定影响，交易手续费过高会增加期货市场的交易成本，扩大无套利区间，降低市场的交易量，不利于市场的活跃，但也可以起到抑制过度投机的作用。

13. 交割方式

期货交易的交割方式分为实物交割和现金交割两种。商品期货、股票期货、外汇期货、中长期利率期货通常采取实物交割方式，股票指数期货和短期利率期货通常采用现金交割方式。

14. 交易代码

为便于交易，交易所对每一期货品种都规定可交易代码。例如，中国金融期货交易所沪深 300 指数期货的交易代码为 IF，郑州商品交易所白糖期货为 SR，大连商品交易所豆油期货交易代码为 Y，上海期货交易所铜期货的交易代码为 CU。

表 17-1　沪深 300 指数期货合约

合约标的	沪深 300 指数
合约乘数	每点 300 元
报价单位	指数点
最小变动价位	0.2 点
合约月份	当月、下月及随后两个季月
交易时间	9:30~11:30、13:00~15:00

续表

每日价格最大波动限制	上一个交易日结算价的±10%
最低交易保证金	合约价值的 8%
最后交易日	合约到期月的第三个周五，遇国家法定假日顺延
交割日期	同最后交易日
交割方式	现金交割
交易代码	IF
上市交易所	中国金融期货交易所

三、期货市场的交易机制

1. 保证金制度

在期货交易中，期货买方和卖方必须按照期货合约价值的一定比率（通常 5%~15%）缴纳资金，用于结算和保证履约。保证金制度是期货市场风险管理的重要手段。保证金分为初始保证金和维持保证金，前者是指交易者在最初开仓交易时按规定比例存入保证金账户的金额，后者是指交易所规定的保证金账户必须保有的最低金额。当保证金账户余额降低到维持保证金以下时，交易者必须按要求补充保证金，否则，交易所有权将该交易者的期货头寸进行强制平仓。

在我国，期货交易者缴纳的保证金既可以是资金，也可以是价值稳定、流动性强的标准仓单或者国债等有价证券。2015 年 9 月 2 日，中国金融期货交易所发布规定，自 2015 年 9 月 7 日（星期一）结算时起，沪深 300、上证 50、中证 500 股指期货各合约的非套期保值持仓的交易保证金标准，由合约价值的 30%提高到 40%；沪深 300、上证 50、中证 500 股指期货各合约的套期保值持仓的交易保证金标准，由合约价值的 10%提高到 20%。

【例 17-2】 假定一客户在交易日结束时是某种期货 250 份合约的多头户，这种合约当日的清算价格是每份合约 12000 元，保证金比例为 20%。在下一个交易日，该客户按每份 13200 元的价格再买入 50 份多头合约，该日的清算价格是每份 12400 元。在这一交易日结束后，该客户需补付的保证金为：

（1）新增多头合约的保证金 50×2640＝132000 元

（2）减去原有期货合约对每份 13200 元的保证金 250×1200＝300000 元

（3）加上所有期货合约对当日清算价格（12400 元）的保证金 300×800＝240000 元

上述 3 项合起来为：132000−300000+240000＝72000 元，即该客户总共需新增保证金 72000 元。

2. 每日结算制度

每日结算制度，也称为当日无负债结算制度，是指在每个交易日结束后，由期货结算机构对期货交易保证金账户当天的盈亏状况进行结算，并根据结算结果进行资金划转。当交易发生亏损，进而导致保证金账户资金不足时，则要求必须在结算机构规定的时间内向账户中追加保证金，以做到“当日无负债”。

当日无负债结算制度的实施为及时调整账户资金、控制风险提供了依据，对于控制期货市场风险，维护期货市场的正常运行具有重要作用。

3. 涨跌停板制度

涨跌停板制度又称每日价格最大波动限制制度，即指期货合约在一个交易日中的交易价格波动不得高于或者低于规定的涨跌幅度，超过该涨跌幅度的报价将被视为无效报价，不能成交。

涨跌停板制度的实施，能够有效减缓、抑制一些突发性事件和过度投机行为对期货价格的冲击造成的狂涨暴跌，减小交易当日的价格波动幅度，会员和客户的当日损失也被控制在相对较小的范围内。涨跌停板制度能够锁定会员和客户每一交易日所持有合约的最大盈亏，为保证金制度和当日结算无负债制度的实施创造了有利条件，因为向会员和客户收取的保证金数额只要大于在涨跌幅度内可能发生的亏损金额，就能够保证当日期货价格波动达到涨停板或跌停板时也不会出现透支情况。

在我国境内期货市场，每日价格最大波动限制设定为合约上一交易日结算价的一定百分比。一般而言，对期货价格波动幅度较大的品种及合约设定的涨跌停板幅度也相应大些。

4. 持仓限额及大户报告制度

持仓限额制度，是指交易所规定会员或客户可以持有的、按单边计算的某一合约投机头寸的最大数额。大户报告制度，是指当交易所会员或客户某品种某合约持仓达到交易所规定的持仓报告标准时，会员或客户应向交易所报告。

通过实施持仓限额及人户报告制度，可以使交易所对持仓量较大的会员或客户进行重点监控，了解其持仓动向、意图，有效防范操纵市场价格的行为；同时，也可以防范期货市场风险过度集中于少数投资者。

在具体实施中，我国还有如下规定：采用限制会员持仓和限制客户持仓相结合的办法控制市场风险；各交易所对套期保值交易头寸实行审批制，其持仓不受限制，而在中国金融期货交易所，套期保值和套利交易的持仓均不受限制；同一客户在不同期货公司开仓交易，其在某一合约的持仓合计不得超出该客户的持仓限额；会员（客户）持仓达到或者超过持仓限额的，不得同方向开仓交易。

5. 强行平仓制度

强行平仓制度是指按照有关规定对会员或客户的持仓实行平仓的一种强制措施，

其目的是控制期货交易风险。强行平仓分为两种情况：一是交易所对会员持仓实行的强行平仓；二是期货公司对其客户持仓实行的强行平仓。

强行平仓制度适用的情形一般包括：

(1) 因账户交易保证金不足而实行强行平仓，这是最常见的情形。当价格发生不利变动，当日结算后出现保证金账户资金不足以维持现有头寸的情况，而会员（客户）又未能按照期货交易所（期货公司）通知及时追加保证金或者主动减仓，且市场行情仍朝其持仓不利的方向发展时，期货交易所（期货公司）会强行平掉会员（客户）部分或者全部头寸，将所得资金填补保证金缺口。强行平仓制度的实施，有利于会员（客户）避免账户损失扩大，通过控制个别账户的风险，可有力地防止风险扩散，是一种行之有效的风险控制措施。

(2) 因会员（客户）违反持仓限额制度而实行强行平仓，即会员（客户）的持仓超过了规定的持仓限额，且未在期货交易所（期货公司）规定的期限内自行减仓，其超出持仓限额的部分头寸将会被强行平仓。强行平仓成为持仓限额制度的有力补充。

在我国，期货公司有专门的风险控制人员实时监督客户的持仓风险，当客户除保证金外的可用资金为负值时，期货公司会通知客户追加保证金或自行平仓，如果客户没有自己处理，而价格又朝不利于持仓的方向继续变化，各期货公司均会根据具体的强行平仓标准，对客户的持仓进行强行平仓。

6. 信息披露制度

信息披露制度，是指期货交易所按有关规定公布期货交易有关信息的制度。

我国《期货交易管理条例》规定，期货交易所应当及时公布上市品种合约的成交量、成交价、持仓量、最高价与最低价、开盘价与收盘价和其他应当公布的即时行情，并应保证即时行情真实、准确。期货交易所不得发布价格预测信息。未经期货交易所许可，任何单位和个人不得发布期货交易即时行情。

四、期货合约的基本功能

1. 规避风险的功能

期货市场规避风险的功能是通过套期保值实现的。套期保值是指在期货市场上买进或卖出与现货数量相等的但交易方向相反的期货合约，在未来某一时间通过卖出或买进期货合约进行对冲平仓，从而在期货市场和现货市场之间建立一种盈亏冲抵的机制（可能是用期货市场的盈利来弥补现货市场亏损，也可能是用现货市场盈利来弥补期货市场亏损），最终实现期货市场和现货市场盈亏大致相抵。

期货市场是如何通过套期保值来实现规避风险的功能呢？其主要的基本原理在

于：对于同一种商品来说，在现货市场和期货市场同时存在的情况下，在同一时空内会受到相同的经济因素的影响和制约，因而一般情况下两个市场的价格变动趋势相同，并且随着期货合约临近交割，现货价格与期货价格趋于一致。套期保值就是利用两个市场的这种关系，在期货市场上采取与现货市场上交易方向相反的交易（如现货市场卖出的同时在期货市场买进，或者相反），在两个市场上建立一种相互冲抵的机制，无论价格怎样变动，都能取得在一个市场亏损的同时在另一个市场盈利的结果。最终，亏损额与盈利额大致相等，两相抵冲，从而将价格变动的风险大部分转移出去。

【例 17-3】 黄金生产商所面临的风险主要在于预期黄金价格下滑风险，即使用卖出套期保值。通常情况下，如果黄金期货价格高出现货价格，那么黄金矿产商就可以通过期货市场进行操作以实现稳定盈利。如某矿产企业黄金生产成本在 130 元/克，未来 3 个月会有 5 吨黄金产出，目前黄金现货价格为 200 元/克，而 3 个月黄金期货价格为 210 元/克，那么该矿产企业就有 10 元超额利润，而客观上期现价差有逐步缩小的可能，为了规避未来黄金价格下滑所产生的风险，该黄金矿产商可在期货市场上卖出 5000 手合约，若 3 个月后价差缩小至 10 元以下，那么套期保值成功（不计交易成本）。

对于用金企业，其所面临的是成本上升的风险，即采用买入套期保值。如某金饰品生产商需要在 3 个月后买入 5 吨黄金用于生产黄金首饰，现货市场黄金价格为 200 元/克，3 个月期货价格为 205 元/克，为了避免现货价格上升所带来的风险，该金饰品生产商就可以预先在期货市场买入 5000 手 3 个月黄金期货合约，到期后若 3 个月后黄金期现价差扩大到 5 元以上，那么套期保值成功（不计交易成本）。

2. 价格发现的功能

价格发现的功能是指期货市场能够预期未来现货价格的变动，发现未来的现货价格。期货价格可以作为未来某一时期现货价格变化趋势的“晴雨表”。价格发现不是期货市场所特有的，只是期货市场比其他市场具有更高的价格发现效率。这是基于期货市场的特征决定的。

相关研究表明，信息不完全和不对称会导致价格扭曲和市场失灵，而期货市场是一个近乎完全竞争的高度组织化和规范化的市场，聚集了众多的买方和卖方，采取集中公开竞价的方式，各类信息高度聚集并迅速传播。因此，价格机制更为成熟和完善，能够形成真实反映供求关系的期货价格。

3. 资产配置的功能

随着全球化程度日益加深以及全球经济不稳定因素的增多，国际大宗商品市场波动加大，各国金融市场参与主体面临的风险增多，因此在后金融危机时代，越来越多的投资者开始重视期货市场，并期望借助期货市场的独特优势为其持有的资产进行优化配置。而金融期货的迅猛发展以及大宗商品交易金融化程度的提高，也为越来越多的机构和个人提供了资产配置的平台，期货市场也相应地具备了资产配置的功能，从而在一定程度上满足了投资者对于规避风险以及个性化、分散化、多元化的资产配置的需求。

期货的交易方式更加灵活，能够借助金融工程的方法与其他资产创造出更为灵活的投资组合，从而满足不同风险偏好的投资者的需求。投资者不仅可以利用期货降低组合的风险，同样利用期货增加投资组合的风险度，以获得更高的收益，实现套利或者投机。

第三节　期货定价

一、无套利定价理论

无套利定价理论被用在均衡市场上不存在任何套利策略（机会）的金融资产定价。其基本思路是：构建两种投资组合，令其在未来某一时刻的价值相等，则其现在的价值一定相等；否则就可进行套利，即卖出现在价值较高的投资组合，买入现在价值较低的投资组合，并持有到期末，套利者就可以赚取无风险收益。众多套利者这样做的结果，将使现在价值较高的投资组合的价格下降，而现在价值较低的投资组合的价格上升，直至套利机会消失，此时两种组合现在的价值相等。这样，就可根据两种组合现在的价值相等的关系求出远期价格。

在有效的金融市场上，任何一项金融资产的定价，应当使利用该项金融资产进行套利的机会不复存在。如果两种金融资产未来的现金流完全相同（称为互为复制），则当前的价格必然相同。否则，当两项资产的价格存在差异时，那么投资者可以通过"高卖低买"或"低买高卖"获取无风险收益，存在套利机会。如果市场是有效率的话，市场价格必然由于套利行为做出相应的调整，重新回到均衡的价格状态，达到无套利的价格。

例如，为了给无收益资产的远期合约定价，构建如下两个组合：

组合 A：一份远期合约多头加上一笔数额为 $Ke^{-r(T-t)}$ 的现金。

组合 B：一单位标的资产。

在组合 A 中，$Ke^{-r(T-t)}$ 的现金以无风险利率投资，投资期为 T-t。到 T 时刻，其金额将达到 K。这是因为：$Ke^{-r(T-t)}e^{r(T-t)}=K$。

在远期合约到期时，该笔现金刚好可用于交割换得一单位标的资产。这样，在 T 时刻，两个组合都等于一单位标的资产。

根据无套利原则，这两个组合在 t 时刻的价值必须相等，即 $f+Ke^{-r(T-t)}=S$。

$$F=S-Ke^{-r(T-t)} \quad (17-1)$$

式（17-1）表明，无收益资产远期合约多头的价值等于标的资产现货价格与交割价格现在的价值的差额。换一个角度来看，这个数学等式也表明，一单位无收益资产远期合约多头等价于一单位标的资产多头和 $Ke^{-r(T-t)}$ 单位无风险负债的资产组合。

二、持有成本理论

康奈尔和弗伦奇 1983 年提出的持有成本理论（Cost of Carry Model）认为，现货价格和期货价格的差（持有成本）由三部分组成：融资利息、仓储费用和持有收益。该理论以商品持有（仓储）为中心，分析期货市场的机制，论证期货交易对供求关系产生的积极影响，并逐渐运用到对金融期货的定价上来。

该模型的基本假设如下：①借贷利率（无风险利率）相同且保持不变。②无信用风险，即无远期合约的违约风险及期货合约的保证金结算风险。③无税收和交易成本。④基础资产可以无限分割。⑤基础资产卖空无限制。⑥期货和现货头寸均持有到期货合约到期日。

在上述假设条件下，期货价格形式如下：

$$F=S+W-R \quad (17-2)$$

F 表示期货价格，S 表示现货价格，W 表示持有成本，R 表示持有收益。持有成本包括购买基础资产所占用资金的利息成本、持有基础资产所花费的储存费用、保险费用等。持有收益指基础资产给其持有者带来的收益，如股票红利、实物商品的便利收益等。

对于消费类资产的商品远期或期货，由于消费品持有者往往重消费，即使在期货价格偏低的情况下，持有者也不会卖空现货。因此，上述定价公式一般满足：

$$F<S+W-R \quad (17-3)$$

三、完全市场假设下的期货价格

1. 权益资产的期货价格

（1）不支付红利的标的资产。权益类标的资产通常为单只股票或股票指数。不支付红利的标的资产没有持有收益，持有成本只包括购买标的资产所需资金的利息成本，因此其远期价格定价公式最简单：

$$F_t=S_te^{r(T-t)} \quad (17\text{-}4)$$

其中，T 为期货合约的到期日，r 为无风险连续利率。在 t 时刻建立期货头寸，以复利计算，经过（T-t）期，股票现货的价格即为 $S_te^{r(T-t)}$。在期货合约订立初期，t=0 时，期货价值 f 为零。此时，期货的价格 F 应等于标的资产在 T 时刻的交割价格 K，即：

$$F_0=K=S_0e^T \quad (17\text{-}5)$$

（2）已知支付现金红利的标的资产。设在（T-t）期间，所有支付的现金红利（如股利）在 t 时刻的折现值之和为 D_t。此时期货价格定价公式转化为：

$$F_t=(S_t-D_t)e^{r(T-t)} \quad (17\text{-}6)$$

（3）已知支付连续红利利率的标的资产。设标的资产制度的连续红利利率为 g，此时期货价格定价公式为：

$$F_t=S_te^{(r-g)(T-t)} \quad (17\text{-}7)$$

【例 17-4】某投资者签订了一份期限为 9 个月的沪深 300 股指期货合约，该合约签订时沪深 300 指数为 3000 点，年股息连续收益率为 3%，无风险连续利率为 6%，则该合约的理论点位为多少？

合约签订时该合约的理论点位为：

$$F_0=S_0e^{(r-q)T}=3000\times e^{(6\%-3\%)\times 9/12}\approx 3068.3$$

2. 国债期货的定价

短期国债期货标的资产通常是零息债券，没有持有收益，持有成本也只包括购买国债所需资金的利息成本，因此，其期货定价公式与不支付红利的标的资产定价公式一致：

$$F_t=(S_t-C_t)e^{r(T-t)} \quad (17\text{-}8)$$

【例 17-5】某国债期货合约 270 天后到期，其标的债权为中期国债，当前净报价为 98.36 元，息票率为 6%，每半年付息一次。上次付息时间为 60 天前，下次付息为 122 天以后，再下次付息为 305 天以后。无风险连续利率为 8%，则该国债期货的理论价格为多少？

该国债理论价格为：

$$S_t=98.36+\frac{60}{60+122}\times 3\approx 99.35(\text{元})$$

该国债在 270 天内付息的现值为：

$$C_t=3\times e^{-8\%\times 122/365}\approx 2.92(\text{元})$$

该国债理论价格为：

$$F_t=(S_t-C_t)e^{r(T-t)}=(99.35-2.92)\times e^{6\%\times 270/365}\approx 102.31(\text{元})$$

3. 商品期货的定价

商品往往存在储存成本和便利收益。设储存成本率为 u（按连续复利），便利收益率为 z（按连续复利）。商品期货的定价公式为：

$$F_t = S_t e^{(r+u-z)(T-t)} \tag{17-9}$$

【例 17-6】 假设某螺纹钢期货还有 90 天到期，目前螺纹钢现货价格为每 10 吨 2400 元，无风险连续利率为 8%，储存成本为 2%，便利收益率为 3%，则该螺纹钢期货的理论价格是多少？

该 10 吨螺纹钢期货的理论价格为：

$F_t = S_t e^{(r+u-z)(T-t)} = 2400 \times e^{(8\%+2\%-3\%)\times 3/12} \approx 2442.4$（元）

4. 外汇期货的定价

外汇期货的标的资产为外汇，一般而言，持有收益率是该外汇发行国的无风险连续利率 r_F。本国无风险连续利率记为 r_D。直接标价法下，远期汇率 F_t 和即期汇率 S_t 的关系表示为：

$$F_t = S_t e^{(r_D - r_F)(T-t)} \tag{17-10}$$

【例 17-7】 假设美元兑英镑的外汇期货合约距到期日还有 6 个月，当前美元兑英镑即期汇率为 1.5USD/GBP，而美国和英国的无风险利率分别为 3%和 5%，则该外汇期货合约的理论价格（远期汇率）是多少？

远期汇率为：

$F_t = S_t e^{(r_D - r_F)(T-t)} = 1.5 \times e^{(3\%-5\%)\times 6/12} \approx 1.485$（USD/GBP）

四、不完全市场假设下的期货定价

持有成本模型的以上结论都是在完全市场的假设下得出的，现实中，完全市场的一些假设无法得到满足，持有成本模型将会从定价公式变为定价区间。下面以不支付红利的权益类资产的期货定价为例进行说明。

1. 存在交易成本

假定每笔交易的费率为 Y，那么期货的价格区间为：

$$[S_t(1-Y)e^{r(T-t)}, S_t(1+Y)e^{r(T-t)}] \tag{17-11}$$

这个区间又称为无套利区间，当期货的实际价格高于区间上限时，可以买入现货同时卖出期货进行套利；同理，当期货的实际价格低于区间下限时，可以买入期货的同时卖出现货进行套利。

2. 借贷利率不同

现实中，不完全市场下，信息不对称造成借贷利率不同。设借款利率为 r_b，贷款利率为 r_l，对非银行机构的一般投资者来说，通常 $r_b > r_l$，那么期货的价格区间为：

$$[S_t(1-Y)e^{r_l(T-t)}, S_t(1+Y)e^{r_b(T-t)}] \quad (17-12)$$

当现货资产存在卖空限制时，设卖空现货需要的保证金是卖空量的一个固定比例K，那么期货的价格区间为：

$$[(1-K)S_t(1-Y)e^{r_l(T-t)}, S_t(1+Y)e^{r_b(T-t)}] \quad (17-13)$$

【例 17-8】 假设黄金现货价格为 500 美元，借款利率为 8%，贷款利率为 6%，交易费率为 5%，卖空黄金的保证金为 12%。求 1 年后交割的黄金期货的价格区间。

价格区间上限为：

$S_t(1+Y)e^{r_b(T-t)} = 500\times(1+5\%)\times e^{0.08} \approx 568.7$（美元）

价格区间下限为：

$[(1-K)S_t(1-Y)e^{r_l(T-t)} = (1-12\%)\times500\times(1-5\%)\times e^{0.06} \approx 443.8$（美元）

价格区间为（443.8，568.7）。

第四节 期货市场策略

一、套期保值

规避风险是期货市场的基本功能之一，是通过套期保值操作来实现的。套期保值本质上是一种转移风险的方式，是由企业通过买卖衍生工具将风险转移到其他交易者的方式。

套期保值活动主要转移价格风险和信用风险。价格风险主要包括商品价格风险、利率风险、汇率风险和股票价格风险等，是企业经营中最常见的风险。在市场经济中，价格受供求等各种因素的变化，有时会大起大落，这对企业的经营活动往往会带来较大的冲击，如果缺少应对措施，一旦出现较大的不利变化，企业的利润会急剧缩水甚至出现亏损、破产的情形。企业通过套期保值，可以减少价格风险对企业经营活动的影响，实现稳健经营。

套期保值，又称避险、对冲等。广义上的套期保值，是指企业利用一个或一个以上的工具进行交易，预期全部或部分对冲其生产经营中所面临的价格风险的方式。在该定义中，套期保值交易选取工具是比较广的，通常有期货、期权、远期、互换等衍生工具。在此，我们将主要讨论期货的套期保值。它是指企业通过持有与其现货市场头寸相反的期货合约，或将期货合约作为其现货市场未来要进行的交易的替代物，以期对冲价格风险的方式。

套期保值的目的是规避价格波动风险，而价格的变化无非是下跌和上涨两种情形，相应地，套期保值可以分为卖出套期保值和买入套期保值。

1. 卖出套期保值

卖出套期保值（Selling Hedging），又称空头套期保值（Short Hedging），是指套期保值者通过在期货市场建立空头头寸，预期对冲其目前持有的或者未来将卖出的商品或资产的价格下跌风险的操作。

卖出套期保值的操作主要适用于以下情形：

（1）持有某种商品或资产（此时持有现货多头头寸），担心市场价格下跌，使其持有的商品或资产的市场价值下跌，或者其销售收益下降。

（2）已经按固定价格买入未来交收的商品或资产（此时持有现货多头头寸），担心市场价格下跌，使其商品或资产市场价值下降或其销售收益下降。

（3）预计在未来要销售某种商品或资产，但销售价格尚未确定，担心市场价格下跌，使其销售收益下降。

【例 17-9】 假设在 2011 年 9 月 2 日，国内的某外资企业 A 已知其在半年后将有一笔 1000 万美元的货款收入需结汇为人民币。由于人民币处于升值周期中，A 企业担心美元的相对贬值会给其带来不利的损失，决定向中国工商银行卖出半年期的美元远期。

假设当天中国工商银行报出的 1 年期远期美元买入价为 6.3721 元，A 企业即以此签订半年期的远期外汇协议。半年后，当 A 企业收到 1000 万美元汇款时，假设中国工商银行的人民币即期现汇买入价为 6.3000。根据远期外汇协议，A 企业可以 6.3721 的价格向中国商业银行卖出 1000 万美元，从而多收入（6.3721-6.3000）×10000000=721000 元，等于将外汇锁定在 6.3721。

假设半年后中国工商银行的人民币即期现汇买入价高于 6.3721，假设为 6.4721。根据远期外汇协议，A 企业仍然需以 6.3721 的价格向中国工商银行卖出 1000 万美元，损失（6.4721-6.3721）×10000000=1000000 元，也等于将汇率锁定在 6.3721。因此，卖出套期保值无法保证投资者盈利，但锁定了卖出价格，因而消除了价格风险。

值得注意的是，既可以将本例中的交易理解为美元远期的空头，也可以理解为人民币远期的多头，这是外汇交易的特殊性质。

2. 买入套期保值

买入套期保值（Buying Hedging），又称多头套期保值（Long Hedging），是指套期保值者通过在期货市场建立多头头寸，预期对冲其现货商品或资产空头，或者未来将买入的商品或资产的价格上涨风险的操作。

买入套期保值的操作主要适用于以下情形：

预计未来要购买某种商品或资产，购买价格尚未确定时，担心市场价格上涨，使其购入成本提高。

目前尚未持有某种商品或资产，但已按固定价格将该商品或资产卖出（此时处于现货空头头寸），担心市场价格上涨，影响其销售收益或者采购成本。

【例 17-10】2012 年 1 月 5 日，中国某基金公司预期在 3 月 16 日将有一笔总金额为 6936000 元的资金配置于沪深 300 指数。为了防止到时候股市上扬导致买入成本过高，该保险公司决定利用 2012 年 3 月 16 日到期的沪深 300 指数期货 IF1203 进行套期保值。当时 IF1203 报价为 2312 点，即一份合约规模为 2312×300＝693600 元。因此，该基金公司以 2312 买入 10 份 IF1203 合约。

2012 年 3 月 16 日当天的真实情况是：IF1203 合约到期结算价为 2597. 36 点，该基金公司以当天开盘价 2591. 80 点买入沪深 300 现货，但在期货市场上盈利 2597. 36－2312＝285. 36 点，等价于按 2306. 44 点的价位买入指数，抵销了指数上升给投资者带来的高成本。

假设 2012 年 3 月 16 日，沪深 300 指数低于 2312 点，例如为 2200 点，这时该基金公司在现货市场上以 2200 点买入沪深 300 现货，但在期货市场上亏损 2312－2200＝112 点，这意味着该公司实际上仍以 2312 点的价位买入指数。

可以看到，运用期货多头为现货进行套期保值，并不意味着投资者一定盈利，但无论期货到期时现货的价格是上升还是下跌，投资者实际上都以期货价格的水平买入标的资产。这就是期货套期保值的真实意义：运用期货消除价格的不确定性，消除价格风险。

二、投机

期货投机是指交易者通过预测期货合约未来价格变化，以在期货市场上获取价差收益为目的的期货交易行为。

期货投机与套期保值的区别有：第一，从交易目的来看，期货投机交易是以赚取价差收益为目的；而套期保值交易是利用期货市场规避现货价格波动的风险。第二，从交易方式来看，期货投机交易是在期货市场上进行买空卖空，从而获得价差收益；套期保值交易则是在现货市场与期货市场同时操作，以期达到对冲现货市场的价格波动风险。第三，从交易风险来看，期货投机者在交易中通常是为博取价差收益而主动承担相应的价格风险；套期保值者则是通过期货交易规避现货价格风险。因此，一般来说，期货投机者是价格风险偏好者，套期保值者是价格风险厌恶者。

【例 17-11】假设投资者 A 于 2011 年 9 月 5 日进入中国金融期货交易所的沪深 300 指数期货 IF1109 交易，按开盘价 2792. 8 点买入 1 手 IF1109。假设经纪公司要求的保证金比例为 15%，则需提交保证金 2792.8×300×15%=125676 元，在接下来的两个交易日内其损益状况如表 17-2（a）、表 17-2（b）所示：

表 17-2（a）　交易损益状况

日期	结算价格	保证金账户余额	追加保证金
20110905	2753.0	125676+(2753.0-2792.8)×300=113736	2753.0×300×15%-113736=10149
20110906	2726.6	113736+10149+(2726.6-2753.0)×300=115965	2726.6×300×15%-115965=6735
20110907	2774.0	115965+6735+(2774.0-2726.6)×300=136920	0

表 17-2（b）　交易损益状况

日期	到期日收益率	投资者在期货头寸上的日收益率
20110905	$\frac{2753-2792.8}{2792.8}=-1.43\%$	$\frac{(2753-2792.8)\times 300}{125676}=-9.50\%$
20110906	$\frac{2726.6-2753.0}{2753.0}=-0.96\%$	$\frac{115965-(113736+10149)}{(113736+10149)}=-6.390\%$
20110907	$\frac{2774.0-2726.6}{2726.6}=1.74\%$	$\frac{(2774.0-2726.6)\times 300}{115965}=12.26\%$

从表 17-2 中可以很明显地看到，当标的资产价格按照投资者预期方向变动时，标的资产一个小比例的变化会带来期货投资放大的收益；但是，当标的资产价格发生对投资者不利的变动时，标的资产一个小比例的变化会带来期货投资放大的亏损。

可以说，正是期货交易的高杠杆性吸引了大量投机者的介入，但也正是其高杠杆性容易导致投资者血本无归甚至负债累累，演变出金融历史上诸如巴林银行等多个事件。因此，人们往往对投机颇为反感。但在客观上，套期保值者和套利者往往是不足以维持一个市场需要的流动性的，此时适度投机可以起到提供流动性的客观作用。从这个意义上说，期货投机者不仅通过承担价格变动的市场风险，也通过承担流动性风险来获得风险收益。

三、套利

当市场存在某些套利机会的时候，如期货价格偏离其与标的资产现货价格的均衡关系时，投资者可以运用期货进行套利。例如，在上一节中，当无套利定价关系不成立时，可以进行相应的套利。

根据套利是否涉及现货市场，期货套利可分为价差套利和期现套利。所谓价差套利，是指利用期货市场上不同合约之间的价差进行的套利行为。价差套利也可称为价差交易、套期图利。期货价差套利根据所选择的期货合约的不同，又可分为跨期套利、跨品种套利和跨市套利。

期现套利，是指利用期货市场与现货市场之间不合理价差，通过在两个市场上进行反向交易，待价差趋于合理而获利的交易。即利用现货交割及持仓成本与现货的差价进行套利交易，其理论依据来源于持有成本理论。理论上期货价格应该高出现货价格，但因为有持仓成本这个上限，期货价格不可能无限制地高出现货价格。当期货价格与现货价格的价差高于持仓成本，就会有人买进现货，卖出期货，最终会促进价差重新回归正常区间水平。

当期现价差位于持仓成本上下边界之间时，无法进行期现套利，因而将这个上下边界之间称为“无套利区间”。在期现套利中，确定了“无套利区间”，便可以据此监控期现价差，寻找套利机会。

1. 期货价差

期货价差，是指期货市场上两个不同月份或不同品种期货合约之间的价格差。与投机交易不同，在期货价差套利中，交易者不关注某一个期货合约的价格向哪个方向变动，而是关注相关期货合约之间的价差是否在合理的区间范围内。如果价差不合理，交易者可利用这种不合理的价差对相关期货合约进行方向相反的交易，等价差趋于合理时再同时将两个合约平仓获取收益。

由于期货价差套利交易是利用相关期货合约间不合理的价差来进行的，价差能否在套利建仓之后“回归”正常，会直接影响套利交易的盈亏和套利的风险。具体来说，如果套利者认为某两个相关期货合约的价差过大时，会预期套利建仓后该价差将缩小；同样，如果套利者认为某两个相关期货合约的价差过小时，会预期套利建仓后价差将扩大。

【例 17-12】 某套利者以 2326 元/吨的价格买入 1 月的螺纹钢期货，同时以 2570 元/吨的价格卖出 5 月的螺纹钢期货。持有一段时间后，该套利者以 2316 元/吨的价格将 1 月合约卖出平仓，同时以 2553 元/吨的价格将 5 月合约买入平仓。该套利交易的盈亏计算如下：

1 月的螺纹钢期货合约：亏损＝2326−2316＝10（元/吨）

5 月的螺纹钢期货合约：盈利＝2570−2553＝17（元/吨）

套利结果＝−10+17＝7（元/吨）

期货价差套利交易后套利者每吨螺纹钢盈利 7 元。

2. 跨期套利

跨期套利，是指在同一市场（交易所）同时买入、卖出同一期货品种的不同交割月份的期货合约，以期在有利时机同时将这些期货合约对冲平仓获利。跨期套利与现货市场价格无关，只与期货可能发生的升水和贴水有关。在实际操作中，根据套利者对不同合约月份中近月合约与远月合约买卖方向的不同，跨期套利可分为牛市套利、熊市套利和蝶式套利。

（1）牛市套利（Bull Spread）。当市场出现供给不足、需求旺盛或者远期供给相对旺盛的情形，导致较近月份合约价格上涨幅度大于较远月份合约价格的上涨幅度，或者较近月份合约价格下降幅度小于较远月份合约价格的下跌幅度，无论是正向市场还是反向市场，在这种情况下，买入较近月份的合约同时卖出较远月份的合约进行套利，盈利的可能性都比较大，我们称这种套利为牛市套利。一般来说，牛市套利对可储存且作物年度相同的商品较为有效。例如，买入 5 月棉花期货同时卖出 9 月棉花期货。可以适用于牛市套利的可储存商品通常有小麦、棉花、大豆、糖、铜等。对于不可储存的商品，如活牛、生猪等，不同交割月份的商品期货价格间的相关性很低或不相关，则不适合进行牛市套利。

【例 17-13】 在 2012 年 10 月 1 日，2013 年 3 月玉米合约价格为 2.16 美元/蒲式耳，5 月合约价格为 2.25 美元/蒲式耳，两者价差为 9 美分。交易者预计玉米价格将上涨，3 月与 5 月的期货合约的价差将有可能缩小。于是，交易者买入 1 手（1 手为 5000 蒲式耳）3 月玉米合约的同时卖出 1 手 5 月玉米合约。到了 2012 年 12 月 1 日，3 月和 5 月的玉米期货价格分别上涨为 2.3 美元/蒲式耳和 2.27 美元/蒲式耳，两者的价差缩小了 6 美分。交易者同时将两种期货合约平仓，从而完成套利交易。

在进行牛市套利时，需要注意的是：在正向市场上，牛市套利的损失有限而获利的潜力巨大。因为在正向市场进行牛市套利，实质上是卖出套利，而卖出套利获利的条件是价差要缩小。如果价差扩大的话，该套利可能会亏损，但是由于在正向市场上价差变大的幅度受到持仓费水平的制约，因为价差如果过大超过了持仓费，就会产生套利行为，会限制价差扩大的幅度。而价差缩小的幅度则不受限制，在上涨行情中很有可能出现较近月份合约价格大幅度上涨远远超过较远月份合约的可能性，使正向市场变为反向市场，价差可能从正值变为负值，价差会大幅度缩小，使牛市套利获利巨大。

（2）熊市套利（Bear Spread）。当市场出现供给过剩，需求相对不足时，一般来说，较近月份的合约价格下降幅度要大于较远月份合约价格的下降幅度，或者较近月份的合约价格上升幅度小于较远月份合约价格的上升幅度。无论是在正向市场还是在反向市场，在这种情况下，卖出较近月份的合约同时买入较远月份的合约进行套利，盈利的可能性都比较大，我们称这种套利为熊市套利。在进行熊市套利时需要注意，当较近月份合约的价格已经相当低时，以至于不可能进一步偏离较远月份合约时，进行熊市套利时很难获利的。

【例 17-14】 在 2012 年 10 月 1 日，2013 年 3 月玉米合约价格为 2.16 美元/蒲

式耳，5月合约价格为2.25美元/蒲式耳，前者比后者低9美分。交易者预计玉米价格将下降，3月与5月的期货合约的价差将有可能扩大。于是，交易者卖出1手（1手为5000蒲式耳）3月玉米合约的同时买入1手5月玉米合约。到了12月1日，3月和5月的玉米期货价格分别下降为2.10美元/蒲式耳和2.22美元/蒲式耳，两者的价差为12美分，价差扩大。交易者同时将两种期货合约平仓，从而完成套利交易。

（3）蝶式套利（Butterfly Spread）。蝶式套利是利用不同交割月份的价差进行套期获利，由两个方向相反、共享居中交割月份合约的跨期套利组成。它是一种期权策略，它的风险有限，盈利也有限，是由一手牛市套利和一手熊市套利组合而成的。

顾名思义，蝶式套利像蝴蝶一样，翅膀是要对称于身体两侧的。在期货套利中的三个合约是较近月份合约，远期合约以及更远期合约，我们称为近端、中间、远端。

蝶式套利在净头寸上没有开口，它在头寸的布置上，采取1份近端合约、2份中间合约、1份远端合约的方式。其中，近端、远端合约的方向一致，中间合约的方向则和它们相反。即一组是买近月、卖中间月、买远月（多头蝶式套利）；另一组是卖近月、买中间月、卖远月（空头蝶式套利）。两组交易所跨的是三种不同的交割期，三种不同交割期的期货合约不仅品种相同，而且数量也相等，差别仅仅是价格。

正是由于不同交割月份的期货合约在客观上存在价格水平的差异，而且随着市场供求关系的变动，中间交割月份的合约与两旁交割月份的合约价格还有可能会出现更大的价差。这就造成了套利者对蝶式套利的高度兴趣，即通过操作蝶式套利，利用不同交割月份期货合约价差的变动对冲了结，平仓获利。

例如，套利者买入2份5月玉米合约、卖出6份7月玉米合约的同时买入4份9月玉米合约，或者卖出2份5月玉米合约、买入6份7月玉米合约的同时卖出4份9月玉米合约，这均是蝶式套利操作。

3. 跨品种套利

跨品种套利是指利用两种或三种不同的但相互关联的商品之间的期货合约价格差异进行套利，即同时买入或卖出某一交割月份的相互关联的商品期货合约，以期在有利时机同时将这些合约对冲平仓获利。跨品种套利又可分为两种情况：一是相关商品之间的套利；二是原材料与成品之间的套利。

一般来说，商品的价格总是围绕着内在价值上下波动，而不同的商品因其内在的某种联系，如需求替代品、需求互补品、生产替代品或生产互补品等，使它们的价格存在某种稳定的合理的比值关系。但由于受市场、季节、政策等因素的影响，这些相关联的商品之间的比值关系又经常偏离合理的区间，表现为一种商品价格被高估，另一种被低估，或相反，从而为跨品种套利带来了可能。在此情况下，交易者可以通过期货市场卖出被高估的商品合约，买入被低估的商品合约进行套利，等有利时机出现后分别平仓，从中获利。例如，铜和铝都可以用来做电线的生产原材料，两者之间具有较强的可替代性，铜的价格上升会引起铝的需求量上升，从而导致铝价格的上涨。因此，当铜和铝的价格关系脱离了正常水平时，就可以用这两个品种进行跨品种套利。具体做法是：买入（或卖出）一定数量的铜期货合约，同时卖出（或买入）与铜期货合约交割月份相同价值量相当的铝期货合约，待将来价差发生有利变化时再分别平仓了结，以期获得价差变化的收益。

【例 17-15】小麦和玉米价差变化具有季节性，通常在冬小麦收割后的 6、7 月，小麦价格相对较低，而玉米价格相对较高，两者之间的价差趋于缩小；另外，在 9、10、11 月玉米收获季节，玉米价格相对较低，小麦价格相对较高，两者之间价差会扩大。在已知小麦/玉米之间的正常价差关系之后，套利者可以利用两者出现的异常价差进行套利。

7 月 30 日，CBOT 的 11 月小麦期货价格为 350 美分/蒲式耳，而同一交易所的 11 月玉米期货价格为 260 美分/蒲式耳，前者比后者价格高出 90 美分/蒲式耳。套利者根据两种商品价差的分析认为，这一价差小于正常年份的水平，于是买入 1 张 11 月的小麦期货合约，同时卖出 1 张 11 月的玉米期货合约。8 月 15 日两合约的价差扩大至 130 美分/蒲式耳，该套利者随即平仓。交易情况如表 17-3 所示：

表 17-3　跨品种套利盈亏分析

	小麦市场	玉米市场	价差
7 月 30 日	买入 1 手 11 月的小麦期货合约，价格为 350 美分/蒲式耳	卖出 1 手 11 月玉米期货合约，价格为 260 美分/蒲式耳	价差 90 美分/蒲式耳
8 月 15 日	卖出 1 手 11 月小麦期货合约，价格为 335 美分/蒲式耳	买入 1 手 11 月玉米期货合约，价格为 205 美分/蒲式耳	价差 130 美分/蒲式耳
结果	亏损 15 美分/蒲式耳	盈利 55 美分/蒲式耳	价差扩大 40 美分
	盈利 40 美分/蒲式耳，总盈利为 0.4×5000＝2000 美元（不考虑交易手续费）		

4. 跨市套利

跨市套利，也称市场间套利，是指在某个交易所买入（或卖出）某一交割月份的某种商品合约的同时，在另一个交易所卖出（或买入）同一交割月份的同种商品合约，以期在有利时机分别在两个交易所同时对冲所持有的合约而获利。

在期货市场上，许多交易所都交易相同或相似的期货合约，如芝加哥期货交易所、大连商品交易所、东京谷物交易所都进行玉米、大豆期货合约交易，伦敦金属交易所、上海期货交易所、纽约商业交易所都进行铜、铝等有色金属交易。一般来说，这些品种在各交易所之间的价格会有一个稳定的差额，一旦这个稳定差额发生偏离，交易者就可通过买入价格相对较低的合约，卖出价格相对较高的合约而在这两个市场间套利，并以期两个市场价差恢复正常时平仓，获取利润。

【例 17-16】 在通常情况下，上海期货交易所与伦敦金属交易所之间的 3 月期铝期货价格的比价关系为 10：1（如当上海期货交易所的铝价为 15000 元/吨时，伦敦金属交易所的铝价为 1500 美元/吨）。但由于国内氧化铝供应紧张，导致国内铝价出现较大的上扬至 15600 元/吨，致使两市场之间的 3 月期铝期货价格的比价关系为 10.4：1。

但是，某金属进口贸易商判断：随着美国铝业公司的氧化铝生产能力的恢复，国内氧化铝供应紧张的局势将会得到缓解，这种比价关系也可能会恢复到正常值。

于是，该金属进口贸易商决定在伦敦金属交易所以 1500 美元/吨的价格买入 3000 吨 3 月期铝期货合约，并同时在上海期货交易所以 15600 元/吨的价格卖出 3000 吨 3 月期铝期货合约。

一个月以后，两市场的 3 月期铝的价格关系果然出现了缩小的情况，比价仅为 10.2：1（分别为 15200 元/吨、1490 美元/吨）。

于是，该金属进出口贸易商决定在伦敦金属交易所以 1490 美元/吨的价格卖出平仓 3000 吨 3 月期铝期货合约，并同时在上海期货交易所以 15200 元/吨的价格买入平仓 3000 吨 3 月期铝期货合约。

这样该金属进出口贸易商就完成了一个跨市套利的交易过程，这也是跨市套利交易的基本方法，通过这样的交易过程，该金属进出口贸易商共获利 95 万元（不计手续费和财务费用）。

$$[(15600-15200)-(1500-1490)\times 8.3]\times 3000=95(\text{万元})$$

通过上述案例，我们可以发现跨市套利的交易属性是一种风险相对较小、利润也相对较为有限的一种期货投机行为。

5. 期现套利

期现套利时通过利用期货市场与现货市场的不合理价差进行反向交易而获利。理论上，期货价格与现货价格之间的价差主要反映持仓费的大小。但现实中，期货价格与现货价格的价差并不绝对等同于持仓费，有时高于或低于持仓费。当价差与持仓费出现较大偏离时，就会产生期现套利机会。

期现套利在实际交易中被广泛使用，我们以股指期货期现套利为例，介绍期现套利的使用。股指期货的市场价格围绕其理论价格上下波动，一旦市场价格偏离了这个理论价格达到一定的程度，投资者就可以利用股指期货合约到期时交割月份合约价格和标的指数现货价格会趋于拟合的原理，在股指期货市场与股票市场上通过低买高卖同时交易来获取利润，即期现套利交易。

简单举例来说，2012 年 9 月 1 日沪深 300 指数为 3500 点，而 10 月到期的股指期货合约价格为 3600 点（被高估），那么套利者可以借款 108 万元（借款年利率为 6%），在买入沪深 300 指数对应的“一揽子”股票（假设这些股票在套利期间不分红）的同时，以 3600 点的价格开仓卖出 1 张该股指期货合约（合约乘数为 300 元/点）。当该股指期货合约到期时，假设沪深 300 指数为 3580 点，则该套利者在股票市场可获利 $108\times(\frac{3580}{3500})-108=2.47$ 万元，由于股指期货合约到期时是按交割结算价（交割结算价按现货指数依一定的规则得出）来结算的，其价格也近似于 3580 点，则卖空 1 张股指期货合约将盈利 $(3600-3580)\times300=6000$ 元。2 个月期的借款利息为 $2\times108\times\frac{6\%}{12}=1.08$ 万元，这样该套利者通过期现套利交易可以获利 $2.47+0.6-1.08=1.99$ 万元。

关键术语

远期合约　期货合约　远期利率协议　远期外汇协议　远期股票合约　违约风险　远期价值　远期价格　套期保值　牛市套利　熊市套利　蝶式套利

本章思考题

1. 一位跨国公司的高级主管认为：“我们完全没有必要使用外汇远期，因为我们预期未来汇率上升和下降的机会几乎是均等的，使用外汇远期并不能为我们带来任何收益。”请对此说法加以评论。

2. 有时期货的空方会拥有一些权力，可以决定交割的地点、交割的时间以及用何种资产进行交割等。那么，这些权力是会增加还是会减少期货的价格呢？请解释原因。

3. 请解释保证金制度如何保护投资者规避其面临的违约风险？

4. 假设一种无红利支付的股票目前的市价为 20 元，无风险连续复利年利率为 10%，市场上该股票的 3 个月远期价格为 23 元，请问应如何进行套利？

5. 假设恒生指数目前为 10000 点，香港无风险连续复利年利率为 10%，恒生指数股息收益率为每年 3%，求该指数 4 个月期的期货价格。

6. 某股票预计在 2 个月和 5 个月后每股分别派发 1 元股息，该股票目前市价等于 30 元，所有期限的无风险连续复利年利率均为 6%，某投资者刚取得该股票 6 个月期的远期合约空头，交易单位为 100。请问：①该远期合约价格等于多少？若交割价格等于远期价格，则远期合约的初始价值等于多少？②3 个月后，该股票价格涨到 35 元，无风险利率仍为 6%，此时远期价格和该合约空头价值等于多少？

7. 请阐释以下观点：在交割期间，期货价格高于现货价格将存在套利空间。如果交割时期货价格低于现货价格呢？

8. 股价指数期货价格应大于还是小于未来预期的指数水平？请解释原因。

第十八章　期权市场

【学习目标】

掌握期权基本概念、特点及分类；掌握期权内在价值及其盈亏分析；掌握期权投资交易策略。

现代期权合约是一种很新的金融工具，只有不到 30 年的历史。但是，期权思想古已有之，在古希腊时就有了最原始的期权合约。包含期权思想的金融工具形式多样。其典型的形式是经济生活中的各种定金，根据通常的商业合同，交纳了定金就意味着获得了按合同规定的价格等条件获得所购商品的权利，而无故放弃购买，定金就不能讨回了。商业合同实际上是一种期权合约，定金就是其价格。金融工具中包含期权思想或期权成分的也很多，如比较典型的有可转换债券、可交换债券、可赎回债券、认股权证等。实际上，股票、普通的企业债券包含着期权。期权作为一种金融工具有其特有的功能，无论是金融资产的套期保值还是在投资或投机中，或在资产组合的管理中都有广阔的应用前景。

期权与远期合约及期货产品有着本质的不同，期权给持有者做事情的某种权利，但期权持有者不一定必须行使权利。与之相反，在远期及期货合约中，合约的双方均有义务执行合约。进入远期及期货合约，交易者不用付费（保证金的要求除外），而对于期权产品，持有者需要在最初时付费。当我们用图形来展示期权的收益时，一般都忽略贴现效应，因此所得的收益为期权最终的回报减去最初的费用。

期权作为金融衍生品之一，对于对冲现货价格风险和金融产品价格风险有着重大意义，国外期权市场发展相对成熟，期权品种较为丰富，制度较为完善，美国、加拿大、英国、德国、澳大利亚、印度、巴西、俄罗斯、墨西哥等国家都在推动和发展商品期权市场，商品期权的品种主要有农产品、能源、金属等。商品期权与商品期货是商品价格风险对冲的两种重要工具，它们是相辅相成的，商品期权在规避农产品价格风险方面具有期货市场无可比拟的优越性。虽然全球商品期权占全球期权交易总量的比重仅百分之十几，但是一个活跃、发达的金融衍生品市场需要商品期权的加入。我国商品期货市场近几年发展迅猛，仅2012~2014年三大商品期货交易所就新增品种达20种之多，与蓬勃增加的商品期货品种相比，我国商品期权显得较为落后，但是商品期权仿真交易在2013年已经启动，商品期权发展指日可待，2015年2月上海黄金交易所上线的黄金实物询价期权是我国首个商品现货期权。

同时，我国金融类期权有银行间市场人民币外汇期权和上证ETF50期权。国内人民币兑外汇期权仅在银行间外汇市场推出，在中国外汇交易中心的外汇交易系统挂牌与交易，这意味着只有银行等金融机构能直接参与期权交易，个人或企业要想参与人民币外汇期权必须通过银行办理，对于个人和企业参与人民币外汇期权的业务种类也有所限制，这默认了人民币外汇期权交易的主要参与者和主导者是银行等金融机构。与2011年银行间市场人民币外汇期权推出时相比，对参与主体和交易业务的限制正逐渐放松，银行间外汇市场成员由银行机构扩容到非银行金融机构，外汇局也取消了对金融机构进入银行间外汇市场事前准入许可，并允许客户通过银行卖出期权。

交易所交易基金被称为ETF，2008年经济危机之后全球ETF交易量增长显著，ETF期权虽然出现较晚，但是具有股票期权和指数期权的特性，能满足不同类型投资者的需求，市场规模增长迅速。目前，我国上海证券交易所推出ETF产品约51种，深圳证券交易所推出的ETF产品约34种，上证50指数交易所交易基金是挑选市场规模流动性好的最具代表性的50只股票组成样本股，综合反映上海证券市场最具市场影响力的一批优质大盘企业的整体状况。我国ETF产品的发展为ETF期权推出奠定了基础，上证ETF50期权合约的标的既可以是上证ETF50跟踪的股票，又可以为上证ETF50基金份额。上证ETF推出是开启我国期权市场的重要一步。

第一节　期权及期权交易

一、期权及其基本要素

期权是一种选择的权利，即买方能够在未来的特定时间或者一段时间内按照事先约定的价格买入或者卖出某种约定标的物的权利。期权是给予买方（或持有者）购买或出售标的资产的权利，可以在规定的时间内根据市场状况选择买或者不买、卖或者不卖，既可以行使该权利，也可以放弃该权利。而期权的卖出者则负有相应的义务，即当期权买方行使权利时，期权卖方必须按照指定的价格买入或者卖出。期权既有在交易所交易的标准化合约，也有在场外交易市场交易的，由交易双方协商确定合同的要素，满足交易双方的特殊需求而签订的非标准化合约。按照标的资产划分，常见的期权包括利率期权、外汇期权、股权类期权和商品期权等。

期权基本要素，是指期权含义中所涉及的最基本的因素。通过对期权含义的解读，期权基本要素应该包括：

1. 期权的价格

期权价格又称为权利金（Premium）、期权费、保险费，是期权买方为获得按约定价格购买或出售标的资产的权利而支付给卖方的费用。

2. 标的资产（Underlying Assets）

标的资产又称为标的物，也是期权合约的标的，是期权合约中约定的、买方行使权利时所购买或出售的资产。期权的标的资产既可以是现货资产，也可以是期货资产；既可以是实物资产，也可以是金融资产或金融指标（股票价格指数）。如上海证券交易所 2015 年 2 月 9 日挂牌上市的上证 50ETF 期权就是股票指数期权，合约标的为上证 50 交易型开放式指数证券投资基金（50ETF）。

3. 行权方向

行权方向，是指期权买方行权时的操作方向。期权买方的权利可以是买入标的资产，也可以是卖出标的资产。所以，行权方向有买入和卖出两种，行权方向由期权类型为看涨期权还是看跌期权决定。

4. 行权方式

行权方式也称执行方式，是指期权合约规定的期权多头可以执行期权的时间，有到期日才可以执行的期权和在期权有效期内任何时间都可以执行的期权，行权方式由期权类型为美式期权还是欧式期权决定。

5. 执行价格（Exercise Price）

执行价格又称为履约价格、行权价格，是期权合约中约定的、买方行使权利时购买或出售标的资产的价格。例如，上海证券交易所推出的上证 50ETF 期权的到期月份有 4 个，当月、下月及随后两个季月。上市首日，每个到期月份分别推出了 5 个不同执行价格的看涨期权和看跌期权。通常情况下，期权合约中会列出执行价格间距的相关条款；而执行价格间距是决定执行价格数量多少的重要指标，影响期权交易的活跃程度。

6. 期权到期日（Expiration Day）和期权到期（Expiration）

期权到期日，是指期权买方可以执行期权的最后日期。美式期权的买方在期权到期日和到期日之前的任何交易日都可以行权，欧式期权的买方只能在到期日行权。期权到期，是指期权买方能够行使权利的最后时间。过了该时间，没有被执行的期权合约停止行权，期权买方的权利作废，卖方的义务也随之解除。

二、期权的特点

与其他交易相比，期权交易在买卖双方权利和义务、收益和风险特征、履约保证金收取和损益结构等方面比较独特，具体分析如下：

1. 买卖双方的权利义务不同

通常情况下，权利和义务是不分离的，在享有权利的同时要承担相应的义务，但期权交易不同。期权交易是权利的买卖，期权买方支付了期权费获取权利，卖方将权利出售给买方从而拥有了履约的义务。因此，期权的买方只有权利而不必承担履约义务，卖方只有履约义务而没有相应权利。

2. 买卖双方的收益和风险特征不同

通常情况下，收益和风险是匹配的，收益越高风险也越大，但期权交易不同。当标的资产价格向有利于买方变动时，买方可能获得巨大收益，卖方则会遭受巨大损失；而当标的资产价格向不利于买方变动时，如看涨期权标的资产价格下跌或看跌期权标的资产价格上涨，买方会放弃行权；如果期权作废的话，买方会损失购买期权的全部费用，即权利金。但买方可在到期前将期权卖出平仓，虽然期权价格下跌会带来部分损失，但不会造成全部权利金损失。所以，买方最大损失为购买期权的权利金，这也是卖方的最大收益。

3. 对买卖双方保证金缴纳要求不同

由于买方的最大风险仅限于已经支付的期权费，所以无须缴纳保证金；而卖方可能损失巨大，所以必须缴纳保证金作为履约担保。对于有担保的期权空头，如持有招商银行 H 股股票的看涨期权空头，可将其持有的标的股票作为履约担保，因此，视其所持有的标的股票对期权担保情况有可能不缴或少缴保证金。相对有担保期权空头而言，无担保的期权空头称为裸期权空头，裸期权空头必须缴纳保证金。

4. 期权交易买方和卖方的经济功能不同

市场上几乎所有金融衍生工具均可以对冲标的资产的价格风险。如买进期货合约可以对冲标的资产价格上涨的风险，卖出期货合约可以对冲标的资产价格下跌的风险。但期权交易不同，买进期权可以对冲标的资产的价格风险；而卖出期权只能收取固定的费用，达不到对冲标的资产价格风险的目的。

利用期权多头对冲标的资产价格风险，当标的资产价格发生不利变动时，如持有标的资产而价格下跌，或计划购买标的资产而价格上涨，交易者可通过执行期权来避免损失；当价格变化方向对标的资产持仓有利时，交易者可放弃执行权利，从而享受价格有利变化带来的利润。因此，买进期权更像是为所持标的资产购买的保险，所以期权费也称为保险费。

5. 独特的非线性损益结构

期权交易的非线性盈亏状态，与证券交易、期货交易等线性的盈亏状态有本质区别。正是期权独特的非线性损益结构，使其在风险管理、组合投资等方面具有明显优势。通过不同期权、期权与其他投资工具的组合，投资者可以构造出不同风险和损益状况的组合策略，也可以实现期权和标的资产头寸的相互转换。

三、期权的基本类型

1. 按照对买方行权时间规定的不同分类

按照对买方行权时间规定的不同，可以将期权分为欧式期权、美式期权和百慕大期权。

欧式期权（European Option），是指期权买方只能在期权到期日行使权利的期权。

美式期权（American Option），是指期权买方在期权到期日前（含到期日）的任何交易日都可以行使权利的期权。

百慕大期权（Bermuda Option），是指期权买方可以在到期日前所规定的一系列时间行权的期权。

无论是欧式期权还是美式期权，在期权到期日之后买卖双方权利义务均消除。美式期权与欧式期权的划分并无地域上的区别，市场上交易最多的是美式期权。由于美式期权的行权机会多于欧式期权，所以在通常情况下，其他条件相同的美式期权的价格应该高于欧式期权的价格。但研究分析表明，标的资产不支付红利的美式期权不应该提前行权，所以此情形下，美式期权的价格与欧式期权的价格应该相等。

2. 按照买方行权方向的不同分类

按照买方行权方向的不同，可将期权分为看涨期权和看跌期权。

看涨期权（Call Option），是指期权的买方向卖方支付一定数额的期权费后，便拥有了在合约有效期内或特定时间，按执行价格向期权卖方买入一定数量标的资产的权利。看涨期权买方预期标的资产价格上涨而买入购买标的资产的权利，即买权，所以买权也被称为看涨期权。标的资产价格上涨越多，买方行权可能性越大，行权买入标的资产后获取的收益越多。

看跌期权（Put Option），是指期权的买方向卖方支付一定数额的期权费后，便拥有了在合约有效期内或特定时间按执行价格向期权卖方出售一定数量标的资产的权利。看跌期权买方预期标的资产价格下跌而买入出售标的资产的权利，即卖权，所以卖权也被称为看跌期权。标的资产价格下跌越多，买方行权可能性越大，行权卖出标的资产后获取的收益越多。

3. 按照期权标的资产类型的不同分类

按照期权标的资产类型的不同，可将期权分为商品期权和金融期权。

标的资产为实物资产的期权称为商品期权，也称为实物期权。标的资产为金融资产或金融指标（如股票价格指数）的期权称为金融期权。中国金融期货交易所的仿真股票价格指数期权和银行间交易的人民币外汇期权等，均为金融期权。

4. 按照期权市场类型的不同分类

按照期权市场类型的不同，期权可以分为场内期权和场外期权。

在交易所上市交易的期权称为场内期权，也称为交易所期权；在交易所以外交易的期权称为场外期权。交易所期权，即场内期权可以是现货期权，也可以是期货期权，但为履约方便，期货期权应该在相关期货交易所上市交易。我国银行间市场交易的人民币外汇期权属于场外期权。

第二节　期权价格及期权交易盈亏分析

期权价格，是期权多头为了获取未来的某种权利而支付给空方的对价。

一、期权价格及构成

1. 期权的内在价值（Intrinsic Value、Embedded Value）

期权的内在价值是指在不考虑交易费用和期权费的情况下，买方立即执行期权合约可获取的收益。如果收益大于 0，则期权具有内在价值；如果收益小于或等于 0，则期权不具有内在价值，内在价值等于 0。

内在价值由期权合约的执行价格与标的资产价格的关系决定。内在价值的计算公式如下：

看涨期权的内在价值 = max{标的资产价格(S) - 执行价格(X), 0}

看跌期权的内在价值 = max{执行价格(X) - 标的资产价格(S), 0}

由此可见，期权的内在价值总是大于或等于 0。

2. 实值期权、虚值期权和平值期权

依据内在价值计算结果的不同，可将期权分为实值期权、虚值期权和平值期权。

实值期权（In-the-Money Option），也称期权处于实值状态，是指内在价值计算结果大于 0 的期权。在不考虑交易费用和期权权利金的情况下，买方立即执行期权合约所获得的行权收益大于 0，且行权收益等于内在价值。

实值看涨期权的执行价格低于其标的资产价格，实值看跌期权的执行价格高于其标的资产价格。当看涨期权的执行价格远远低于其标的资产价格，看跌期权的执行价格远远高于其标的资产价格时，被称为深度实值期权。

虚值期权（Out-of-the-Money Option），也称期权处于虚值状态，是指内在价值计算结果小于0的期权。由于计算结果小于0，所以虚值期权的内在价值等于0。在不考虑交易费用和期权权利金的情况下，买方立即执行期权合约将产生亏损，且亏损值等于内在价值计算结果。

虚值看涨期权的执行价格高于其标的资产价格，虚值看跌期权的执行价格低于其标的资产价格。当看涨期权的执行价格远远高于其标的资产价格，看跌期权的执行价格远远低于其标的资产价格时，被称为深度虚值期权。

平值期权（At-the-Money Option），也称期权处于平值状态，是指在不考虑交易费用和期权权利金的情况下，买方立即执行期权合约损益为0的期权。与虚值期权相同，平值期权的内在价值也等于0。对于平值期权，期权的执行价格等于其标的资产价格。

3. 期权的时间价值

期权的时间价值（Time Value），又称外涵价值，是指在权利金中扣除内在价值的剩余部分。它是期权有效期内标的资产价格波动为期权持有者带来收益的可能性所隐含的价值。显然，标的资产价格的波动率越高，期权的时间价值就越大。

时间价值=权利金-内在价值

如果内在价值等于0，期权价格等于时间价值。

二、期权价格的影响因素

期权价格既然由内在价值和时间价值两部分构成，则凡是影响内在价值和时间价值的因素就是影响期权价格的因素。总的来看，期权价格的影响因素主要有六个，它们通过影响期权的内在价值和时间价值来影响期权的价格。

1. 标的资产的市场价格与期权的执行价格

标的资产的市场价格与期权的执行价格，是影响期权价格的两个主要因素。因为这两个价格及其相互关系不仅决定着内在价值，而且还进一步影响着时间价值。

看涨期权在执行时，其收益等于标的资产当时的市价与执行价格之差。因此，标的资产的价格越高、执行价格越低，看涨期权的价格就越高。

对看跌期权而言，由于执行时其收益等于执行价格与标的资产市价的差额，因此，标的资产的价格越低、执行价格越高，看跌期权的价格就越高。

2. 期权的有效期

如前所述，对于美式期权而言，由于它可以在有效期内任何时间执行，有效期越长，期权多头获利机会就越大，而且有效期长的期权包含了有效期短的期权的所有执行机会，因此有效期越长，期权价格越高。

对欧式期权而言，由于它只能在期末执行，有效期长的期权就不一定包含有效期短的期权的所有执行机会。这就使欧式期权的有效期与期权价格之间的关系显得较为复杂。例如，同一股票的两份欧式看涨期权，一个有效期为 1 个月，另一个有效期为 2 个月，假定在 6 周后标的股票将有大量红利支付，由于支付红利会使股价下跌，在这种情况下，有效期短的期权的价格甚至会大于有效期长的期权。

3. 标的资产价格的波动率

标的资产价格的波动率是用于衡量标的资产未来价格变动不确定性的指标，其确切定义将在下一节给出。如前所述，波动率对期权价格的影响，是通过对时间价值的影响而实现的。波动率越大，则在期权到期时，标的资产市场价格涨跌达到实值期权的可能性也就越大，而如果出现虚值期权，则期权多头亏损有限。因此，无论是看涨期权还是看跌期权，其时间价值以及整个期权价格都随着标的资产价格波动率的增大而提高，随标的资产价格波动率的减小而降低。

值得注意的是，与决定和影响期权价格的其他因素不同，在期权定价时，标的资产价格在期权有效期内的波动率在未来是一个未知数。因此，在期权定价时，要获得标的资产价格的波动率，只能通过近似估计得到。一种简单的估计波动率的方法，是利用过去所观察到的标的资产价格波动的历史数据，用以估计未来价格的波动率。这一方法求得的波动率称为历史波动率（History Volatility）。当然，如果期权价格已知，就可以反过来利用期权定价模型倒推出波动率，这种推算出来的波动率则被称为市场报价中的隐含波动率（Implied Volatility）。

4. 无风险利率

影响期权价格的另一个重要因素是无风险利率，尤其是短期无风险利率。利率对期权价格的影响是比较复杂的，需要进行区别分析。分析角度不同，得出的结论也各不相同。

利率对期权价格的影响主要体现在对标的资产价格以及贴现率的影响上。这一影响又需要从两个方面加以探讨：

（1）可从静态的角度考察，即比较不同利率水平下的两种均衡状态。如果无风险利率较高，则标的资产的预期收益率也应较高，这意味着对应于标的资产现在特定的市价 S，未来预期价格 E（S_T）较高。同时，由于贴现率较高，未来同样预期盈利的现值就较低。这两种效应都将降低看跌期权的价值。但对看涨期权来说，前者将使期权价格上升，而后者将使期权价格下降。由于前者的效应大于后者，因此对应于较高的无风险利率，看涨期权的价格也较高。

（2）可从动态的角度考察，即考察一个均衡从被打破到重新形成均衡的过程，在标的资产价格与利率呈负相关时（如股票、债券等），当无风险利率提高时，原有均衡被打破，为了使标的资产预期收益率提高，均衡过程通常是通过同时降低标的资产的期初价格和预期未来价格且前者的降幅更大来实现的。同时贴现率也随之上升。对看涨期权来说，两种效应都将使期权价格下降；而对看跌期权来说，前者效应为正，后者为负，由于前者效应通常大于后者，因此其净效应是看跌期权价格上升。

此处应注意，从两个角度得出的结论刚好相反。因此，在具体运用时要注意区别分析的角度，根据具体情况做全面、深入的分析。由于在讨论期权价格影响因素时，都是假定其他条件不变时考察不同利率水平对期权价格的影响，因此人们大多采用比较静态法来考察利率对期权价格的影响。

5. 标的资产的收益

按照美国市场惯例，标的资产分红或者是获得相应现金收益的时候，期权的执行价格并不进行相应的调整。这样，标的资产进行分红付息，将减少标的资产的价格，这些收益将归标的资产的持有者所有，同时执行价格并未进行相应调整。因此，在期权有效期内的标的资产产生现金收益将使看涨期权价格下跌，而使看跌期权价格上升。

由以上分析可知，决定和影响期权价格的因素很多，而且各因素对期权价格的影响也很复杂，既有影响方向的不同，又有影响程度的不同；各个影响因素之间，既有相互补充的关系，又有相互抵消的关系。表 18-1 对这些主要影响因素做了一个基本的总结。

表 18 1 影响期权价格的主要因素

	欧式看涨	欧式看跌	美式看涨	美式看跌
标的资产市场价格	+	−	+	−
期权执行价格	−	+	−	+
有效期	?	?	+	+
标的资产价格波动率	+	+	+	+
无风险利率	+	−	+	−
红利	−	+	−	+

注：“+”表示正向的影响；“-”表示反向的影响；“?”则表示影响方向不一定。

三、期权交易盈亏分析

1. 买入看涨期权

如图 18-1 所示，看涨期权的买方买入执行价格为 X 的看涨期权，在支付期权费之后，便可以享受在到期日之前按执行价格 X 买入或者不买入标的资产的权利。如果市场价格 S 上涨，便执行看涨期权，以低价获得标的资产，然后又按上涨后的价格卖出标的资产，赚取差价，再减去期权费之后所得就是利润；或者在期权费价格上涨时卖出期权平仓，就像买股票一样简单，获得期权费价差收入。如果市场价格 S 下跌，买方可以选择不执行期权，亏损最多的是期权费。

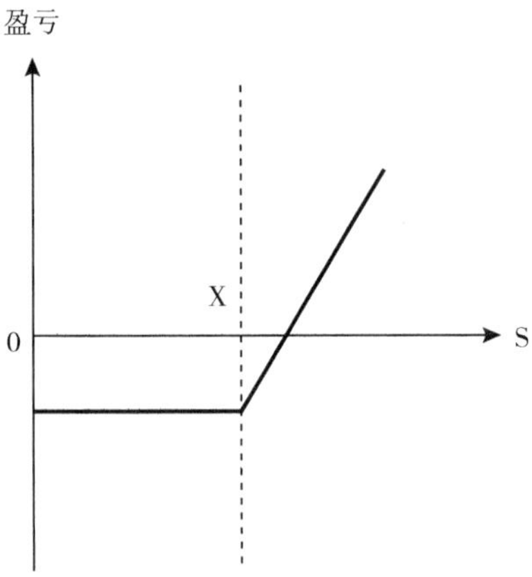

图 18-1　欧式看涨期权多头的盈亏分布

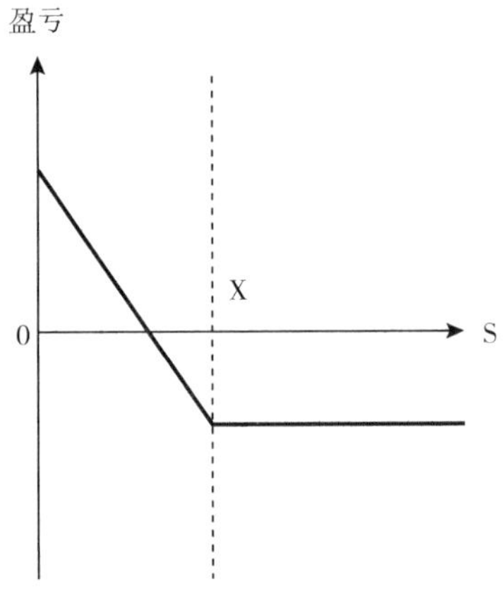

图 18-2　欧式看跌期权多头的盈亏分布

2. 买入看跌期权

如图 18-2 所示，看跌期权的买方买入执行价格 X 的看跌期权，在支付期权费之后，便可以享受在到期日之前按执行价格 X 卖出或者不卖出标的资产的权利。如果市场价格 S 下跌，便执行看跌期权，以高价卖出标的资产，然后按下跌后的价格买入标的资产，赚取差价，再减去期权费之后所得就是利润；或者在期权费价格上涨时卖出期权平仓，获得期权费价差收入。如果市场价格 S 上涨，买方可以选择不执行期权，亏损最多是期权费。

3. 卖出看涨期权

如图 18-3 所示，卖出看涨期权与买入看涨期权不同，是一种义务，而不是权利。如果看涨期权的买方要求执行期权，那么看涨期权的卖方别无选择。如果卖出执行价格为 X 的看涨期权，可以得到期权费收入。如果市场价格 S 下跌，买方不履约，卖方获得全部期权费；如果市场价格 S 上涨，卖方可能会面临亏损。

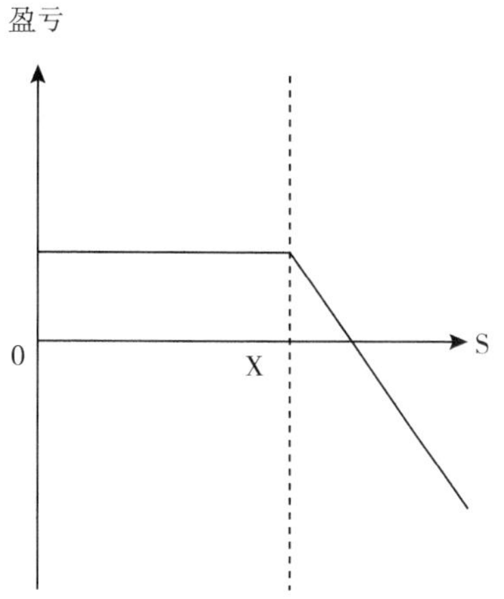

图 18-3　欧式看涨期权空头的盈亏分布

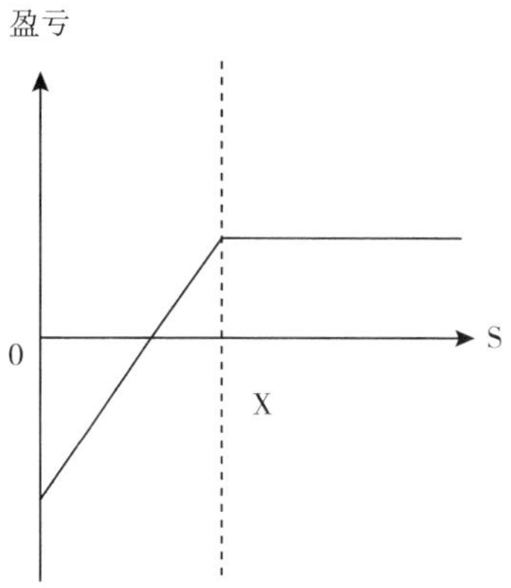

图 18-4　欧式看跌期权空头的盈亏分布

4. 卖出看跌期权

如图 18-4 所示，卖出看跌期权与买入看跌期权不同，是一种义务，而不是权利。如果看跌期权的买方要求执行期权，那么看跌期权的卖方别无选择。如果卖出执行价格为 X 的看跌期权，可以得到期权费收入。如果市场价格 S 上涨，买方不履约，卖方获得全部期权费收入；如果市场价格 S 下跌，卖方可能面临亏损。

四、期权定价

1. 看涨期权与看跌期权之间的平价关系（Put-Call Parity，PCP）

（1）无收益资产的欧式期权。在标的资产无收益的情况下，为了推导欧式看涨期权价值（c）和欧式看跌期权价值（p）之间的关系，考虑如下两个组合：

组合 A：一份欧式看涨期权加上金额为 $Xe^{-r(T-t)}$ 的现金。

组合 B：一份有效期和执行价格与组合 A 中看涨期权相同的欧式看跌期权加上一单位标的资产。

在期权到期时，两个组合的价值均为 $\max(S_T, X)$。由于欧式期权不能提前执行，两组合在时刻 t 的价值也必须相等，即：

$$C+Xe^{-r(T-t)}=P+S \tag{18-1}$$

这就是无收益资产欧式看涨期权与看跌期权之间的平价关系。它表明，欧式看涨期权的价值可根据相同执行价格和到期日的欧式看跌期权的价值推导出来，反之亦然。可从上式看出，对于平价欧式期权来说，看涨期权价格与看跌期权价格相等，若式（18-1）不成立，则存在无风险套利机会，套利活动将最终促成上式成立。

（2）有收益资产的欧式期权。在标的资产有收益的情况下，只要把前面的组合

A 中的现金改为 $I+Xe^{-r(T-t)}$，就可推导出收益资产欧式看涨期权和看跌期权的平价关系：

$$c+I+Xe^{-r(T-t)}=P+S \tag{18-2}$$

根据以上两个公式，我们可以进行期权定价。也就是说，如果知道看跌期权价格、标的资产价格、执行价格、期权、红利收益现值和利率，就可以求出看涨期权价格。

同时，看涨期权与看跌期权平价关系也可用于构造回报相同的投资组合。例如，在没有红利的条件下，有：

$$c=P+S-Xe^{-r(T-t)} \tag{18-3}$$

这意味着，借钱买入股票，并买入一个看跌期权，就等价于购买了一份看涨期权。由于在等式右边构造的投资组合中，借钱买入股票具有杠杆效应，买入看跌期权实质上是为投资者的股票提供了一个防止价格下跌的保险。因此，和直接购买股票相比，可以很明显地看到看涨期权多头有两个优点：保险和可以利用杠杆效应。

又如：

$$-S=p-c-Xe^{-r(T-t)} \tag{18-4}$$

这意味着，借钱并卖出一个看涨期权，再买入一个看跌期权，等价于卖空标的资产。因此，在一个存在着看涨看跌期权的市场中，监管者若不允许卖空现货，投资者就可以通过期权市场实现卖空的目的。

（3）无收益资产的美式期权。由于美式看跌期权的价值 P 大于等于欧式看跌期权价值 p，从式（18-1）中可得：

$$P\geqslant c+Xe^{-r(T-t)}-S \tag{18-5}$$

对无收益资产的看涨期权来说，由于欧式看涨期权价值 c 等于美式看涨期权价值 C，因此：

$$P\geqslant C+Xe^{-r(T-t)}-S \tag{18-6}$$

$$C-P\leqslant S-Xe^{-r(T-t)} \tag{18-7}$$

为了推导出 C 和 P 之间更严谨的关系，考虑以下两个组合：

组合 A：一份欧式看涨期权加上金额为 X 的现金。

组合 B：一份美式看跌期权加上一单位标的资产。

如果美式期权没有提前执行，则在 T 时刻组合 B 的价值为 $\max(S_T,X)$，而此时组合 A 的价值为 $\max(S_T,X)+Xe^{r(T-t)}-X$。因此，组合 A 的价值大于组合 B。

如果美式期权在 τ 时刻提前执行，则在 τ 时刻，组合 B 的价值为 X，而此时组合 A 的价值大于等于 $Xe^{t(\tau-t)}$。因此，组合 A 的价值也大于组合 B。

这就是说，无论美式期权是否提前执行，组合 A 的价值都高于组合 B，因此在当前 t 时刻，组合 A 的价值应不低于组合 B，即 $c+X\geqslant P+S$

由于 c=C，因此：

$$C+X \geqslant P+S \tag{18-8}$$

$$C-P \geqslant S-X \tag{18-9}$$

结合式（18-7）可得

$$S-X \leqslant C-P \leqslant S-Xe^{-r(T-t)} \tag{18-10}$$

由于美式期权可能提前执行，因此得不到美式看涨期权和看跌期权的精确平价关系，但可以得出结论：无收益美式期权必须符合式（18-10）的不等式。

（4）有收益资产的美式期权。同样，只要把组合 A 的现金改为 I+X，就可以得到有收益资产美式期权必须遵循的不等式：

$$S-I-X \leqslant C-P \leqslant S-Xe^{-r(T-t)} \tag{18-11}$$

2. 布莱克—斯科尔斯—默顿期权定价模型（B-S-M Model）

期权定价模型在 1973 年由美国学者费雪·布莱克（Fisher Black）、迈伦·斯科尔斯（Myron Scholes）、罗伯特·默顿（Robert Merton）提出，已成为期权估值领域的重要标准模型，为期权的广泛应用奠定了科学基石。

布莱克—斯科尔斯—默顿（Black-Scholes-Merton）定价模型（简称 B-S-M 定价模型）的主要思想：在无套利机会的条件下，构造一个由期权与股票所组成的无风险资产组合，这一组合的收益率必定为无风险利率 r，由此得出期权价格满足的随机微分方程，进而求出期权价格。

B-S-M 定价模型有以下六个基本假设：

（1）标的资产价格服从几何布朗运动。

（2）标的资产可以被自由买卖，无交易成本，允许卖空。

（3）期权有效期内，无风险利率 r 和预期收益率 μ 是常数，投资者可以以无风险利率无限制借入或贷出资金。

（4）标的资产价格是连续变动的，即不存在价格的跳跃。

（5）标的资产的市场波动率为常数。

（6）无套利市场。

无红利标的资产欧式看涨期权 C（看跌期权 P）的定价公式为：

$$C=S \cdot N(d_1)-K \cdot e^{rT} \cdot N(d_2) \tag{18-12}$$

$$P=K \cdot e^{-rT} \cdot N(-d_2)-S \cdot N(d_1) \tag{18-13}$$

其中，

$$d_1=\frac{\ln\left(\frac{S}{K}\right)+\left[r+\left(\frac{\sigma^2}{2}\right)\right]T}{\sigma\sqrt{T}} \tag{18-14}$$

$$d_2=d_1-\sigma\sqrt{T} \tag{18-15}$$

S：无收益标的资产的当前价格；σ：无收益标的资产的价格波动率；K：欧式看涨期权的执行价格；T：欧式看涨期权的到期时间；N(d)：标准正态概率值（具体值可以查正态概率值表），N(-d)=1-N(d)；r：连续复利下的年无风险利率；C：欧式看涨期权的当前价值；P：欧式看跌期权的当前价值。

从该模型中可以看出以下几点提示：①从公式可以看出，在风险中性的前提下，投资者的预期收益率 μ 用无风险利率 r 替代。②$N(d_2)$表示在风险中性市场中 S_T（标的资产在 T 时刻的价格）大于 K 的概率，或者说是欧式看涨期权被执行的概率。③$N(d_2)$是看涨期权价格对资产价格的导数，它反映了很短时间内期权价格变动与其标的资产价格变动的比率，所以说，如果要抵销标的资产价格变化给期权价格带来的影响，一个单位的看涨期权多头就需要 $N(d_1)$单位的标的资产的空头加以对冲。④资产价格波动率 σ 用于度量资产所提供收益的不确定性，人们经常采用历史数据和隐含波动率来估计。

3. 期权的希腊字母

由期权的定价原则和 B-S-M 模型可以看出，影响期权价格的因素主要有标的资产的价格、标的资产价格波动率、无风险市场利率和期权到期时间等。我们经常用 Delta、Gamma、Vega、Theta、Rho 五个常用的希腊字母来刻画这些因素发生微小变动对于期权价格的影响，如表 18-2 所示：

表 18-2 期权希腊字母的风险因素和量化公式

	符号	风险因素	量化公式
Delta	Δ	标的价格变化	权利金变动值/标的价格变化值
Gamma	Γ	标的价格变化	Delta 变动值/标的价格变动值
Vega	ν	波动率变化	权利金变动值/波动率变动值
Theta	Θ	到期时间变化	权利金变动值/到期时间变动值
Rho	ρ	利率变化	权利金变动值/利率变动值

（1）Delta。Delta 是用来衡量标的资产价格变动对期权理论价格的影响程度，可以理解为期权对标的资产价格变动的敏感性。

看涨期权：
$$\Delta=\frac{\partial C}{\partial S}=N(d_1) \tag{18-16}$$

看跌期权：
$$\Delta=\frac{\partial P}{\partial S}=N(d_1)-1 \tag{18-17}$$

$$d_1=\frac{\ln\left(\frac{S}{K}\right)+\left(r+\frac{\sigma^2}{2}\right)T}{\sigma\sqrt{T}} \tag{18-18}$$

Delta 的性质如下：

1）看涨期权的 Delta∈（0，1），看跌期权的 Delta∈（-1，0）。

2）当标的资产价格大于行权价时，随着标的资产价格上升，看涨期权的 Delta 值变大后趋近于 1，看跌期权的 Delta 值趋于 0。当标的资产价格小于行权价时，随着标的资产价格下降，看涨期权的 Delta 值趋于 0，看跌期权的 Delta 值趋于-1。

3）随着到期日的临近：

看涨期权：实值期权（标的价格>行权价）Delta 收敛于 1。
平价期权（标的价格=行权价）Delta 收敛于 0.5。
虚值期权（标的价格<行权价）Delta 收敛于 0。

看跌期权：实值期权（标的价格<行权价）Delta 收敛于-1。
平价期权（标的价格=行权价）Delta 收敛于-0.5。
虚值期权（标的价格>行权价）Delta 收敛于 0。

4）Delta 对冲。投资者为规避资产组合的价格变动风险，经常采用期权 Delta 对冲策略，这是利用期权价格对标的资产价格变动的敏感度为 Delta，投资者往往按照 1 单位资产和 Delta 单位期权做反向头寸来规避资产组合中价格波动风险。如果该策略能完全规避组合的价格波动风险，我们称该策略为 Delta 中性策略。当标的资产价格大幅度波动时，Delta 值也随之变化，静态的 Delta 对冲并不能完全规避风险，需要投资者不断依据市场变化调整对冲头寸。

【例 18-1】某投资者持有 5 个单位 Delta=0.8 的看涨期权和 4 个单位 Delta=-0.5 的看跌期权，期权的标的相同。若预期标的资产价格下跌，该投资者持有组合是否面临价格波动风险？该持有者如何对冲此类风险？

该组合的 $\text{Delta}=5\times0.8+4\times(-0.5)=2$。因此，资产下跌将导致组合价值下跌，其解决方案有多种，如：

方案 1：再购入 4 个单位 Delta=-0.5 标的相同的看跌期权。

方案 2：卖空 2 个单位标的资产。

不难看出，两种方案都能使组合最终实现 Delta 中性，从而规避标的资产价格波动风险。

（2）Gamma。Gamma 是用来衡量 Delta 值对标的资产的敏感度，其数学表达式为：

看涨期权
$$\Gamma_C=\frac{\partial^2 P}{\partial S^2}=\frac{N'(d_1)}{S\sigma\sqrt{T}} \tag{18-19}$$

看跌期权
$$\Gamma_P=\frac{\partial^2 P}{\partial S^2}=\frac{N'(d_1)}{S\sigma\sqrt{T}} \tag{18-20}$$

Gamma 值较小时，意味着 Delta 对资产价格变动不敏感，投资者不必频繁调整头寸对冲资产价格变动风险。反之，投资者就需要频繁调整头寸。

仅有标的资产价格变动引起期权价格的变动，也常用如下公式估算：

$$\Delta C = Delta \cdot \Delta S + \frac{1}{2} \cdot \Gamma \cdot \Delta S^2 \tag{18-21}$$

【例 18-2】 某投资者出售 10 个单位看涨期权 C_1，担心标的资产价格波动风险，欲采用标的资产 S 和相同标的的看涨期权 C_2 对冲风险，三种资产的信息见表 18-3：

表 18-3 资产信息

资产类型	执行价	到期日	Delta 值	Gamma 值
S=60	…	…	…	…
C_1	60	3	0.6	0.008
C_2	65	6	0.7	0.004

对于该类问题，一般采用两个步骤：

步骤 1，首先构建组合满足 Gamma 中性。

由 $-10\times0.008+20\times0.004=0$ 可知，投资者需购买 20 个单位 C_2。

步骤 2，对冲组合的 Delta 风险。

组合 $Delta=-0.6\times10+0.7\times20=8$，所以投资者只需要卖空 8 个单位标的资产即可。

（注：为了方便起见，本例中 1 个单位期权对应 1 个单位标的资产。）

Gamma 的性质如下：

1）看涨期权和看跌期权的 Gamma 值均为正值。

2）深度实值和深度虚值的期权 Gamma 值均较小，只有当标的资产价格和执行价格相近时，价格的波动才会导致 Delta 值的剧烈变动，因此平价期权的 Gamma 最大。

3）期权到期日临近，平价期权的 Gamma 值趋近无穷大；实值和虚值期权的 Gamma 值先增大后变小，随后接近到期收敛至 0。

4）波动率和 Gamma 最大值成反比，波动率增加将使行权价附近的 Gamma 减小，远离行权价的 Gamma 增加。

（3）Vega。Vega 是用来度量期权价格对波动率的敏感性，该值越大，表明期权价格对波动率的变化越敏感。

看涨期权：
$$v_C = \frac{\partial C}{\partial \sigma} = S\times\sqrt{T}\times N'(d_1) \tag{18-22}$$

看跌期权：
$$v_P = \frac{\partial P}{\partial \sigma} = S\times\sqrt{T}\times N'(d_1) \tag{18-23}$$

期权的波动率敏感度公式为：

$$\Delta C = v\times\Delta\sigma \tag{18-24}$$

Vega 的性质如下：

1）波动率与期权价格成正比。

2）平价期权对波动率变动最为敏感，深度实值和深度虚值期权中资产价格和执行价对 d_1 起到决定性作用，因此波动率的影响被弱化。

3）期权到期日临近，标的资产波动率对期权价格影响变小。

【例 18-3】 投资者考虑到资本市场的不稳定因素，预计未来一周市场的波动性加强，但方向很难确定。于是采用跨式期权组合投资策略，即买入具有相同行权价格和相同行权期的看涨期权和看跌期权各 1 个单位，若下周市场波动率变为 40%，不考虑时间变化的影响，该投资策略带来的价值变动是多少？

表 18-4　资产信息

资产类型	执行价	到期日	Vega 值	市场利率（年）	资产波动率
S=50	…	…	…	4%	20%
C_1	50	6 个月	14.43		
C_2	50	6 个月	14.43		

组合的 Vega 值 = 2×14.43 = 28.86，则 $\Delta = Vega \times (40\% - 20) \approx 5.77$，这就是波动率变动给该投资策略带来的价值变动。

从该例可以看出，对波动率进行管理是期权投资策略的重要组成部分。

（4）Theta。Theta 是用来度量期权价格对到期日变动敏感度的。

看涨期权：
$$\Theta_C = \frac{\partial C}{\partial \sigma} = \frac{S \cdot \sigma}{2\sqrt{T}} \cdot N'(d_1) - K \cdot e^{-rT} \cdot r \cdot N(d_2) \tag{18-25}$$

看跌期权：
$$\Theta_P = \frac{\partial C}{\partial t} = \frac{S \cdot \sigma}{2\sqrt{T}} \cdot N'(d_1) - K \cdot e^{-rT} \cdot r \cdot [N(d_2) - 1] \tag{18-26}$$

Theta 的性质如下：

1）看涨期权和看跌期权的 Theta 值通常是负的，表明期权的价值会随着到期日的临近而降低。

2）在行权价附近，Theta 的绝对值最大。也就是说，在行权价附近，到期时间变化对期权价值的影响最大。

3）平价期权（标的价格等于行权价）的 Theta 是单调递减至负无穷大；非平价期权的 Theta 将先变小后变大，随着接近到期收敛至 0。因此，随着期权接近到期，平价期权受到的影响越来越大，而非平价期权受到的影响则越来越小。

【例 18-4】 某看涨期权行权价为 2.300 元，期权价格为 0.08 元，6 个月后到期，其 Theta=-0.2。若此时标的资产的价格为 1.800 元，标的资产波动率为 20%，无风险利率为 3%。在其他条件不变的情况下，1 个月后，则期权理论价格将变化为：

$0.08-\frac{0.2}{12}\approx 0.063$（元）

（5）Rho。Rho 是用来度量期权价格对利率变动敏感性的。

看涨期权：
$$\rho_C=\frac{\partial C}{\partial r}=K\cdot T\cdot e^{-rT}\cdot N(d_2) \quad (18-27)$$

看跌期权：
$$\rho_P=\frac{\partial P}{\partial r}=K\cdot T\cdot e^{-rT}\cdot [N(d_2)-1] \quad (18-28)$$

Rho 的性质如下：

1）看涨期权的 Rho 是正的，看跌期权的 Rho 是负的。

2）Rho 随标的证券价格单调递增。对于看涨期权，标的价格越高，利率对期权价值的影响越大；对于看跌期权，标的价格越低，利率对期权价值的影响越大。越是实值（标的价格>行权价）的期权，利率变化对期权价值的影响越大；越是虚值（标的价格<行权价）的期权，利率变化对期权价值的影响越小。

3）Rho 随时间的变化：Rho 随着期权到期，单调收敛到 0。也就是说，期权越接近到期，利率变化对期权价值的影响越小。

【例 18-5】 某投资者以资产 S 作标的构造牛市看涨价差期权的投资策略（即买入 1 单位 C_1，卖出一单位 C_2），具体信息如表 18-5 所示：

表 18-5 资产信息

资产类型	执行价	到期日	Rho	市场利率（年）	资产波动率
S=50	…	…	…	4%	20%
C_1	51	6 个月	12.60		
C_2	53	6 个月	11.87		

若其他信息不变，同一天内市场利率一致向上波动 10 个基点，则该组合的理论价值变动是多少？

此例中，由于只涉及市场利率波动风险，因此我们无须考虑其他希腊字母。

组合的 Rho=12.6-11.87=0.73，表明组合的利率风险暴露为 0.73，因此组合的理论价值变动为：

$\Delta=\rho\times(t_1-t_o)=0.73\times(0.041-0.04)=0.0073$

4. 二叉树期权定价模型

二叉树模型（Binomial Tree）是由约翰·考克斯（John C. Cox）、斯蒂芬·罗斯（Stephen A. Ross）和马克·鲁宾斯坦（Mark Rubinstein）等提出的期权定价模型，该模型不但可对欧式期权进行定价，也可对美式期权、奇异期权以及结构化金融产品进行定价，思路简洁、应用广泛。

（1）单期二叉树定价模型。假定股票在 0 时刻的价格（当前价格）为 S_0，考虑以股票为标的资产、到期日为 T、执行价格为 K 的看涨期权的当前价格。假设 T 时刻，股票的价格变化只有两种可能：或者上涨到 $uS_0(u>1)$，此时期权价值为 $C_u=\max(0,uS_0-K)$；或者下跌到 $dS_0(d<1)$，对应的期权价值为 $C_d=\max(0,dS_0-K)$，如图 18-5 所示。

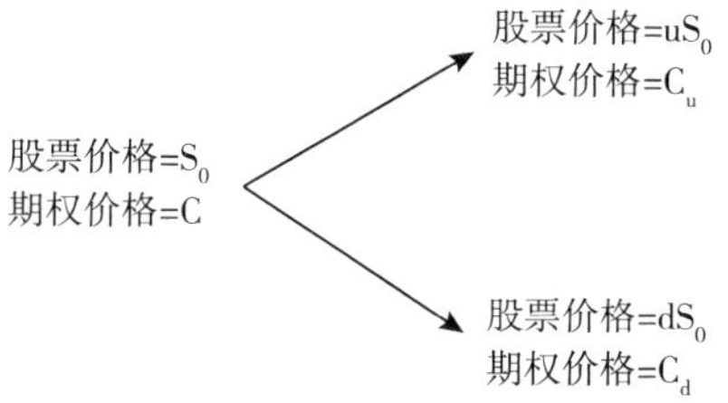

图 18-5　单期二叉树定价模型

则该看涨期权的定价公式为：

$$C=e^{-rT}[pC_U+(1-p)C_d] \tag{18-29}$$

其中，p 也被称为“风险中性概率”，其计算方法如下：

$$p=\frac{e^{-rT}-d}{u-d} \tag{18-30}$$

计算上，已知股票的历史波动率（年）σ，可以取 $u=e^{\sigma\sqrt{T}}$，$d=\frac{1}{u}$。

（2）两期二叉树模型。总时间段分为两个时间间隔。期权期限为 2T，在第一个时间间隔末 T 时刻，股票价格仍以 u 或 d 的比例上涨或下跌。如果其他条件不变，则在 2T 时刻，股票有 3 种可能的价格。如图 18-6 所示。

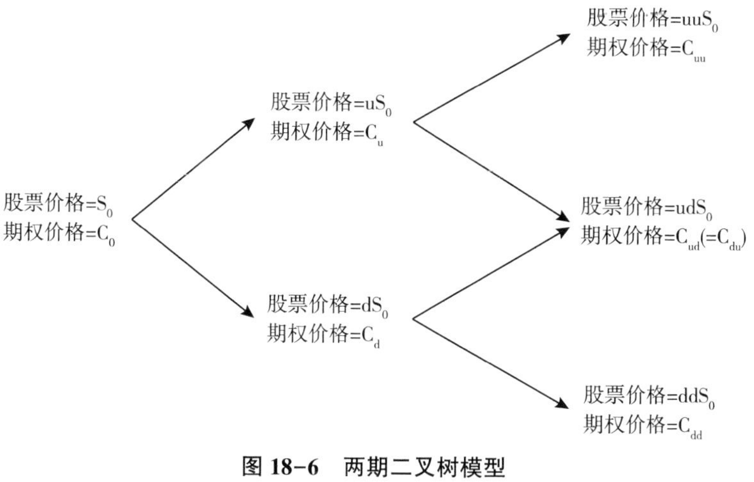

图 18-6　两期二叉树模型

$$C_u = e^{-rT}[pC_{uu} + (1-p)C_{ud}] \tag{18-31}$$

$$C_d = e^{-rT}[pC_{ud} + (1-p)C_{dd}] \tag{18-32}$$

其中，

$$P = \frac{e^{-rT} - d}{u - d} \tag{18-33}$$

$$C = e^{-eT}[pC_u + (1-p)C_d] = e^{-2rT}[p^2C_{uu} + 2p(1-p)C_{ud} + (1-p)^2C_{dd}] \tag{18-34}$$

多期二叉树法与两期二叉树法操作步骤完全相同，这里不再赘述。当期数为 n 时，nT 时刻股票价格共有 n+1 种可能，故期数比较大时，二叉树法更加接近现实的情形。

第三节　期权投资策略

除了直接运用期权头寸之外，市场中更多的是将不同期权和相应资产组合形成一定的交易策略，以满足投资者不同的风险收益偏好和特定的市场预期。

一、标的资产与期权的组合

1. 保护性看跌期权策略

保护性看跌期权策略是指投资者购买一个看跌期权，同时持有在此之前购买的股票。可以把此策略看作为降低价格下跌风险而加入的一种保险（通过买入看跌期权），对于持有标的资产的投资者来说，使用此策略可以事先锁定出售标的资产的价格，此策略的损益结构与持有看涨期权多头相似。如图 18-7 所示，组合净损益=执行日的组合收入-初始投资。

（1）股价<执行价格：组合净损益=执行价格-（股票投资买价+期权购买价格）。

（2）股价>执行价格：组合净损益=股票售价-（股票投资买价+期权购买价格）。

2. 抛补性看涨期权策略

抛补性看涨期权组合是指购买 1 份股票，同时出售该股票的 1 份看涨期权。如图 18-8 所示，组合净损益=执行日组合收入-初始投资。

（1）股价<执行价格：组合净损益=股票售价+期权（出售）价格-股票投资买价。

（2）股价>执行价格：组合净损益=执行价格+期权（出售）价格-股票投资买价。

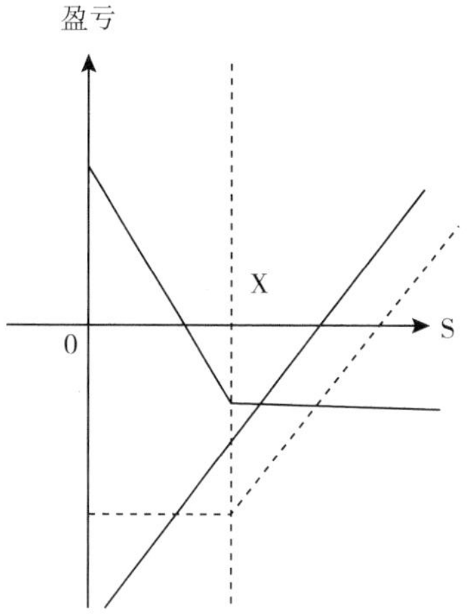

图 18-7　保护性看跌期权策略

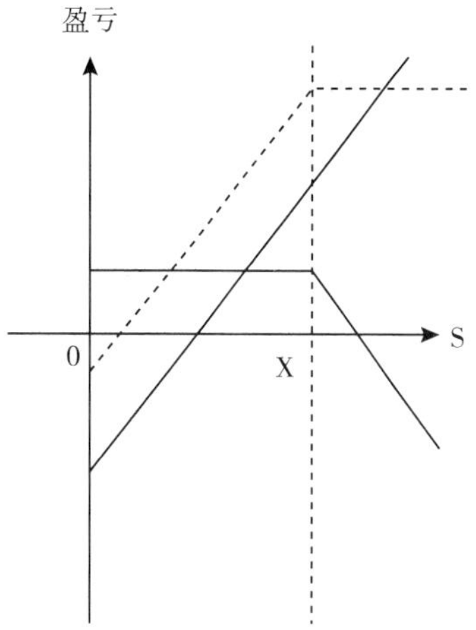

图 18-8　抛补性看涨期权组合

二、差价组合

差价（Spreads）组合，是指持有相同期限、不同执行价格的两个或多个同种期权头寸组合（同是看涨期权，或者同是看跌期权），其主要类型有牛市差价组合、熊市差价组合、蝶式差价组合等。

1. 牛市差价组合

牛市差价组合（Bull Spreads）可以由一份看涨期权多头和一份相同期限、执行价格较高的看涨期权空头组成，也可以由一份看跌期权多头和一份相同期限、执行价格较高的看跌期权空头组成，分别如图 18-9 和图 18-10 所示。

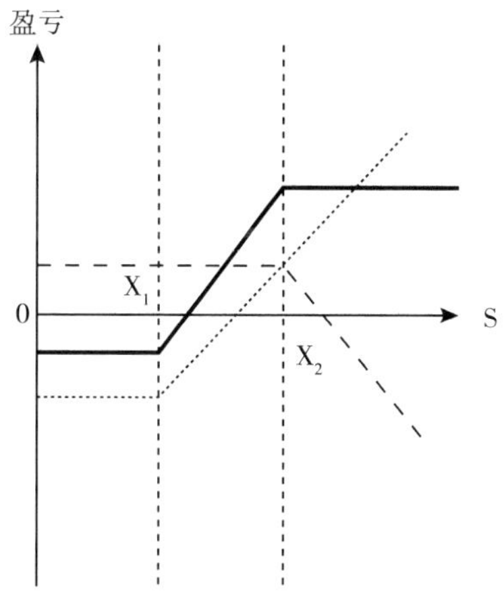

图 18-9　看涨期权空头

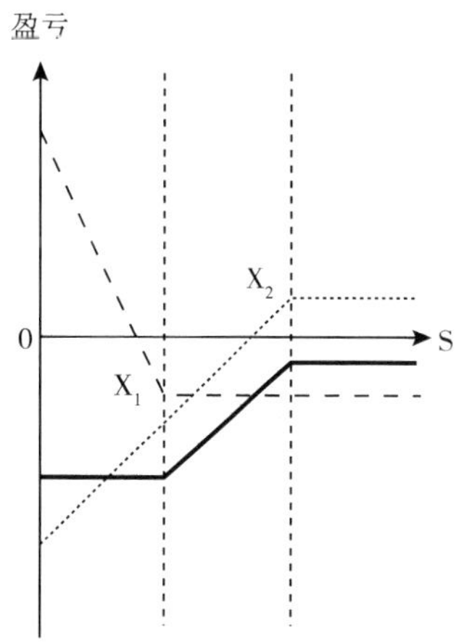

图 18-10　看跌期限空头

从图中可以看出，到期日现货价格上升对组合持有者较有利，故称牛市差价组合。由于执行价格高的看涨期权价格较低，所以用看涨期权构造的牛市差价组合期初现金流为负，但前者的最终收益大于后者。

（1）另外，通过比较标的资产现价与执行价格的关系，可以把牛市差价组合分为三类：①两虚值期权组合，即两期权均为虚值期权。②一实值期权加一虚值期权组合。③两实值期权组合。

（2）一般来说，投资者构建牛市差价组合的主要原因包括：①预期价格上升但上升幅度不大，这时构造牛市差价组合比直接买入看涨期权成本低，当然相应的收益也降低了。②卖出看跌期权投机于上升预期，之后通过买入一份执行价格较低的看跌期权进行风险管理。

2. 熊市差价组合

熊市差价组合（Bear Spreads）正好与牛市差价组合相反，它可以由一份看涨期权多头和一份相同期限、执行价格较低的看涨期权空头组成。也可以由一份看跌期权多头和一份相同期限、执行价格较低的看跌期权空头组成，分别如图 18-11 和图 18-12 所示。

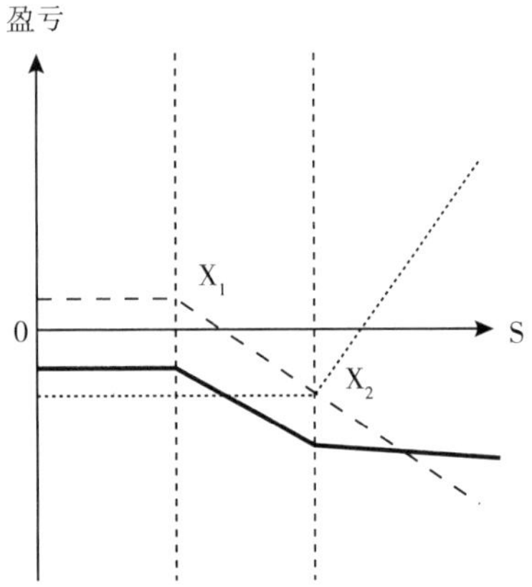

图 18-11　看涨期权空头

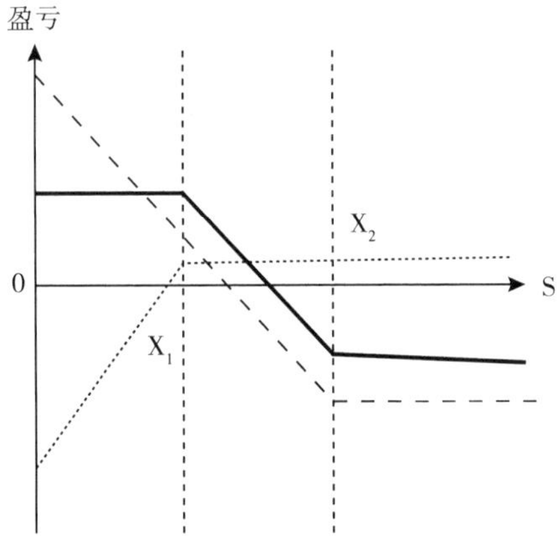

图 18-12　看跌期权空头

看涨期权的熊市差价组合和看跌期权的熊市差价组合的差别在于，前者在期初有正的现金流，后者在期初有负的现金流，但后者的最终收益大于前者。

类似的，构建熊市差价组合的主要原因包括：

（1）预期价格下跌但下跌幅度不大，这时构造熊市差价组合比直接买入看跌期权成本低，相应收益降低。

（2）卖出看涨期权投机于下跌预期，同时通过买入一份执行价格较高的看涨期权进行风险管理。

比较牛市和熊市差价组合可以看出，对同类期权而言，凡“买低卖高”的即为牛市差价策略，而“买高卖低”的则为熊市差价策略，这里的“低”和“高”是指执行价格。两者的图形刚好以 X 轴对称。

3. 蝶式差价组合

蝶式差价组合（Butterfly Spreads），是由四份具有相同期限、不同执行价格的同种期权头寸组成。在此用三种执行价格分别为 $X_1<X_2<X_3$ 且 $X_2=(X_1+X_3)/2$ 的例子来说明蝶式差价组合。在这种情况下，蝶式差价组合有如下四种：

（1）看涨期权的正向蝶式差价组合。看涨期权的正向蝶式差价组合，由执行价格分别为 X_1 和 X_3 的看涨期权多头和两份执行价格为 X_2 的看涨期权空头组成，其盈亏分布如图 18-13 所示。

（2）看涨期权的反向蝶式差价组合。看涨期权的反向蝶式差价组合，由执行价格分别为 X_1 和 X_3 的看涨期权空头和两份执行价格为 X_2 的看涨期权多头组成，其盈亏分布如图 18-14 所示。

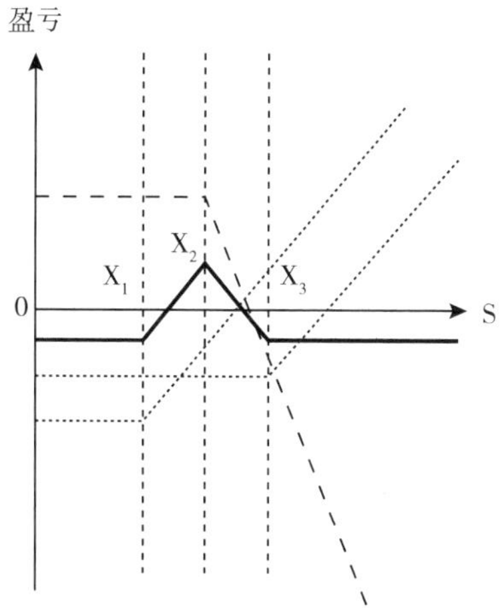

图 18-13　看涨期权的正向蝶式差价组合

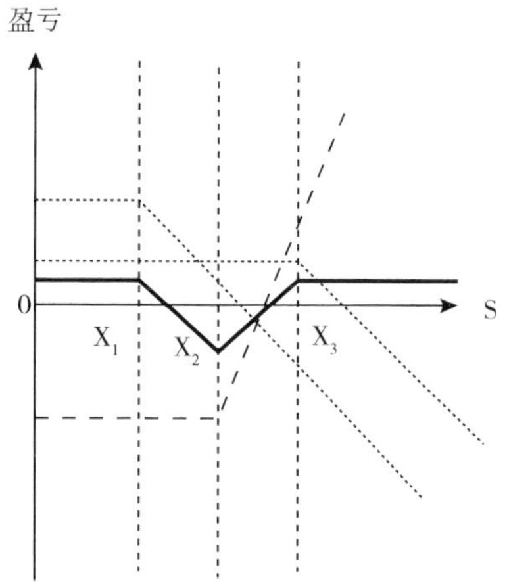

图 18-14　看涨期权的反向蝶式差价组合

（3）看跌期权的正向蝶式差价组合。看跌期权的正向蝶式差价组合，由执行价格分别为 X_1 和 X_3 的看跌期权多头和两份执行价格为 X_2 的看跌期权空头组成，其最终盈亏分布与图 18-12 相同。

（4）看跌期权的反向蝶式差价组合。看跌期权的反向蝶式差价组合，由执行价格分别为 X_1 和 X_3 的看跌期权空头和两份执行价格为 X_2 的看跌期权多头组成，其最终盈亏与图 18-13 相同。

无论是用看涨期权还是看跌期权构造，正向蝶式差价组合都只有在市场波动不大时才有盈利的可能，反向蝶式差价组合只有在市场波动较大时才有盈利的可能，因其形似蝴蝶而被称为“蝶式组合”。进一步来看，无论用看涨期权还是看跌期权构造，正向和反向蝶式差价组合的结果都相同，并且初始投资也相同。

三、差期组合

差期（Calendar Spreads）组合，是由两份相同执行价格、不同期限的同种期权的不同头寸组成的组合。它有四种类型：

（1）看涨期权的正向差期组合，是一份看涨期权多头与一份期限较短的看涨期权空头的组合。

（2）看涨期权的反向差期组合，是一份看涨期权多头与一份期限较长的看涨期权空头的组合。

（3）看跌期权的正向差期组合，是一份看跌期权多头与一份期限较短的看跌期权空头的组合。

（4）看跌期权的反向差期组合，是一份看跌期权多头与一份期限较长的看跌期权空头的组合。

我们先分析看涨期权的正向差期组合的盈亏分布。令 T 和 T^* 分别表示期限较短和较长的期权到期时刻，c_1、c_2 分别代表期限较长和较短的看涨期权的期初价格，c_{1T}代表 T 时刻期限较长的看涨期权的时间价值，S_T 表示 T 时刻标的资产的价格，当期限较短的期权到期时，若 $S_T \to \infty$，空头盈亏为 $X-S_T+c_2$，而多头虽未到期，但由于此时 S_T 已远高于 X，故其价值趋近于 $S_T-Xe^{-r(T^*-T)}$，即多头盈亏趋近于 $S_T-X_e^{-r(T^*-T)}-c_1$，总盈亏趋近于 $X-Xe^{-r(T^*-T)}+c_2-c_1$。若 $S_T=X$，空头赚 c_2，多头还未到期，尚有价值 c_{1T}，即多头盈亏为 $c_{1T}-c_1$，总盈亏为 $c_2-c_1+c_{1T}$。若 $S_T \to 0$，空头赚 c_2，多头虽未到期，但由于 S_T 远低于 X，故其价值趋于 0，即多头盈亏趋近于$-c_1$，总盈亏趋近于 c_2-c_1。我们把上述三种情况列于表 18-6。

表 18-6　看涨期权正向差期组合盈亏分布

S_T 的范围	看涨期权多头的盈亏	看涨期权空头的盈亏	总盈亏
$S_T \to \infty$	趋近 $S_T-Xe^{-r(T^*-T)}-c_1$	$X-S_T+c_2$	$X-Xe^{-r(T^*-T)}+c_2-c_1$
$S_T=X$	$c_{1T}-c_1$	c_2	$c_2-c_1+c_{1T}$
$S_T \to 0$	趋近$-c_1$	c_2	趋近 c_2-c_1

当投资者认为未来一段时间（如 3 个月）标的资产价格将窄幅波动，之后标的资产价格波动将加大，他就可以构造正向差期组合，如买进 6 个月期的平价看涨期权，同时卖出 3 个月期的平价看涨期权，这样他就相当于以较低成本买入未来 3～6

个月期间平价看涨期权。由于期权的边际时间价值递减，因此若未来 3 个月标的资产没有发生大的波动，3 个月期的期权时间价值减少速度将快于 6 个月期的期权，他就将从中获利。

四、混合期权

混合组合是由看涨期权和看跌期权构成的组合，其形式可谓五花八门，这里仅介绍最简单的几种。

1. 跨式组合

跨式组合（Straddle），由具有相同执行价格、相同期限的一份看涨期权和一份看跌期权组成。跨式组合分为两种：底部跨式组合和顶部跨式组合。前者是由两份多头组成，后者由两份空头组成。

底部跨式组合的盈亏分布如图 18-15 所示，顶部跨式组合的盈亏与图 18-15 刚好相反。从图 18-15 可以看出，底部跨式组合获利机会随市场（预期）波动加剧而增加，因此，底部跨式组合属于看多波动率策略（Long Volatility）。相反，顶部跨式组合属于看空波动率策略（Short Volatility）。

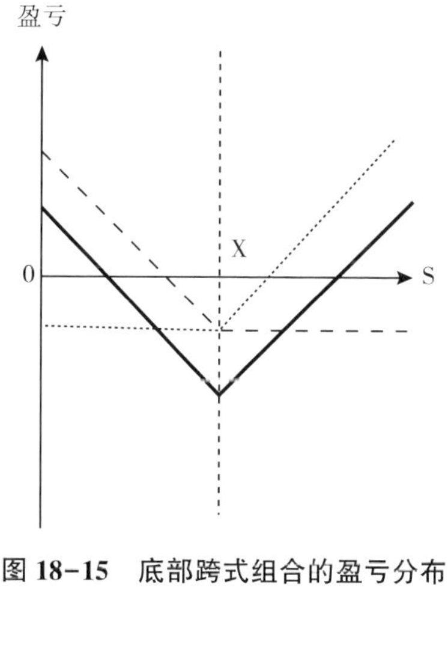

图 18-15　底部跨式组合的盈亏分布

2. 条式组合和带式组合

条式组合（Strip），由具有相同执行价格、相同期限的一份看涨期权和两份看跌期权组成。条式组合也分为底部条式组合和顶部条式组合两种。前者由多头构成，后者由空头构成。底部条式组合的盈亏分布如图 18-16 所示，顶部条式组合的盈亏图刚好相反。

带式组合（Strap），由具有相同执行价格、相同期限的资产的两份看涨期权和一份看跌期权组成。带式组合分为底部带式组合和顶部带式组合两种。前者由多头构成，后者由空头构成。底部带式组合的盈亏分布如图 18-17 所示，顶部带式组合的盈亏图刚好相反。

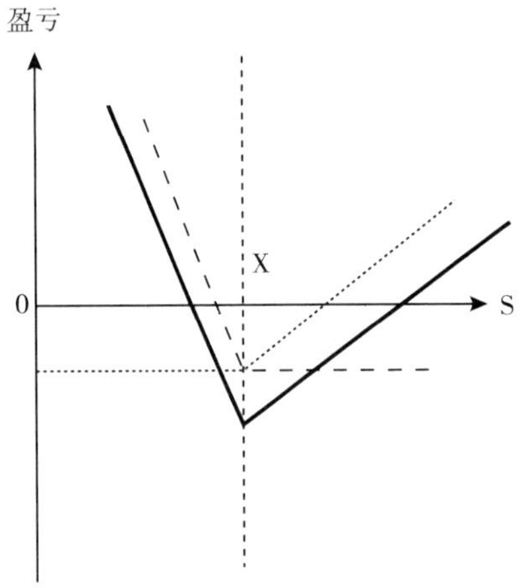

图 18-16　底部条式组合的盈亏分布

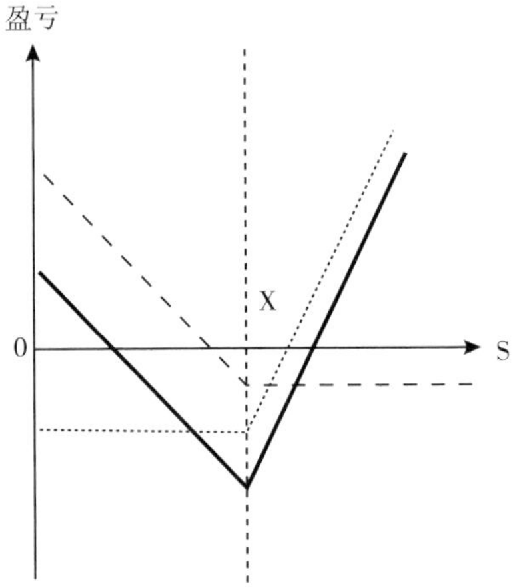

图 18-17　底部带式组合的盈亏分布

3. 勒式组合

勒式组合（Strangle），由相同到期日但执行价格不同的一份看涨期权和一份看跌期权组成，其中看涨期权的执行价格高于看跌期权。勒式组合分为底部勒式组合和顶部勒式组合。前者由多头组成，后者由空头组成。前者的盈亏分布图如 18-18 所示，后者的盈亏图刚好相反。

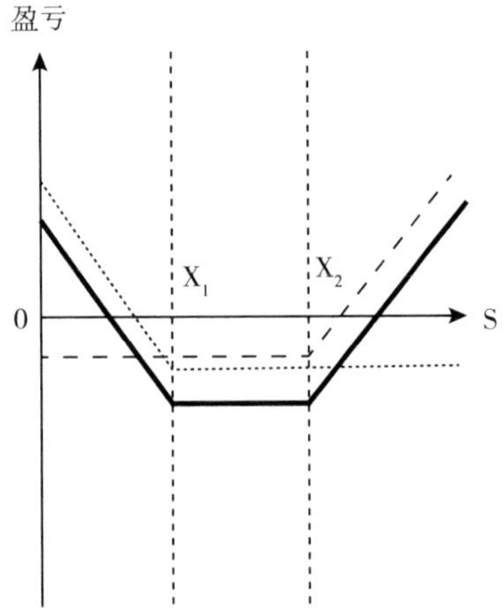

图 18-18　勒式组合的盈亏分布

比较底部跨式、条式、带式和勒式组合，可以看到此类策略适合预期标的资产价格将有大幅波动但不能确定方向的投资者。跨式组合是对称的，条式组合和带式组合分别适合有一定预期偏好的投资者；相比跨式组合，勒式组合只有在股价有更大幅度波动时才可能获利，但其初始成本也相对较低，其收益特征取决于两个执行价格的接近程度。

关键术语

期权　执行价格　欧式期权　美式期权　百慕大期权　看涨期权　看跌期权　历史波动率　隐含波动率　布莱克—斯科尔斯—默顿期权定价模型　二叉树模型

本章思考题

1. 为什么美式期权价格至少不低于同等条件下的欧式期权价格？

2. 为什么交易所向期权卖方收取保证金而不向买方收取保证金？

3. 某投资者买进一份欧式看涨期权，同时卖出一份标的资产、期限和协议价格都相同的欧式看跌期权，请描述该投资者的盈亏状况，并揭示相关衍生产品之间的关系。

4. 设某一无红利支付股票的现货价格为 30 元，连续复利无风险年利率为 6%。求该股票的执行价格为 27 元、有效期为 3 个月的看涨期权价格的下限。

5. 某一协议价格为 25 元、有效期为 6 个月的欧式看涨期权价格为 2 元，标的股票价格为 24 元，该股票预计在 2 个月和 5 个月后各支付 0.50 元股息，所有期限的无风险连续复利年利率均为 8%。请问该股票的执行价格为 25 元、有效期为 6 个月的欧式看跌期权价格等于多少？

6. 标的股票价格为 31 元，执行价格为 30 元，无风险年利率为 10%，3 个月期的欧式看涨期权价格为 3 元，欧式看跌期权价格为 2.25 元，如何套利？如果看跌期权价格为 1 元呢？

7. 假设某种不支付红利股票的市价为 50 元，无风险利率为 10%，该股票的年波动率为 30%，求以该股票为标的资产的执行价格为 50 元、期限为 3 个月的欧式看跌期权价格。

8. 某股票目前价格为 40 元，假设该股票 1 个月后的价格要么为 42 元，要么为 38 元。连续复利无风险年利率为 8%。请问 1 个月期的执行价格等于 39 元的欧式看涨期权价格等于多少？

9. 试证明：用看涨期权构造的牛市差价组合期初现金流为负，用看跌期权构造的牛市差价组合期初现金流为正，但前者的最终收益大于后者。

10. 试证明：无论用看涨期权还是看跌期权构造，正向蝶式差价组合和反向蝶式差价组合最终收益都相同，并且初始投资也相同。

第十九章　互换市场

【学习目标】

掌握互换的基本概念及分类；掌握互换的定价方法；了解信用违约互换的基本概念。

互换交易指对相同货币的债务和不同货币的债务通过金融中介进行互换的一种行为。互换交易是继 20 世纪 70 年代初出现金融期货后，又一典型的金融市场创新业务。目前互换交易已经从量向质的方面发展，甚至还形成了互换市场同业交易市场。利用互换交易，可依据不同时期的不同利率、外汇或资本市场的限制动向筹措到理想的资金，因此，从某个角度来说，互换市场是最佳筹资市场。互换交易不但为金融市场增添了新的保值工具，也为金融市场的运作开辟了新境地。

第一节　互换交易

一、互换基本知识

互换（Swaps）是指两个或两个以上当事人按照商定条件，在约定时间内交换一系列现金流的合约。远期合约可以看成仅交换一次现金流的互换。在大多数情况下，由于互换双方会约定在未来多次交换现金流，因此互换可以看作一系列远期的组合。由于其标的物以及计算现金流的方式很多，互换的种类也就很多，其中最常见也最重要的是利率互换和货币互换，此外还有商品互换、股权类互换、远期互换等。

互换市场虽然发展迅速，但互换并不在交易所交易，而是通过主要银行进行场外交易。虽然我们在本章将看到互换与期货很相似，但期货市场受到严格的监管，而互换市场却几乎没有政府监管。美国的商品期货交易委员会已正式宣布它将不寻求对互换市场的管辖权。

互换市场也有其内在局限性。首先，为了达成交易，互换合约的一方必须找到愿意与之交易的另一方。如果一方对期限或现金流等有特殊要求，他常常会难以找到交易对手。在互换市场发展初期，互换市场的最终用户通常是直接进行交易，这个问题就特别突出。为了解决这个问题，近年来，互换市场出现了专门进行做市（Make Market）的互换交易商（Swap Dealer）。其次，由于互换是两个对手之间的合约，因此，如果没有双方的同意，互换合约是不能更改或终止的。最后，对于期货和在场内交易的期权而言，交易所对交易双方都提供了履约保证，而互换市场则没有人提供这种保证。因此，互换双方都必须关心对方的信用。

将互换合约的信用风险和市场风险区分开来是十分重要的。信用风险是互换合约对公司而言价值为正时，对方不执行合同的风险；而市场风险是由于利率、汇率等市场变量发生变动引起互换价值变动的风险。市场风险可以用对冲交易来规避，信用风险则比较难规避。

二、互换的分类

1. 利率互换

利率互换（Interest Rate Swap，IRS），是指双方同意在未来的一定期限内根据同种货币的相同名义本金交换现金流，其中一方的现金流根据事先选定的某一浮动利率计算，而另一方的现金流则根据固定利率计算。从期限来看，利率互换的常见期限包括1年、2年、3年、4年、5年、7年、10年、30年与50年的互换也时有发生。

利率互换的优点包括：

（1）风险较小。因为利率互换不涉及本金，双方仅是互换利率，风险也只限于应付利息这一部分，所以风险相对较小。

（2）影响较小。这是因为利率互换对双方财务报表没有什么影响，现行的会计规则也未要求把利率互换列在报表的附注中，故可对外保密。

（3）成本较低。双方通过互换，都实现了自己的愿望，同时降低了筹资成本。

（4）手续较简单，交易达成迅速。利率互换的缺点就是该互换不像期货交易那样有标准化的合约，有时也可能找不到互换的另一方。

2. 货币互换

货币互换（Currency Swap），是在未来约定期限内将一种货币的本金和固定利息与另一货币的等价本金和固定利息进行交换。在利率互换中通常无须交换本金，只需定期交换利息差额；而在货币互换中，期初和期末须按照约定的汇率交换不同货币的本金，期间还需要定期交换不同货币的利息。

货币互换有三个优点：可降低筹资成本、满足双方意愿、避免汇率风险，这是因为互换通过远期合同将汇率固定下来。货币互换与利率互换一样，也存在违约或不履行合同的风险，如果是这样，另一方必然因利率、汇率变动而遭受损失。

虽然互换产生的历史较短，但其品种创新却日新月异。除传统的货币互换和利率互换外，一大批新的互换品种不断涌现。

3. 其他的互换品种

（1）交叉货币利率互换（Gross-currency Interest Rate Swaps）是利率互换和货币互换的结合，它以一种货币的固定利率交换另一种货币的浮动汇率。

（2）增长型互换、减少型互换和滑道型互换。在标准的互换中，名义本金是不变的，而在这三种互换中，名义本金是可变的。其中，增长型互换（Accreting Swaps）的名义本金在开始时较小，而后随着时间的推移逐渐增大。减少型互换（Amortizing Swaps）则正好相反，其名义本金随时间的推移逐渐变小。近年来，互换市场又出现了一种特殊的减少型互换，即指数化本金互换（Indexed Principal Swaps），其名义本金的减少幅度取决于利率水平，利率越低，名义本金减少幅度越大。滑道型互换（Roller-Coaster Swaps）的名义本金则在互换期内时而增大，时而变小。

（3）基点互换。在普通的利率互换中，互换一方是固定利率，另一方是浮动利率。而在基点互换（Basis Swaps）中，双方都是浮动利率，只是两种浮动利率的参照利率不同，如一方为 LIBOR，另一方为基准利率。

（4）可延长互换和可赎回互换。在标准的互换中，期限是固定的。而可延长互换（Extendable Swaps）的一方有权在一定限度内延长互换期限。可赎回互换（Puttable Swaps）的一方则有权提前中止互换。

（5）零息互换。零息互换（Zero—Coupon Swaps）是指固定利息的多次支付流量被一次性的支付所取代，该一次性支付可以在互换期初也可在期末。

（6）后期确定互换。在普通涉及浮动利率的互换中，每次浮动利率都是在该计息期开始之前确定的。后期确定互换（Back—Set Swaps）的浮动利率则是在每次计息期结束之后确定的。

（7）差额互换。差额互换（Differential Swaps）是对两种货币的浮动利率的现金流量进行交换，只是两种利息现金流量均按同种货币的相同名义本金计算。如互换一方按 6 月期美元的 LIBOR 对 1000 美元的名义本金支付利息，另一方按 6 月期德国马克的 LIBOR 减去 1.90% 的浮动利率对 1000 万美元的名义本金支付以美元表示的利息。

（8）远期互换。远期互换（Forward Swaps）是指互换生效日是在未来某一确定时间开始的互换。

（9）互换期权。互换期权（Swaption）从本质上属于期权而不是互换，该期权的标的物为互换。例如，利率互换期权本质上是把固定利率交换为浮动利率，或把浮动利率交换为固定利率的权利。但许多机构在统计时都把互换期权列入互换的范围。

（10）股票互换。股票互换（Equity Swaps）是以股票指数产生的红利和资本利得与固定利率或浮动利率交换。投资组合管理者可以用股票互换把债券投资转换成股票投资；反之亦然。

三、互换的风险

1. 互换的信用风险

由于互换是两个公司之间的私下协议，因此包含信用风险。当互换对公司而言价值为正时，互换实际上是该公司的一项资产，同时是合约另一方的负债，该公司就面临合约另一方不执行合同的信用风险。当互换对公司而言价值为负，而且合约的另一方即将破产时，理论上该公司面临一个意外收益，因为对方的违约将导致一项负债的消失。不过在实践中，更有可能的是破产方将互换转让或进行重新安排以使互换的价值不会丧失。因此，当互换对公司而言价值为负，而且合约的另一方即将破产时，更合理的假设是该公司互换头寸的价值保持不变。

对利率互换的交易双方来说，由于交换的仅是利息差额，其真正面临的信用风险暴露远比互换的名义本金要少得多。货币互换则有所不同，由于进行本金的交换，其交易双方面临的信用风险显然比利率互换要大一些。

一般来看，互换交易中的信用风险是很难估计的，交易者通常通过信用增强（Credit Enhancement）来管理和消除信用风险。信用增强的常见形式有抵押、盯市和净额结算。如果使用抵押来提高信用，当互换价值变化时，所需抵押品的数量也要相应变化，盯市则是指每隔一段时间即重新评估互换的价值，根据该评估值由互换一方对另一方进行相应的支付，互换中的价格变量（如固定利率）则重新设置为使得互换价值为零的值（显然这与期货的交易制度是非常类似的）。除此之外，信用衍生产品也是对互换信用风险进行管理的手段之一。总的来说，由于国际市场上的互换协议通常涉及资本雄厚、信用等级高的大型机构，互换委员造成的总损失历来是较低的。

2. 互换的市场风险

与互换相联系的市场风险，主要可分为利率风险和汇率风险。对利率互换来说，主要的市场风险是利率风险；而对于货币互换而言，市场风险包括利率风险和汇率风险。一般来说，人们可以通过久期、凸性等分析工具，运用市场上的固定收益产品如欧洲美元期货的对冲互换中的利率风险，通过远期外汇协议等对冲货币互换中的汇率风险。

第二节 互换的定价

一、利率互换定价

在给互换和其他柜台交易市场上的金融工具定价的时候，现金流通常用 LIBOR 零息票利率贴现。这是因为 LIBOR 反映了金融机构的资金成本。这样做的隐含假设是被定价的衍生工具的现金流的风险和银行同业拆借市场的风险相同。由于国内互换市场刚刚起步，故以国际市场上的利率互换与货币互换为例讨论互换的定价原理，故此使用 LIBOR 作为贴现率。

具体来看，与远期合约相似，利率互换的定价有两种情形：第一，在协议签订后的互换定价，是根据协议内容与市场利率水平确定利率互换合约的价值。对利率互换协议的持有者来说，该价值可能是正的，也可能是负的。第二，在协议签订时，一个公平的利率互换协议应使双方的互换价值相等。也就是说，协议签订时的互换定价，就是选择一个使互换的初始价值为零的固定利率。下面分别进行介绍。

1. 运用债券组合给利率互换定价

定义：

B_{fix}：互换合约中分解出的固定利率债券的价值。

B_{fl}：互换合约中分解出的浮动利率债券的价值。

对于互换多头，也就是固定利率的支付者来说，利率互换的价值就是：

$$V_{互换}=B_{fl}-B_{fix} \tag{19-1}$$

反之，对于互换空头，也就是浮动利率的支付者来说，利率互换的价值就是：

$$V_{互换}=B_{fix}-B_{fl} \tag{19-2}$$

这里固定利率债券的定价公式为：

$$B_{fix}=\sum_{i=1}^{n} ke^{-r_it_i}+Ae^{-r_nt_n} \tag{19-3}$$

式中，A 为利率互换中的名义本金额，k 为现金流交换日交换的固定利息额，n 为交换次数，t_i 为距第 i 次现金流交换的时间长度（$1\leq i\leq n$），r_i 则为到期日为 t_i 的 LIBOR 连续复利即期利率。显然固定利率债券的价值就是未来现金流的贴现和。

浮动利率债券的定价公式则为：

$$B_{fl}=(A+K^*)e^{-r_1t_1} \tag{19-4}$$

式中，K^* 为下一交换日应交换的浮动利息额，距下一次利息交付日则还有 t_1 的时间。

在浮动利率式中等于该债券的合理贴现率的条件下：第一，在浮动利率债券新发行时，该债券的价值就等于它的面值；第二，在任意重新确定利率的时刻，付息之后的浮动利率债券价值就等于面值 A 加上应付利息 k^*；第三，根据证券定价的一般原理，在不考虑流动性因素的情况下，选定证券续存期内的任一时点，证券的价值等于该时刻的证券价值加上现在到该时点之间现金流的贴现值。在为浮动利率债券定价时，选定下一个支付日为未来时点，这样就得到了式（19-4）。

【例 19-1】假设在一笔利率互换协议中，某一金融机构支付 3 个月期的 LIBOR，同时收取 4.8%的年利率（3 个月计一次复利），名义本金为 1 亿美元。互换还有 9 个月的期限。目前 3 个月、6 个月和 9 个月的 LIBOR 分别为 4.8%、5%和 5.1%。试计算此笔利率互换对该金融机构的价值。

在这个例子中，k=120 万美元，因此

$B_{fix}=120e^{-0.048\times0.25}+120e^{-0.05\times0.5}+10120e^{-0.051\times0.75}=9975.825$（万美元）

由于互换刚好还有 9 个月的期限，处于重新确定利率的时刻，因此 $B_{fl}=10000$（万美元）。

因此，对该金融机构而言，此利率互换的价值为：

9975.825-10000=-24.175（万美元）

显然，对该金融机构的交易对手来说，此笔利率互换的价值为正，即 24.175 万美元。

2. 运用远期利率协议给利率互换定价

远期利率协议（FRA）是用来事先确定将来某一时间一笔借款的利率的。在 FRA 执行的时候，支付的只是市场利率与合约协定利率的利差。FRA 可以看成一个用事先确定的利率（远期利率）交换浮动利率（市场利率）的合约。互换可以看成一系列 FRA 的组合。

对于收取固定利息的交易方，FRA 的定价公式为：

$$[Ae^{r_K(T^*-T)}-Ae^{r_F(T^*-T)}]e^{-r^*(T^*-t)} \quad (19-5)$$

更确切的理解，t 时刻 FRA 的价值等于约定利率 r_K 与 T 至 T^* 时刻远期利率 r_F 差异导致的息差现值。因此，要运用 FRA 给利率互换定价，只要知道利率期限结构，从中估计出 FRA 对应的远期利率与息差现值，即可得到每笔 FRA 的价值，加总就可以得到利率互换的价值。

根据【例 19-1】的情形，用表 19-1 列示了具体的计算过程，为了与公式一致，表中的利率均为连续复利。其中，3 个月计一次复利的 4.8%对应的连续复利利率如表 19-1 所示。

表 19-1　连续复利利率

	贴现率	固定利率	远期利率	现金流或 FRA 价值
3 个月后	4.8%	4.7714%	$4\times\ln\left(1+\frac{4.8\%}{4}\right)=4.77\%$	$10000\times(e^{4.7714\%\times0.25}-e^{4.80\%\times0.25})\times e^{-4.8\%\times0.25}=-0.715$
6 个月后	5%	4.7714%	$\frac{5\%\times0.5-4.8\%\times0.25}{0.25}=5.2\%$	$10000\times(e^{4.7714\%\times0.25}-e^{5.2\%\times0.25})\times e^{-5\%\times0.5}=-10.581$
9 个月后	5.1%	4.7714%	$\frac{5.1\%\times0.75-5\%\times0.5}{0.25}=5.3\%$	$10000\times(e^{4.7714\%\times0.25}-e^{5.3\%\times0.25})\times e^{-5.1\%\times0.75}=-12.88$
互换总价值				-24.176

显然，这个结果与【例 19-1】中运用债券组合定出的利率互换价值-24.175 万美元是一致的，10 美元的差异则是连续复利与普通复利之间转换时四舍五入导致的。

二、货币互换定价

与利率互换类似，货币互换也可以分解为债券的组合或远期协议的组合，只是这里的债券组合不再是浮动利率债券和固定利率债券的组合，而是一份外币债券和一份本币债券的组合，远期协议也不再是 FRA，而是远期外汇协议。

1. 运用债券组合为货币互换定价

定义 $V_{互换}$为货币互换的价值，那么对于收入本币、付出外币的那一方：

$$V_{互换}=B_D-S_0B_F \tag{19-6}$$

式（19-6）中，B_F是用外币表示的从互换中分解出来的外币债券的价值，B_D是从互换中分解出来的本币债券的价值，S_0是即期利率（直接标价法）。

对付出本币、收入外币的那一方：

$$V_{互换}=S_0B_F-B_D \tag{19-7}$$

【例 19-2】假设美元和日元 LIBOR 的期限结构是平的，在日本是 2%而在美国是 6%（均为连续复利）。某一金融机构在一笔货币互换中每年收入日元，利率为 3%（每年计一次复利），同时付出美元，利率为 6.5%（每年计一次复利）。两种货币的本金分别为 1000 万美元和 120000 万美元。这笔互换还有 3 年的期限，每年交换一次利息，即期汇率为 1 美元=110 日元。如何确定该笔货币互换的价值？

如果以美元为本金，那么：

$B_D=65e^{-0.06\times1}+65e^{-0.06\times2}+1065e^{-0.06\times3}=1008.427$（万美元）

$B_F=3600e^{-0.02\times1}+3600e^{-0.02\times2}+123600e^{-0.02\times3}=123389.7$（万日元）

货币互换的价值为 $\frac{123389.7}{110}-1008.427\approx113.30$（万美元）

如果该金融机构是支付日元收入美元，则对它来说，货币互换的价值为-113.30万美元。

2. 运用远期外汇协议为货币互换定价

与利率互换类似，货币互换还可以分解成一系列远期合约的组合。货币互换中的每次支付，都可以用一笔远期外汇协议的现金流来代替。因此，只要能够计算并加总货币互换中分解出来的每笔远期外汇协议的价值，就可得到相应货币互换的价值。

【例 19-3】 假设美元和日元 LIBOR 的期限结构是平的，在日本是 2%而在美国是 6%（均为连续复利）。某一金融机构在一笔货币互换中每年收入日元，利率为 3%（每年计一次复利），同时付出美元，利率为 6.5%（每年计一次复利）。两种货币的本金分别为 1000 万美元和 120000 万日元。这笔互换还有 3 年的期限，每年交换一次利息，即期汇率为 1 美元=110 日元。如何确定该笔货币互换的价值?

即期汇率为 1 美元=110 日元，或 1 日元=0.009091 美元。根据 $F=Se^{(r-r_f)(T-t)}$，1 年期、2 年期和 3 年期的远期汇率分别为：

$0.009091e^{0.04\times1}=0.009462$

$0.009091e^{0.04\times2}=0.009848$

$0.009091e^{0.04\times3}=0.01025$

与利息交换等价的三份远期合约的价值分别为：

$(3600-0.009462-65)e^{-0.06\times1}=-29.1355$（万美元）

$(3600-0.009848-65)e^{-0.06\times2}=-26.2058$（万美元）

$(3600-0.01025-65)e^{-0.06\times3}=-23.4712$（万美元）

与最终的本金交换等价的远期合约的价值为：

$(120000\times0.01025-1000)e^{-0.06\times3}=192.1093$（万美元）

所以这笔互换的价值为：

$192.1093-29.1355-26.2058-23.4712\approx113.30$（万美元）

第三节 其他衍生品

信用违约互换（Credit Default Swap，CDS）又叫信贷违约掉期，也叫贷款违约保险，是目前全球交易最为广泛的场外信用衍生品。国际互换和衍生品协会（ISDA）于 1998 年创立了标准化的信用违约互换合约，在此之后，CDS 交易得到了快速的发展。信用违约互换的出现解决了信用风险的流动性问题，使信用风险可以像市场风险一样进行交易，从而转移担保方风险，同时也降低了企业发行债券的难度和成本。

在信用违约互换交易中，希望规避信用风险的一方称为信用保护购买方，向风险规避方提供信用保护的一方称为信用保护出售方，愿意承担信用风险。违约互换购买者将定期向违约互换出售者支付一定费用（称为信用违约互换点差），而一旦出现信用类事件（主要指债券主体无法偿付），违约互换购买者将有权利将债券以面值递送给违约互换出售者，从而有效规避信用风险。

关键术语

互换　利率互换　货币互换　信用违约互换

本章思考题

1. 说明互换的主要种类。

2. 具体阐述与互换相联系的主要风险。

3. 请判断以下说法是否正确并说明原因：互换头寸的结清方式之一是对冲原互换协议，这一方式完全抵消了违约风险。

4. 假设在一笔互换合约中，某一金融机构每半年支付 6 个月期的 LIBOR，同时收取 8%的年利率（半年计一次复利），名义本金为 1 亿美元。互换还有 1.25 年的期限。3 个月、9 个月和 15 个月的 LIBOR 分别为 10%、10.5%和 11%。上一次利息支付日的 6 个月 LIBOR 为 10.2%（半年计一次复利）。试分别运用债券组合和 FRA 组合计算此笔利率互换对该金融机构的价值。

参考文献

[1] Bodiez, Kanea, Marcusa. Investment. Ninthedition [M]. Irwin: McGraw-Hill, 2011.

[2] Bodie Z, Kane A, Marcus A J. Essentials of Investments [M]. 北京：清华大学出版社，2011.

[3] Chen, Joseph, Harrison Hong, et al. Breadth of Ownership and Stock Returns [J]. Journal of Financial Economics, 2002 (66): 171-205.

[4] David Hirshleifer, Siew Hong Teoh. Limited Attention, Information Disclosure, and Financial Reporting [J]. Journal of Accounting and Economics, 2003 (36): 337-386.

[5] Diether, Karl, Christopher Malloy, Anna Scherbina, Differences of Opinion and the Cross Section of Stock Returns [J]. Journal of Finance, 2002 (52): 2113-2141.

[6] Global Investment Performance Standards (CFA program curriculum, level Ⅲ [R]. 2013.

[7] Hong, Harrison, Jeremy C. Stein. Disagreement and the Stock Market [J]. Journal of Economic Perspectives, 2007, 21 (2): 109 -128.

[8] Hong H., Stein J. Differences of Opinion, Short-Sales Constraints and Market Crashes [J]. Review of Financial Studies, 2003 (16): 487-525.

[9] Huberman, G., T. Regev. Contagious Speculation and a Cure for Cancer [J]. Journal of Finance, 2001 (56): 387-396.

[10] Lin Peng, Wei Xiong. Investor Attention, Overconfidence and Category Learning [J]. Journal of Financial Economics, 2006 (80): 563-602.

[11] Rabin, M. Inference by Believers in the Law of Small Numbers [J]. Quarterly Journal of Economics, 2002 (117): 775-816.

[12] Schweser. Level I, Book 5. Schweser Notes for the CFA Exam [R]. Fort Lauderdale: Kaplan, Inc., 2016.

［13］［美］ Aswath Damodaran. 价值评估、证券分析、投资评估与公司理财［M］. 张志强，王春香等译 . 北京：北京大学出版社，2003.

［14］布雷利，R. A.，迈尔斯等 . 公司财务原理：第 10 版［M］. 北京：机械工业出版社，2014.

［15］陈康幼 . 投资经济学［M］. 上海：上海财经大学出版社，2003.

［16］陈收 . 行为金融理论与实证［M］. 长沙：湖南大学出版社，2004.

［17］陈彦斌 . 行为资产定价理论［M］. 北京：中国人民大学出版社，2006.

［18］陈野华 . 行为金融学［M］. 成都：西南财经大学出版社，2006.

［19］晨星（中国）研究中心有关报告［R］. 2015.

［20］迟国泰 . 投资风险管理［M］. 北京：清华大学出版社，2010.

［21］董志勇 . 行为经济学［M］. 北京：北京大学出版社，2005.

［22］杜习瑞 . 债券投资组合管理策略及其实证研究［D］. 东北财经大学硕士学位论文，2007.

［23］法博齐 . 资本市场［M］. 北京：清华大学出版社，2004.

［24］［美］弗兰克 · J. 法博齐 . 债券组合管理［M］. 高玉泽等译 . 上海：上海财经大学出版社，2004.

［25］戈登 · J. 亚历山大，威廉 · F. 夏普 . 投资学基础（第三版）［M］. 北京：中国人民大学出版社，2015.

［26］何孝星主编 . 证券投资理论与实务［M］. 北京：清华大学出版社，2004.

［27］赫什 · 舍夫林 . 超越恐惧和贪婪：行为金融学与投资心理诠释［M］. 上海：上海财经大学出版社，2005.

［28］胡昌生 . 金融异象与投资者心理［M］. 武汉：武汉大学出版社，2005.

［29］黄炜，王林 . 新基金法学习辅导读本［M］. 北京：中国财政经济出版社，2013.

［30］姜国华 . 财务报表分析与证券投资［M］. 北京：北京大学出版社，2008.

［31］［美］加德纳，伊丽莎白 . 金融机构管理［M］. 北京：中信出版社，2005.

［32］劳伦斯 · G. 麦克米伦 . 期权投资策略［M］. 北京：机械工业出版社，2015.

［33］李飞 . 中华人民共和国证券投资基金法释义［M］. 北京：法律出版社，2013.

［34］李国平 . 行为金融学［M］. 北京：北京大学出版社，2006.

［35］李纪明 . 投资学（第 3 版）［M］. 杭州：浙江大学出版社，2014.

［36］李曜，游搁嘉 . 证券投资基金学（第 4 版）［M］. 北京：清华大学出版社，2014.

［37］李一智 . 期货与期权教程［M］. 北京：清华大学出版社，2010.

［38］李正红 . 中国债券投资的利率风险研究［D］. 西北工业大学博士学位论

-，2006.

［39］梁忠辉．证券投资基金运作与管理（第2版）［M］．大连：东北财经大学出版社，2011.

［40］林海．中国利率结构：理论及应用［M］．北京：中国财政经济出版社，2004.

［41］刘德红，刘恩，马晓贤编著．证券投资学（修订本）［M］．北京：清华大学出版社，北京交通大学出版社，2006.

［42］刘红忠．投资学（第三版）［M］．北京：高等教育出版社，2015.

［43］刘红忠．投资学［M］．北京：高等教育出版社，2003.

［44］刘红忠．投资学（第二版）［M］．北京：高等教育出版社，2010.

［45］陆剑清．行为金融学［M］．上海：立信会计出版社，2009.

［46］罗伯特·L. 麦克唐纳，杨丰等．衍生品市场［M］．北京：中国人民大学出版社，2011.

［47］罗伯特·博森，特雷莎·哈马彻．基金业务［M］．刘宝成，刘远译，北京：中信出版社，2012.

［48］罗乐勤．投资经济学［M］．北京：科学出版社，2003.

［49］罗孝玲．期货与期权［M］．北京：高等教育出版社，2011.

［50］罗孝玲．期权投资学（第2版）［M］．北京：经济科学出版社，2010.

［51］马科维茨．资产组合选择和资本市场的均值——方差分析［M］．朱菁，欧阳向军译．上海：上海人民出版社，2007.

［52］麦克米伦．期权投资策略［M］．王琦译．北京：机械工业出版社，2015.

［53］孟勇．金融计量与资产组合计算［M］．北京：人民邮电出版社，2015.

［54］彭龙，应惟伟编著．证券投资学［M］．北京：经济科学出版社，2003.

［55］钱斯·D. M. 衍生工具与风险管理（第7版）［M］．北京：机械工业出版社，2010.

［56］饶育蕾，刘达锋．行为金融学［M］．上海：上海财经大学出版社，2003.

［57］饶育蕾，张轮．行为金融学（第2版）［M］．上海：复旦大学出版社，2005.

［58］萨德．利率互换及其衍生产品［M］．上海：上海财经大学出版社，2013.

［59］上海财经大学商学院．投资学教程［M］．上海：上海财经大学出版社，2015.

［60］上海证券．基金评价中心研究报告［R］．2015.

［61］上海证券交易所．ETF投资：从入门到精通［M］．上海：上海教育出版社，2014.

［62］深圳证券交易所投资者教育中心．基金投资20讲［M］．北京：机械工业

出版社，2010.

［63］斯蒂芬·A. 罗斯等 . 公司理财［M］. 吴世农，沈艺峰等译 . 北京：机械工业出版社，2011.

［64］宋福铁 . 国债利率期限结构预测与风险管理［M］. 上海：上海财经大学出版社，2008.

［65］宋敏，冯科 . 证券投资分析［M］. 北京：中国发展出版社，2015.

［66］苏同华 . 行为金融学教程［M］. 北京：中国金融出版社，2006.

［67］田新民 . 金融工程前沿［M］. 北京：首都经济贸易大学出版社，2010.

［68］王安兴 . 利率模型［M］. 上海：上海财经大学出版社，2007.

［69］王国良 . 基金投资［M］. 上海：上海科学技术出版社，2002.

［70］王建喜 . 证券投资学［M］. 西安：西安交通大学出版社，2007.

［71］王军旗 . 证券投资理论与实务［M］. 北京：中国人民大学出版社，2004.

［72］王稳 . 行为金融学［M］. 北京：对外经济贸易大学出版社，2004.

［73］王益 . 证券投资基金研究文集［M］. 北京：中国金融出版社，2006.

［74］威廉·F. 夏普，戈登·J. 亚历山大，杰弗里·V. 贝利，赵锡军，龙永红 . 投资学（第五版）［M］. 北京：中国人民大学出版社，2013.

［75］威廉·F. 夏普 . 投资组合理论与资本市场［M］. 胡坚译 . 北京：机械工业出版社，2016.

［76］吴晓求，季冬生主编 . 证券投资学［M］. 北京：中国金融出版社，2004.

［77］吴晓求 . 证券投资学（第四版）［M］. 北京：中国人民大学出版社，2014.

［78］吴泽福 . 利率期限结构波动理论与实证模型［M］. 北京：经济科学出版社，2015.

［79］席勒 . 非理性繁荣［M］. 北京：中国人民大学出版社，2008.

［80］杨大楷 . 资产定价理论［M］. 上海：上海财经大学出版社，2004.

［81］杨海明，王燕 . 投资学［M］. 上海：上海人民出版社，2007.

［82］易宪容，赵春明 . 行为金融学［M］. 北京：社会科学文献出版社，2004.

［83］易阳平 . 行为金融论［M］. 上海：上海财经大学出版社，2005

［84］约翰·赫尔 . 期权、期货及其他衍生产品［M］. 北京：机械工业出版社，2012.

［85］张学东 . 股价指数期货理论与实践研究［M］. 北京：中国社会科学出版社，2005.

［86］张亦春，郑振龙，林海 . 金融市场学（第 4 版）［M］. 北京：高等教育出版社，2013.

［87］张元萍 . 投资学［M］. 北京：中国金融出版社，2007.

[88] 张元萍．投资学（第二版）[M]．北京：中国金融出版社，2013.

[89] 赵昌文，俞乔．投资学（第二版）[M]．北京：清华大学出版社，2012.

[90] 赵庆国．证券投资基金 [M]．南京：东南大学出版社，2013.

[91] 赵曙东．期货投资和期权 [M]．南京：南京大学出版社，2012.

[92] 赵新顺．行为金融与投资行为 [M]．北京：社会科学文献出版社，2005.

[93] 证券考试命题研究组．金融市场基础知识（第一版）[M]．成都：西南财经大学出版社，2015.

[94] 证券业从业人员资格考试专家组．证券投资基金 [M]．北京：中国金融出版社，2013.

[95] 郑振龙，陈蓉．金融工程 [M]．北京：高等教育出版社，2012.

[96] 中国期货业协会．期货及衍生品分析与应用 [M]．北京：中国财政经济出版社，2015.

[97] 中国社会科学院金融研究所课题组，王国刚，董裕平．完善中国金融市场体系的改革方案研究 [J]．金融评论，2015（3）：1-16；123.

[98] 中国证券监督管理委员会．中国证券期货统计年鉴 [M]．上海：学林出版社，2012.

[99] 中国证券投资基金业协会．基金投资者情况调查分析报告 [R]．2014.

[100] 中国证券业协会．证券投资基金 [M]．北京：中国金融出版社，2012.

[101] 周爱民，张荣亮．行为金融学 [M]．北京：经济管理出版社，2005.

[102] 周战强．行为金融：理论与应用 [M]．北京：清华大学出版社，2004.

[103] 朱宝宪．投资学 [M]．北京：清华大学出版社，2000.

[104] 朱孟楠．投资学 [M]．北京：中国人民大学出版社，2014.

[105] 朱顺泉．金融衍生产品 [M]．北京：清华大学出版社，2014.

[106] 滋维·博迪编．投资学 [M]．朱宝宪译．北京：清华大学机械工业出版社，2005.

[107] 滋维·博迪（Zvi Bodie），亚历克斯·凯（Alex Kane），艾伦·J. 马库斯（Alan J. Marcus），汪昌云，张永冀等．投资学（原书第九版）[M]．北京：机械工业出版社，2012.

[108] 滋维·博迪．投资学（原书第九版）（专业版）[M]．北京：机械工业出版社，2013.

[109] 滋维·博迪．投资学（原书第九版）[M]．北京：机械工业出版社，2014.